中宁年鉴

ZHONGNING NIANJIAN

2024

中宁县档案馆　编

黄河出版传媒集团
宁夏人民出版社

图书在版编目（CIP）数据

中宁年鉴．2024 / 中宁县档案馆编．-- 银川：宁夏人民出版社，2024. 11. -- ISBN 978-7-227-08125-8

Ⅰ．Z524.34

中国国家版本馆 CIP 数据核字第 2025CG9440 号

中宁年鉴 2024　　　　中宁县档案馆　编

责任编辑　陈　浪
责任校对　杨敏媛
封面设计　张　宁
责任印制　侯　俊

黄河出版传媒集团 宁夏人民出版社　出版发行

出 版 人　薛文斌
地　　址　宁夏银川市北京东路 139 号出版大厦（750001）
网　　址　http://www.yrpubm.com
网上书店　http://www.hh-book.com
电子信箱　nxrmcbs@126.com
邮购电话　0951-5052106
经　　销　全国新华书店
印刷装订　银川银选印刷有限公司
印刷委托书号　（宁）0031620

开本　880 mm × 1230 mm　1/16
印张　23.25
字数　506 千字
版次　2024 年 11 月第 1 版
印次　2024 年 11 月第 1 次印刷
书号　ISBN 978-7-227-08125-8
定价　230.00 元

《中宁年鉴2024》编辑部

主　　编　闫　伟

副 主 编　张　钧　王　铭　罗秉权　王宾华　严金海

执行主编　严金海

统　　稿　朱宁霞

编　　辑　朱宁霞　胡桂兰

编辑说明

一、《中宁年鉴2024》是经中宁县委、县政府批准公开出版发行的综合性资料文献。由中宁县人民政府主办，中宁县档案馆编写，宁夏人民出版社出版。

二、《中宁年鉴2024》以马克思列宁主义、毛泽东思想、邓小平理论、“三个代表”重要思想、科学发展观、习近平新时代中国特色社会主义思想为指导，坚持辩证唯物主义和历史唯物主义的立场、观点和方法。存真求实，全面、客观、准确地记载了中宁县2023年度全县政治、经济、文化及社会各项事业的发展状况、重大事件和最新成绩。所载资料均由各乡镇、县直各部门和企事业单位提供，内容丰富，信息量大，可读性强，具有存史、资政、育人的价值，为社会各界了解中宁、研究中宁、建设中宁提供史料性、权威性、全方位的信息咨询服务。

三、本年鉴采用分类编辑法，以类目、分目和条目组成框架结构的主体部分。少数分目中增设子分目层次。条目为最基本的资料表述单位，全书条目标题统一用黑体字加【】表示。

四、本年鉴设专载、大事记、组织机构和领导成员、中宁综览、中共中宁县委员会、中宁县人民代表大会常务委员会、中宁县人民政府、政协中宁县委员会、纪委监委、民主党派、群众团体、法治、经济管理、银行 保险、农业、水务、城乡建设 生态环境保护、工业与园区建设、商业贸易、交通 邮政 通信、科技 卫生、教育 文化、社会事务管理、乡镇、先进名录、附录等编目。

五、《中宁年鉴2024》条目撰稿人姓名附于每分目板块后，分目板块后未署名者为年鉴编辑办公室根据有关资料编写。先进名录所收录的先进集体和先进个人为获县级以上表彰奖励者，名单由各部门（单位）提供。

六、《中宁年鉴2024》除专载、重要文献等内容保留原文表述方式外，其他篇目采用第三人称记述。

七、《中宁年鉴2024》先进名录所收录的先进集体和先进个人名单依据县委、县政府表彰决定录入，获市级及以上表彰奖励者的名单由各部门（单位）提供。

八、本年鉴中所称自治区为宁夏回族自治区，市为中卫市，县为中宁县。

九、本年鉴严格实行出版物汉字使用管理规定，法定计量单位、出版物数字用法规定、标点符号用法规定，力求规范化。

十、本年鉴辑录的文字和图片资料全部由中宁县各部门负责提供，并经入编单位审核，其中经济社会发展的主要数据以《中宁县2023年国民经济和社会发展统计公报》为准。截止时间为2023年12月31日，个别内容为反映其发生、发展的全过程做适当的上溯或下延。

12月14日，中国共产党中宁县第十五届委员会第七次全体会议召开

（中宁网提供）

12月21日，中宁县第十八届人民代表大会第三次会议召开

（县人大常委会办公室提供）

9 月 12 日，中宁县十八届人民政府第三次全体（扩大）会议召开（中宁网提供）

12 月 20 日，中国人民政治协商会议中宁县第十三届委员会第三次会议召开（县政协办公室提供）

6月18日，第六届枸杞产业博览会枸杞开园节在中宁县玺赞枸杞园开幕（中宁网提供）

6月23日，中宁县举办第六届枸杞产业博览会（中宁网提供）

7月26日，中宁县举办2023年学习贯彻习近平法治思想培训班（中宁网提供）

8月24日，中宁县举办村党组织书记抓党建促乡村振兴“擂台比武”活动（中宁网提供）

9月20日，中宁县2023年中国农民丰收节网红直播带货促消费活动启动
（中宁网提供）

11月24日，中宁县人民政府与上海合作组织国家多功能经贸平台举行战略合作签约仪式
（中宁网提供）

11月28日，中国零碳排放应用型旅游区联合研究中心在中宁县挂牌成立
（中宁网提供）

5月19日，中宁县举行“助力乡村振兴”全民创业贷款发放仪式

（县人力资源和社会保障局提供）

7月24日，徐套乡举办移民致富创业就业基地建设项目开工典礼

（中宁网提供）

7月25日，中宁县召开第五轮驻村工作队动员大会（中宁网提供）

大战场镇长山湖村黄粉虫特色养殖基地（县乡村振兴服务中心提供）

太阳梁乡水果玉米包装车间（中宁网提供）

大战场镇杞海村新时代文明实践站组织返乡大学生志愿者开办“七彩假期暑托班”
（中宁网提供）

8月22日，中宁县召开巩固拓展脱贫攻坚成果同乡村振兴有效衔接反馈问题整改推进会
（中宁网提供）

中宁县卫生健康局在喊叫水乡和徐套乡举办“圆梦助学献爱心”活动（中宁网提供）

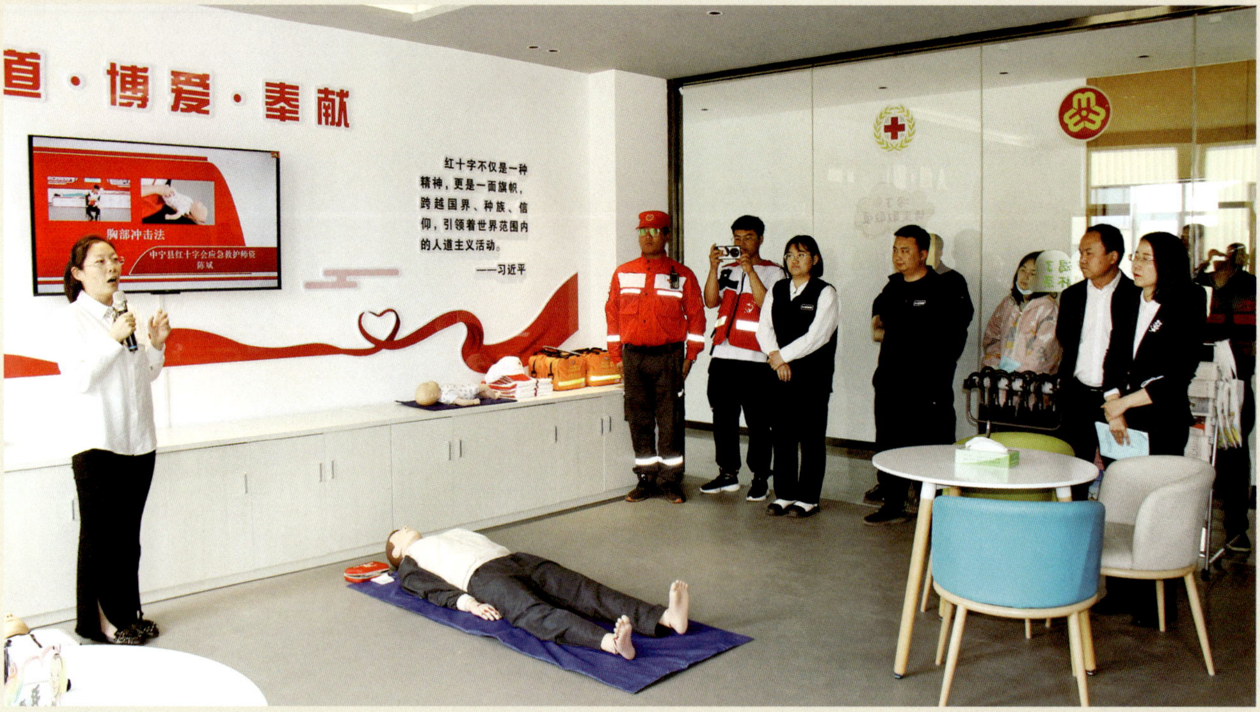

5月26日，中宁县红十字会面向新业态就业群体开展应急救护培训（县红十字会提供）

9月28日，中宁县在太阳梁乡举办2024年度城乡居民医保征缴暨全民参保计划集中宣传月活动（中宁网提供）

宁安镇莫嘴村进行秋季农田水利基本建设（中宁网提供）

世界首套百兆瓦级全人工地下储气示范项目在中宁县开工建设（中宁网提供）

中宁县妇联在杞乡书吧举办“情暖杞乡　共护未来——‘小树苗’关爱”主题活动（县妇联提供）

新堡镇宋营村开展残疾人制作凉皮技术培训（中宁网提供）

12 月 26 日，中宁县举办 2023 年棉校服捐赠活动（县教育体育局提供）

中宁县残联实施残疾人无障碍设施改造（县残联提供）

中宁县正大路雨污分流改造项目（中宁网提供）

中宁县总工会举行新就业形态劳动者集中入会仪式（县总工会提供）

中宁县总工会慰问全县医务工作者（县总工会提供）

中宁县支援青海600余套活动板房全部送达青海灾区（中宁网提供）

4月20日，中宁县委宣传部举办《中宁县扶贫志》编纂工作专题培训会（县档案馆提供）

中宁县档案馆开展“5·18”地方志工作宣传日志书进党校活动（县档案馆提供）

中宁县档案馆开展“5·18”地方志工作宣传日活动（县档案馆提供）

5月19日，自治区党委党史研究室主任饶彦久一行调研中宁县党史工作（县档案馆提供）

自治区档案馆馆长王耘一行调研中宁县档案信息化建设（县档案馆提供）

中宁县档案馆为大战场镇长山头村村史馆赠书（县档案馆提供）

7月3月，大战场完全小学开展消防及交通事故应急救援演练（中宁网提供）

7月4日，中宁县举办餐饮企业燃气安全应急知识培训班（中宁网提供）

7月7日，中宁县召开安全生产大起底大排查大整治专项行动工作领导小组会议（中宁网提供）

7月21日，中宁县在富康广场举行文明交通暨夏季交通秩序专项整治深化行动启动仪式（中宁网提供）

10月10日，中宁县在县四中开展“关爱明天，普法先行——树牢法治观念，守护生命法治安全进校园”活动（中宁网提供）

大战场镇开展消防安全应急演练（中宁网提供）

中宁县交通运输局开展公路改造工程质量检测（县交通运输局提供）

中宁县交通运输执法大队检查危险货物运输车辆（县交通运输局提供）

中宁县 2023 年度山洪灾害防御防汛抢险应急演练（县武装部提供）

中石油昆仑燃气有限公司中卫分公司工作人员检查中宁县餐饮场所燃气管道（中宁网提供）

“青春有约·畅享四月”中宁县2023年青年团建活动（团县委提供）

2023年“礼赞新时代　奋进新征程”百姓大舞台广场文艺演出活动

（中宁网提供）

2023年宁夏农家书屋补充出版物百姓“线上点单”活动走进中宁县（中宁网提供）

浙江卫视年味美食情感新春特别节目《一桌年夜饭——中宁一家人》（中宁网提供）

中宁县举办全区首届乡村振兴农民合唱艺术节（中宁网提供）

中宁县文联开展“花开太阳梁　相约漫桃山”主题文艺采风活动
（县文联提供）

中宁县庆祝第 39 个教师节文艺演出活动
（县教育体育局提供）

中宁县在黄羊古落举办“迎中秋，庆国庆”红枣文化节活动
（中宁网提供）

4月27日，中宁县第23届中小学生田径运动会开幕式在中宁一中举行（中宁网提供）

5月3日，自治区第十六届运动会青少年组越野滑雪（滑轮）比赛在中宁县南山公园开赛（中宁网提供）

2023年“中宁枸杞杯”“一带一路”四国男子篮球俱乐部邀请赛在中宁县杞乡黄河体育馆举办（中宁网提供）

5月26日，宁夏第六届枸杞产业博览会暨全国U21青年男子篮球联赛在中宁县杞乡黄河体育馆举办（县教育体育局提供）

喊叫水乡喊叫水村举办第四届农民运动会篮球赛（中宁网提供）

中宁县第十小学举办第八届校园文化艺术节“课桌操”比赛（中宁网提供）

中宁县开展教体融合活动
（中宁网提供）

自治区第十六届运动会高校组篮球比赛在中宁县杞乡黄河体育馆举办
（中宁网提供）

白马乡白马村湖羊养殖场（中宁网提供）

大战场镇红宝村鸵鸟养殖园（中宁网提供）

大战场镇花豹湾村朝天椒种植基地（中宁网提供）

喊叫水乡喊叫水村温棚西瓜（中宁网提供）

喊叫水乡上庄子村黄花菜种植基地（中宁网提供）

鸣沙镇二道渠村鸭子养殖场（中宁网提供）

鸣沙镇长滩村肉鹅养殖基地（中宁网提供）

恩和镇红梧村梅花鹿养殖基地（中宁网提供）

太阳梁乡德盛村林下生态鸡养殖基地（中宁网提供）

新堡镇南湾村向日葵花海（中宁网提供）

目　录

专　载

大事记

组织机构和领导成员

中宁综览

中共中宁县委员会

中宁县人民代表大会常务委员会

中宁县人民政府

政协中宁县委员会

纪委监委

民主党派

群众团体

法 治

经济管理

银行 保险

农　业

水　务

城乡建设　生态环境保护

工业与园区建设

商业贸易

交通　邮政　通信

科技　卫生

教育　文化

社会事务管理

乡　镇

先进名录

附　录

专　载

第六届枸杞产业博览会

2023 年 6 月 22—24 日，第六届枸杞产业博览会在中宁县杞乡黄河体育活动中心举办。本届博览会由自治区林业和草原局与中卫市人民政府主办，中宁县委、中宁县人民政府、中宁县枸杞产业发展服务中心、中国经济林协会枸杞分会等单位承办。博览会以“杞福天下 共享健康”为主题，采用“线上 + 线下”“国内 + 国际”“走出去 + 请进来”相结合的方式举办。线上活动采用“现场直播 + 专题录播”方式；线下活动围绕专场推介招商、商贸洽谈、展览展示、主旨演讲、高峰论坛、成果发布、文化旅游等活动，汇聚国内外嘉宾，共商现代枸杞产业高质量发展之策，进一步提升“宁夏枸杞　贵在道地”“中宁枸杞　道地珍品”的知名度和美誉度，树牢宁夏枸杞、中宁枸杞产业发展领军地位，旨在加快推进自治区现代枸杞产业高质量发展，叫响“中国枸杞之乡”，全面展示枸杞产业新品种、新技术、新工艺、新品类、新成果，弘扬枸杞文化、开展经贸洽谈、加强交流合作、加大购销对接、促进文旅融合，把枸杞产业博览会打造成国家级枸杞行业标志性盛会，增强“宁夏枸杞”“中宁枸杞”区域公用品牌影响力和美誉度，助推黄河流域生态保护和高质量发展先行区建设。博览会 3 天时间内，签约招商引资及采购商项目 51 个，签约额达 107.26 亿元。其中，招商引资签订框架合作协议 22 个，签约金额达 91.46 亿元，涉及枸杞、新型材料、装备制造等多个领域；促成购销协议 29 个，签约金额 15.8 亿元，招商引资、签约采购均创历史新高。700 余位采购商观展考察，近 5 万人次进馆参观。

杞乡发展论坛

2023年,中宁县共举办“杞乡发展论坛”13期。2月24日,举办全县第一期杞乡发展论坛,中共宁夏区委党校教授杨丽艳围绕“建设人与自然和谐共生的现代化”进行专题辅导。3月15日,举办全县第二期杞乡发展论坛,自治区党委宣传部政策法规研究室主任张跃庆围绕“公文信息写作”进行专题辅导。3月31日,举办全县第三期杞乡发展论坛,县政协党组书记张志军围绕“全国两会精神”进行专题辅导。4月21日,举办全县第四期杞乡发展论坛,邀请自治区文明办专职副主任马萍围绕“深入学习贯彻党的二十大精神,以习近平新时代中国特色社会主义思想统领文明城市创建工作”进行专题辅导。5月12日,举办全县第五期杞乡发展论坛,县委常委、纪委书记、监委主任黄宗浩围绕“深刻领会党的自我革命战略思想,切实增强全面从严治党的政治自觉和使命担当”进行专题辅导。6月9日,举办全县第六期杞乡发展论坛,邀请自治区商务厅招商引资局副局长高剑围绕“实施精准招商,助推高质量发展”进行专题辅导。6月28日,举办全县第七期杞乡发展论坛,市人大常委会副主任、县委书记何建勃围绕“学思想、强党性、重实践、建新功,奋力谱写社会主义现代化美丽新宁夏中宁篇章”进行专题辅导。7月23日,举办全县第八期杞乡发展论坛,市人大常委会副主任、县委书记何建勃围绕“以全面深化改革赋能中国式现代化发展”进行专题辅导。9月22日,举办全县第九期杞乡发展论坛,邀请自治区民委党组成员、副主任刘长松围绕“铸牢中华民族共同体意识”进行专题辅导。11月6日,举办全县第十期杞乡发展论坛,邀请自治区宣讲团成员、中共宁夏区委党校(宁夏行政学院)副校(院)长、教授王丛霞围绕“感恩总书记　奋进新征程”习近平新时代中国特色社会主义思想”进行专题辅导。11月8日,举办全县第十一期杞乡发展论坛,中卫市人大常委会副主任、中宁县委书记何建勃围绕“感悟思想伟力,掌握看家本领,全力谱写中国式现代化中宁篇章”进行专题辅导。12月1日,举办全县第十二期杞乡发展论坛,邀请自治区灌排中心副主任王东、自治区水利调度中心总工程师王彦兵围绕“农业水价改革和用水权改革”进行专题辅导。12月15日,举办全县第十三期杞乡发展论坛,邀请自治区乡村振兴局政策法规处处长杨宗鑫、自治区司法厅派驻太阳梁乡兴源村驻村书记师宏全围绕乡村振兴条例、身边模范个人事迹进行宣讲。

大 事 记

1月

4日　中宁县召开群团工作座谈会，会议听取各群团2022年工作开展情况和2023年工作思路，并为做好下一步工作提出意见建议。

△　中宁县召开青年发展工作联席会议暨县域共青团基层组织改革动员部署会，传达学习党的二十大、自治区党委十三届三次全会、习近平总书记关于青年工作重要思想、团中央关于《中长期青年发展规划实施县级试点总结通报》及团中央、自治区团委县域共青团基层组织改革现场部署推进会精神，听取中宁县落实中长期青年发展规划、推进青年发展型县域试点工作情况及县域共青团基层组织改革工作情况，安排部署下一步工作。

7日　县委副书记、县长、县应对新冠病毒感染疫情工作指挥部指挥长周永根主持召开县应对新冠病毒感染疫情工作指挥部第七十七次会议，学习贯彻国家、自治区有关会议、文件精神及部署要求，进一步压实责任，有力有序地推动各项措施落实落细落地。

△　中宁县召开2023年道路春运工作暨第一次交通运输安全生产会议，总结2022年交通运输安全生产工作，部署安排2023年安全生产工作和春运工作。

9日　中卫市人大常委会副主任、中宁县委书记何建勃主持召开2022年度全县党委（党组）书记抓基层党建、意识形态、安全生产述职评议考核暨述责述廉述法会议。会上，喊叫水乡、宁安镇、大战场镇、住房和城乡建设局、卫生健康局、市场监督管理局、文化旅游广电局、教育体育局、农业农村局党委（党组）书记就抓基层党建、意识形态、安全生产，履行党风廉政建设责任制、法治建设第一责任人职责情况进行述职，何建勃、杨正权及包抓分管领导进行点评。

△　县委农村工作暨乡村振兴战略工作领导小组2023年第一次会议召开，学习贯彻习近平总书记关于“三农”工作重要论述和中央农村工作会议精神，贯彻落实自治区党委农村工作会议部署要求，分析当前“三农”工作形势，安排部署当年“三农”工作各项任务。

10日　中卫市人大常委会副主任、中宁县委书记何建勃主持召开十五届县委2023年第二次常委会会议。

18日　中卫市人大常委会副主任、中宁县委书记何建勃主持召开十五届县委2023年第三次常委会会议。

30日　县委副书记、县长周永根主持召开中宁县人民政府第二次全体（扩大）会议。

△　中国共产党中宁县第十五届纪律检查委员会第三次全体会议召开。

31日　县委副书记、县长周永根带领相关县领导及部门负责人，调研舟塔乡重点工作开展情况。座谈会上，舟塔乡主要负责人及有关村汇报各项工作开展情况。与会县级领导和部门、金融机构负责人等，就舟塔乡下一步如何发展及各项工作中存在的问题和困难，提出具体意见建议。

△　中宁县在丰安屯举行2023年迎新春环城健步走活动。

2月

1日　中卫市人大常委会副主任、中宁县委书记何建勃主持召开十五届县委2023年第四次常委会会议。

2日　中卫市人大常委会副主任、中宁县委书记何建勃主持召开中宁县委农村工作暨乡村振兴战略工作领导小组2023年第二次会议，传达学习中央、自治区、中卫市农村工作会议精神，研究《中宁县2023年农村精神文明建设工作实施方案（送审稿）》《中宁县2023年全面推进乡村振兴重点工作实施方案（讨论稿）》等文件。

3日　县委农村工作会议暨黄河流域生态保护和高质量发展先行区建设中宁县2023年第二次推进会召开。会上，对2022年全县农业农村工作成效突出的单位进行通报表扬；县乡村振兴服务中心、枸杞产业发展服务中心、石空镇、大战场镇、白马乡分别做交流发言；总结2022年全县农业农村工作，安排部署2023年相关工作。

4日　县长周永根主持召开县十八届人民政府第四十七次常务会议。

8日　县委副书记、县长周永根带领相关县领导和部门负责人到团结路与平安东街、红宝家园、县城市管理综合执法局、红苑小区、翡翠天辰二期小区等地，调研城市更新工作。

9日　中宁县召开就业工作会议。会议总结2022年就业工作并安排部署2023年就业工作，县人力资源和社会保障局、宁安镇、鸣沙镇等围绕做好就业工作做表态发言。

△　中宁县召开2023年工业经济暨第一季度政银企工作座谈会。会上，传达学习李克强总理主持召开的国务院常务会议及进一步发挥金融支持宏观经济稳定作用相关会议精神，审议中宁工业园区产业发展规划等实施方

案，通报全县重点工业项目进展，安排部署规上企业复工相关工作，与会县级领导、部门、企业、金融机构负责人围绕服务企业、金融政策、企业生产经营情况及存在的困难和问题等，进行沟通交流，提出意见建议。

△　中宁县召开巩固国家卫生县工作会议。

10 日　中宁县召开枸杞产业高质量发展推进会。会上，舟塔乡、鸣沙镇、枸杞产业集团、中宁枸杞产业协会做交流发言。

△　中宁县召开科技创新工作会议，深入贯彻党的二十大和中央经济工作会议精神，安排部署 2023 年科技创新重点工作。

△　中宁县举办县十八届人大代表党的二十大精神专题培训班。

12 日　县委副书记、县长周永根带领相关县领导及部门负责人到宁夏全通枸杞供应链管理公司和宁夏永寿堂医药有限公司调研工业旅游创建工作，并现场办公协调解决存在的问题。

14 日　中宁县召开 2023 年第一次道路交通安全工作会议，深入学习贯彻习近平总书记关于安全生产最新重要指示批示精神，贯彻落实自治区和中卫市道路交通安全工作的决策部署，通报 2022 年全县道路交通事故情况，安排部署 2023 年道路交通安全工作。

15 日　中宁县召开 2023 年教育体育工作会议，全面学习贯彻党的二十大精神、自治区第十三次党代会和自治区两会精神，深入落实 2023 年全国、区市教育工作会议精神，全面总结 2022 年全县教育体育工作，分析研判教育领域当前形势，认真谋划、全面部署 2023 年全县教育体育各项重点任务。

△　全县第一季度重点项目建设调度会暨黄河流域生态保护和高质量发展先行区建设中宁县 2023 年第三次推进会召开。

16 日　县长周永根主持召开县十八届人民政府第四十八次常务会议。

△　中卫市人大常委会副主任、中宁县委书记何建勃主持召开十五届县委 2023 年第五次常委会会议。

17 日　县委副书记杨正权主持召开县委全面深化改革委员会 2023 年第一次专题会议，审议有关工作方案，听取各改革专项小组办公室关于 2023 年全面深化改革意见建议和发展思路，对下一步工作进行安排部署。

21 日　中宁县举办首届乡村振兴农民合唱艺术展演暨 2023 年文化科技卫生“三下乡”集中示范服务活动。

△　中宁县召开 2023 年母婴安全保障工作会议，通报 2022 年以来全县母婴安全形势和各项工作情况，分析工作中存在的问题，提出下一步整改措施。

22 日　宁夏枸杞产业发展中心联合宁夏林业和草原局机关党委在中宁县举办 2023 年度现代枸杞产业茨农技能提升培训班，来自全区有关市县部门负责人及枸杞种植生产龙头企业、合作社、家庭农场负责人等 100 人参加培训。

23 日　中宁县公安工作会议召开。会上，与会人员集中观看县公安局 2022 年工作展示片，通报县公安局各单位 2022 年绩效考核结果，对 2022 年度先进集体和个人进行嘉奖，总结 2022 年公安工作，安排部署 2023 年公安工作。

23—24日　第二届全区现代枸杞产业茨农技能大赛在中宁县举办。来自全区各县(区)和企业的38个代表队共213人参赛。

24日　中宁县举办2023年第一期杞乡发展论坛。

△　中宁县十八届人大常委会召开第八次会议。会议审议通过中宁县人大常委会2023年工作要点(草案),审议有关人事任免议案。

△　中宁县在大战场镇举行首批金融系统人员挂职村党组织副书记出征仪式。

△　中宁县在人民广场举办2023年春风行动“职等你来 就业同行”招聘会。40余家企业提供近2000个就业岗位供求职者选择,招聘会上初步达成就业意向人数346人次,求职登记1246人。

27日　中卫市人大常委会副主任、中宁县委书记何建勃主持召开十五届县委2023年第七次常委会会议。

28日　县委第四轮巡察工作动员部署会召开。会议传达学习自治区、中卫市相关会议精神,宣读了《十五届县委第四轮巡察任务分工及巡察组组长、副组长授权名单》,部分被巡察单位主要负责人做表态发言。

△　市人大常委会副主任、县委书记何建勃一行到恩和镇华寺等村高标准农田建设项目、鸣沙镇五道渠村新植枸杞高标准农田建设项目、徐套乡现代高效节水项目、喊叫水乡高标准农田建设项目等施工现场调研督办第一季度重点项目建设,并现场协调解决存在的问题。

3月

1日　县长周永根主持召开县十八届人民政府第四十九次常务会议,传达学习《中华人民共和国科学技术进步法》、党的二十大精神、习近平总书记对内蒙古阿拉善左旗一露天煤矿坍塌事故做出的重要指示精神和李克强总理批示精神,全区民营经济高质量发展暨营商环境全方位提升推进大会精神,套开全县经济形势分析调度会,安排部署有关工作。

1—2日　县委副书记、县长周永根一行先后到白马乡、鸣沙镇、恩和镇、新堡镇、大战场镇、太阳梁乡、石空镇等乡镇督导调研枸杞种植任务落实情况。

2日　县委副书记、县长周永根会同县级包抓领导,召集相关部门负责人到恩和镇沙滩村调研红色美丽村庄建设情况。

3日　中宁县召开组织、宣传、统战、政法工作会议,深入学习贯彻党中央和自治区、中卫市党委相关会议精神,总结2022年组织、宣传、统战、政法工作,安排部署2023年工作任务。

5日　中宁县举办“情暖杞乡 共护未来”主题活动,做好留守儿童、困境儿童的关爱帮扶,助力困难家庭和儿童,发动社会爱心人士关注、关心、关爱困境儿童成长。

7日　中卫市人大常委会副主任、中宁县委书记何建勃主持召开十五届县委2023年第八次常委会会议,传达学习习近平总书记在二十届中共中央政治局第三次集体学习会、中共中央民主协商会、中央党校建校90周年庆祝大会暨2023年春季学期开学典礼上的重要讲话精神，中国共产党第二十届中央委员会第二次全体会议精神，自治区党委书记梁言顺在生态环境保护有关专报、评论文章上的批示精神，安排部署全县粮食购销领域腐败问题等五个专项整治、专项治理相关工作。套开县委审计委员会、平安中宁建设协调小组2023年第一次会议。研究中宁县人大常委会2023年工作要点、2023年推进枸杞产业高质量发展重点工作任务等。

△ 县人大常委会成立督察组，先后到中宁县第一污水处理厂、恩和镇华寺村、中宁县第二生活垃圾填埋场、北部矿山马道梁子、宁夏元泰资源综合利用科技有限公司等地对贯彻落实第二轮中央生态环境保护督察反馈问题整改情况进行督察。

9日 中宁县召开纠治形式主义官僚主义等"四个专项整治、专项治理"动员部署会。学习贯彻习近平总书记关于粮食安全、实施乡村振兴战略、纠治形式主义官僚主义的重要论述，安排部署中宁县深化粮食购销领域腐败问题专项整治、纠治形式主义官僚主义专项整治及乡村振兴领域腐败和作风问题、国有企业"靠企吃企"专项治理工作。会议传达学习自治区和中卫市关于专项整治、专项治理的安排部署会议精神，对4个专项整治、专项治理实施方案进行说明，通报有关案例，县粮食和物资储备局、乡村振兴服务中心、众汇嘉润集团有限公司主要负责人做表态发言。

△ 中宁县政协召开十三届八次常委（扩大）会议，县政协党组书记张志军应邀列席会议。会议传达学习习近平总书记在学习贯彻党的二十大精神研讨班开班式上的重要讲话精神、全国政协十三届常委会工作报告。审议通过《县政协2023年度协商民主计划实施方案》《县政协常委会2023年工作要点》《县政协2023年度主要工作分月实施计划》《关于提请县委、政府主要领导和县政协党组书记、副主席领衔督办重点提案的建议》；会议还审议通过有关人事事项。

10日 中宁县召开2023年上半年征兵会。会议传达学习征兵有关文件精神，介绍2023年上半年征兵工作情况，审议预定兵名单和新兵去向。

13日 中卫市人大常委会副主任、中宁县委书记何建勃先后到县人民医院、安春堂医药连锁总店、县中医医院、宁安镇卫生院，调研督办全县甲型流感防治及药品储备情况。

△ 中卫市人大常委会副主任、中宁县委书记何建勃一行到各小游园建设现场调研督办第一季度重点项目。

14日 县长周永根主持召开县十八届人民政府第五十次常务会议，传达学习《中华人民共和国环境保护法》、党的二十大精神、习近平总书记在全国两会期间重要讲话精神，套开中央、自治区环保督察反馈问题整改等相关工作推进会，听取全县水资源利用及问题整改情况汇报，安排部署有关工作。

15日 中宁县举办2023年第二期杞乡发展论坛。

16日 中卫市人大常委会副主任、中宁县委书记何建勃一行先后到延长石油油品直供加油加气站、乐家物流发展有限公司城乡共享智慧冷链物流配送中心、宁夏仓满制桶有限公司等地调研民营经济发展情况。

16—17 日　全区乡镇(街道)社会工作服务站建设观摩推进会在中宁县召开。会议通报全区乡镇(街道)社工站建设情况,安排部署民政部乡镇(街道)社工站建设中期评估工作;各市、县(区)民政局重点围绕推进乡镇(街道)社工站建设、加强社工人才队伍建设等内容进行交流发言。

17 日　中卫市人大常委会副主任、中宁县委书记何建勃主持召开十五届县委 2023 年第九次常委会会议,传达学习习近平总书记在全国两会期间重要讲话精神和全国两会精神,自治区专治办工程建设政府采购等重点领域突出问题专项治理综合评估会议精神,安排部署了纪检监察干部队伍教育整顿有关工作;套开县委应对新冠病毒感染疫情工作领导小组第六十九次会议;研究了中宁县居民收入提升行动、推进县乡村三级综治中心规范化实战化建设运行实施方案等事宜。

19 日　县长周永根主持召开县十八届人民政府第五十一次常务会议,传达学习全国两会精神和 2023 年国务院政府工作报告,安排部署有关工作。

21 日　县委全面深化改革委员会 2023 年第一次专题会议召开,审议有关工作方案,听取相关工作汇报,并对下一步工作进行安排部署。

△　市人大常委会副主任、县委书记何建勃先后到白马乡、鸣沙镇、恩和镇、新堡镇,调研春耕生产、植绿增绿工作。

△　余丁乡时庄村举行妇女创业帮扶车间挂牌仪式。

△　中宁县召开 2023 年党管武装工作会议,会议传达学习区、市党管武装述职会议精神,听取并评议各乡镇党管武装工作情况,系统总结 2022 年度武装工作,并对 2023 年武装工作进行安排部署。

22 日　中卫市人大常委会副主任、中宁县委书记何建勃主持召开十五届县委 2023 年第十次常委会会议,传达学习习近平总书记在中国共产党与世界政党高层对话会上的重要讲话精神,自治区整治形式主义为基层减负专项工作机制办公室有关文件精神,安排部署贯彻落实工作;听取全县第一季度重点项目推进情况、矿山整治修复及中央、自治区环保督察反馈问题整改情况汇报;套开县委财经委员会 2023 年度第一次会议;研究中宁县促进民营经济高质量发展 10 条措施、高标准农田建设规划 2021—2030 年等事宜。

△　中宁县召开青年发展型县域试点工作领导小组 2023 年第一次会议,学习贯彻落实党的二十大精神,全面落实习近平总书记关于青年工作的重要思想。

24 日　全县民营经济高质量发展座谈会召开。与会人员集体观看中宁民营经济发展纪实专题片;现场交办第一批民营企业反映问题和意见建议责任清单;玺赞庄园、华宝枸杞、天元锰业、宁创新材料、爱家商贸等企业负责人做交流发言;各相关部门主要负责人做承诺表态;县委副书记、县长周永根安排部署推动民营经济高质量发展工作。

27 日　县人大常委会成立评议工作组,对县人力资源和社会保障局工作进行评议。

△ 县人大常委会成立评议工作组，对县农业农村局（乡村振兴局）工作进行评议。

△ 市人大常委会副主任、县委书记何建勃一行到白土岗子石料厂、第一污水处理厂、白马乡大石子沟北建筑用砂矿等地，调研督办中央和自治区环保督察反馈问题整改情况。

28日 县人大常委会组成调研组，对县人民检察院民事诉讼检察工作情况进行调研。

29日 中卫市人大常委会副主任、中宁县委书记何建勃一行先后到双龙山石窟、宁夏永寿堂医药馆等地调研文物保护和文化旅游产业发展工作。

△ 中卫市人大常委会副主任、中宁县委书记何建勃主持召开十五届县委2023年第十一次常委会会议，传达学习习近平总书记关于国家粮食安全的重要论述，听取全县粮食安全工作汇报；传达学习梁言顺书记在听取十三届自治区党委第一轮巡视情况汇报时的讲话精神和有关文件精神，听取十五届县委第三轮巡察综合情况汇报，安排部署贯彻落实工作；套开县委宣传思想文化暨意识形态工作领导小组、县委统一战线（民族宗教）工作领导小组2023年第一次会议；研究中宁县新型城镇化“十四五”规划等事宜。

29—30日 全区健康素养促进工作观摩培训班在中宁县举办，来自全区五市及22个县（区）分管健康教育的领导、健康教育工作人员约106人参加培训观摩。

31日 宁夏青年发展型县域建设试点中期评估工作组到中宁县开展试点中期评估并实地调研中宁县青年创新创造、人才培养等方面的情况。

△ 县人大常委会组成调研组先后到大战场中学、鸣沙镇便民服务中心、社会组织孵化基地、医康养中心、余丁乡社工站等地对全县社会救助工作情况进行调研。

△ 县政协举办2023年第一期委员培训暨委员大讲堂、“书香政协”委员读书交流活动。

△ 中卫市人大常委会副主任、中宁县委书记何建勃一行先后到宁夏隆基硅材料有限公司、宁夏中晶半导体材料有限公司、杞福源商贸有限公司、新世纪冶炼有限公司等地调研督办生态环保安全生产工作情况。

△ 中宁县举办2023年第三期杞乡发展论坛。

4月

3日 中宁县召开廉洁文化建设联席会议，安排部署2023年新时代廉洁文化建设工作。

△ 县委副书记、县长周永根带领有关部门负责人先后到白马乡吴家梁新植枸杞基地、鸣沙镇彭家大疙瘩枸杞种植基地、玺赞庄园枸杞基地、恩和镇双井子枸杞种植基地等地督导枸杞种植情况。

△ 教育部验收组到中宁县宽口井九年制学校，对中宁县“互联网+教育”成果进行评估验收。

△ 中宁县召开权力集中、资金密集、资源富集领域暨公立医院改革与高质量发展集体提醒谈话会。会上，传达学习习近平总书记关于强化对权力集中、资金密集、资源富集领

域治理的重要论述及中央、自治区相关部署要求；通报宁夏公立医院院长腐败案件和近年来教育领域发生的违纪违法典型案例；观看警示教育片《贪婪的“两面”人生》；县财政局、住房和城乡建设局、县教育体育局、卫生健康局等单位进行表态发言。

4 日　“智汇中宁·才赢未来”中宁县第一届人才项目大赛举办。有 19 支参赛队伍，比赛采取 3 分钟项目介绍 VCR、6 分钟 PPT 展示、5 分钟评委互动问答的“3+6+5”路演形式进行，评委根据选手的路演情况从项目的创新性、科学性、可行性以及竞演表现等方面进行现场打分，按照最终得分来确定晋级决赛的 12 个参赛项目。

△　中宁县开展缅怀先烈祭奠活动。

△　县人大常委会组成调研组先后到新力源 5 号煤矿、石空镇白马湖砂厂、白马乡大石子沟北砂矿、鹰窝沟废弃砂场修复项目等地，对全县矿产资源开发利用管控情况进行调研。

6 日　中宁县举办干部荣誉退休仪式。

△　中卫市人大常委会副主任、中宁县委书记何建勃主持召开十五届县委 2023 年第十二次常委会会议。

12 日　中宁县举办“‘职’在民企‘就’在未来”2023 年民营企业专场招聘会，32 家民营企业为高校毕业生、退役军人、登记失业人员等重点群体提供 2400 多个岗位。

△　中宁县召开 2023 年基层党建工作重点任务推进会，全面贯彻落实全国、全区、全市组织部长会议及基层党建工作重点任务推进会各项部署，研究安排 2023 年全县基层党建工作重点任务，推动基层党组织建设提质增效。会议传达学习全国、区市组织部长会议精神以及全国、全区基层党建工作重点任务推进会精神；有关部门、乡镇围绕抓好 2023 年党建工作做表态发言。

14 日　中宁县在太阳梁乡举办首届桃花节。

17 日　县长周永根主持召开县十八届人民政府第五十二次常务会议。

18—19 日　县人大常委会组成检查组先后到县卫生健康局、司法局、自然资源局、石空镇、人力资源和社会保障局、市场监督管理局等单位，对《中华人民共和国行政处罚法》《宁夏回族自治区行政执法监督条例》贯彻执行情况进行检查。

19 日　中宁县十八届人民政府第二次廉政工作会议召开。

20 日　中宁县石空政府专职消防救援站揭牌成立。

△　中宁县召开《中宁县扶贫志》编纂工作专题培训会。培训会邀请宁夏社会科学院图资中心副主任、全区扶贫志编纂工作专班办公室副主任张明鹏，从编纂扶贫志的意义、顶层设计、收录内容的时间界限等六个方面进行专题辅导。

△　县委副书记、县长周永根一行先后到县人民医院、县中医医院、石空镇中心卫生院、黄庄村卫生院等单位调研督导公立医院改革与高质量发展示范项目建设等工作情况。

21 日　中宁县举办 2023 年第四期杞乡发展论坛。

22 日　“喜迎十六运”2023 年“宁夏·奔跑”系列赛——中宁县全民健身跑活动暨中宁县

社区运动会在杞乡黄河体育中心体育馆开幕。800 余名路跑爱好者参加活动，全程 7 公里。

△ 首届“丰安屯杯”全区摄影大赛在丰安屯旅游度假区启动。全区各摄影协会会员、俱乐部会员、媒体记者等 70 余人参加启动仪式。

△ 中宁枸杞产业协会第二届理事会第三次会议召开，增补选举副会长、理事，签订枸杞鲜果购销协议，解读枸杞产业高质量发展相关政策，安排部署下一步工作。

23 日 中宁县在人民广场举办“书香中宁·悦动杞乡”世界读书日启动仪式。

24 日 全县基础教育教学工作暨“互联网+教育”应用成果现场推进会召开。推进会上，传达学习全区基础教育教学暨“互联网+教育”教学成果展示会精神；通报国家义务教育质量监测反馈问题，安排部署整改工作；中宁二中、宽口井九年制学校、中宁五小、马家梁完小负责人作表态发言。

△ 中宁县举办 2023 年“贤内助家庭助廉”警示教育活动，县直各部门（单位）党委（党组）班子成员家属参加活动。

△ 黄河流域生态保护和高质量发展先行区建设中宁县 2023 年第四次推进会暨第一季度经济形势分析会召开。

25 日 中卫市人大常委会副主任、中宁县委书记何建勃主持召开十五届县委 2023 年第十三次常委会会议，传达学习习近平总书记在广东考察时、在视察南部战区海军时、在参加首都义务植树活动时的重要讲话精神，通报 2022 年度自治区效能目标管理考核结果，安排部署有关工作；套开县委党的建设领导小组、县委全面依法治县委员会 2023 年第一次会议；研究中宁县争创全国文明城市 2023 年工作要点、关于在全县大兴调查研究的工作方案等事宜。

26 日 中宁县组织开展以“全面开启知识产权强国建设新征程”为主题的宣传活动。

27 日 “奔跑吧·少年 喜迎十六运”中宁县第 23 届中小学生田径运动会在中宁一中开幕。本届运动会共设立高中组、初中组、小学组 3 个组别，800 多名运动员在 2 天的比赛中进行 73 项组次、类别的角逐。

△ 县政协组成调研组先后到南河子公园、县文化馆、宁安镇黄滨村、大战场镇文化站、石喇叭村、恩和镇文化站等地，对中宁县文化体育服务设施运行与管理情况进行专题调研。

△ 县委全面深化改革委员会 2023 年第三次专题会召开，研究审议相关工作方案，对下一步工作进行安排部署。

28 日 市人大常委会副主任、县委书记何建勃先后到北星精工、丰安屯旅游度假区、黄河大桥交通检查点、中宁十二小、县人民医院、爱家商贸等地督导调研安全生产和消防安全工作。

5 月

1 日 自治区第十六届运动会在中宁县开赛。

5 日 中宁县举行法治教育实践基地揭牌仪式。

△ 中宁县采取不发通知、不打招呼、直

击宁夏兴尔泰化工集团中宁兴鑫冶金制品有限公司兰炭烘干窑工段、宁夏北星精工陶瓷技术有限公司冶炼车间监控设施及氮化硅车间、宁夏宁创新材料科技有限公司再生铝在建工程基地、宁夏铭岛铝业有限公司再生铝加工车间等现场对中宁县多家工业企业开展环保夜间突击检查。

5—6 日　县人大常委会成立评议调查组，对县人力资源和社会保障局、县农业农村局（乡村振兴局）工作进行评议。

6 日　市人大常委会副主任、县委书记何建勃主持召开十五届县委 2023 年第十四次常委会会议。

9 日　宁夏《民法典》主题宣传活动“法润民心·法治‘典’亮生活”启动仪式在中宁县委党校报告厅举行。来自各乡镇、县直各部门（单位）、县属国有企业负责人 200 余人参加活动。

△　中宁县开展 2023 年第一季度农村党建工作观摩评促活动。

△　中宁县第一届人才项目大赛圆满落幕，中宁县人民医院“依托标准版胸痛中心建设，推进高层次人才培养”项目团队获得一等奖。

10 日　自治区政协副主席马秀珍带领调研组一行先后到宁夏全通枸杞供应链管理股份有限公司、宁夏天仁枸杞生物科技有限公司、中宁枸杞创新研究院、宁夏华宝枸杞产业有限公司、中宁县杞鑫种业有限公司苗木基地、宁夏隆基硅材料有限公司等地开展“深化科技支宁东西部合作，促进东西部科技合作引领区建设”专题协商调研。

11 日　西安通用航空科技集团有限公司董事长陈著元受邀到中宁县考察对接中宁县通用机场建设项目。

12 日　中宁县举办 2023 年第五期杞乡发展论坛。

△　中卫市人大常委会副主任、中宁县委书记何建勃主持召开县委全面深化改革委员会第二十三次会议。

△　中卫市人大常委会副主任、中宁县委书记何建勃主持召开十五届县委 2023 年第十五次常委会会议。

16 日　徐套乡 9.77 亩土地以 123.13 万元拍卖成交，敲响了中宁县集体经营性建设用地入市交易第一锤，农村土地制度改革的红利实现集体共享。

18 日　全县巩固拓展脱贫攻坚成果同乡村振兴有效衔接工作推进会召开。

△　中宁县在人民广场举行“5·18”国际博物馆日、宁夏长城保护宣传日、中国旅游日暨地方志宣传日活动。

19 日　新堡镇第二届休闲观光采摘节在新堡镇经济联合社启动。

△　县长周永根主持召开县十八届人民政府第五十五次常务会议。

23 日　县长周永根主持召开县十八届人民政府第五十六次常务会议。

△　中宁县召开国家卫生县复审动员会。

24 日　共青团中宁县第十九次代表大会在恒辰世纪酒店召开，会议选举产生新一届团县委班子。

△　中卫市人大常委会副主任、中宁县委书记何建勃主持召开 2023 年枸杞产业领导小组第一次会议暨第六届枸杞产业博览会推促会。

△　中宁县召开争创全国文明城市推促会。

△ 中卫市观摩组一行先后到枸杞交易中心电商公共服务中心、中宁县快递二级分拨中心、大战场镇石喇叭村等地，对中宁县非公企业和社会组织暨新业态新就业群体党建工作进行观摩评促。

26日 第六届枸杞产业博览会暨全国U21男子篮球锦标赛在杞乡黄河体育中心开幕。

29日 中宁县“城镇社区减灾项目”“学校为本促进心理健康项目”在县委党校启动。

△ 中卫市人大常委会副主任、中宁县委书记何建勃主持召开年轻干部座谈会。

30日 中宁县召开争创全国文明城市思想道德建设、文明素养提升行动暨新时代文明实践推进会，传达学习习近平总书记关于精神文明建设工作的重要论述，通报文明城市创建工作暗访督查情况，审议争创全国文明城市思想道德建设组工作任务清单，并对下一步工作进行安排部署。

△ 县委副书记、县长周永根主持召开第六届枸杞产业博览会筹备工作领导小组第二次推进会。会议听取博览会各工作组及分项活动工作方案汇报，审议博览会氛围营造设计方案，协调解决相关问题，安排部署有关工作。

△ 县人大常委会成立评议工作组，对县司法局工作进行评议。

30—31日 县召开“改作风，谋发展，争先进”专项行动暨重点项目建设评促会。

6月

1日 中宁县疾病预防控制局挂牌成立。

△ 县长周永根主持召开县十八届人民政府第五十七次常务会议。

6日 中卫市人大常委会副主任、中宁县委书记何建勃一行先后到福银高速中宁出口、平安东街、杞乡黄河体育中心、中宁国际枸杞交易中心等地，现场督办第六届枸杞产业博览会筹备情况。

△ 市人大常委会副主任、县委书记何建勃一行先后到中宁县教育考试指挥中心、中宁一中考点、中宁中学考点督导调研全县高考工作。

△ 市人大常委会副主任、县委书记何建勃主持召开十五届县委2023年第十六次常委会会议。

△ 市政协主席杨文生带领调研组先后到中宁县宁博种子中心、恩和镇华寺村高标准农田建设项目现场、东华粮油购销有限公司、丰泽粮油贸易有限公司等地调研中宁县粮食安全工作。

7日 自治区第十六届运动会高校组篮球比赛在中宁县杞乡黄河体育中心火热开赛，来自全区各高校的10支代表队247人参加比赛。

△ 县人大常委会组成调研组一行先后到长鸣渠信息化改造项目工程现场、恩和镇华寺村高效节水灌溉项目工程现场、恩和镇农业灌溉服务专业合作社、水投公司、第二污水处理厂、宁夏铭岛铝业有限公司年产100万吨再生铝项目现场，对全县用水权改革情况进行专项调研。

7—8日 自治区政协副主席马文娟带领调研组一行先后到创业村、张台村、童庄村、立新村、早康枸杞股份有限公司、上庄村等地围绕“严格耕地资源保护，夯实粮食安全根基”开展专题调研。

8日 自治区政协副主席、现代枸杞产业省级包抓领导刘可为带领自治区有关部门负责人先后到中宁高铁东站、杞乡黄河体育中心、枸杞交易中心、丰安屯旅游度假区调研第六届枸杞产业博览会筹备工作。

9日 中宁县举办城市基层党建引领基层治理创新项目大赛，13位社区党组织书记进行“擂台比武”。

△ 中宁县举办2023年第六期杞乡发展论坛。

△ 中宁县在富康广场组织开展“6·9”国际档案日宣传活动。

12日 自治区第十六届运动会群众组篮球比赛在中宁县杞乡黄河体育中心开赛。

△ 中卫市人大常委会副主任、中宁县委书记何建勃一行先后到白土岗子石料矿、兴尔泰公司、县第一污水处理厂、瀛海天祥建材公司、中晶半导体公司、隆基硅公司等地调研督办中央和自治区环保督察反馈问题整改工作。

13日 县政协召开优化营商环境专题协商座谈会。座谈会上，县政协教科文卫体委员会通报优化营商环境问卷调查情况；各窗口单位、职能部门就本职工作做汇报；参会的政协委员就优化政务服务、落实人才战略等内容进行讨论。

△ 全市城市基层党建引领基层治理观摩评促会在中宁县召开。会议传达学习习近平总书记关于城乡社区治理的重要论述，传达学习全国、全区、中卫市相关会议精神；通报全市城市基层党建引领基层治理交叉调研督导情况。市民政局、中宁县委组织部、沙坡头区委组织部、海原县委组织部等8家单位从不同领域、不同角度做了交流发言。

15日 中宁县在富康广场开展防范非法集资集中宣传活动。

△ 中卫市人大常委会副主任、中宁县委书记何建勃主持召开十五届县委2023年第十七次常委会会议。

16日 县长周永根主持召开县十八届人民政府第五十九次常务会议。

18日 第六届枸杞产业博览会枸杞开园节开幕。

19日 自治区第十六届运动会门球比赛在中宁县南河子公园开赛。

△ 中卫市人大常委会副主任、中宁县委书记何建勃主持召开第六届枸杞产业博览会筹备工作推进会。

20日 中宁县召开职工医保门诊共济保障暨医保电子凭证应用工作推进会议。

△ 佳洋能源有限公司旗下佳钰（宁夏）文化传媒有限公司中宁分公司与携程集团在黄羊古落举行战略合作签约仪式。

22日 第六届枸杞产业博览会现代枸杞产业与大健康国际高峰论坛在丰安屯举办。中国中医科学院中药所雾化吸入性制剂研发中心主任叶祖光，中国中医科学院中药资源中心主任、中国中医科学院中药研究所副所长郭兰萍，自治区政协原副主席袁汉民，美国草药药典（AHP）创始人、美国草药师协会联合创始人罗伊·厄普顿，中国科学院特聘研究员、中国科学院西北特色植物资源化学重点实验室主任邸多隆，宁夏农林科学院枸杞科学研究所枸杞产品加工研究室主任、宁夏农林科学院“枸杞精深加工”学科带头人闫亚美，分别围绕药食同源中药在保健品研发的应用、药食两用枸杞及品质保障、野生红果苦味枸杞种植研究的最新进展、枸杞多糖分离分析新技术及其应用等进行交流探讨。

△　第六届枸杞产业博览会“枸杞功效物质开发战略研究论坛”在杞乡黄河体育中心举办。中国科学院院士、暨南大学粤港澳中枢神经再生研究院院长苏国辉在线上做了题为《枸杞科研与产业转化方向》的主题演讲，宁夏医科大学总医院原副院长、神经外科主任医师、教授夏鹤春，海南博鳌一龄医院管理集团健康品牌管理运营部项目总监许晋恺，北京市科学技术研究院——北科（北京）药物研究院院长吴崇明，暨南大学基础医学与公共卫生学院副院长、老年免疫研究所所长陈国兵，香港大学脑与认知科学国家重点实验室副教授赵健分别做了题为《枸杞抗胶质瘤的表现与作用机制》《医院管理集团的食药两用探索》《精准肠道菌群技术、高端中药产品研发与消费生态构建》《枸杞与公共卫生健康》《研发中药材枸杞子对阿尔茨海默病的全身炎症和神经炎症的免疫调节作用》的主题演讲。

23 日　大西北康养旅游联盟高峰会议暨宁夏中宁枸杞康养旅游高质量发展论坛在杞乡黄河体育中心举行，北京第二外国语学院教授、《旅游学刊》执行主编张凌云，中国旅游研究院战略所所长吴普，贵州财经大学教授杨春宇，宁夏大学前沿交叉学院教授许丽君分别就《中国康养旅游发展现状和未来趋势》《气候康养旅游的现状、趋势和未来》《“康养 + 旅游”新亮点——“中医药康养 + 旅游”发展现状与趋势研判》《康养旅游的宁夏实践》做主旨报告。出席活动的各位专家还以对话形式进行圆桌会议。活动中，大西北康养旅游联盟秘书长田大江给中宁县颁发“大西北康养旅游联盟——中宁枸杞康养旅游分会”的牌匾。

△　第六届枸杞产业博览会枸杞企业新品发布会在中宁国际枸杞交易中心举行。新品发布会上，杞滋堂（宁夏）健康产业有限公司、宁夏杞鑫种业有限公司、宁夏全通枸杞供应链管理股份有限公司、宁夏天仁枸杞生物科技股份有限公司、宁夏红枸杞产业有限公司等 17 家企业推出枸杞原浆、枸杞红素含片、杞视力饮品、枸杞糖肽颗粒、慧眼明康枸杞叶黄素软糖、杞鑫一号枸杞良种、枸杞白兰地、杞标汇小程序、“区块链 +”枸杞新消费平台等 30 余款新产品。

△　县委副书记、县长、县安委会主任周永根主持召开安全生产大起底大排查大整治专项行动工作推进会，传达学习习近平总书记对银川市兴庆区富洋烧烤店燃气爆炸事故做出的重要指示精神，全面贯彻落实区市相关会议精神，通报全县安全隐患排查整治情况，安排部署有关工作，全力以赴抓好安全生产各项工作落实。

23—24 日　第六届枸杞产业博览会“中华杞乡·康养中宁” 第三届枸杞文化旅游节在中宁县杞乡黄河体育中心举行。本届枸杞产业博览会以“杞福天下·共享健康”为主题，采用“线上 + 线下”“国内 + 国际”“走出去 + 请进来”的办会模式，达到了“搭建平台，汇聚商机，商议发展,促进合作”的效果。其中,10余个省区123家参展商,俄罗斯、澳大利亚、英国、法国、韩国等12个国家的特色产品参展,北京同仁堂集团、福建正山堂公司等国内知名企业特邀参展,五大展区100余种枸杞产品及中药材、科技成果、文创产品、专用机械等纷纷亮相。700余位采购商观展考察,近5万人次进馆参观。30余款枸杞新产品、新技术悉数发布,全面展示了全国现代枸杞产业高质量发展的新成果、新亮点。招商引资、签约采购创历史新高,招商签约金额达到91.46亿元,采购签约金额达到15.8亿元。闭幕式上,举行“第五批国家林业重点龙头企业”授牌仪式、第二届现代枸杞产业茨农技能大赛颁奖仪式、宁夏枸杞文化创意大赛颁奖仪式、第六届枸杞产业博览会直播带货大赛颁奖仪式、“枸杞姑娘”中宁文旅推介官颁奖仪式、中宁文化旅游网络达人短视频大赛颁奖仪式;颁发“新华网种子计划——溯源中国可信品牌”证书、“中宁枸杞——点赞2023我喜爱的中国品牌”证书和“品牌产业园示范基地”牌匾;授发“第19届亚运会官方枸杞产品供应商”牌匾;发布了《中国现代枸杞产业高质量发展报告(2023)》和《枸杞实用保健手册》并授书;发布“宁夏枸杞全国诗词创作大赛”信息,分别进行了招商引资与战略合作项目签约、企业合作项目签约、枸杞产品购销协议签约,签订《溯源中国项目合作协议》。

24日　县委副书记、县长周永根一行先后到宁夏华夏特钢有限公司、中宁县宁华再生资源循环利用科技有限公司、宁夏铭岛铝业有限公司、宁夏宁创新材料科技有限公司等地督导检查燃气使用企业安全生产工作。

△　宁夏回族自治区第十六届运动会在为期2个月的比赛中完成青少年组、群众组、高校组的各项赛程,圆满落幕。中宁县获得金牌20块,银牌13块,铜牌15块,4—8名56个奖项的优异成绩,并获得青少年组团体总分第八名和优秀赛区、体育道德风尚奖等多项荣誉。

25日　中卫市人大常委会副主任、中宁县委书记何建勃主持召开十五届县委2023年第十九次常委会会议。

△　中卫市人大常委会副主任、中宁县委书记何建勃一行先后到卓然怡居阿郎烧烤餐厅、白桥棚户区改造工程现场、安嘉液化气公司、鑫兴隆液化气公司、红宝家园等地,督导检查安全生产和消防安全工作。

26日　中卫市人大常委会副主任、中宁县委书记何建勃等县领导到恩和镇沙滩村开展党性教育活动。

△　县人大常委会视察组一行先后到县城商贸特色街区、恩和镇上庄村“空气源热泵”居民取暖项目、中宁县医院、新堡街红杨小区改造工程、中宁县第十一幼儿园新建项目工程等地,对县十八届人大一次、二次会议议案和2023年民生计划办理落实进展情况进行视察。

△　县长周永根主持召开县十八届人民政府第六十次常务会议。

27日　中宁县召开“四防”常态化督查工作推进会,传达区市“四防”常态化督查工作调度会精神,听取县直有关部门(单位)“四防”常态化督查反馈问题整改情况汇报,并安排部署全县“四防”常态化督查工作。县委副书记彭小沛出席会议。

△ 中宁县总工会第十次代表大会在恒辰世纪酒店召开，会议选举产生新一届县总工会班子。

△ 因强对流天气影响，徐套乡部分地区遭受冰雹袭击，致使玉米、西瓜等部分农作物受损。

28 日 县委副书记、县长周永根及时赶赴受灾地区，实地查看冰雹灾害受灾情况，检查指导救灾减灾工作。

△ 中卫市人大常委会副主任、中宁县委书记何建勃一行枣园中队、铭岛铝业有限公司、宁创新材料科技有限公司、新百开元店、百隆商厦等地督导检查安全生产工作。

△ 县委副书记、县长、县委调研考察第二调研组组长周永根到徐套乡开展乡党委和村“两委”班子届中运行情况调研暨乡镇领导班子和领导干部政治素质专项考察工作。

△ 中宁县举办县委理论学习中心组第七次集中学习会暨全县第七期杞乡发展论坛。

△ 十五届县委第五轮巡察工作动员部署会议召开，传达学习《中央巡视工作规划（2023—2027 年）》专题培训班上的讲话精神及自治区、市、县委关于巡察工作新部署新要求，对县委第五轮巡察工作进行动员部署。

7 月

1 日 中卫市人大常委会副主任、中宁县委书记何建勃先后到宁夏北星精工陶瓷技术有限公司、宁夏今飞轮毂有限公司、宁夏水投水务有限公司第四污水处理厂、小红楼餐饮开元店、国贸百货公司等地督导检查安全生产和生态环保工作。

2 日 中卫市人大常委会副主任、中宁县委书记何建勃带队到中宁县部分音乐餐厅、KTV，督导检查人员密集场所消防安全工作。

3 日 中卫市人大常委会副主任、中宁县委书记何建勃主持召开县委应急管理委员会 2023 年第一次会议暨全县安全生产隐患排查整治专题会议。

4 日 中卫市人大常委会副主任、中宁县委书记何建勃主持召开十五届县委 2023 年第二十一次常委会会议。

5 日 县长周永根主持召开县十八届人民政府第六十一次常务会议。

△ 县委副书记、县长周永根一行先后到宁安镇南桥村卫生室、恩和镇污水处理站、工业园区南区再生水连通项目地、南河子沟（龙坑沟）水环境综合治理项目地、中宁县人民医院、中宁县图书馆，调研督导民生计划、政协提案办理及农村生活污水处理项目建设情况。

△ 县政协召开文艺界别委员工作室启动暨提案办理对口协商会议。

6 日 中卫市人大常委会副主任、中宁县委书记何建勃带队到中宁县部分餐饮娱乐场所、人员密集场所等地，督导检查安全生产领域“四防”督查反馈问题整改工作。

△ 县委副书记、县长周永根带队到徐套乡、喊叫水乡部分商铺、餐饮场所等地，检查安全生产领域“四防”督查反馈问题。

△ 中宁县组织全市党员干部参加安全

生产大轮训。

7日　中卫市人大常委会副主任、中宁县委书记何建勃一行先后到县审批服务管理局、宁安镇黄滨村、新堡镇特色农业观光园等地率队调研民族宗教工作。

△　中卫市人大常委会副主任、中宁县委书记何建勃主持召开安全生产大起底大排查大整治专项行动工作领导小组会议。

10日　县委副书记、县长、县安委会主任周永根主持召开全县安全生产大起底大排查大整治专项行动工作调度会，通报全县液化气领域安全隐患排查及整改情况，"九小"场所安全隐患排查及整改情况，区，市"四防"督查反馈问题整改及全县重点领域安全隐患排查整改情况，并对相关工作进行安排部署。

11日　中卫市人大常委会主任崔昆一行先后到宁夏铭岛铝业有限公司、宁夏天元锰业二厂、楼外楼娱乐场所、宁安西街小红楼宴会餐厅等地督导检查中宁县安全生产工作。

△　中卫市人大常委会副主任、中宁县委书记何建勃主持召开十五届县委2023年第二十二次常委会会议。

12日　中卫市人大常委会副主任、中宁县委书记何建勃到喊叫水乡、徐套乡督导检查安全生产领域"四防"督查反馈问题整改工作，实地调研两乡特色产业发展情况。

14日　县长周永根主持召开县十八届人民政府第六十二次常务会议，传达学习《中华人民共和国安全生产法》，习近平总书记对防洪救灾工作做出的重要指示精神，梁言顺同志在调研"三夏"等工作时的讲话精神，自治区安全生产文件和有关会议精神。套开全县城镇燃气安全隐患排查整治工作推进会，通报自治区乡村振兴局反馈问题"回头看"情况，安排部署有关工作。

△　中宁县召开巩固拓展脱贫攻坚成果同乡村振兴有效衔接考核评估反馈问题整改工作推进会。

17日　中卫市人大常委会副主任、中宁县委书记何建勃一行先后到水务局防汛物资仓库、枣园沟109国道桥、黄河滨河北路险工险段（高山寺）、新堡镇盐池闸沟、恩和镇车门沟等地，督导调研全县防汛及河湖长制工作。

18日　中卫市人大常委会主任崔昆一行先后到石空镇中心卫生院、中宁三中、太平村卫生室、县城中心敬老院、中宁县消化病医院、悦海幼儿园督导检查中宁县安全生产工作。

19日　中宁县召开教育领域侵害群众利益不正之风专项治理工作推进会议暨警示教育大会，传达全区教育领域侵害群众利益不正之风专项治理工作推进会议暨警示教育大会精神，通报全县教育领域侵害群众利益不正之风专项治理工作推进情况和违纪违法案件情况，对专项治理工作进行再安排、再部署。

20日　中卫市人大常委会副主任、中宁县委书记何建勃主持召开十五届县委2023年第二十四次常委会会议。

△　县长周永根主持召开县十八届人民政府第六十三次常务会议，传达学习习近平总书记在全国生态环境保护大会上的重要讲话精神，《宁夏回族自治区气象灾害防御条例》，《中共中央　国务院关于促进民营经济发展壮大的意见》，区市关于加强工贸行业安全生产有关文件精神等内容。套开全县生态环境领域

违法行为专项整治行动工作推进会，安排部署了有关工作。

21日　中宁县在富康广场举行文明交通暨夏季交通秩序专项整治深化行动启动仪式。

22日　中宁县在杞鑫种业康滩基地召开枸杞示范园区机械现场演示会。

23日　中卫市人大常委会副主任、中宁县委书记何建勃主持召开县委理论学习中心组（扩大）第九次集中学习会暨全县第八期杞乡发展论坛。

25日　中卫市人大常委会副主任、中宁县委书记何建勃主持召开黄河流域生态保护和高质量发展先行区建设中宁县2023年第五次推进会暨上半年经济形势分析会。

△　中宁县召开第五轮驻村工作队动员大会。

△　中卫市人大常委会副主任、中宁县委书记何建勃主持召开十五届县委2023年第二十五次常委会会议。

27日　中宁县十八届人大常委会召开第十次会议。

△　中宁县召开国家卫生县复审观摩评促会。

28日　县委副书记、县长周永根主持召开十五届县委2023年第二十六次常委会（扩大）会议。

△　中宁县政协召开十三届九次常委（扩大）会议，县长周永根主持召开县十八届人民政府第四十四次常务会议。

30日　中宁县召开医疗健康总院实体化运行推进会，传达学习《关于积极推进县域紧密型医共体实体化运行的若干意见》《中宁县推动公立医院高质量发展实施方案》并安排部署相关工作。

7月31日—8月1日　中宁县开展上半年经济观摩暨重点项目督导评促。观摩团先后来到中宁工业园区、中宁枸杞产业高新技术示范园区等地，对全县17个重点项目进行实地观摩评促。

8月

2日　2023年宁夏回族自治区青少年举重锦标赛在中宁县开赛，来自全区各市县的12支代表队136名运动员在中宁县体育中心参加比赛。

△　县委副书记、县长、县安委会主任周永根主持召开2023年第五次安委会（扩大）会议，通报上半年全县安全生产工作情况、全县重大事故隐患专项整治2023行动推进情况、重点领域安全风险隐患排查情况、全县燃气用户入户安全检查发现问题整改情况，并对相关工作进行安排部署。

3日　县政协召开2023年第一期“有事好商量”协商会议，针对驻中宁邢台商会会员反映的贷款难、贷款额度低等问题进行沟通协商并有效解决。

4日　中卫市人大常委会副主任、中宁县委书记何建勃主持召开十五届县委2023年第二十七次常委会会议。

7日　全区供销合作社县域流通服务网络体系建设现场会在中宁县召开。与会人员先后到乐家物流配送中心、恩和镇供销社、石喇叭村网红党支部直播基地等地，通过实地查看、听取介绍、交流座谈等方式，对中宁县供销合作社县域流通服务网络体系建设情况进行详细了解。

7—8日　县政协举办2023年第二期委员培训暨委员大讲堂。培训邀请《人民政协报》驻宁记者站站长范文杰、银川市政协秘书科科长海伟等分别围绕政协委员如何做好调查研究和成果转化工作、如何撰写高质量政协提案等内容进行专题讲解。

8—9日　上半年全县卫生健康工作观摩评促推进会召开，总结上半年工作，分析发展形势，安排下半年重点工作任务，进一步推动全县卫生健康事业高质量发展。观摩评促中，与会人员深入中宁县医康养综合服务中心、中宁县人民医院和部分乡镇卫生院，就相关重点工作进行观摩评促。

9日　中卫市政协副主席盛建宁带队先后到大战场禹尧庄园田园综合体、新堡镇创业村特色农业观光创业园、石空镇跨村联建壮大村集体经济示范点等地，调研实施乡村"五大振兴"打造乡村全面振兴示范市工作情况。

△　县长周永根主持召开县十八届人民政府第六十六次常务会议。

11日　县委副书记、县长周永根一行先后到县水务局、黄河宁安镇营盘滩险工段、余丁乡井梁子沟、黄羊村大口子沟等地，督导调研全县防汛、河长制及地质灾害等工作。

△　中卫市人大常委会副主任、中宁县委书记何建勃主持召开大兴调查研究成果交流会。会上，何建勃、周永根、巫磊、张志军以及县发改局、农业农村局、水务局、宁安镇、大战场镇等乡镇（部门）主要负责人进行交流发言；彭小沛通报全县大兴调查研究督查情况。

12日　中卫市人大常委会副主任、中宁县委书记何建勃主持召开十五届县委2023年第二十八次常委会会议。

14日　中国共产党中宁县第十五届委员会第五次全体（扩大）会议召开。出席会议的有县委委员28人，候补委员5人。县纪委常委、有关方面负责人和相关部门班子成员、社区党组织负责人等列席会议。会议由县委常委会主持，中卫市人大常委会副主任、中宁县委书记何建勃代表县委常委会做了讲话。全会坚持以习近平新时代中国特色社会主义思想为指导，深入学习贯彻习近平总书记关于安全生产重要论述和重要指示精神，坚决落实自治区党委十三届四次全会及市委五届七次全会部署，原文传达梁言顺在自治区党委十三届四次全会上的讲话、暗访督查自治区党委全会精神学习贯彻情况时的指示精神、雷东生对《深入学习贯彻习近平总书记重要指示精神，统筹发展和安全，提高安全生产工作水平，切实保障人民群众生命财产安全的意见》和专项配套文件的总体说明，以及《中国共产党中卫市第五届委员会第七次全体会议公报》，对"1+37+8"系列文件集中再学习再研讨。

15日　中宁县举办枸杞标准化生产暨高质量发展现场观摩培训班。活动中，观摩人员先后来到太阳梁乡隆原裕民枸杞基地、杞滋堂健康产业有限公司、百瑞源枸杞基地、杞鑫公司枸杞基地等，通过实地观摩、听取介绍等方式，对2021—2023年新建枸杞基地示范园田间管理、水肥使用、挂果情况、产业发展等内容进行详细了解，并就秋季田间管理技术和枸杞标准化种植田间管理技术进行交流讨论。

△ 中宁县召开铸牢中华民族共同体意识示范县建设工作推进会。与会人员到大战场镇长山头村、新堡镇创业村、余丁乡时庄村、宁安镇仁和社区、县审批服务局、中宁县第二小学、早康枸杞股份有限公司，就各单位铸牢中华民族共同体意识示范单位建设情况进行观摩评促。

△ 中宁县举办“联盟聚力 智汇杞乡”宁夏青年枸杞产业联盟携手青年人才“杞乡行”活动并召开青年人才座谈会。会上，与会县领导为见习基地进行示范性授牌；宁夏青年枸杞产业联盟为“希望工程”捐资助学；县人社、税务部门负责人介绍全县人才政策及青年就业创业服务等情况；部分青年代表做了交流发言。

16 日 县委副书记、县长周永根调研督导县人大议案、民生计划、代表建议和政协提案办理暨重点场所安全隐患排查整治工作。

△ 县长周永根主持召开县十八届人民政府第六十七次常务会议，专题解读税收基本业务知识，传达学习习近平总书记在首个全国生态日之际做出的重要指示精神；传达学习副总理张国清、国务委员王小洪在全国安全生产电视电话会议上的讲话；传达学习梁言顺书记在自治区党委理论学习中心组学习会上、在暗访督查自治区党委全会精神学习贯彻情况时的讲话精神，中卫市委五届七次全会公报，中宁县委十五届五次全会公报。套开全县耕地保护工作推进会，安排部署有关工作。

17 日 中卫市人大常委会副主任、中宁县委书记何建勃主持召开十五届县委 2023 年第三十次常委会会议，传达学习习近平总书记在首个全国生态日之际做出的重要指示精神，全区组织工作会议精神；自治区党委办公厅关于整治形式主义为基层减负有关文件；安排部署贯彻落实工作；研究中宁县财政“十四五”规划等事宜。

△ 县长周永根主持召开县政府党组深入学习贯彻自治区党委十三届四次全会精神和“1+37+8”系列文件第一次专题学习（扩大）会议，传达学习习近平总书记关于安全生产重要论述、梁言顺书记在自治区党委十三届四次全体会议上的讲话和雷东生常委对相关意见及专项配套文件的总体说明，观看自治区住建厅、市场监管厅的方案说明视频并进行解读，安排部署有关工作。

22 日 中宁县召开巩固拓展脱贫攻坚成果同乡村振兴有效衔接反馈问题整改推进会。会上，通报了全县巩固拓展脱贫攻坚成果同乡村振兴有效衔接重点任务督查情况；县农业农村局、教育体育局、人力资源和社会保障局、白马乡、徐套乡相关负责人做表态发言。

23 日 县政协召开深化土地经营权改革培育发展农业特色支柱产业专题协商座谈会，围绕各乡镇土地流转、利益分享机制建立及运行、农业特色支柱产业培育等情况内容展开协商。

△ 县委副书记、县长周永根带领相关部门负责人周永根一行先后来到大唐中宁共享储能项目、石空镇富民便民创业市场项目、和光年产 2 GW 单晶棒和 200 GW 方硅芯项目、瀛海天祥水泥熟料生产线改造项目、嘉里宁夏陆

港项目现场，督导调研全县重点建设项目情况。

24日　市人大常委会副主任、县委书记何建勃带领相关县领导，调研车辆管理所机动车业务、白马乡综治中心工作开展情况。

△　市人大常委会副主任、县委书记何建勃主持召开十五届县委2023年第三十一次常委会会议。

△　县政协联系宁夏正丰集团和宁夏恒达建设有限公司两家爱心企业，为中宁县2023年新考上的15名贫困大学生每人发放4000元助学金。

△　全市铸牢中华民族共同体意识创建工作互观互检活动观摩团到中宁县大战场镇长山头村、恩和镇沙滩村、中宁县第三小学等示范点进行观摩。

△　中宁县举办村党组织书记抓党建促乡村振兴"擂台比武"活动。

25—27日　由自治区体育局主办，中国篮球协会指导，中宁县承办的2023年"中宁枸杞杯""一带一路"四国男子篮球俱乐部邀请赛在杞乡黄河体育中心开赛。

28日　中宁县召开创建全国文明城市暨巩固国家卫生县工作推进会通报争创全国文明城市和巩固国家卫生县情况，安排下一步工作。

30日　中宁县召开新时代文明实践工作暨文明素养提升行动推进会。

△　县人大常委会视察组一行先后到宁创年产5万吨高精度铝板带箔项目、明阳(中宁)智慧能源产业园项目(一期)、中宁县第十二小学建设项目、智慧科技产业园等项目建设现场，对中宁县2023年重点项目建设情况进行视察。

9月

1日　自治区党委第一巡视组巡视中宁县工作动员会议召开。

△　以"民族团结一家人　中华民族一家亲"为主题的中卫市2023年民族团结进步月活动启动仪式在中宁县人民广场举行。

4日　中卫市人大常委会副主任、中宁县委书记何建勃主持召开十五届县委2023年第三十二次常委会会议。

5日　中宁县召开食品药品安全委员会全体会议暨落实食品安全"两个责任"推进会。会议传达学习习近平总书记关于食品药品安全的重要讲话指示批示精神，自治区食品药品安全委员会全体会议精神，以及自治区相关文件，通报全县食品药品安全工作情况，研究审议相关文件。

△　中宁县组织工作会议召开。

5—7日　县人大常委会组织全县"三级人大代表"及有关职能部门专业技术人员组成执法检查组，对全县12个乡镇安全生产法、自治区安全生产条例和燃气管理条例的贯彻落实情况进行执法检查。

7日　县纪委监委、县委组织部、县委政法委对县公安局政治督察、纪律作风督查巡查、执法监督专项检查动员会召开。

8日　县长周永根主持召开县十八届人民政府第六十九次常务会议。

12日　县委副书记、县长周永根主持召开

中宁县十八届人民政府第三次全体(扩大)会议,学习贯彻习近平总书记关于当前经济形势和经济工作的重要讲话及做好安全生产工作重要讲话指示批示精神,落实区市相关会议精神,总结今年以来政府各项工作,对全年工作进行再安排、再部署、再推进。

13 日　县长周永根主持召开县十八届人民政府第七十次常务会议,传达学习《中卫市耕地保护党政同责实施办法（试行）》《中卫市耕地保护十条措施(试行)》,中央、自治区学习贯彻习近平新时代中国特色社会主义思想主题教育第一批总结暨第二批部署会议精神;传达学习梁言顺书记在全区第九次民族团结进步表彰大会上的讲话精神;传达学习自治区安委会第六次全体(扩大)会议精神;传达学习张雨浦主席在全区推进“三北”工程和荒漠化防治工作座谈会上的讲话精神。听取全县自建房安全隐患排查整治工作情况汇报,安排部署有关工作。

15 日　中卫市人大常委会副主任、中宁县委书记何建勃主持召开十五届县委 2023 年第三十三次常委会会议。

△　全县学习贯彻习近平新时代中国特色社会主义思想主题教育工作会议召开,学习贯彻习近平总书记关于主题教育的重要讲话和重要指示批示精神,贯彻落实党中央决策部署和区、市委要求及主题教育工作会议精神,对全县深入开展学习贯彻习近平新时代中国特色社会主义思想主题教育进行动员部署。

19 日　中宁县第十四次妇女代表大会召开,选举产生新一届县妇联班子。

20 日　中宁县 2023 年中国农民丰收节网红直播带货促消费活动启动,70 余名网红团队通过直播带货,助力中宁农特产品销售。

21 日　中卫市人大常委会副主任、中宁县委书记何建勃主持召开十五届县委 2023 年第三十四次常委会会议。

22 日　中宁县举办 2023 年第九期杞乡发展论坛。

△　中宁县党政领导干部安全生产综合能力提升专题培训班开班。培训采取视频会议进行,内容围绕习近平总书记关于安全生产重要论述及自治区党委十三届四次全会精神解读,“1+37+8”系列文件解读及燃气安全与隐患排查、道路交通安全管理等主题进行,采取“分时段、分专题”形式,集中利用每周五培训 2 个专题,累计 12 天,共 24 个专题,对全县各乡镇、部门(单位)、国有企业班子成员、全体干部职工以及村(社区)干部、网格员、驻村工作队员、教育、医疗卫生机构主要负责人进行全员轮训。

△　自治区政协视察组一行先后到中宁县人民医院、大战场中心小学开展“防控重大疾病,提升自治区人均预期寿命”民主监督。

25 日　县人大常委会主任巫磊主持召开县十八届人大常委会第十一次会议。

27 日　中宁县开展重点项目建设观摩评促活动,观摩组先后就清水河中宁段防洪治理工程、大战场镇花豹湾村高标准农田建设项目、全钒液流电池装备制造项目、“云上七星”项目、第十小学教学楼重建项目、明阳(中宁)智慧能源产业园项目、“宁电入湘”项目、恩和镇及新堡镇秋冬季农田建设推进情况进行实地观摩督导。

△　县长周永根主持召开县十八届人民政府第七十一次常务会议。

28日　市人大常委会副主任、县委书记何建勃主持召开十五届县委2023年第三十五次常委会会议。

△　中宁县2023“庆中秋 迎国庆”枸杞文化一条街亮灯活动正式开启。

10月

2日　余丁乡黄羊村入选第三批全国乡村治理示范村。

10日　县长周永根主持召开县十八届人民政府第七十二次常务会议。

11日　县政协组织全体政协委员和有关单位先后到宁创年产5万吨高精度铝板带箔项目生产车间、智慧科技产业园、杞福源枸杞精深加工车间、新堡镇千亩小番茄特色产业园等地对中宁县重点项目进展情况进行观摩观摩组。

△　中宁县政协举办2023年第三期委员培训暨委员大讲堂。

△　中卫市人大常委会副主任、中宁县委书记、中宁县委主题教育领导小组组长何建勃到宁创新材料科技有限公司、中宁工业园区、恩和镇沙滩村、宁安镇黄滨村调研督导全县主题教育开展情况。

12日　中卫市人大常委会副主任、中宁县委书记何建勃主持召开十五届县委2023年第三十六次常委会会议。

△　中卫市人大常委会副主任、中宁县委书记、中宁县委全面深化改革委员会主任何建勃主持召开县委全面深化改革委员会第二十四次会议，传达学习中央、区、市相关改革会议精神，通报全县“六权”改革重点任务推进落实情况，研究审议相关文件和改革方案，安排部署下一步工作。

12—13日　自治区专家组对中宁县巩固国家卫生县工作进行复审评估。

13日　中宁县组织部分县处级退休干部，科级退休干部、教师和离退休干部党支部书记开展“话传统，谈复兴，聚力量”专题调研活动。

16日　中宁县人民医院举行介入导管室开科仪式，介入导管室投入使用。

△　全区农村生活污水治理现场观摩推进会在中宁县召开。

17日　县人大常委会组织评议调查组，分别对县司法局和市场监督管理局的工作进行评议调查。

△　县政协视察组一行先后到贝贝乐托育早教中心、中宁县人民医院、老南街等地，对十三届二次会议确定的重点提案及转交的部分提案办理情况进行视察。

18日　中卫市人大常委会副主任、中宁县委书记何建勃主持召开十五届县委2023年第三十七次常委会会议。

△　县委副书记、县长周永根主持召开县政府党组深入学习贯彻自治区党委十三届五次全会精神和“1+4”系列文件专题学习班第一次专题学习会。

19日　中国共产党中宁县第十五届委员会第六次全体（扩大）会议举行。

△　全县第三季度驻村工作会议召开，传

达学习习近平总书记关于“三农”工作和乡村振兴战略的重要论述，全区、全市驻村帮扶工作推进会精神，并就近期重点工作进行安排部署。

23日　中宁县首届重阳节“孝行天下·康养中宁”敬老活动在太阳城养老服务中心举行。

25日　中宁县召开争创全国文明城市暨巩固国家卫生县现场评促会，先后到县公安局、红宝农贸市场、红宝建材市场、西环路宁丰路段、汽车站等地，实地了解创城工作进展情况，现场研究解决相关问题。

△　中卫市人大常委会副主任、中宁县委书记何建勃主持召开十五届县委2023年第四十次常委会会议。

26日　自治区文化和旅游厅就中宁县创建自治区级全域旅游示范区工作进行验收。

△　中宁县召开体教融合观摩会。

27日　中宁县在鸣沙镇红柳沟治理区举行黄河“几字弯”攻坚战暨国土绿化试点示范项目中宁片区启动仪式。

△　自治区政协副主席马秀珍带领部分医药卫生界委员，联合自治区人民医院眼科医院、银川市第一人民医院，到中宁县喊叫水乡康湾新村开展下基层“为民服务”义诊活动。活动中，马秀珍一行走访慰问康湾新村5户困难家庭，并为他们分别送去1000元慰问金以及衣服、大米等生活物资。

30日　县长周永根主持召开县十八届人民政府第七十三次常务会议。

31日　中卫市人大常委会副主任、中宁县委书记、中宁县委主题教育领导小组组长何建勃主持召开全县学习贯彻习近平新时代中国特色社会主义思想主题教育工作推进会暨县委主题教育领导小组第二次会议。

△　市人大常委会副主任、县委书记何建勃主持召开黄河流域生态保护和高质量发展先行区建设中宁县2023年第六次推进会暨三季度经济形势分析会。

11月

1日　何建勃一行先后到石空卫生院倪丁村卫生室、红宝家园、中宁一小、县信访局，就群众看病就医、老旧小区改造、教育质量提升、信访积案化解等工作以及各类专项整治开展情况进行调研。

1—2日　中卫市人大常委会副主任、中宁县委书记、中宁县委主题教育领导小组组长何建勃带队开展主题教育“四下基层”调研活动。

3日　中宁县召开争创全国文明城市暨巩固国家卫生县现场评促会。

6日　中宁县举行“感恩总书记　奋进新征程”习近平新时代中国特色社会主义思想宣讲报告会暨2023年第十期杞乡发展论坛。

△　中卫市人大常委会副主任、中宁县委书记何建勃主持召开十五届县委2023年第四十一次常委会会议。

△　中卫市人大常委会副主任、中宁县委书记、中宁县人武部党委第一书记何建勃主持召开2023年县委议军会议，传达学习习近平总书记在中央政治局第七次集体学习时的重要讲话精神，听取中宁县2023年国防动员和后备力量建设情况汇报。

△　县委人大工作会议召开，深入学习贯彻党的二十大精神、习近平总书记关于坚持和完善人民代表大会制度的重要思想，全面落实党中央和自治区、市党委人大工作会议精神，研究部署当前和今后一个时期全县人大工作。

7日　自治区人大常委会副主任沈左权带领督查组一行先后到中宁一小、宁安镇等地，督查中宁县中央和自治区党委人大工作会议精神贯彻落实情况。

△　中卫市人大常委会副主任、中宁县委书记何建勃主持召开2023年重点改革评促会。

△　中宁县开展2023年机关党建工作现场观摩评促活动。活动中，何建勃一行先后观摩县人民法院“法网柔情唤爱回家”党建＋家事审判模式，县审批服务管理局“支部建在窗口上五个带头五个好”政务服务模式，县市场监督管理局“党建＋智慧监管”为民服务“永不打烊”监管模式，县人民医院“‘医’心向党、‘救’在身边”医疗服务模式，县公安局交巡警大队“3+N”构建“党建树”精耕细作“车管所”交管服务模式和中宁县职业技术学校“党团企一心　教研产一体”校企育人模式。

8日　县长周永根主持召开县十八届人民政府常务会第七十四次会议。

△　中宁县举办2023年第十一期杞乡发展论坛。

9日　中宁县召开政法队伍建设暨青年干部发展座谈会，传达学习习近平总书记关于做好年轻干部工作的重要论述，习近平总书记在2021年秋季学期、2022年春季学期中央党校中青年干部培训班开班式，中央党校建校90周年庆祝大会暨2023年春季学期开学典礼上的重要讲话精神。邀请政法各单位老中青三个层次优秀业务骨干代表进行交流发言。

11日　自治区党委第一巡视组组长宋志霖带领自治区党委第一巡视组临时党支部全体党员在中宁县开展“感悟思想伟力　凝聚奋进力量”主题党日活动。

13日　中卫市人大常委会副主任、中宁县委书记、中宁县委主题教育领导小组组长何建勃一行到太阳梁乡、石空镇等部分乡镇调研主题教育开展情况。

14日　县人大常委会视察组一行先后到南河子亮化美化、枸杞文化街、开元新居小区等项目现场，对县十八届人大二次会议议案和2023年民生计划办理落实情况进行视察，进一步促进议案和民生计划项目的办理落实。

△　中卫市人大常委会副主任、中宁县委书记何建勃主持召开十五届县委2023年第四十二次常委会会议。

16日　县长周永根主持召开县十八届人民政府常务会第七十五次会议。

△　县人大常委会调研组先后到大战场镇长山湖村、长山头村、元丰十八清真寺、县委党校、县审批服务管理局、白马乡彰恩村等地，对中宁县铸牢中华民族共同体意识示范县建设工作进行调研。

20日　中宁县召开医药领域腐败问题集中整治工作推进会。

△　中宁县召开2024年度城乡居民医保征缴暨医保电子凭证推广应用工作推进会。

△　中卫市人大常委会副主任、中宁县委书记何建勃一行先后到喊叫水乡牛羊交易市场、麦垛新村、贺口子村、喊叫水村等地调研

产业发展情况。

21 日　中卫市人大常委会副主任、中宁县委书记、中宁县委主题教育领导小组组长何建勃主持召开县委学习贯彻习近平新时代中国特色社会主义思想主题教育领导小组第三次会议。

△　中卫市人大常委会副主任、中宁县委书记何建勃主持召开十五届县委 2023 年第四十四次常委会会议。

22 日　中宁县召开争创“全国文明城市暨巩固国家卫生县”现场办公会。

23 日　中宁县政协召开十三届十次常委(扩大)会议。

△　县委副书记、县长周永根带领相关部门(单位)负责人先后到金岸骄子居民小区、部分待拆迁工地、西环路沿线、白桥三角地带等地,现场解决争创“全国文明城市暨巩固国家卫生县”工作中存在的重点难点问题。

△　中宁县与上海合作组织国家多功能经贸平台举行战略合作签约仪式。

24 日　县长周永根主持召开县十八届人民政府常务会第七十六次会议。

27 日　县十八届人大常委会召开第十二次会议。

△　自治区党委主题教育第五巡回督导组党支部和中宁县委组织部党支部开展“观摩学习拓思路 以学促干建新功”联合主题党日活动。

28 日　中国零碳排放应用型旅游区联合研究中心在中宁县黄羊古落旅游度假区挂牌成立。

△　中宁县召开主题教育整改整治工作推进会。

30 日　中卫市人大常委会副主任、中宁县委书记何建勃主持召开县生态环境保护暨生态立县战略领导小组 2023 年第三次会议,传达学习习近平生态文明思想,贯彻落实自治区党委十三届五次全会精神。

12 月

1 日　中卫市人大常委会副主任、中宁县委书记、中宁县委主题教育领导小组组长何建勃到舟塔乡和余丁乡调研主题教育开展情况。

△　县长周永根主持召开县十八届人民政府常务会第七十七次会议。

△　中宁县举办 2023 年第十二期杞乡发展论坛暨农业水价改革和用水权改革培训班。

△　中宁县获首批自治区创新型县(区)建设。

4—5 日　中卫市人大常委会副主任、中宁县委书记、中宁县委主题教育领导小组组长何建勃到徐套乡、喊叫水乡、新堡镇和宁安镇调研指导主题教育开展情况。

6 日　中卫市人大常委会副主任、中宁县委书记何建勃主持召开十五届县委 2023 年第四十五次常委会会议。

△　全县宣传思想文化工作暨文物工作会议召开。

△　中卫市人大常委会副主任、中宁县委书记何建勃主持召开全县 2024 年重点项目谋划工作会。

8 日　全区民族团结进步模范事迹报告会

在中宁县举行。报告会上,自治区宣讲团团长、民委专职委员杨浩致辞;获得自治区民族团结进步模范集体和个人的闽宁镇政府经济发展办公室工作人员杨智媛、宁夏厚生记食品有限公司总经办主任贺晶、宁夏大学勤学书院辅导员艾萨·阿尤普、平罗县城关第五小学副校长张佳梅、西吉县吉强镇团结社区党支部书记摆晓莉分别做了宣讲报告。

11日　县政府党组书记、县长周永根主持召开县政府党组学习贯彻习近平新时代中国特色社会主义思想主题教育调查研究成果交流会。

12日　中宁县入选第一批五个自治区农业科技园区。

△　中卫市人大常委会副主任、中宁县委书记何建勃主持召开十五届县委2023年第四十七次常委会会议。

△　中卫市人大常委会副主任、中宁县委书记何建勃主持召开县委党的建设领导小组2023年第四次会议,传达学习全国组织工作会议精神,研究《2023年度中宁县党(工)委(党组)书记抓基层党建述职评议考核工作会议方案(送审稿)》,安排部署相关工作。

13日　县长周永根主持召开县十八届人民政府常务会第七十八次会议。

△　市人大常委会副主任、县委书记、县委主题教育领导小组组长何建勃主持召开县委常委会主题教育调研成果交流会。

△　石空镇太平村入选"中国美丽休闲乡村"。

14日　中国共产党中宁县第十五届委员会第七次全体会议举行,全面贯彻落实党中央决策部署和区、市党委工作要求,听取和审议县委常委会工作报告,报告县委书记抓基层党建工作、2023年度干部选拔任用、党风廉政建设主体责任落实和意识形态工作责任制落实情况,对有关工作进行评议测评。

15日　中卫市人大常委会副主任、中宁县委书记、中宁县委全面深化改革委员会主任何建勃主持召开县委全面深化改革委员会第二十五次会议,传达学习习近平总书记关于全面深化改革的重要论述,研究审议相关工作方案,安排部署下一步工作。

△　中卫市人大常委会副主任、中宁县委书记何建勃主持召开十五届县委2023年第四十九次常委会会议。

△　县政协党组书记张志军主持召开学习贯彻习近平新时代中国特色社会主义思想主题教育调查研究成果交流会。

△　县人大常委会党组书记、主任巫磊主持召开县人大常委会主题教育调研成果交流会。

△　中宁县举办2023年第十三期杞乡发展论坛。

18日　县政协召开十三届十一次常委(扩大)会议。会议传达学习有关会议和文件精神,审议通过《关于召开县政协十三届三次全体会议的公告(草案)》、《县政协十三届三次全体会议会务文件(草案)》、《县政协十三届常委会工作报告(草案)》、《县政协十三届常委会提案工作报告(草案)》、《县政协2024年协商民主计划(草案)》、《县政协2023年度优秀政协委员建议名单(草案)》;听取县人民政府《关于2023年度提案办理情况的报告》。会议还审议有关人事事项。

20—21 日　中国人民政治协商会议中宁县第十三届委员会第三次会议召开。

21—22 日　中宁县第十八届人民代表大会第三次会议召开。

25 日　石空镇成功申领到中国地质学会认证的第三批天然富硒土地标识。

△　全区首届乡村振兴农民合唱艺术节在杞乡黄河体育中心举行，来自全区 22 个市县选送的 16 支农民合唱团参加。

26 日　中宁县开展“筑梦未来　衣暖童心”棉校服捐赠活动。

△　中宁县支援青海灾区的 600 余套活动板房分两批次相继送达青海省各受灾地区。

△　县长周永根主持召开县十八届人民政府常务会第七十九次会议。

27 日　中卫市人大常委会副主任、中宁县委书记何建勃主持召开县应急管理指挥部 2023 年第二次会议，总结全年安全生产、应急管理工作，分析研判当前形势，研究部署下阶段重点任务。

△　中卫市人大常委会副主任、中宁县委书记何建勃主持召开县党风廉政建设和反腐败斗争工作领导小组 2023 年第三次会议，传达学习习近平总书记关于全面从严治党重要论述，研究部署 2024 年党风廉政建设和反腐败工作。

28 日　中宁县在大战场镇举行困难群众温暖过冬物资集中发放仪式。筹集 175 万元购置棉被、棉衣、米面油等生活物资为全县 816 户困难群众集中进行发放。

△　农业农村部信息中心、食物与营养发展研究所联合公布 2023 年全国“土特产”推介名单，中宁枸杞入选 2023 全国土特产推介名单。

29 日　“乡村振兴梦　魅力中宁红”中宁县 2023 年大地欢歌冬季“村晚”在杞乡黄河体育中心举行。

△　中卫市人大常委会副主任、中宁县委书记何建勃主持召开十五届县委 2023 年第五十一次常委会（扩大）会议，传达学习中央农村工作会议精神和习近平总书记对“三农”工作、对甘肃临夏州积石山县 6.2 级地震、对低温雨雪冰冻灾害防范应对工作的重要指示精神；传达学习自治区党委十三届六次全会暨自治区党委经济工作会议和中卫市委五届九次全会精神，安排部署了贯彻落实工作；听取县人大常委会、县人民政府、县政协等党组及共青团、文联、残联等群团组织工作情况汇报。对元旦和春节有关工作做出部署安排。

△　中卫市人大常委会副主任、中宁县委书记何建勃带领相关部门负责人先后到百隆商厦、县人民医院、黄河大桥、天元锰业公司锰一厂等地，督导调研安全生产和生态环保工作。

30—31 日　由中宁县体育服务中心主办、中宁县乒乓球协会承办的 2024 年庆元旦“三旺物业杯”乒乓球邀请赛在杞乡黄河体育中心体育馆举办，来自全县各协会、俱乐部、企事业单位等 18 支参赛队伍的乒乓球爱好者参加比赛。

组织机构和领导成员

（2023 年 1 月 1 日—12 月 31 日）

中共中宁县委员会

书　记　　何建勃

副书记　　周永根

　　　　　杨正权（3 月离任）

　　　　　彭小沛（3 月任职）

常　委　　罗永珍

　　　　　杨　军

　　　　　黄宗浩

　　　　　王建虎

　　　　　吴金玲

　　　　　张晓辉

　　　　　王子湄

　　　　　杨宝翟（3 月任职）

　　　　　孔　荣（3 月任职）

中宁县人民代表大会常务委员会

主　任　　巫　磊

副主任　　张泽军

　　　　　俞雪峰

　　　　　刘宁远

　　　　　张　锐（11 月离任）

　　　　　令　薇（12 月任职）

办公室主任　　周素泰

办公室副主任　　马伟平

财政经济工作委员会

主　任　　王艳萍

法制工作委员会

主　任　　孔　刚

人事代表选举工作委员会

主　任　　王　斌

教育科技文化卫生工作委员会

主　任　　范学银（3 月免职）

中宁县人民政府

县　长　　周永根

副县长　　杨宝翟

王子湄
孔　荣(3月任职)
蒋昊良
花　铎
伏　刚
张　辉(3月任职)
孟跃军(11月任职)
彭小沛(3月离任)

政协中宁县委员会

党组书记、主席
妥大君(2月离任)
张志军(2月任党组书记、12月选举为政协主席)
党组副书记　罗永珍
副主席　张光旭
赵洪武
办公室主任　王吉明

教育科技文化卫生体育委员会

主　任　张世瑞
副主任　李冬梅

提案和委员联络委员会

主　任　陈立斌(3月免职)
王新录(3月任职)

经济委员会

主　任　令　薇(12月离任)
副主任　赵永丽

社会治理委员会

主　任　李铁林

中宁县纪委监委

纪委书记、监委主任
黄宗浩
纪委副书记、监委副主任
黄　河(10月离任)
魏向明(8月任职)
刘玉婷(9月离任)
纪委常委、监委委员、党风政风监督室主任
杜跃华
监委委员　杨　梅
纪委常委、监委委员、案件监督管理室主任
詹　佳
纪委常委、监委委员、办公室(宣教政研室)主任
黄学亮(3月离任)
监委委员、办公室(宣教政研室)主任
万镇嘉(11月任职)
纪委常委　潘　赟(6月任职)

法检两院

中宁县人民法院

党组书记、院长　张广平
党组成员、副院长
高建宁(11月离任)
鲁青峰
张旻鹏
田　芳(12月任职)
党组成员　兰　毅(11月离任)
王晓燕(11月任职)
马卫谦(11月任职)

党组成员、县纪委监委派驻第六纪检监察组组长
刘月芳

中宁县人民检察院

党组书记、检察长
张月玲
党组副书记、副检察长
秦　红(11月任党组副书记)
党组成员、副检察长
苏彦彬
王俊艳(12月任职)
朱晓鹏(11月离任)
副检察长　陈生华(挂职)
党组成员、政治部主任
刘羽声(11月任职)
党组成员、县纪委监委派驻第七纪检监察组组长
魏强强

人民武装

中宁县人民武装部

部　长　杨　军
政　委　蔚精卫(10月离任)
张　静(10月任职)
副部长　赵　亮

中宁县委工作部门

县委办公室

主　任　朱　垚
副主任、机要局局长、档案局局长
寇学萍
副主任、保密局局长
张　钧
副主任、督查室主任
李　鹏(4月离任)
张兴虎(6月任职)
副主任　孙　晶
国安办专职副主任
何海升
档案馆馆长、党史县志研究室主任
黄建军

县委组织部

部长、县直机关工委书记、党校校长
吴金玲
常务副部长、县直机关工委常务副书记
童宁慧
副部长、老干部局局长、离退休干部党工委书记
王爱玲(11月离任)
副部长、县公务员局局长、县非公有制经济组织和社会组织党工委书记
白　斌(2月离任)
副部长、县公务员局局长
李　楠(3月任职)
离退休干部党工委专职副书记
马建梅
县非公有制经济组织和社会组织党工委专职副书记
万浩东
电教中心主任　李　楠(3月离任)
黎曜玮(11月任职)

县委宣传部

部　长　张晓辉
副部长　马奋玲(11月离任)
寇艳萍

孙　帅

县委统战部

部　长　罗永珍

副部长、民族宗教事务局局长

王树华（12月离任）

副部长、县工商联党组书记、主席

王艳红（2月任职）

副部长　孙建国

苏　伟

县委政法委

政法委书记　王建虎

常务副书记　刘凤娟（3月离任）

马　元（3月任职）

副书记　李超云

刘　莉（6月离任）

郝丹晖（6月任职）

县委政研室

副主任　方华胜

王宾华

县委网络安全和信息化办公室

主　任　贾　刚

副主任　麻云兴

张桂珍

县委机构编制委员会办公室

主　任　王天岐（3月离任）

雍天信（3月任职）

副主任　李文霞

蒋永祥

县委巡察办

主　任　陈晓红（3月任职）

副主任　李晶晶（11月离任）

杨小花（11月任职）

县委直属事业单位

县委党校

校长、行政学院院长

吴金玲（3月任职）

常务副校长、行政学院常务副院长

万文军

副校长、行政学院副院长

祁熙涛

光永霁（6月离任）

高蕴智（6月任职）

县融媒体中心

主任、台长　刘雪峰

副主任　黄元东

副主任、副台长

马　泽

县政府工作部门

政府办公室

主　任　韩少军

副主任　王　军（3月离任）

张　浩（3月任职）

张　磊

王　东

副主任、督查室主任

马　成（1月任职）

信访局

局　长　王　军（3月离任）

张　浩（3月任职）

副局长　张　颖

发展和改革局（挂“粮食和物资储备局、国防动员办公室”的牌子）

党组书记、局长、粮食和物资储备局局长、国防动员办主任　孟跃军（11月离任）
　　刘　通（11月任职）

副局长、粮食和物资储备局副局长
　　王秉发

副局长　黄　越（2月离任）
　　杨　朔（2月任职）
　　马玉燕（6月任职）

国防动员办专职副主任
　　王建林（6月任职）

教育体育局

县委教育工委书记、党组书记、局长、县政府教育督导室主任　万宝生

县委教育工委专职副书记
　　王艳红（1月离任）
　　宋海燕（2月任职）

党组成员、副局长
　　蒋永刚
　　张永福
　　张兴虎（6月离任）

党组成员、县纪委监委第三纪检监察组组长
　　吴春元

工业和信息化局

党组书记、局长　王佳晶（1月任职）

党组成员、副局长
　　王月芳

副局长　祁立宁
　　黄殿成（2月任职）

科学技术局

党组书记、局长、地震局局长
　　王　峰

党组成员、副局长
　　吴进军
　　吴菊萍

公安局

公安局党委书记、局长
　　花　铎

党委副书记、政委
　　刘　勇（12月任党委副书记）

党委委员、副局长
　　杨　烨
　　张新荣
　　李志远

党委委员、县纪委监委派驻第八纪检监察组组长
　　张　明（8月离任）
　　孙国靖（11月任职）

党委委员、政工监督室主任
　　曹爱国

党委委员、副局长
　　吴海洋（挂职，9月任职）

民政局

党组书记、局长　王少庸（3月离任）
　　刘凤娟（3月任职）

党组成员、副局长
　　于振凯（3月离任）
　　张进文（6月任职）
　　曹慧宁
　　张建文

司法局

党组书记　叶廷文

局　长　孙丽琴

党组成员、副局长

黄彩霞(6月免职)
白建存
姚　静
时金涛(6月任职)

财政局

党组书记、局长　方　强
党组成员、副局长
白　烨
张明海
焦瑞萍(6月任职)
采购中心主任　田金宝
会计核算中心主任
常海成(12月任职)

人力资源和社会保障局

党组书记、局长　崔金儒(3月离任)
王天岐(3月任职)
党组成员、副局长
康凤玲
孔福霞
刘学斌
劳动人事争议仲裁院院长
张振林
社会保险事业管理中心主任
张　科

自然资源局

党组书记、局长　王照中
党组成员、副局长
段　赟(6月离任)
张志涛
马　艳
吴　昊(7月任职)
不动产登记事务中心主任
田　波

住房和城乡建设局

党组书记、局长、县城市管理综合执法局局长
刘　通(11月离任)
徐　晓(11月任职)
党组成员、副局长
吴　昊(7月离任)
贺小蓉(8月任职)
王　军
副局长　赵　谡
县建设工程质量安全监督站站长
陈学军
县房地产管理所所长
王　涛
县市政管理中心主任
裴泽伟
县城市建设监察大队队长
史学军
县村镇建设站站长
蔡丽阳
中宁县润恒热力有限公司
潘自强
县园林管理所所长
张旭东

交通运输局

党组书记、局长　马建辉
党组成员、副局长
胡学银
苏建军
副局长　王　婧
交通运输综合执法大队副大队长
张富莹

水务局

党组书记、局长　胡　斌（2月免职）

党组书记、局长　王吉军（2月任职）

党组成员、副局长

范学文

马尚亮

雍　华

农业农村局

党组书记、局长　张庆国

党组成员、副局长

靳奇文

蒋永东

郭　洁

党组成员、县纪委派驻第二纪检监察组组长

谭艳凤

农业技术推广服务中心

主　任　张　丽

畜牧水产技术推广服务中心

主　任　张永科

农业机械化技术推广服务中心

主　任　胡春涛

农田建设服务中心

主　任　张学军

农业综合执法大队

副队长　袁旭东

动物疾病预防控制中心

主　任　刘向东

乡村振兴服务中心

主　任　田　斌

副主任　徐海燕

汪志勇

高　平

商务和投资促进局

党组书记、局长　王新录（3月离任）

于振凯（3月任职）

党组成员、副局长

赵全德（6月退休）

白永凤（6月任职）

马　泽

文化旅游广电局

党组书记、局长　严立宁

党组成员、副局长

曹文杰

孙学向

李　琼

文化馆馆长　王　涛

文化馆副馆长　陶　毅

吕华伟

图书馆馆长　尹春兰

图书馆副馆长　陆　燕

张淑芬

文物管理所所长

黄滨鹏

卫生健康局

党组书记、局长　罗永平

党组成员、副局长

李秀芳

王　铭

朱海阳（自1月挂职一年）

党组成员　刘　科

退役军人事务局

党组书记、局长　王吉军（2月离任）

李　涛（2月任职）

党组成员、副局长

李继光
王　海
退役军人服务中心主任
莫　骄

应急管理局

党委书记、局长　苏军平
党委委员、副局长
赵全保
张建平
赵军斌(11 月离任)
张　磊(11 月任职)
消防救援大队
大队长　魏建明(9 月任职)
教导员　张铁海
副队长　张伟平

审计局

党组书记、局长　刘　玉
党组成员、副局长
冯学忠
张战军(1 月离任)
王秀芳
副局长　黄　越(2 月任职)

统计局

党组书记、局长　白江涛
党组成员、副局长
傅月珍
焦瑞萍(6 月离任)
窦丽夏(6 月任职)

市场监督管理局

党组书记、局长　马文华
党组成员、副局长
张　浩(3 月离任)
黄　胜
黄晓勇
副局长　于娟娟(6 月任职)

医疗保障局

党组书记、局长　于竞哲
党组成员、副局长
沈韶华
施　锐
县医疗保障服务中心主任
黄　菊(3 月离任)
张　涛(3 月任职)

审批服务管理局

党组书记、局长　何　彤
党组成员、副局长
刘旭琴(6 月任职)
马玉燕(6 月离任)
赵　娜(10 月离任)
审批服务中心主任
王玉芬

市生态环境局中宁分局

局长、生态环境保护综合执法大队队长
吴建斌
副局长　薛宏燕
杨晓红
生态环境监测站站长
朱宁芳
生态环境监测站副站长
孟　杰
生态环境保护综合执法大队副队长
胡文琴

县委、政府派出机构

中共宁夏中宁工业园区工作委员会

党工委书记　何健勃
党工委副书记　杨晓冬
党工委副书记、纪工委书记
王佳晶(1月离任)
杜　敏(1月任职)
党工委委员　马进龙(2月任职)
杜庆通(2月任职)
石晓山(3月任职)
段　赟(6月任职)

宁夏中宁工业园区管理委员会

管委会主任　杨晓冬
管委会副主任　马进龙
石晓山(3月任职)
段　赟(6月任职)
办公室主任　杜庆通
办公室副主任　雅金斌(6月离任)
王　伟(6月任职)
规划建设局局长
杜　敏(1月离任)
刘晓辉(1月任职)
规划建设局副局长
王　智
安全生产和生态环境局局长
龚建平
安全生产和生态环境局副局长
白齐新
经济发展和投资促进局局长
杨伯仁
经济发展和投资促进局副局长
余　昆
综合事务管理局局长
郭　利
综合事务管理局副局长
张文华

县政府直属事业单位

枸杞产业发展服务中心

主　任　闫　伟
副主任　闫永祥
刘茂盛
刘　娟
王亚军(4月挂职)

机关事务服务中心

主　任　李钟灵
副主任　范永红
何　忠(1月离任)
陈　喜(1月任职)

群众团体

总工会

党组书记、主席
刘宁远
党组副书记、常务副主席
崔金儒(3月任职)
党组成员、副主席
万　煜
党组成员、副主席、经审会主任
马金虎

团县委

团县委书记　耿　丹

副书记　赫　谨

李大军（3 月任职）

宋海燕（兼任副书记 5 月任职）

王　斌（兼任副书记）

妇　联

党组书记、主席

胡　玥（11 月离任）

马奋玲（11 月任职）

党组成员、副主席

张海琴

李丽鸿

工商联

党组书记、主席

王艳红（2 月任职）

副主席　张奋才

吴建新（5 月离任）

曲　波（7 月任职）

科学技术协会

党组书记、主席　雍天信（3 月离任）

王爱玲（11 月任职）

党组成员、副主席　宋海燕（1 月离任）

张　洁（3 月任职）

何进喜

文　联

党组书记、主席

张海玲

党组成员、副主席

曹立鸿

光云霁（6 月任职）

李　杏（6 月离任）

残　联

党组书记、理事长

孙　靖

副理事长　王学文

孙光欣

红十字会

党组书记、会长

王子湄（2 月任职）

常务副会长兼秘书长

万瑗珲

党组成员、副会长

冯春生

马　文（自 2 月挂职 1 年）

乡　镇

宁安镇

党委书记　张　琦

党委副书记、镇长

张　斌

人大主席　史天福

副书记　魏金伟

纪委书记　肖　颖

党委委员、组织委员

杨小花（11 月离任）

田　宇（11 月任职）

副镇长　王学胜

马伊敏

郭　强（2 月任职）

武装部部长　罗秉权

石空镇

党委书记　徐　晓（11 月离任）

赵建国（11月任职）

党委副书记、镇长

张红香

人大主席　孙国靖（11月离任）

梁启军（11月任职）

党委副书记　刘旭琴（6月离任）

马　宁（6月任职）

纪委书记　马　宁（6月离任）

刘　莉（6月任职）

组织委员　张　洁（3月离任）

刘　娜（6月任职）

副镇长　田　斌

马　伟

黄志云

武装部部长　姚对强（3月任职）

新堡镇

党委书记　尹向奎（2月离任）

白　斌（2月任职）

党委副书记、镇长

何　文

党委委员、人大主席

胡学梅

党委副书记　陈　成

党委委员、纪委书记

岳全福

党委委员、组织委员

田维保（2月任职）

党委委员、副镇长

黄殿成（2月离任）

白永凤（6月离任）

陆　翔

范伟超（3月任职）

党委委员、武装部部长

张根民（3月离任）

严小明（3月任职）

副镇长　杜晓薇（11月任职）

恩和镇

党委书记　李　涛（2月离任）

尹向奎（2月任职）

党委副书记、镇长

潘　馗

党委委员、人大主席

李　鹏（4月任职）

党委副书记　殷延伟（3月任职）

常吉武（挂职）

吕学翻（4月任职　挂职）

党委委员、纪委书记

刘　明

党委委员、组织委员

贺小蓉（7月离任）

焦　颖（11月任职）

党委委员、副镇长

殷延伟（3月离任）

苟芸芸（4月任职）

王世伟（4月任职）

党委委员、武装部部长

温志燕（3月任职）

副镇长　岳　洋

鸣沙镇

党委书记　叶金星（11月离任）

李智全（11月任职）

党委副书记、镇长

李智全（11月离任）

马文江（11月任职）

党委委员、人大主席
王智丽（11 月离任）
张　晶（11 月任职）
党委副书记　张　晶（11 月离任）
李晶晶（11 月任职）
王晓刚（挂职）
党委委员、纪委书记
陆文涛
党委委员、组织委员
张　娜（11 月任职）
党委委员、副镇长
江灵萍
范磊磊
副镇长　张根民（3 月任职）
党委委员、武装部部长
张　磊

大战场镇

党委书记　李　亮
镇　长　赵建国（11 月离任）
靳　佳（11 月任职）
人大主席　柯占英
副书记　靳　佳（11 月离任）
纪委书记　张　龙
组织委员　赵　敏（1 月离职）
田　荣（5 月任职）
副镇长　李广东
马占仁
苏琪翔
武装部部长　马　龙

白马乡

党委书记　李　鹏
党委副书记、乡长
刘学萍
党委委员、人大主席
马　元（3 月离任）
王　军（3 月任职）
党委副书记　温　佳
党委委员、纪委书记
张惠萍
党委委员、组织委员
凤启敏（1 月离任）
马　玲（2 月任职）
党委委员、副乡长
马星坤
袁　博
党委委员、武装部部长
张　磊（11 月离任）
张学军（12 月任职）

余丁乡

党委书记　王同强
党委副书记、乡长
马　媛
党委委员、人大主席
白雁玲
党委副书记　姜　乐（2 月任职）
纪委书记　沈　玲
党委委员、组织委员
姜　乐（2 月离任）
童贤明（2 月任职）
党委委员、副乡长
杜志翔
马小童
党委委员、武装部部长
蒋　欣

舟塔乡

党委书记　　金学忠
乡　长　　东志波
人大主席　　光胥桦
党委副书记　　李晓燕(1月任职)
纪委书记　　何　忠(1月任职)
　　李晓燕(1月离任)
组织委员　　严海霞(11月任职)
　　薛　萌(11月离任)
副乡长　　康鹏程
　　朱　波
　　李文锋
武装部部长　　黑　鹏

喊叫水乡

党委书记　　张　锐(2月离任)
　　强　凯(2月任职)
乡　长　　强　凯(2月离任)
　　尹　磊(2月任职)
人大主席　　尹　磊(2月离任)
　　黄学亮(3月任职)
副书记　　杨建军(2月任职)
　　郑建东(挂职)(5月任职)
纪委书记　　马吉海
组织委员　　姚晨曦(2月任职)
副乡长　　白　杨
　　张正航(6月离任)
　　米少青
武装部部长　　张进文(6月离任)
　　杨　茜(7月任职)

徐套乡

党委书记　　黄建兵(11月离任)
　　王树华(12月任职)
党委副书记、乡长
　　袁永军
人大主席　　马文江(11月离任)
　　赵军斌(11月任职)
党委副书记　　曲　波(7月离任)
　　张正航(7月任职)
党委委员、纪委书记
　　樊　蓉
党委委员、组织委员
　　万　波
副乡长　　马万学
　　马　珍
　　李　刚
党委委员、武装部部长
　　马和军(9月离任)

太阳梁乡

党委书记　　贺伟华
乡　长　　张谨轩
人大主席　　陈晓红(3月离任)
　　张学廷(3月任职)
副书记　　张学廷(3月离任)
　　雅金斌(6月任职)
纪委书记　　马双成(6月离任)
　　金富军(11月任职)
组织委员　　窦丽夏(6月离任)
　　海　兰(11月任职)
副乡长　　范小宁
　　刘骥睿
　　刘　亨
武装部部长　　金富军(11月离任)

直属国有企业

供销社

总支书记、理事会主任
闫永祥

总支副书记、监事会主任
张建忠

理事会副主任
万海涛

中央、自治区属驻中宁单位

税务局

党委书记、局长
王建新

党委委员、副局长
冯晓春
陈建斌
韩　瑞
陈　娇

党委委员、纪检组长
董子诚(6月免职)
马　栋(6月任职)

中宁邮政分公司

副总经理　卢晓静
张　静(3月任职)
任　丹(4月任职)

国网中宁县供电公司

党委副书记、经理
房耀华

党委书记、副经理
刘晓忠

副经理　徐永林
张　波

纪委书记、工会主席
洪跃江

气象局

党组书记、局长
杨　波

副局长　牛旭东(10月任职)

党组成员、纪检组长
郭建兴(4月免职退休)

气象台台长　牛旭东(10月免职)

社会经济调查队

队　长　李小平

副队长　张旭文
马国鹏

七星渠管理处

党委书记　张海军(1月离任)
周玉国(1月任职)

处　长　周　涛

纪委书记　郑　强(6月离任)
石天安(6月任职)

副处长　陈晓波
谢生伟(10月离任)
杨绍军(10月任职)

总工程师　王元礼

固海扬水管理处

党委书记、处长
郝瑞甫(10月离任)
张海军(10月任职)

党委副书记、副处长
李建国

党委委员、纪委书记
尹　奇(6月离任)
廖万虎(6月任职)
党委委员、副处长
张　印
彭　军
顾占云(6月任职)
党委委员、总工程师
邢天锋

红寺堡扬水管理处

党委书记　殷　锋
处　长　李建宏
副处长　顾靖超
道　华
郑　柱
总工程师　顾　军
纪委书记　贺加国

中央储备粮中宁直属库

主　任　刘小朋
副主任　戴宇鹏

中卫市住房公积金中宁分中心

主　任　王明强
副主任　胡志海

邮政储蓄银行中宁县支行

行　长　马全红(10月任职)
副行长　孙晓燕

农行中宁支行

行　长　张耀俊
纪委书记　马建彬
副行长　蒙　阔
白玉烨

农发行中宁县支行

党支部书记、行长
戴　晶
党支部委员、副行长
马凤吉
丁和平
党支部委员、三合一专员
张　倩

工行中宁支行

行　长　康　佳
副行长　张　虹
折佳文
行长助理　徐天洁
纪检员　杨君成

建行中宁支行

党总支书记、行长
桓凤玉
党总支委员、副行长
孟建平
党总支委员、派驻纪检组长
沈　泉

农村商业银行

党委书记　孟　强
党委副书记　邱　柏
党委委员、监事长
马洪涛
党委委员、纪委书记
王　赟
行长助理　刘明睿
温　超

宁夏银行中宁支行

行　长　潘东升
副行长　何　勇

麦雪妍

青银村镇银行

董事长　张俭平（2月离任）

李　源（2月任职）

党总支部书记、行长

王　锋

党总支部副书记、监事长

宋金福

石嘴山银行中宁县支行

行　长　锁　晋

行长助理　杨宏斌

刘　兴

人寿保险公司中宁县支公司

副总经理　颜亚丽

经理助理　刘　鹏

人保财险公司中宁分公司

经　理　王玉泽（12月离任）

安　杰（12月任职）

平安寿险公司中宁分公司

经　理　马　军

中国石油宁夏中卫销售分公司

党委书记、执行董事

关克军

党委副书记、经理

于　彬

党委副书记、纪委书记、副经理、工会主席

王　英

新华书店

经　理　李　军

一七七处

党委书记、副处长

陈永华

五三六处

副处长　刘安祥

移动公司

经　理　马兴国（1月任职）

副总经理　方　文

杨克银（1月任职）

电信公司

支部书记、总经理

罗　贞

副总经理　黄卫东

徐才荣

联通公司

经　理　田利克

副总经理　李　强（12月离任）

王建滔（10月任职）

宁夏广电网络公司中宁分公司

经　理　季耀斌

宁夏水投中宁水务有限公司

党总支书记、董事长

李仲茂

党总支副书记、总经理

王金山（10月离任）

吴金柱（12月任职）

党总支委员、副总经理

吴金柱（11月离任）

李　刚（12月任职）

马国锋

贺　军

党总支委员、总工程师

张　平

副总经理　尹　力（12月任职）

中宁综览

中宁概貌

【地理环境】 中宁县位于宁夏回族自治区中部、宁夏平原南端，东部和东北部分别与吴忠市、青铜峡市接壤，南部与同心县相连，西临中卫市，北靠内蒙古阿拉善左旗。隶属地级中卫市管辖。县域地处内蒙古高原和黄土高原的过渡带，县境内四面环山，中部低平，介于东经105°26′~106°7′、北纬37°9′~37°50′之间。黄河自西向东横贯县境中部，海拔1140~1600米。

【气候特点】 2023年平均气温为11.9℃，比历年平均气温偏高2.0℃。年极端最高气温为37.4℃，出现在7月9日；年极端最低气温为-19.8℃，出现在1月24日。全年12个月中除4月平均气温比历年同期平均值偏低0.3℃外，其余各月均偏高。其中，2月、8月偏高2.7℃，3月偏高4.1℃，9月偏高3.4℃，1月、5—7月、10—12月偏高在0.6~2.4℃之间。年总降水量为166.6毫米，比历年平均降水量偏少25.7毫米。其中，10月偏多14.6毫米，2月、4—5月、7月、12月偏多在0.2~8.6毫米之间；6月偏少25.1毫米，8月偏少23.2毫米，1月、3月、9月、11月偏少在1.5~4.2毫米之间。年日照时数为2556.9小时，比历年平均日照时数偏少442.1小时。

【建置沿革】 西汉元狩三年（前120年）设眴卷县（今新堡镇新堡村）。东汉永初五年（111年）发生羌族起义，安定郡南迁，眴卷县废。北魏时期设鸣沙县，属灵州普乐郡。北周保定二年（562年）设会州，州治在鸣沙县，这是中宁境内第一次设置州级行政建制。北周建德六年（577年）废会州，置鸣沙镇。隋开皇十年（590年）设丰安县，隶于灵武郡。县城在今关帝村。隋开皇十九年（599年）在鸣沙设环州，辖鸣沙等县。唐武德二年（619年）置会州，辖鸣沙等县。贞观六年(632 年)改置环州。贞观九年(635 年)环州废,鸣沙县改属灵州。唐贞观二十一年(647 年)设皋兰州安置铁勒浑部于鸣沙,设都督府。唐武德四年(621 年)析置丰安县,贞观十三年(639 年),以其地并入回乐县。唐咸亨三年(672 年)鸣沙县界内设安乐州,治今同心县下马关镇北红城水,安置由青海迁来的吐谷浑部落。唐万岁通天元年(696 年)在丰安县置丰安军,城址在今石空镇。唐开元初,在鸣沙境内的东皋兰州,安置铁勒浑部,属灵州管辖。唐大中三年(849 年)改安乐州为威州,鸣沙县属之。唐乾符三年(876 年)此前置雄州于丰安县城。本年地震中地陷城废,无力重筑。中和元年(881 年)徙治承天堡。北宋咸平五年(1002 年)党项族李继迁攻占灵州。此后,中宁地区由党项族统治。元代设鸣沙州,属宁夏府路。在鸣沙州城设水陆两驿。明建文元年(1399 年)设宁夏中卫。中宁河北地区的张义堡以西属中卫,以东属广武域。明成化二十二年(1486 年),筑宁安堡城,中宁黄河以南恩和以西划中卫管辖。清雍正二年(1724 年)废除卫所制度,宁夏中卫改为中卫县,中宁地区属中卫县。乾隆二十四年(1759 年)于宁安堡设渠宁巡检司,代理中卫县衙管理渠口、宁安一带事务。民国二十二年(1933 年),宁夏省政府报国民政府批准,从中卫县划出胜金关、山河桥以东地区设置中宁县。民国二十三年(1934 年)1 月 1 日,中宁县政府成立,县城设于宁安堡。1949 年 9 月 14 日,中宁解放,正式成立中共中宁县委和中宁县人民政府,中宁县属宁夏省直管。1954 年,宁夏省撤销并入甘肃省,置甘肃省银川专区,中宁县属银川专区。1958 年 10 月 25 日,宁夏回族自治区成立,中宁县直属自治区。1972 年 2 月 23 日,设立银南地区,中宁县划归银南地区管辖。1998 年 5 月 11 日,撤银南地区,设立吴忠市,中宁县归吴忠市管辖。2004 年 8 月,设立中卫市,中宁县划归中卫市管辖。

【行政区划】 1999 年,全县共辖城关、鸣沙、石空三镇,宁安、康滩、舟塔、古城子、新堡、东华、恩和、长滩、白马、枣园、余丁、长山头 12 个乡,长鸣 1 个乡级地区,大战场、马家梁 2 个乡级吊庄,渠口和长山头 2 个国营农场。2000 年 1 月,大战场、马家梁两乡移交中宁县管辖。中宁县下辖三镇十四乡 1 个乡级地区管委会和 2 个国营农场。2002 年 9 月,长鸣地区并入长滩乡。2003 年 7 月行政区划调整,中宁县辖五镇四乡 2 个国营农场 1 个地区管委会和 1 个社区管理委员会。即宁安镇、新堡镇、鸣沙镇、石空镇、恩和镇、大战场乡、舟塔乡、白马乡、余丁乡,长山头农场、渠口农场、长山头地区管委会、城镇社区管委会。2004 年 2 月,同心县喊叫水乡整建制划归中宁县管辖。同年,撤销长山头地区管理委员会和城镇社区管委会,分别并入大战场乡、宁安镇。2006 年,中宁县辖五镇五乡两 2 个国营农场。即宁安镇、石空镇、鸣沙镇、新堡镇、恩和镇、舟塔乡、白马乡、余丁乡、大战场乡、喊叫水乡、渠口农场、长山头农场。2008 年 2 月,徐套乡归划中宁县辖区。中宁县辖五镇六乡 2 个国营农场。2012 年 4 月 18 日,大战场撤乡改镇。2015 年底,撤销红梧地区管委会。2017 年,增设太阳梁乡,行政区总面积 4165.89 平方公里。辖六镇六乡,129 个行政村、12 个城镇社区、8 个农林牧渔场。2018 年 12 月 24 日,根据自治区人民政府《关于同意青铜峡峡口镇新田村跃进村行政区划调整批复》的文件精神，新田村、跃进村划归中宁县管辖，至2018年底，全县辖六镇六乡131个行政村15个城镇社区。2020年，全县辖六镇六乡154个村级单位，133个行政村，21个城镇社区。

【自然资源】 中宁县自然资源丰富，农业资源得天独厚，矿产资源优势明显。据不完全统计，中宁县有种子植物41科415种。其中，天然植物30科223种；栽培植物28科192种。禾本科、豆科、菊科、藜科占全县植物种的一半以上。在415种植物中，除极少数为毒害植物外，大部分植物在农林牧业生产中发挥着重要作用。中宁境内有野生脊椎动物5纲23目59科179种以上。主要经济动物约有80种，其中有鸟类34种，兽类27种，两栖类3种，爬行类8种，鱼类8种。中宁县石灰岩矿十分丰富，黄河南北均有分布。黄河南岸以天景山矿区储量最大，该矿区储量4亿吨，是全自治区最大的矿产地。其中，草帽子墩1180万吨，马鞍山2亿吨，黄羊湾5000吨，牛首山、狐子疙瘩、清水河等共有储量500多万吨。2006年，经宁夏矿产地质调查所对县域内矿产资源进行勘查，境内已有石灰岩矿床7处(其中，大型1处，中型2处，小型4处)。设置采矿权区10个，主要有天景山电石用灰岩，草帽子墩水泥用灰岩，年产量20余万吨。此外，还有煤炭、黏土、石膏、芒硝、硫铁矿、重金石等非金属矿产。金属矿产主要有铁矿、铜矿、锰矿、金矿等，大多主要分布在中宁北山。

【旅游资源】 中宁境内有明长城、石空石窟、泉眼山古今水利工程、万亩枸杞观光园、长山头天湖、黄河金岸等10多处人文景观，构成以特色产业、生态观光、历史文化古迹、天然湖泊湿地、古今水利设施、人文传说为基础的旅游资源体系。星渠柳翠、余丁早春、石空灯火、牛首佛光、黄河古渡、芦沟烟雨，历史上就十分有名。石空大佛寺创建于唐朝，随山形而凿石窟，以九间没梁洞而闻名于世，是古丝绸之路——灵州道上的珍贵文物，也是宁夏佛教的知名寺院，不时吸引着国内外专家、学者前来观光考察，成为自治区黄金旅游线的游览胜地之一。培育旅游精品，新增玺赞生态枸杞庄园、华宝枸杞健康体验馆2个国家级3A级旅游景区，余丁乡黄羊村被评为“第三批全国乡村旅游重点村”，玺赞生态枸杞庄园、功夫驴生态农庄被评为“第三批全国休闲农业与乡村旅游四星级园区”，余丁乡黄羊村和舟塔乡上桥村被评为“自治区特色旅游村”，新堡镇特色农业观光产业园、禹尧番茄庄园被评为“三星级乡村旅游示范点”。打造“中宁康养度假游”“杞乡文化农耕体验游”2条乡村旅游精品线路并纳入全区精品线路游中，举办第二届乡村旅游暨枸杞饮食文化节、枸杞采摘直销节、“宁夏枸杞宴”金牌美食评比大赛等活动，玺赞枸杞庄园、华宝枸杞健康体验馆“串珠成链”，推出枸杞精品旅游路线2条，打造玺赞、杞鑫等14个观光体验文旅基地，获得国家级3A旅游景区2个。建成黄羊古落等一批旅游景区，打造天湖、华宝等3个3A级旅游景区，舟塔乡上桥村，石空镇倪丁村、太平村，余丁乡黄羊村先后入列“全区特色旅游村”和“全国乡村旅游重点村”。黄羊古落、丰安屯(石空枣林)主要基础设施和景点打造已完成，黄羊古落旅游区一期项目28个小景点已全部建成，于2023年6月19日进行首开区开园仪式；丰安屯景区中宁有礼购物商店、游客服务中心、民俗一条街、生态酒店、枣林小院等旅游业态已完工。景区游乐设施和景区招商工作完成，景区开始营业接待游客。在全县重点景区、星级酒店、高铁站、汽车站等场所布置了全域旅游全景图和导览图。指导黄羊古落、石空枣林、中宁枸杞官方直销中心等建设旅游厕所、景区标识牌、生态停车场等设施。在全县景区景点、乡村旅游点、人员集中场所、重要交通道路设置全域旅游创建标语。

【名优特产】 中宁是世界枸杞的发源地和正宗原产地，1961年被国务院确定为全国唯一的枸杞生产基地县，1995年被国家命名为“中国枸杞之乡”。得黄河穿境而过之利，中宁盛产枸杞、番茄、硒砂瓜、苹果、红枣、牛羊肉、枸杞芽菜等产品，素有“塞上江南，鱼米之乡”的美称，是全国枸杞、商品粮、瘦肉型猪生产基地和经济林建设先进县，“中宁圆枣”荣获中国原产地证明商标，“中宁硒砂瓜”荣列中国原产地地理标志。2013年中宁县荣膺“中国最具海外影响力市县”。特色美食清炖土鸡，选用农家散养土鸡，配以面筋、平菇和粉条，在锅中清炖而成。中宁蒿子面，中宁县民间特色风味小吃，已经流传了360多年。蒿子面清爽可口，余味悠长，具有健胃、清热的功效。2014年中宁县获“国家级出口食品农产品质量安全示范区”荣誉称号。2015年，宁夏中宁枸杞种植系统被农业部确定为中国重要农业文化遗产。2017年，中宁枸杞成为唯一入选国家道地中药材标准认证的枸杞品种；上榜2017年宁夏农产品区域公用品牌；进入宁夏特色优质农产品品牌目录；获2017年中国百强农产品区域公用品牌。2018年，全区首个有机枸杞科技示范展示区投入运行，“中宁枸杞”被评为全国首个农产品国家气候标志在马德里成功注册国际商标，宁夏红、杞王、宁安堡、玺赞被认定为首批“宁夏优品”，“中宁枸杞”荣获全国名特优新农产品，入列2019区域公用品牌（地理标志产品）榜单前20位；中国中宁国际枸杞交易中心通过全国农产品（产地）大市场认定。2020年“中宁枸杞”获世界地理标志产业博览会银奖。2021年玺赞枸杞庄园获批宁夏首个有机枸杞示范项目。2022年实施“中宁枸杞区域公用品牌+企业品牌”双品牌战略。“中宁枸杞”被列入2023年全国“土特产”推介名单。

（县党史县志研究室）

社会事业

【概况】 2023年，中宁县政区总面积3369.58平方公里，全县辖六镇六乡，154个村级单位，133个行政村，21个城镇社区，7个农林渔场。2023年末，全县常住人口33.86万人，比上年末增加0.07万人，其中城镇人口17.28万人，城镇化率为51.03%，比上年末提高0.75百分点；回族人口9.27万人，占常住人口的27.38%；汉族人口24.52万人，占72.43%。全年人口出生率12.42‰，死亡率为6.50‰，人口自然增长率为5.92‰。全县实现地区生产总值231亿元，同比增长11.6%。从产业看：第一产业增加值25.5亿元，同比增长7.3%；第二产业增加值132.9亿元，同比增长19.6%；第三产业增加值

72.6亿元，同比增长2.3%。三次产业结构比为11.0∶57.6∶31.4。完成社会消费品零售总额42.2亿元，同比下降3.4%；实现城镇居民人均可支配收入35660元，同比增长6.2%；农村居民人均可支配收入17970元，同比增长8.7%；完成地方一般财政公共预算收入7.1亿元，同比增长1.3%。

【工业经济】 2023年，全县实施工业重点项目33个、技改项目26个，完成投资30亿元。和光方硅芯、铭岛再生铝等一批延链补链项目建成投产，大唐储能、宁电入湘等项目加速建设。打造锰基、铝基2个百亿级产业集群，培育自治区“链主”企业1家、行业领先示范企业4家、“专精特新”企业22家、新增规上企业5家。2023年，全县规模以上工业增加值同比增长28%，沿黄六市县排名第一，全区排名第二；工业技改投资同比增长127.6%；规模以上单位工业增加值能耗同比下降3.8%。佳洋光伏、泰源储能等新能源项目建成，中晶半导体等2家企业获评自治区绿色工厂，中宁工业园区获批自治区“绿电园区”创建试点。持续优化营商环境，全力扩大有效投资，开展“争项目、争资金、争示范”活动，向上争取项目资金41.4亿元，招商引资到位资金68.4亿元。

【现代农业】 推进枸杞产业“六大工程”“四大体系”建设，新植改造枸杞3.1万亩，综合产值超140亿元，区域公用品牌价值达198亿元。枸杞主产区入列自治区首批枸杞农业科技园，舟塔乡跻身首批国家枸杞农业产业强镇名单，中宁枸杞入选杭州亚运会官方指定产品。全县落实粮食播种面积60.55万亩，粮食总产达3.09亿千克，其中玉米种植面积46.4万亩，比上年增加1.5万亩，增长3.3%；水稻、小麦种植面积分别为1.05万亩、5.2万亩；杂粮种植面积7.9万亩，农作物良种覆盖率达97%。全县奶牛存栏5.97万头，生猪、肉牛、肉羊、家禽饲养量15.5万头、14.8万头、91.2万只、123.9万只，肉、蛋、奶产量2.6万吨、0.37万吨和23.8万吨；渔业水域面积3.2万亩，水产品总产量达0.38万吨。全县瓜菜种植面积307978亩，其中，设施瓜菜种植面积14101亩（日光温室707亩，拱棚13394亩），露地蔬菜种植面积52964亩（供港蔬菜种植18764亩、露地春夏菜19021亩、露地秋菜12137亩、黄花菜3042亩），露地西甜瓜种植面积240913亩（露地西甜瓜76298亩、压砂西甜瓜164615亩）。中宁县顺利通过国家现代农业产业园中期评估，建成县乡村三级“数字供销”网络，成功创建全区农业绿色发展先行区综合示范县。

【商贸服务】 全年开展“走出去”招商引资活动47批次，企业78家，洽谈项目50多个；开展“请进来”招商引资活动55批次，对接企业74家。全县共实施招商引资项目71个，实际到位资金80.4亿元，同比增长46%，完成自治区下达中宁县75亿元目标任务的107.2%，位列全区22个县（区）的第7位。抢抓自治区建设内陆开放型经济试验区机遇，建成华夏物流铁路专用线。深化县域商业体系建设，建成商贸中心9个，新增升规上限服务类企业14家，培育国家级电子商务示范企业1家，电子商务交易额达到107.1亿元，增长7.2%。全县网商总数4249家，电商带动就业人数达1.29万人。中宁县实现电子商务交易额133.09亿元，同比增长5.84%，网络零售额56.72亿元，同比增长12.36%，占全市的74.33%，增速高于全市0.09个百分点，农产品网络零售额46.95亿元，同比增长16.04%。举办各类促销活动42场次，发放消费券421.5万元，拉动全民消费1.5亿元，消费市场逐步回暖。全县实现社会消费品零售总额42.16亿元，同比下降3.4%，增速低于全国10.8个百分点、全区4.6个百分点，位居沿黄河六县（区）第4位。其中限额以上单位消费品零售额9.32亿元，同比下降8.7%，占比22.1%；限额以下单位消费品零售额32.84亿元，同比下降1.8%，占比77.9%。支持外贸经济发展，进出口总额达到8.3亿元，占全市进出口额的63%。

【城乡建设】 大力推进城市更新行动，着力增强服务功能。改造棚户区400套、老旧小区41个，铺设雨污分流管网14.3公里，打造特色街区2处、小微公园3处，更换路灯6000余盏，新增停车位4000余个，安装充电桩200个，停车难、充电难等“城市病”逐步缓解。开展全国文明城市创建，顺利通过国家卫生县复审。推进巩固拓展脱贫攻坚成果同乡村振兴有效衔接，实施特色产业扶持、基础设施建设等衔接项目83个，发放小额信贷7528万元，兑付到户资金673.7万元，脱贫人口、监测对象收入达到14869元、15140元，分别增长13.4%和27.1%，实现“两个高于”目标。加快推进和美乡村建设，新建农村公路238公里，改造农村危旧房151户，打造人居环境整治示范村12个、提升村24个。

【生态建设】 2023年，中宁县实施大气污染防治项目2个，宁夏瀛海天祥建材有限公司日产2500吨水泥熟料生产线烟气超低排放改造项目和宁夏天元建材有限公司日产4500吨水泥熟料生产线超低排放改造项目，完成氮氧化物削减任务509.41吨，完成率100%。2023年优良天数比例78.7%，可吸入颗粒物PM_{10}平均浓度为72微克/米^3，与上年同期（72微克/米^3）相比持平；细颗粒物$PM_{2.5}$平均浓度为30微克/米^3，与上年同期（34微克/米^3）相比下降11.8%。实施水污染防治，国控黄河金沙湾断面、清水河泉眼山断面水质（扣除氟化物本底值影响）达到国控断面考核目标；区控红柳沟、北河子沟、南河子沟、中卫一排等4条重点水体5个断面水质均达到自治区考核目标。康滩水源地水质稳定保持在Ⅲ类（扣除本底值）。实施3个农村污水处理项目，承办2023年全区农村生活污水处理现场观摩会，大战场镇、恩和镇农村生活污水处理站获宁夏农村生活污水治理“最美污水处理站”，全县农村生活污水治理率44.77%。出动执法人员1269人次，检查污染源423家次，下达督办函50份；立案查处13起，下达行政处罚决定书10份，处理化解环境信访矛盾纠纷57件，办结率100%。

【社会保障】 全力推进“六大提升行动”，持续增强公共服务均衡性和普惠性，民生支出占比达到78.6%。实现农村劳动力转移就业73082人，劳务收入11.68亿元。失业人员再就业1958人，发放失业保险金、失业补助金1670人1057.87万元，缴纳医疗补助金967人183.06万元。加强困难群体就业援助，安置城乡公益性岗位505人，发放就业困难人员社会保险补贴1787人811.71万元。全县城乡居民基本养老保险参保124916人、城镇职工基本养老保险参保78905人、机关事业单位养老保险参保

10628人、失业保险参保36376人、工伤保险参保49218人,各项社会保险参保人数超额完成目标任务。全县基本医疗保险参保缴费人数329097人,完成目标任务100.42%(其中脱贫不稳定人员、边缘易致贫人员、突发严重困难人员、已脱贫人员参保率均为100%)。全县有低保对象16271人,发放资金77203450元。其中,城市低保对象2471人,累计发放资金14444900元,农村低保对象13800人,累计发放资金62758550元。实施临时救助3311人次,发放临时救助资金456.42万元,同比增长35.77%,人均救助水平达到1378.50元。拨付乡镇临时救助金316万元,全县救助困难群众3516人次,发放临时救助资金4962630元,县本级临时救助38人,发放救助资金536549.14元。残疾人享受生活补贴6558人,护理补贴5843人,发放生活补贴830.32万元,护理补贴837.63万元。发放高龄津贴3659人1166.34万元。全县享受困难残疾人生活补贴6368人,重度残疾人护理补贴5815人。

【教育事业】 建成中宁县第十一幼儿园、中宁一小,新建中宁六小、中宁十二小、中宁五中、中宁十小教学楼,采购课桌凳6500套,配置电脑625台,中小学办学条件有效改善。实施"十四五"学前教育发展提升行动计划,招聘"基层服务专项计划"学前教师47人,全县普惠性幼儿园在园幼儿占比87.2%,学前三年毛入园率超过93%。培育区级美育社团1个,创建市级劳动教育示范校5所、劳动教育示范基地1个。全县高考二本以上上线率较上年提高0.88个百分点。深化产教融合、校企合作,引进福建沐雨祥和有限公司建设汽车维修中心,县职业技术学校在中宁一幼等10所幼儿园建立实习实训基地。新建社区多功能运动场2个,承办全国U21男子篮球决赛、四国男子篮球俱乐部邀请赛、自治区十六运部分项目赛事,参加自治区十六运各项比赛,获得金银铜牌48块。参加自治区首届残特奥运动会,获得金银铜牌36块。

【卫生健康】 实施公立医院改革与高质量发展示范项目,投入资金1.0002亿元,采购1.5T核磁、128排CT、血液透析机等医疗设备651台(件),建设重症监护室、血液透析室、DSA介入导管室以及心内重症监护室(CCU)等重点专科,建成重症监护室、血液透析室等重点专科。加快县级医疗卫生机构信息化建设,全县县级医疗卫生机构电子健康码门诊使用码率达到71.5%,预约诊疗率达到70.3%,预约诊疗时间精准在30分钟以内。持续运行远程影像、心电中心、加快建设远程B超中心、推广远程会诊中心。远程影像诊断中心累积诊断11950例,远程心电诊断中心累积诊断30330例,完成远程B超中心建设。14家乡镇卫生院检验系统全部入网,11家乡镇卫生院新增加的影像设备全部入网并接入远程影像中心。加强基层设施建设,实施县人民医院救治能力提升及10千伏高低压配电工程项目、新堡社区卫生服务中心建设项目、标准化村卫生室建设项目。开展爱国卫生运动,创建健康细胞示范点39个,居民健康素养水平提至27.6%,通过自治区健康县评估验收。

【文化旅游】 开展模特走秀、戏曲、小品、快板培训、"钱鞭声声 畅享新时代"黄羊钱鞭广场舞、中宁蒿子面制作技艺培训等62期,受众

8600余人次；开展寒暑期少儿书画、架子鼓、口才、电钢琴、快板等培训45期，培训学生3200余人次；文艺团队培训12期，培训4800人次；戏曲进校园4期，培训190人次；摄影培训1期，培训80人次。在全区首届乡村振兴农民合唱艺术节，大战场镇红宝村农民合唱团荣获一等奖；在《山水间的家》《远方的家》央视栏目中，中宁县农民合唱团向全国人民展现乡村振兴中新时代农民的新气象；中宁县大战场镇农民合唱活动入选2023年全区乡村文化惠民示范项目。以创建全域旅游示范县为目标，重点实施黄羊古落文化旅游项目、全通枸杞酒庄+枸杞康养体验项目、黄河枸杞康养旅游度假区公共基础配套设施项目，全力打造核心景区。借势第六届枸杞产业博览会，推出黄河生态民俗体验游、枸杞康养休闲度假游、枸杞工业研学观光游、杞乡生态庄园休闲游精品线路4条，举办大西北旅游联盟高峰会暨中宁县枸杞康养旅游高质量发展论坛。实施乡村旅游标识标牌项目。丰安屯旅游度假区被自治区文化和旅游厅评定为自治区级文明旅游示范单位，年内黄羊古落旅游项目88号公路建设完成；建成老南街枸杞文化一条街，为中宁县文化创意集聚区项目奠定基础。

【乡村振兴】 2023年，新识别纳入监测对象172户641人，全县监测对象累计862户2969人，消除风险471户1518人，消除风险比例51.4%。投入资金2.38亿元（其中衔接资金2.1亿元），实施产业发展、基础设施配套、环境综合整治等项目238个。在移民地区实施农村公路路况提升工程187公里，实施公路改造工程19.8公里，铺设乡村道路39.8公里，新建农村公厕35个。新增电商村级服务站（物流配送站点、电商网点）54个、综合超市3个、综合运输服务站2个。在太阳梁乡、宽口井、红梧村3个移民安置区建成标准化枸杞种植基地2.11万亩，在太阳梁乡打造精品桃种植基地3000亩，在大战场镇打造花豹湾冷凉蔬菜种植基地6000亩、长山湖黄粉虫繁育基地1个，在喊叫水乡打造马塘移民区辣椒种植基地5200亩、上庄子黄花种植基地1405亩。大力发展肉牛产业，实施牛羊“出户入园”养殖场基础设施配套项目8个，脱贫地区肉牛饲养量达9.1万头，滩羊饲养量达56.04万只。为全县2687户脱贫户、移民群众托管养殖肉牛，2023年发放托管养殖分红3450.62万元，户均年增收8000元以上。全县41个脱贫村集体经济收益944万元以上，其中，10万~50万元23个；50万~100万元7个。

【改革创新】 聚焦“六权”改革，实施国家和自治区试点改革15项，政务服务“就近办”入选国务院办公厅“双十百千”工程典型案例，“一网通办”“跨省通办”水平提升，天元发电纳入全国碳排放权交易市场，成功创建全国集体经营性建设用地入市改革试点县。批建自治区工程技术研究中心、科技企业孵化器等创新平台13家，新增国家高新技术企业6家，获评自治区“专精特新”中小企业1家、创新型中小企业20家，入列首批自治区创新型县。深入推进青年发展型县域建设，健全完善人才引进机制，引进科技创新团队11个、高端专家61人，建成人才培养载体43个。

【社会治理】 开展平安中宁建设，学习“枫桥经验”，持续加强和改进信访工作，化解信访矛盾376件、信访积案27件。2023年，县法院受理各类案件7886件，结案7633件，结案率96.79%。县检察院全年办理各类案件752件，其中受理审查逮捕案件85件113人，批准逮捕56件76人；受理审查起诉案件360件468人，提起公诉240件312人。2023年，公安机关立各类刑事案件1240起，同比下降8.1%；破案893起，同比下降12.9%；抓获696人，同比上升36.5%；立电信网络诈骗案件320起，同比下降26.15%；破案241起；抓获156人，同比上升44.4%；财产损失1746.7万元，同比下降14%。创建平安村50个、平安小区33个、平安家庭107个，余丁乡黄羊村入选全国乡村治理示范村名单。持续巩固全国民族团结进步示范县创建，打造铸牢中华民族共同体意识示范点56个，创建全区民族团结进步示范单位4个、模范集体2个。

（朱宁霞）

中共中宁县委员会

重要会议

【中国共产党中宁县第十五届委员会第五次全体会议】 8月14日召开。中国共产党中宁县第十五届委员会委员、候补委员出席。会议学习习近平总书记关于安全生产重要论述和重要指示精神、梁言顺在自治区党委十三届四次全会上的讲话、雷东生在自治区党委十三届四次全会对《关于深入学习贯彻习近平总书记重要指示精神 统筹发展和安全 提高安全生产工作水平切实保障人民群众生命财产安全的意见》及专项文件配套文件起草情况的总体说明，传达《中国共产党中卫市第五届委员会第七次全体会议决议》，讨论审议《中国共产党中宁县第十五届委员会第五次全体（扩大）会议决议（讨论稿）》，通过《中国共产党中宁县第十五届委员会第五次全体（扩大）会议决议（草案）》。

【中国共产党中宁县第十五届委员会第六次全体会议】 10月19日召开。中国共产党中宁县第十五届委员会委员、候补委员出席。会议学习习近平生态文明思想，习近平总书记在全国生态环境保护大会、加强荒漠化综合防治和推进"三北"等重点生态工程建设座谈会上的重要讲话精神，自治区党委十三届五次全会精神，市委五届八次全会精神，讨论审议《中国共产党中宁县第十五届委员会第六次全体会议公报（讨论稿）》《中共中宁县委员会关于免去部分县委委员的决定（讨论稿）》《中共中宁县委员会关于递补县委委员的决定（讨论稿）》，通过《中国共产党中宁县第十五届委员会第六次全体会议公报（草案）》《中共中宁县委员会关于免去部分县委委员的决定（草案）》《中共中宁县委员会关于递补县委委员的决定（草案）》。

【中国共产党中宁县第十五届委员会第七次全体会议】 12月14日召开。中国共产党中宁县第十五届委员会委员、候补委员出席。会议讨论何建勃代表县委常委会向全委会所做的工作报告，审议《中国共产党中宁县第十五届委员会第七次全体会议公报》，报告县委书记抓基层党建工作情况；2023年度干部选拔任用情况；2023年度党风廉政建设主体责任落实情况、2023年度意识形态工作责任制落实情况并进行民主测评，通过《中国共产党中宁县第十五届委员会第七次全体会议公报（草案）》。

【县委常委会第二次会议】 1月10日，县委书记何建勃主持召开。会议传达学习习近平总书记在中共中央政治局民主生活会、全国政协新年茶话会上的重要讲话精神，对政法工作的重要指示精神，二〇二三年新年贺词，致《经济日报》创刊40周年的贺信，传达学习自治区党委农村工作会议精神，安排贯彻落实工作。套开中宁县党风廉政建设和反腐败斗争工作领导小组会议。套开县委应对新冠肺炎疫情工作领导小组第六十八次会议。会议原则同意《县人民政府党组关于春节前拨付续建项目和疫情防控资金的请示》《县妇联党组关于中宁县加强新时代妇女工作的实施方案（送审稿）的请示》《县人民政府党组关于中宁县2023年春节慰问活动方案（送审稿）的请示》《县人民政府党组关于中宁县创建国家园林城市工作方案（送审稿）的请示》《县人民政府党组关于中宁县工业用水权有偿使用费收缴和使用管理办法（试行）（送审稿）的请示》《县妇联党组关于推荐全国巾帼文明岗的请示》。

【县委常委会第三次会议】 1月18日，县委书记何建勃主持召开。会议传达学习习近平总书记同党外人士座谈并共迎新春时的重要讲话精神，全国疫情防控工作电视电话会议和自治区疫情防控工作会议精神，梁言顺在自治区党委十三届三次全会暨党委经济工作会议上的报告、讲话和张雨浦的讲话精神，安排贯彻落实工作及春节期间疫情防控、安全生产、生态环保、信访维稳、值班值守等相关工作。传达学习中国共产党第二十届中央纪律检查委员会第二次全体会议精神，研究《县纪委关于召开中国共产党中宁县第十五届纪律检查委员会第三次全体会议的请示》《中国共产党中宁县第十五届纪律检查委员会第三次全体会议工作报告（送审稿）》。传达学习自治区两会精神。会议原则同意《县人民政府党组关于中宁县2023年第一批重点建设项目的请示》《县人民政府党组关于中宁县"十四五"能源发展规划（送审稿）的请示》《县人民政府党组关于加强新时代老龄工作的实施方案的请示》《县人民政府党组关于进一步落实关心关爱医务人员工作方案（送审稿）的请示》《县人民政府党组关于进一步加强金融服务支持全县经济高质量发展的实施方案（送审稿）的请示》《县委宣传部关于中宁县处级领导干部新闻报道工作实施细则的请示》。研究干部事宜。

【县委常委会第四次会议】 2月1日，县委书记何建勃主持召开。会议传达学习习近平总书记在二〇二三年春节团拜会上的重要讲话精神，对机要密码工作的重要指示批示精神，习近平、李希在第二十届中央纪律检查委员会上的讲话和报告精神，安排部署贯彻落实工作。套开中宁县城市基层党建引领基层治理领导小组2023年第一次会议。会议原则同意

《县委组织部关于中宁县实施基层党组织建设提质增效工程的方案的请示》《县人民政府党组关于中宁县卫生健康事业发展"十四五"规划(送审稿)的请示》《县人民政府党组关于聘选党政机关法律顾问相关事宜的请示》《县委组织部关于调整县直有关部门(单位)党委(党组)设置的请示》《团县委关于召开中国共产主义青年团中宁县第十九次代表大会的请示》。

【县委常委会第五次会议】 2月6日,县委书记何建勃主持召开。会议传达学习习近平总书记在学习贯彻党的二十大精神研讨班开班式上、中共中央政治局第二次集体学习时的重要讲话精神,给第19批援助中非共和国的中国医疗队队员回信精神,梁言顺书记在宁夏军区党委十二届十二次全体(扩大)会议上的讲话精神,市纪委关于中宁县北部山区非法采矿严重破坏生态环境违纪违法案的通报,安排部署贯彻落实工作。会议听取全县压砂地退耕修复工作情况汇报,研究《县人民政府党组关于中宁县部分确权压砂地清砂补助方案(送审稿)的请示》。会议原则同意《县委政法委关于中宁县非法集资存量案件"清积攻坚"行动方案的请示》《县委政法委关于中宁县落实〈"十四五"平安宁夏建设规划〉工作方案的请示》《县人民政府党组关于中宁县"十四五"退役军人服务和保障规划(送审稿)的请示》《县人民政府党组关于2023年中宁县春季植绿增绿实施方案(送审稿)的请示》《县人民政府党组关于中宁县2023年宜居宜业和美乡村暨农村人居环境整治提升行动实施方案(送审稿)的请示》《县人民政府党组关于中宁县粮食节约行动实施方案(送审稿)的请示》《县人民政府党组关于2023年中宁县恩红路改造工程等4个农村公路建设项目的请示》《县委组织部关于调整县直有关部门(单位)党委(党组)设置的请示》。研究干部事宜。

【县委常委会第六次会议】 2月20日,县委书记何建勃主持召开。会议原则同意《县委组织部关于提名政协中宁县第十三届委员会委员的请示》《县委组织部关于张志军等同志职务任免的请示》。

【县委常委会第七次会议】 2月27日,县委书记何建勃主持召开。会议传达学习2月21日中共中央政治局会议精神,习近平总书记对内蒙古阿拉善左旗一露天煤矿坍塌事故做出的重要指示精神,全区民营经济高质量发展暨营商环境全方位提升推进大会精神,《自治区党委办公厅关于深入学习宣传贯彻习近平总书记在党的二十大精神研讨班上的重要讲话精神的通知》,梁言顺在2022年度地级市、行业系统党(工)委书记抓基层党建工作述职评议和地级市、区直部门(单位)党委(党组)一把手述责述廉评议会议上的讲话精神,自治区纪委关于6起形式主义、官僚主义典型问题的通报,安排部署贯彻落实工作。套开县委全面深化改革委员会第二十二次会议。会议原则同意《县人民政府党组关于中宁县2023年巩固脱贫攻坚成果和乡村振兴重点项目(送审稿)的请示》《县人民政府党组关于中宁县人民武装部迁建项目拟采用EPC工程总承包方式建设事宜的请示》。

【县委常委会第八次会议】 3月7日,县委书记何建勃主持召开。会议传达学习习近平总书记在二十届中共中央政治局第三次集体学习会、中共中央民主协商会、中央党校建校90周年庆祝大会暨2023年春季学期开学典礼上的重要讲话精神，梁言顺在《自治区发展改革委关于推动黄河流域生态保护和高质量发展领导小组办公室会议精神的专报》、“中国环境报刊发文章评论中卫美利林区污染挂牌督办案件进展缓慢”上的批示精神，自治区中央生态环境保护督察整改工作领导小组办公室《关于中央生态环境保护督察整改有关情况的通报》，中国共产党第二十届中央委员会第二次全体会议精神，自治区党委保密委员会转发《中央保密委员会关于2022年全国窃密泄密案件情况的通报》的通知，全区粮食购销领域腐败问题等五个专项整治、专项治理相关安排部署会议精神，传达市纪委关于5起形式主义官僚主义典型问题的通报，安排部署贯彻落实工作。研究《关于在全县开展纠治形式主义官僚主义专项整治的实施方案（送审稿）》《关于开展乡村振兴领域腐败和作风问题专项治理工作实施方案（送审稿）》《中宁县教育领域侵害群众利益不正之风专项治理工作方案（送审稿）》《中宁县开展国有企业“靠企吃企”专项治理工作实施方案（送审稿）》。套开县委国家安全委员会2023年第一次会议暨重大安全风险研判防控工作机制会议。套开平安中宁建设协调小组2023年第一次会议。套开县委审计委员会2023年第一次会议。会议原则同意《县委统战部关于中共中宁县委员会贯彻落实〈中共宁夏回族自治区委员会贯彻落实《中共中央关于加强新时代统一战线工作的意见》的实施意见〉的实施方案的请示》《县委统战部关于中共中宁县委员会 县人民政府贯彻落实〈贯彻落实自治区党委 人民政府《贯彻落实中共中央 国务院宗教中国化方向做好新时代党的宗教工作的意见》的实施意见〉的实施方案的请示》《县人民政府党组关于〈中宁县2023年推进枸杞产业高质量发展重点工作任务（送审稿）〉〈中宁县2023年推进枸杞产业高质量发展扶持政策（试行）（送审稿）〉的请示》《县人民政府党组关于中宁县城镇低效用地再开发专项规划（2022—2025年）（送审稿）的请示》《县委组织部关于2022年度全县驻村工作队成员考核结果的请示》《县人大常委会党组关于中宁县人大常委会2023年工作要点的请示》《县政协党组关于贯彻落实自治区党委办公厅〈关于加强和改进新时代市县政协工作的实施意见〉任务分工方案（送审稿）的请示》《县纪委关于给予刘建武同志党内严重警告政务撤职处分的请示》《县委办公室关于县委常委工作分工调整的请示》《县委外事办关于何建勃同志赴国外推介宁夏枸杞有关情况的请示》。

【县委常委会第九次会议】 3月17日，县委书记何建勃主持召开。会议传达学习习近平总书记在参加江苏代表团审议时、在看望参加政协会议的民建工商联界委员时、在解放军和武警部队代表团全体会议上、在十四届全国人大一次会议闭幕会上的重要讲话精神，传达学习全国两会精神，安排部署贯彻落实工作。传达学习全国、全区、全市纪检监察干部队伍教育整顿动员部署会议精神，中卫市工程建设政府采购等重点领域突出问题专项治理综合评估会议精神，安排部署贯彻落实工作，研究《县纪委关于中宁县纪委监委开展纪检监察干部队伍教育整顿实施方案的请示》。听取关于宗教领域有关工作情况汇报。套开县委应对新冠病毒感染疫情工作领导小组第六十九次会议。会议原则同意《县委政法委关于推进县乡村三级综治中心规范化实战化建设运行实施方案的请示》《县人民政府党组关于中宁县防震减灾"十四五"规划(送审稿)的请示》《县人民政府党组关于中宁县居民收入提升行动实施方案(2023—2027)(送审稿)的请示》《县人民政府党组关于中宁县第五中学、第十小学拆除重建教学楼项目拟采用EPC工程总承包方式招标建设事宜的请示》《县纪委关于2023年"全县领导干部廉政警示教育周"活动方案的请示》。

【县委常委会第十次会议】 3月22日,县委书记何建勃主持召开。会议传达学习习近平总书记在中国共产党与世界政党高层对话会上的重要讲话精神,自治区整治形式主义为基层减负专项工作机制办公室关于印发《进一步精文减会的若干措施》的通知,安排部署贯彻落实工作。听取全县第一季度重点项目推进情况汇报,听取中央、自治区环保督察反馈问题和西北督察局"回头看"督察反馈问题整改情况汇报。套开县委财经委员会2023年度第一次会议。会议原则同意《县人民政府党组关于〈中宁县高标准农田建设规划2021—2030年(送审稿)〉〈中宁县现代高效节水农业"十四五"建设规划2021—2025年(送审稿)〉〈中宁县"十四五"盐碱地改良利用规划2021—2025年(送审稿)〉的请示》《县人民政府党组关于中宁县2023年脱贫户、监测对象到户扶持政策实施方案(送审稿)的请示》《县纪委监委关于2023年中宁县全面从严治党党风廉政建设和反腐败工作主要任务分工方案的请示》《县人民政府党组关于中宁县促进民营经济高质量发展10条措施(送审稿)的请示》《县人民政府党组关于中宁县市场主体梯度培育提质升级行动计划(送审稿)的请示》。研究干部事宜。

【县委常委会第十一次会议】 3月29日,县委书记何建勃主持召开。会议传达学习习近平总书记关于粮食安全的重要论述,听取全县粮食安全工作汇报,传达学习梁言顺、张雨浦、陈雍在自治区传达贯彻全国两会精神会议上的传达提纲及讲话精神,梁言顺在自治区党委书记专题会议听取第一轮巡视情况汇报时的讲话精神,《宁夏回族自治区巡视整改和成果运用实施办法》精神,听取十五届县委第三轮巡察综合情况报告,安排部署贯彻落实工作。套开县委宣传思想文化暨意识形态工作领导小组2023年第一次会议。套开县委统一战线(民族宗教)工作领导小组2023年度第一次会议。会议原则同意研究《县人民政府党组关于〈中宁县新型城镇化"十四五"规划(送审稿)〉〈中宁县人民防空"十四五"发展规划(送审稿)〉的请示》《县人民政府党组关于建设中宁工业园区(宁华片区)35 kV输变电站工程的请示》《县人民政府党组关于中宁县水系连通及水美乡村建设县项目采取工程总承包模式实施的请示》。

【县委常委会第十二次会议】 4月6日,县委书记何建勃主持召开。会议传达学习3月30日中共中央政治局会议精神,习近平总书记在二十届中共中央政治局第四次集体学习时、在学习贯彻习近平新时代中国特色社会主义思想主题教育工作会议上的重要讲话精神，安排部署贯彻落实工作。听取县人民政府党组一季度经济运行、安全生产、生态环保等工作情况汇报，听取中宁县非法集资案件办理进展情况汇报。套开中宁县党风廉政建设和反腐败斗争工作领导小组2023年第一次会议。套开县委人才工作领导小组第二次会议。会议原则同意研究《县人民政府党组关于“9·20”疫情发生至“新十条”出台期间全县疫情防控投入情况的报告（送审稿）的请示》《县人民政府党组关于推进基本养老服务体系建设的实施方案（送审稿）的请示》《县人民政府党组关于中宁县创建国家生态文明建设示范区工作实施方案（2022—2025年）（送审稿）的请示》《县人民政府党组关于实施中宁县西环路白桥改造工程的请示》。研究干部事宜。

【县委常委会第十三次会议】 4月25日，县委书记何建勃主持召开。会议传达学习习近平总书记在广东考察时、在视察南部战区海军时、在参加首都义务植树活动时的重要讲话精神，安排贯彻落实工作及五一期间疫情防控、安全生产、生态环保、信访维稳、值班值守等相关工作。通报2022年度自治区效能目标管理考核结果，县发展和改革局、财政局、人力资源和社会保障局、自然资源局、农业农村局、商务和投资促进局围绕效能目标考核作表态发言。听取中宁县纠治形式主义官僚主义专项整治工作进展情况汇报，安排部署有关工作。套开县委党的建设领导小组2023年第一次会议。套开县委全面依法治县委员会2023第一次会议。会议原则同意《关于在全县大兴调查研究的工作方案（送审稿）》《县委宣传部关于中宁县争创全国文明城市2023年工作要点的请示》《县人民政府党组关于中宁县“就业创业促进年”活动实施方案（送审稿）的请示》《县人民政府党组关于中宁县扩内需促消费增动能稳经济政策措施（送审稿）的请示》《县人民政府党组关于实施中宁县徐套乡高标准农田建设项目水源工程的请示》《县委统战部关于推荐2023年度中宁县朝觐团带队工作人员赴沙特开展工作的请示》《中宁县拟推荐申报第十一批全国民族团结进步示范单位的请示》。研究干部事宜。

【县委常委会第十四次会议】 5月6日，县委书记何建勃主持召开。会议传达学习习近平总书记在4月28日中共中央政治局会议上的重要讲话精神，《中共中央关于印发〈中央党内法规制定工作规划纲要（2023—2027年）〉的通知》《中共中央办公厅关于印发〈规范地方党委政策性文件制定工作规定〉的通知》《中共中央办公厅关于印发〈领导干部报告个人有关事项规定〉的通知》精神，安排贯彻落实工作。听取历年各级环保督察反馈问题整改情况汇报。套开中宁县全民国防教育领导小组2023年第一次会议。会议原则同意《县人民政府党组关于进一步加强严重精神障碍患者服务管理工作方案（送审稿）的请示》《县人民政府党组关于改革完善中宁县粮食储备体制机制加强粮食储备安全管理实施方案（送审稿）的请示》《县人民政府党组关于〈实施中宁县鸣雁东路小微绿地项目〉〈实施中宁县2023年城区小微绿地及道路节点绿化项目〉的请示》《县人民政府党组关于实施中宁县丰安屯旅游度假区周边道路改造提升项目的请示》《县委组织部关于中国共产主义青年团中宁县第十九次代表大会换届人事安排的请示》。

【县委常委会第十五次会议】 5月15日，县委书记何建勃主持召开。会议传达学习习近平总书记在二十届中央财经委员会第一次会议上的重要讲话精神，《中共中央办公厅关于总结推广浙江“千万工程”经验 推动学习贯彻习近平新时代中国特色社会主义思想走深走实的调研报告》，梁言顺、张雨浦在全区科学技术奖励大会上的讲话精神，梁言顺调研清水河流域生态保护治理和文旅岸线建设情况时的指示精神，传达中央纪委《关于青海省6名领导干部严重违反中央八项规定精神问题查处情况及教训警示的通报》，自治区纪委《关于5起违反中央八项规定精神典型问题的通报》《关于6起形式主义官僚主义典型问题的通报》，安排部署贯彻落实工作。套开平安中宁建设协调小组2023年第二次会议暨2023年第三次信访工作联席会议。套开2023年县级林长第一次会议。会议原则同意《县人民政府党组关于创建自治区广电文化惠民工程示范县工作方案（送审稿）的请示》《县人民政府党组关于中宁县康滩饮用水水源保护区调整方案（送审稿）的请示》。

【县委常委会第十六次会议】 6月6日，县委书记何建勃主持召开。会议传达学习习近平总书记在河北雄安新区考察并主持召开高标准高质量推进雄安新区建设座谈会、在河北考察并主持召开深入推进京津冀协同发展座谈会、听取陕西省委和省政府工作汇报、在山西运城考察时，主持中国—中亚峰会、二十届中央审计委员会第一次会议时的重要讲话精神，传达学习自治区贯彻落实习近平总书记考察宁夏重要讲话指示批示精神情况全面大起底回头看专题会议精神，自治区、中卫市“四防”常态化督查工作推进会精神，安排部署贯彻落实工作。通报全县重点项目建设、主要经济指标完成情况，听取全县1—5月经济运行情况汇报，安排部署有关工作。套开县生态环境保护暨生态立县战略领导小组2023年第一次会议。会议原则同意《县人民政府党组关于中宁县关于加快融入和服务全国统一大市场建设的实施方案（送审稿）的请示》《县委组织部关于〈中宁县乡镇、村班子届中运行情况考察分析工作方案〉〈2022年度县（区）党委和市直部门（单位）党（工）委书记抓基层党建述职评议考核反馈问题整改方案〉的请示》《县人民政府党组关于实施提升公路质量服务乡村振兴三年攻坚行动2023年农村公路路况提升工程项目的请示》《县人民政府党组关于中宁县人民政府2023年度重大行政决策事项目录（送审稿）相关事宜的请示》《县人民政府党组关于实施中宁县公安局视频图像智能化建设项目的请示》《县人民政府党组关于宁夏和光新材料有限公司年产2 GW单晶硅棒和200 GW方硅芯项目合作框架协议（送审稿）的请示》《县人民政府党组关于解决中宁县热电联产市政供热管网延伸（改造）项目配套补助资金的请示》《县委督查检查考核工作领导小组办公室关于2022年度全县效能目标管理考核结果及奖励标准的请示》《县委外事办关于彭小沛同志随团出访俄罗斯、哈萨克斯坦有关情况的请示》。

【县委常委会第十七次会议】 6月15日，县委书记何建勃主持召开。会议传达学习习近平总书记在中共中央政治局第五次集体学习、北京育英学校考察、文化传承发展座谈会、内蒙古巴彦淖尔考察并主持召开加强荒漠化综合防治和推进“三北”等重点生态工程建设座谈会、内蒙古考察时的重要讲话精神，致首届文化强国建设高峰论坛的贺信精神，传达学习生态环境部部长黄润秋一行到卫调研生态环境挂牌督办问题整改、十三届自治区党委2023年第十五次常委会会议精神，传达学习全区建设黄河流域生态保护和高质量发展先行区推进会、黄河流域生态保护和高质量发展先行区建设企业家座谈会精神，安排部署贯彻落实工作。套开县委统一战线（民族宗教）工作领导小组2023年度第二次会议。会议原则同意《中共中宁县委常委会贯彻落实中央八项规定及其实施细则精神的若干措施（送审稿）》《县委政法委关于〈“十四五”平安中宁建设规划〉〈中宁县市域社会治理现代化试点创建实施方案〉（送审稿）的请示》《县人民政府党组关于宁安北街、鸣雁西路、镇东路等市政道路雨污分流改造项目征地拆迁有关事宜的请示》《关于实施县城市政道路路面维修工程的请示》《县总工会党组关于召开中宁县总工会第十次代表大会的请示》《县委组织部关于〈2022年度全县效能目标管理考核结果运用情况的通报〉〈各乡镇、县直各部门（单位）领导干部、职级公务员、事业单位工作人员2022年度考核结果〉的请示》。研究干部事宜。

【县委常委会第十八次会议】 6月22日，县委书记何建勃主持召开。会议传达学习习近平总书记对宁夏银川市兴庆区富洋烧烤店燃气爆炸事故做出的重要指示精神，6月22日自治区党委常委会会议、自治区专题会议精神，听取全县安全生产大起底大排查大整治专项行动开展情况汇报。

【县委常委会第十九次会议】 6月25日，县委书记何建勃主持召开。会议传达学习习近平总书记关于统计工作的重要论述及有关法律法规、意见办法，《国家统计局关于2022年查处的7起重大统计违法案件的通报》，国务院安委会安全生产十五条硬措施、自治区二十条和中卫市三十六条具体措施，传达学习《中央纪委关于开展乡村振兴领域不正之风和腐败问题专项整治的意见》等相关文件精神，传达《中央纪委关于河南虞城“麦田里长出高楼”相关问题查处情况的通报》《自治区纪委关于房全忠严重违纪违法案件的通报》《中卫市纪委宁夏中卫工业园区管委会原党工委副书记主任张龙严重违纪违法案通报》，安排部署贯彻落实工作。套开中宁县2023年总河长第一次会议。套开县委网络安全和信息化委员会2023年第一次会议。会议原则同意《县人民政府党组关于中宁县盘活闲置低效扶贫项目资产专项行动实施方案（送审稿）请示》《县委组织部关于中宁县2023年度七一走访慰问活动方案的请示》《县人民政府党组关于中宁县公共供水管网漏损治理工程调整实施主体事宜的请示》《中宁县城区再生水管网建设项目——第一第三污水处理厂再生水及城区再生水管道联通工程配套建设资金的请示》《县委统战部关于推荐全区民族团结进步模范集体和模范个人的请示》《县委组织部关于县总工会换届人事安排的请示》《县妇联党组关于推荐中宁县人民法院综合审判庭为全国维护妇女儿童权益先进集体候选单位的请示》。

【县委常委会第二十次会议】 6月28日，县委书记何建勃主持召开。传达学习十三届自治区党委2023年第二十次常委会会议精神，安排部署贯彻落实工作。

【县委常委会第二十一次会议】 7月4日，县委书记何建勃主持召开。会议传达学习6月30日中共中央政治局会议精神，习近平总书记在中共中央政治局第六次集体学习时、同团中央新一届领导班子成员集体谈话时的重要讲话精神，安排部署贯彻落实工作，传达学习梁言顺在吴忠市调研民族宗教工作时的指示、全区民族宗教工作推进会精神，听取自治区“四防”督查组反馈民族宗教问题整改情况汇报，安排部署迎接中央民族宗教“一检一督”相关工作。听取上半年全县经济运行情况汇报，传达《中卫市纪委关于全市重点领域安全生产专项排查整治工作中不作为慢作为等作风问题的通报》，听取全县安全生产大起底大排查大整治专项行动开展情况汇报。套开县委党的建设领导小组2023年度第二次会议。套开县委国家安全委员会2023年第二次会议暨重大安全风险研判防控工作机制会议。会议原则同意《县人民政府党组关于中宁县国土空间总体规划(2021—2035年)的请示》《县人民政府党组关于中宁县2023年度巩固脱贫攻坚成果同乡村振兴有效衔接重点项目(第二批)(送审稿)的请示》《县人民政府党组关于浙江今飞凯达轮毂股份有限公司年产500万件汽车铝合金轮毂项目投资意向书(补充协议)的请示》《县人民政府党组关于解除宁夏雅泰房地产开发有限公司两宗国有建设用地使用权出让合同相关事宜的请示》《县退役军人事务局党组关于报送2023年庆八一建军节活动方案的请示》。套开县委审计委员会2023年第二次会议。

【县委常委会第二十二次会议】 7月11日，县委书记何建勃主持召开。会议传达学习党的二十大报告第四部分“加快构建新发展格局，着力推动高质量发展”、《习近平著作选读》第一卷第四至七篇，习近平总书记在江苏考察时、在上海合作组织成员国元首理事会第二十三次会议上的重要讲话精神，给南京审计大学审计专业硕士国际班的留学生的回信，致第三届文明交流互鉴对话会暨首届世界汉学家大会的贺信，安排部署有关工作。传达学习习近平总书记对防汛救灾工作做出的重要指示精神，听取全县防汛工作情况汇报，安排部署有关工作，传达学习习近平总书记关于安全生产的重要论述，自治区党委2023年第二十一次常委会会议精神，听取全县安全生产大起底大排查大整治专项行动开展情况汇报，安排部署有关工作，传达学习习近平总书记关于纪检监察干部队伍教育整顿的指示批示精神，梁言顺关于纪检监察干部队伍教育整顿的批示精神，听取中宁县纪检监察干部队伍教育整顿工作进展情况汇报，安排部署有关工作。听取十五届县委第四轮巡察综合情况汇报。套开县委农村工作暨乡村振兴战略工作领导小组2023年第三次会议。套开县生态环境保护暨生态立县战略领导小组2023年第二次会议。会议原则同意《县人民政府党组关于将原党校办公场所暂时移交疾控中心使用的请示》《县人民政府党组关于中宁县教育专网建设方案(送审稿)的请示》。

【县委常委会第二十三次会议】 7月14日,县委书记何建勃主持召开。会议传达学习梁言顺在《关于重点行业领域安全生产风险隐患专项督查情况的通报(“四防”常态化督查〔2023〕第88、90期)》上的批示精神,自治区领导暗访督察通报(第20、21、22期),安排部署有关工作,会议原则同意研究《县委组织部关于杨茜等同志职务任免的请示》。

【县委常委会第二十四次会议】 7月20日,县委书记何建勃主持召开。会议传达学习党的二十大报告第六部分“发展全过程人民民主,保障人民当家作主”、《习近平著作选读》第一卷第十一至十五篇、习近平总书记对网络安全和信息化工作作出的重要指示,在中央全面深化改革委员会第二次会议上、在视察东部战区机关时的重要讲话精神,致全球共享发展行动论坛首届高级别会议的贺信,安排部署有关工作。传达学习《自治区党委办公厅关于对落实自治区党委部署不力防范安全隐患失职失责人员进行追责追问和组织处理情况的通报》《中卫市纪委关于5起安全生产工作失职失责问题的通报》,听取全县安全生产大起底大排查大整治专项行动开展情况汇报,安排部署有关工作。传达学习《宁夏回族自治区乡村振兴责任制实施细则》,安排部署有关工作。套开中宁县党风廉政建设和反腐败工作领导小组2023年第二次会议。套开县委外事工作委员会2023年第一次会议。会议原则同意《县人民政府党组关于中宁县教育质量提升行动实施方案(送审稿)的请示》《县人民政府党组关于启动源林生物发电有限公司破产重组涉及相关事宜的请示》《县人民政府党组关于变更中宁县整县屋顶分布式光伏项目投资主体的请示》。套开县委财经委员会2023年第2次会议。

【县委常委会第二十五次会议】 7月25日,县委书记何建勃主持召开。会议传达学习党的二十大报告第十部分《推动绿色发展,促进人与自然和谐共生》、《习近平著作选读》第一卷第十六至十八篇、习近平总书记在全国生态环境保护大会、中央财经委员会第二次会议上的重要讲话精神,对全军党的建设会议作出的重要指示精神,给“科学与中国”院士专家代表的回信,安排部署有关工作,传达学习《自治区党委办公厅关于对落实自治区党委部署不力防范安全隐患失职失责人员进行追责问责和组织处理情况的通报》,听取全县道路交通安全专项排查整治情况汇报,安排部署有关工作。会议原则同意《县人民政府党组关于2023年以来全县国民经济和社会发展计划执行情况的报告(送审稿)的请示》。

【县委常委会第二十六次会议】 7月28日,县委书记何建勃主持召开。传达学习梁言顺在中国共产党宁夏回族自治区第十三届委员会第四次全体会议上的讲话精神,《中国共产党宁夏回族自治区第十三届委员会第四次全体会议公报》,安排部署贯彻落实工作。

【县委常委会第二十七次会议】 8月4日,县委书记何建勃主持召开。会议传达学习党的二十大报告第八部分“推进文化自信自强,铸就社会主义文化新辉煌”、《习近平著作选读》第一卷“各级干部都要树立和发扬‘三严三实’作风”、习近平总书记对防汛救灾工作作出的重要指示精神,在中共中央政治局第七次集体学习、考察四川及陕西汉中、视察西部战区空军时的重要讲话精神,在成都第三十一届世界大学生夏季运动会开幕式欢迎宴会上的致辞,安排部署有关工作,传达学习梁言顺在深入学习贯彻习近平总书记视察宁夏重要讲话精神“沿着总书记足迹感悟思想伟力”座谈会上的讲话精神,安排部署有关工作。传达学习《自治区党委 人民政府关于深入学习贯彻习近平总书记重要指示精神统筹发展和安全 提高安全生产工作水平切实保障人民群众生命财产安全的意见》《自治区党委办公厅关于对落实自治区党委部署不力防范安全隐患失职失责人员进行追责追问和组织处理情况的通报》,听取全县安全生产大起底大排查大整治专项行动开展情况汇报,安排部署有关工作。会议原则同意《县人民政府党组关于中宁县“十四五”水利发展规划(送审稿)的请示》《县人民政府党组关于进一步促进中宁县房地产市场平稳健康发展若干措施(送审稿)的请示》《县委外事办关于中宁县与韩国忠清南道青阳郡建立国际友好城市关系的请示》。

【县委常委会第二十八次会议】 8月12日,县委书记何建勃主持召开。会议原则同意《关于召开中国共产党中宁县第十五届委员会第五次全体会议的请示》,审议《县委常委会上半年工作情况报告》《县纪律检查委员会上半年工作情况报告》。

【县委常委会第三十次会议】 8月17日,县委书记何建勃主持召开。会议传达学习党的二十大报告第九部分“增进民生福祉,提高人民生活品质”、《习近平著作选读》第一卷“积极培育和践行社会主义核心价值观”、习近平总书记在首个全国生态日之际作出的重要指示精神、《自治区党委办公厅〈关于深化拓展整治形式主义为基层减负工作的若干措施意见〉》精神、学习全区组织工作会议精神,安排部署贯彻落实工作。会议原则同意《县人民政府党组关于2023年到期重点绿化工程移交运营管理的请示》《县人民政府党组关于中宁县财政“十四五”规划(送审稿)请示》。研究干部事宜。宣布有关处分决定。

【县委常委会第三十一次会议】 8月24日,县委书记何建勃主持召开。会议传达学习党的二十大报告第十四部分“促进世界和平与发展,推动构建人类命运共同体”、《习近平著作选读》第一卷“服务实体经济,防范金融风险”、习近平总书记在8月17日中共中央政治局会议、金砖国家领导人第十五次会晤上的重要讲话精神,向金砖国家工商论坛闭幕式发表的致辞,给南非德班理工大学孔子学院师生、美国华盛顿州“美中青少年学生交流协会”和各界友好人士的复信,安排部署贯彻落实工作。传达学习习近平总书记关于巡视工作的重要论述、《中国共产党章程》《中国共产党党内监督条例》《中国共产党巡视工作条例》《中共宁夏回族自治区委员会巡视工作办法》《关于被巡视党组织准备工作的意见》《宁夏回族自治区巡视整改和成果运用实施办法》《关于被巡视地方和部门(单位)配合自治区党委巡视组开展巡视工作的暂行规定》《关于市县(区)党委建立巡察制度的实施意见》《中共宁夏回族自治区委员会关于加强新时代巡视巡察工作的意见》《孙新阳同志在全国巡视工作会议暨二十届中央第一轮巡视动员部署会上的讲话》《王鸿津同志在2023年全国第一期新任职县级巡察办主任培训班上的讲话》、全区巡视工作会议暨十三届自治区党委第三轮巡视动员部署会议精神,《自治区党委办公厅关于开展十三届自治区党委第三轮巡视工作的通知》,宣读《自治区党委巡视中宁县工作服务保障组织机构及任务分工方案》《孙新阳同志在全国巡视工作会议暨二十届中央第一轮巡视动员部署会上的讲话》《王鸿津同志在2023年全国第一期新任职县级巡察办主任培训班上的讲话》,听取中央第八巡视组巡视宁夏反馈意见中宁县整改落实、十二届自治区党委巡视中宁县反馈意见整改落实及迎接巡视准备情况汇报,传达学习习近平总书记关于耕地保护的重要论述,全市耕地保护工作会议精神,安排部署有关工作。套开县委统一战线(民族宗教)工作领导小组2023年度第三次会议。会议原则同意研究《县人民政府党组关于拨付嘉里宁夏陆港项目土地征收资金的请示》《县人民政府党组关于解除宁夏雅泰房地产开发有限公司两宗国有建设用地使用权出让合同相关事宜的请示》《县人民政府党组关于中宁县国有资本"十四五"规划(送审稿)请示》。

【县委常委会第三十二次会议】 9月4日,县委书记何建勃主持召开。会议传达学习党的二十大报告第十三部分"坚持和完善'一国两制',推进祖国统一"、《习近平著作选读》第一卷"坚定不移把国有企业做强做优做大"、8月31日中共中央政治局会议精神,习近平总书记对四川凉山州金阳县山洪灾害做出的重要指示,在听取新疆维吾尔自治区党委和政府新疆生产建设兵团工作汇报时,在中非领导人对话会、"金砖+"领导人对话会上的重要讲话精神,安排部署贯彻落实工作。传达学习自治区党委第28次常委会会议精神,听取县人民政府党组1—8月经济运行和安全生产工作情况汇报,安排部署下一步工作。传达学习《中央巡视工作规划(2023—2027年)》《中共宁夏回族自治区委员会巡视工作规划(2023—2027年)》《王鸿津同志在2023年全国第一期新任职县级巡察办主任培训班上的讲话》精神,自治区党委办公厅《关于当前全区意识形态领域形势的通报》精神,安排部署有关工作。召开中宁县财政金融风险防范化解领导小组会议暨县委财经委员会2023年度第三次会议。会议原则同意《县人民政府党组关于中宁县推动黄河流域生态保护和高质量发展2023年工作要点(送审稿)的请示》《县人民政府党组关于确认基本草原划定成果的请示》《县人民政府党组关于中宁县天仁房地产开发有限公司天仁家园六区商住项目补办用地手续相关事宜的请示》。

【县委常委会第三十三次会议】 9月15日,县委书记何建勃主持召开。会议传达学习习近平总书记在黑龙江考察时、在新时代推动东北全面振兴座谈会上、在视察78集团军时的重要讲话精神,在2023年中国国际服务贸易交易会全球服务贸易峰会上的致辞,向全国优秀教师代表的致信,安排部署贯彻落实工作,传达学习自治区主题教育领导小组办公室《关于开展第二批学习贯彻习近平新时代中国特色社会主义思想主题教育的指导意见》精神，通报2022年度干部选拔任用工作“一报告两评议”反馈结果有关情况，研究《关于在全县深入开展学习贯彻习近平新时代中国特色社会主义思想主题教育的实施方案（送审稿）的请示》。会议原则同意《县人民政府党组关于中宁县2023年度农田水利基本建设实施方案（送审稿）的请示》《县妇女联合会关于召开中宁县第十四次妇女代表大会的请示》《县委组织部关于县妇女联合会换届人事安排的请示》《县委政研室关于推荐全区全面深化改革工作先进集体和先进个人的请示》。

【县委常委会第三十四次会议】 9月21日，县委书记何建勃主持召开。会议传达学习《习近平新时代中国特色社会主义思想专题摘编》第二章、《习近平著作选读》第一卷《确保我国粮食安全》、习近平总书记对新时代办公厅工作作出的重要指示精神，全国党委和政府秘书长会议精神，安排部署贯彻落实工作。传达学习全国、全区、全市纪检监察干部队伍教育整顿检视整治工作推进会精神，听取全县纪检监察干部队伍教育整顿检视整治工作进展情况汇报，安排部署有关工作。会议听取全县粮食安全和耕地保护工作汇报，听取自治区、中卫市审计发现问题整改情况汇报。会议原则同意《县委办公室关于自治区党委第一巡视组巡视中宁县委自查问题整改方案的请示》《县委督查检查考核工作领导小组办公室关于2023年度中宁县效能目标管理考核实施方案（送审稿）的请示》《关于推荐全区督查和信息工作先进集体先进个人的请示》。

【县委常委会第三十五次会议】 9月28日，县委书记何建勃主持召开。会议传达学习《习近平新时代中国特色社会主义思想专题摘编》第二章、习近平总书记就推进新型工业化做出的重要指示精神，习近平总书记在浙江、山东考察时的重要讲话精神，自治区党委十三届五次全会精神，自治区党委国安办《关于做好中秋节、国庆节期间安全稳定工作的通知》精神，安排部署“国庆”和“中秋节”期间安全生产、生态环保、信访维稳、值班值守及廉洁过节等工作，听取全县学习贯彻习近平新时代中国特色社会主义思想主题教育开展情况汇报，安排部署相关工作。听取2023年巩固拓展脱贫攻坚成果同乡村振兴有效衔接重点工作督查情况汇报，安排部署迎接自治区年度考核评估相关工作。会议原则同意《县人民政府党组关于中宁县2021—2022年帮扶项目资产确权清单（送审稿）的请示》《县人民政府党组关于瀛海、天元、润恒等3家企业削减量用于中卫电厂4×660 MW机组扩建工程项目替代量及签订污染物削减量出让意向协议的请示》《县人民政府党组关于中宁县佰仕兴工高新技术产业发展集团有限公司增加注册资本金的请示》《县人民政府党组关于有序终止企业代储县级原粮的请示》《县人民政府党组关于将新堡村社区服务中心改造建设为新堡社区卫生服务中心的请示》。

【县委常委会第三十六次会议】 10月12日，县委书记何建勃主持召开。会议传达学习学习《习近平新时代中国特色社会主义思想专题摘编》第三章节（61-100页）、《习近平著作选读》第一卷“坚定对中国特色社会主义政治制度的自信”（263-267页）、9月27日中共中央政治局会议精神，习近平总书记在中共中央政治局第八次集体学习时、在庆祝中华人民共和国成立74周年招待会上的重要讲话；对深入推进自由贸易试验区建设、妇女儿童工作和宣传思想文化工作作出的重要指示精神，《宁夏回族自治区扩大内需战略规划纲要（2023—2035年）》精神，安排部署贯彻落实工作。传达学习梁言顺在自治区党委十三届五次全体会议上的讲话和雷东生关于"1+4"系列文件起草情况的总体说明，《自治区党委 人民政府 关于深入学习贯彻习近平总书记重要讲话精神 全面推进新征程生态文明建设 加快建设美丽宁夏的意见》精神，听取历年生态环境保护督察反馈问题整改情况汇报，安排部署相关工作。传达自治区纪委《关于5起违反中央八项规定精神典型问题的通报》《关于5起形式主义、官僚主义典型问题的通报》，安排部署有关工作。召开县委党的建设领导小组2023年度第三次会议。会议原则同意《县财政局关于中宁县新增地方政府隐性债务问责建议的请示》《县人民政府党组关于中车中宁喊叫水200 MWp光伏复合项目部分光伏列阵迁建事宜的请示》《县纪委监委关于中宁县本级和乡镇纪检监察机构开展监察官等级首次确定工作实施方案（送审稿）的请示》。

【县委常委会第三十七次会议】 10月18日，县委书记何建勃主持召开。会议传达学习《习近平新时代中国特色社会主义思想专题摘编》第四章（101-134页）、学习《习近平著作选读》第一卷"坚持党对一切工作的领导"（188-196页）、习近平总书记在进一步推动长江经济带高质量发展座谈会上、在江西考察时的重要讲话精神，安排部署贯彻落实工作。会议听取自治区党委第一巡视组移交信访件办理情况汇报。会议原则同意《关于召开中国共产党中宁县第十五届委员会第六次全体会议的请示》《中宁县落实〈关于深入学习贯彻习近平总书记重要讲话精神、全面推进新征程生态文明建设、加快建设美丽宁夏的意见〉任务分工方案》《县人民政府党组关于实施宁夏中卫市黄河流域规模化防沙治沙2023年中央财政国土绿化试点示范项目（中宁县项目区）的请示》《县人民政府党组关于配套实施黄河北岸腾格里沙漠边缘沙化土地治理示范带（乌玛高速石空出口—卫宁交界处）主水源建设项目的请示》《县委组织部关于递补中共中宁县第十五届委员会委员的请示》。

【县委常委会第四十次会议】 10月25日，县委书记何建勃主持召开。会议传达学习《习近平新时代中国特色社会主义思想专题摘编》第五部分（135-172页）、《习近平著作选读》第一卷"毫不动摇坚持我国基本经济制度，推动各种所有制经济健康发展"（460-470页）、习近平法治思想有关内容，习近平总书记在第三届"一带一路"国际合作高峰论坛开幕式上的主旨演讲，自治区党委办公厅、人民政府办公厅《关于进一步严格财政支出管理坚决落实过紧日子要求的通知》《关于树牢过紧日子思想进一步严控财政资金保障类活动的通知》，安排部署贯彻落实工作。传达学习二十届中央第二轮巡视工作动员部署会精神。听取十五届县委前三轮巡察整改进展情况、十五届县委第五轮巡察综合情况汇报，研究《中共中宁县十五届委员会巡察工作规划（2022—2026年）（送审稿）》。

召开全县网络安全和信息化工作会议。会议原则同意《县人民政府党组关于中宁县创建国家食品安全示范城市工作方案(送审稿)的请示》《县人民政府党组关于拨付第六届枸杞产业博览会资金的请示》《县民政局党组关于推荐全区未成年人救助保护工作先进集体和先进个人的请示》。研究干部事宜。

【县委常委会第四十一次会议】 11月6日,县委书记何建勃主持召开。会议传达学习《习近平新时代中国特色社会主义思想专题摘编》第七部分、《论坚持全面依法治国》篇目"全面推进科学立法、严格执法、公正司法、全民守法"、习近平总书记在中共中央政治局会议、中央金融工作会议上,在中共中央政治局第九次集体学习时、同中华全国总工会及全国妇联新一届领导班子成员集体谈话时的重要讲话精神,致中华全国工商业联合会成立70周年的贺信,安排部署贯彻落实工作。召开县委统一战线(民族宗教)工作领导小组2023年度第四次会议。召开2023年县委议军会议。听取自治区党委第一巡视组巡视中宁县委自查问题、立行立改问题整改和移交信访件办理情况汇报。会议原则同意《中共中宁县委员会关于新时代坚持和完善人民代表大会制度加强和改进人大工作的实施意见》《县人民政府党组关于中国水电四局(中宁)能源装备制造项目合作框架协议(送审稿)的请示》《县委办公室关于推荐全国档案系统先进集体和先进工作者的请示》。

【县委常委会第四十二次会议】 11月14日,县委书记何建勃主持召开。会议传达学习《习近平新时代中国特色社会主义思想专题摘编》第七部分、《习近平著作选读》第一卷"关于《中共中央关于全面深化改革若干重大问题的决定》的说明"、习近平总书记在中央全面深化改革委员会第三次会议、在北京河北考察灾后恢复重建工作时的重要讲话精神,在2023年世界互联网大会乌镇峰会开幕式上发表视频致辞,梁言顺、张雨浦在全区三季度经济形势分析会上的讲话精神,安排部署贯彻落实工作。传达自治区党委办公厅《关于6起政治骗子和政治掮客典型案例的通报》,通报中卫市纪委《关于给予马双成同志党内严重警告处分的决定》,安排部署有关工作。会议听取全县1—10月安全生产工作情况、"四防"常态化督查反馈问题整改及自治区"1+37+8"系列文件落实情况汇报。召开2023年县级林长第二次会议。召开中宁县财政金融风险防范化解领导小组会议暨县委财经委员会2023年度第四次会议。会议原则同意研究《县人民政府党组关于中宁县公共就业服务能力提升示范项目实施方案(送审稿)》《县人民政府党组关于中宁县大战场镇管道天然气项目合作框架协议(送审稿)》《县民政局党组关于中宁县慈善总会筹备工作方案的请示》《县人民政府党组关于废止〈中宁县加快工业经济发展新十条措施(试行)〉的请示》。

【县委常委会第四十四次会议】 11月21日,县委书记何建勃主持召开。会议传达学习《习近平新时代中国特色社会主义思想专题摘编》第八部分(237–271页)、《地方党政领导干部安全生产责任制规定》、习近平总书记对山西吕梁市永聚煤矿一办公楼火灾事故做出的重要指示精神,在同美国总统拜登举行中美元首会晤时、在亚太经合组织第三十次领导人非正式会议上的重要讲话精神，在亚太经合组织工商领导人峰会上的书面演讲，安排部署贯彻落实工作。传达学习中共中央办公厅、国务院办公厅《关于坚持和发展新时代“枫桥经验”提升社会矛盾纠纷预防化解能力的意见》，安排部署有关工作。召开县委学习贯彻习近平新时代中国特色社会主义思想主题教育领导小组第三次会议。会议原则同意《县人民政府党组关于中宁县激发民营经济发展活力工作方案（送审稿）》《县人民政府党组关于拨付企业退休人员冬季取暖费财政补贴资金的请示》《县发展和改革局党组关于推荐评选全区节能工作先进集体和先进个人的请示》《关于县委常委会班子成员主题教育专项调查研究课题的请示》《县委组织部关于调整县人民法院、县人民检察院党组成员职数的请示》。研究干部事宜。

【县委常委会第四十五次会议】 12月6日，县委书记何建勃主持召开。会议传达学习《习近平新时代中国特色社会主义思想专题摘编》第九部分（273–301页）、11月27日中共中央政治局会议精神，习近平总书记在中共中央政治局第十次集体学习、在深入推进长三角一体化发展座谈会上、在视察武警海警总队东海海区指挥部时、在上海和江苏盐城市考察时的重要讲话精神，安排部署贯彻落实工作。通报区、市“四防”督查反馈问题整改情况。听取巩固拓展脱贫攻坚成果同乡村振兴有效衔接各类反馈问题整改情况汇报，听取全县第五次全国经济普查工作进展情况汇报，听取全县第五次全国经济普查工作进展情况汇报。会议原则同意《中国共产党中宁县第十五届委员会第七次全体会议方案（送审稿）》《关于召开中宁县第十八届人民代表大会第三次会议的请示》《关于召开中国人民政治协商会议中宁县委员会第十三届三次会议的请示》《关于提名中宁县出席中卫市第五届人民代表大会代表候选人及中宁县第十八届人民代表大会代表、常务委员会委员补选建议人选的请示》《关于政协中宁县第十三届委员会委员补选建议人选的请示》《县人民政府党组关于中宁县2023年度实施乡村振兴战略综合考评方案（送审稿）的请示》《县人民政府党组关于中宁县加快推进产业转型升级工作方案（送审稿）的请示》《县人民政府党组关于中宁县农村公路安全生命防护提升工程实施方案（2023—2025年）（送审稿）的请示》。

【县委常委会第四十七次会议】 12月12日，县委书记何建勃主持召开。会议传达学习《习近平新时代中国特色社会主义思想专题摘编》第十部分（303–333页）、《习近平著作选读》第二卷《决胜全面建成小康社会，夺取新时代中国特色社会主义伟大胜利》（1–59页）、12月8日中共中央政治局会议精神，习近平总书记在第十个国家宪法日之际作出的重要指示精神，在党外人士座谈会上的重要讲话精神，自治区党委办公厅、人民政府办公厅《关于严格耕地保护落实党政同责的实施意见》，安排部署贯彻落实工作。会议听取全县禁毒工作情况汇报。召开县委党的建设领导小组2023年第四次会议。会议审议《县委全委会工作报告（送审稿）》，会议原则同意《县人民政府党组关于中宁县2024年加快推进工业经济高质量发展的工作方案（送审稿）的请示》《县人民政府党组关于拨付新一轮中宁县电子政务外网运维服务项目费用的请示》。

【县委常委会第四十九次会议】 12月15日，县委书记何建勃主持召开。会议传达学习《习近平新时代中国特色社会主义思想专题摘编》第十一章节（335-367页）、《习近平著作选读》第二卷“推动我国经济高质量发展”（60—69页）、中央经济工作会议精神，安排部署贯彻落实工作。会议审议研究《县人大常委会工作报告（送审稿）》《关于召开中宁县第十八届人民代表大会第三次会议有关事宜的请示》《县政协常委会工作报告（送审稿）》《县政协2024年协商民主计划（送审稿）》《关于召开中国人民政治协商会议中宁县委员会第十三届三次会议有关事宜的请示》《县人民政府工作报告（送审稿）》《中宁县2023年民生计划执行情况和2024年民生计划（草案）的报告（送审稿）》《县人民法院工作报告（送审稿）》《县人民检察院工作报告（送审稿）》《中宁县“十四五”规划纲要实施情况中期评估报告（送审稿）的请示》《县委组织部关于中宁县第十八届人民代表大会第三次会议和政协中宁县第十三届委员会第三次会议有关事项的请示》。召开县委财经委员会2023年第五次会议。

【全县民营经济高质量发展座谈会】 3月24日，县委书记何建勃主持召开。会议传达学习习近平总书记关于民营经济发展重要论述，全区民营经济高质量发展暨营商环境全方位提升推进大会精神，全市民营经济高质量发展座谈会精神，播放《百舸争流勇立潮头——中宁民营经济发展纪实》，交办《第一批民营企业反映问题和意见建议责任清单》，发放《推动全县民营经济高质量发展征求意见表》，企业代表发言，周永根安排部署推动民营经济高质量发展工作。

（田进琴）

重大活动

【第六届枸杞产业博览会】 6月22—24日，第六届枸杞产业博览会在中宁县举办。本届博览会由自治区林业和草原局和中卫市人民政府主办，中宁县委员会、中宁县人民政府、中宁县枸杞产业发展服务中心、中国经济林协会枸杞分会等单位承办。

【宁夏第六届枸杞产业博览会暨全国U21男子篮球联赛】 5月26日—6月1日，宁夏第六届枸杞产业博览会暨全国U21男子篮球联赛在中宁举办。本次活动由中国篮球协会主办，中共中宁县委、中宁县人民政府承办。

【2023年“中宁枸杞杯”“一带一路”四国男子篮球俱乐部邀请赛】 8月24—27日，2023年“中宁枸杞杯”“一带一路”四国男子篮球俱乐部邀请赛在中宁杞乡黄河体育馆举办。本次活动由宁夏回族自治区体育局主办，中共中宁县委员会、中宁县人民政府承办。

【2023中宁县“庆中秋 迎国庆”专场文艺晚会】 9月29日，2023中宁县“庆中秋 迎国庆”专场文艺晚会在县人民广场举行。本次活动由中共中宁县委员、中宁县人民政府主办，中宁县委宣传部、文化旅游广电局、融媒体中心承办，以“中华杞乡 康养中宁”为主题，在枸杞一条街利用街面和两边的树木搭建花灯氛

围和有奖竞赛区、领奖区等。

【全区首届乡村振兴农民合唱艺术节】 12月25日，全区首届乡村振兴农民合唱艺术节在中宁县杞乡黄河体育馆举办。本次活动由中共中宁县委员会、中宁县人民政府、中卫市旅游和文化体育局、宁夏合唱协会主办，中宁县委宣传部、文化旅游广电局承办，五市文旅局、各县（区）文化和旅游局协办，进一步丰富农民群众精神文化生活，组织全区各市县（区）农民合唱团齐聚中宁展示合唱风采、共唱《宁夏人最念党的恩》歌曲、参加文趣大集等活动。

【2023年"四季村晚"活动宁夏主会场"冬季村晚"】 12月29日，2023年"四季村晚"活动宁夏主会场"冬季村晚"在中宁县杞乡黄河体育馆举办。本次活动由中共中宁县委员会、中宁县人民政府主办，县委宣传部、县文化和旅游广电局承办，旨在弘扬中华优秀传统文化，弘扬时代新风。

（田进琴）

县委办公室工作

【文稿服务】 全年撰写县委全委会、纪委全会、巩固脱贫攻坚成果同乡村振兴有效衔接、学习宣传贯彻党的二十大精神、基层党建等有关会议领导讲话、交流发言、工作汇报材料等300余篇，整理撰写县委常委会会议纪要51篇、专题会议纪要9篇。围绕改革创新、脱贫攻坚、产业发展等工作，开展各类调研活动，撰写调研报告80余篇，其中6篇调研报告被自治区党委办公厅《业务通讯》《综合信息》等采用，为县委、政府科学决策、工作推动提供参考依据。全年向区、市党委办公厅（室）报送各类综合信息500余条，被自治区党委信息处采用17条。

【文件承办】 2023年，执行公文处理规定，完成公文发送、传阅、文档立卷整理工作，全年收发、转办各类公文2200余份，自制发文200余件。

【会议组织】 加强与上级党委、县人大办、政府办和政协办沟通联络，按照"开短会、开现场会、开研究解决问题的会"的原则，做好会务统筹工作，组织县委全委会、纪委全会、县委常委会、书记办公会和各类专题会议等，全年组织县委全会3次，县委常委会51次、县委专题会议30余次。审核县委常委会会议议题，抓好会议决策前各项准备工作，确保会议决策效率和质量。

【督查督办】 2023年，落实县委常委会会议决定事项、领导批示件和重大改革任务、重点项目、民生工程、干部作风、脱贫攻坚等督查任务。采取现场督查、暗访督查为主，电话督查、文件督查为辅的督查方式，加大督查力度，对县委工作推进情况、县级领导安排部署任务、各扶贫帮扶单位工作开展情况、各村脱贫攻坚驻村帮扶工作队到岗情况进行常态化督查。全年共办理县委领导批示件183件，对县委全会、县委常委会、专题会、规委会等重大决策部署抓督查、求实效，全年督办会议议定事项207件。对值班值守、人居环境整治、防返贫监测大排查等重点工作开展督查50余次，上报《督查专报》33期，下发《督查通报》8期，《督办通知》141期，针对"四防"反馈抓落实，全年收到自治区党委"四防"督查通报141期反馈问题284个，完成整改284个；收到市委"四防"

督查通报19期反馈问题90个,完成整改90个。

【机要保密】 开展各类警示教育培训,组织开展保密宣传教育活动。以“三大管理”为抓手,狠抓定密管理、涉密人员管理和网络管理,持续做好图文识别微信小程序保密管理,及时消除隐患、堵塞漏洞,从源头上防范和化解重大泄密风险。

【国家安全和外事工作】 聚焦重点领域,守牢国家安全工作防线,推进各领域国家安全工作开展,开展“4·15”全民国家安全教育日宣传活动。打造中宁县委党校、中宁六小自治区级国家安全宣传教育示范点。服务国家外交大局和区市党委外事中心工作。完成县委主要领导参团赴国外推介中宁枸杞工作。策划涉外活动,邀请保加利亚、墨西哥、泰国等12个国家赴中宁县第六届枸杞产业博览会参展。

（田进琴）

组织工作

【干部选拔任用】 实施优秀年轻干部“铸魂赋能严纪塑型”工程,建立健全“三推四谈”、定期调研、结构分析等制度机制,先后补充储备优秀干部人选270名。提拔干部62名、调整交流41名。扎实推进“3331”工程,上半年提拔政法系统正科级领导干部4人,副科级领导干部16人,进一步使用3人,晋升职级17人,其中为县委政法委、县司法局配备90后班子副职2名。成立2个督查组,不定目标、不拘形式,直插一线,考察识别干部在安全生产中的履职表现,先后对22个乡镇、部门(单位)、县属国有企业领导班子进行考核,提拔在安全生产、乡村振兴、基层治理、重大项目等工作一线表现突出的干部34名,晋升职级的69名。

【干部教育管理】 先后对62名新任职干部进行任前谈话,对效能目标考核靠后的16个乡镇、部门(单位)领导班子成员进行约谈。坚持正向激励与严肃问责相结合,对不胜任现职、难以履行岗位职责的4名干部予以免职。开展“菜单式”靶向精准培训20余期,多轮次培训各级干部2300余人。先后选派40余名干部外出培训,邀请10余名县处级领导和自治区党校专家教授,开展“安全生产”靶向精准培训24期,培训各层次干部5000余人次。

【公务员工作】 对工作表现突出的37名干部记三等功,对243名表现优秀的公务员予以嘉奖。举办“退休不褪色　薪火永相传”干部荣誉退休仪式,为61名干部代表举办光荣退休仪式。

【老干部工作】 制订印发《中宁县加强新时代离退休干部党的建设工作实施方案》《离退休干部工作要点》《离退休干部党支部规范化建设工作方案》《离退休干部“示范党支部”创建活动工作方案》等文件。在春节、七一、“老年节”等重大节假日期间走访慰问离退休干部190余人,赴外省看望慰问离休干部3人、生病看望15人、吊唁慰问5人,发放慰问金、慰问品12万余元;为55名离退休干部订送生日礼物,组织43名退休处级干部健康体检。在南河子公园打造“银发驿站”,提供饮水休息、活动娱乐、读书看报等服务。为离退休干部、离退休干部党支部征订党报党刊960余份,组织50余名老干部开展观摩调研和座谈会活动。为县内居住的18名离休干部、退休处级干部签约配备家庭医生，满足离退休干部医疗健康需求。建立离退休干部人才库，围绕理论宣讲、乡村振兴、社区治理、关爱青少年等领域，筛选“银发人才”144余名，建立志愿服务队伍16支。开展“话传统，谈复兴，聚力量”专题调研活动，围绕产业发展、乡村治理、教育医疗等方面征集老干部心声体会、意见建议120余条。动员老干部参与延安精神研究会理论文章征集活动，筛选推荐优秀理论文章11篇。组织老干部到乡镇、社区、学校开展党的二十大精神等宣讲活动20余场次，组织200余名老干部开展“传承雷锋精神，汇聚银才力量”离退休干部志愿服务活动，举办“奋进新征程，银辉展风采”专场文艺演出，县老年大学文化艺术志愿服务队到社区、敬老院等地开展文化惠民活动10余次。

【基层组织建设】 全面开展“基层党组织书记领办基层党建项目”“一支部一品牌”创建等工作，组织各领域19名基层党组织书记领办党建项目34个，总结提炼特色党建品牌128个，优中选优打造党建观摩示范点42个；恩和镇沙滩村红色美丽村庄、新堡镇安定社区“四个+”民主议事协商机制、“1233”电商党建联盟等特色点位先后接受区市领导调研，兄弟县区观摩学习20余次。开展乡村振兴“擂台比武”，采取知识测试、汇报演说、现场观摩等方式，组织133名村党组织书记轮番“上台”亮实招、解难题，评选乡镇级“擂主”12名、县级“擂主”1名。大战场镇、石空镇党建共同体，太阳梁乡驻村帮扶，社区多元共治模式和新业态新就业群体党建工作经验做法在区市组织工作会和党建工作会议上交流发言，“党建+金融”、驻社区工作队等经验做法多次被区市有关部门认可推广。

【人才队伍建设】 编制《中宁县“十四五”期间人才发展规划》，配套6个“重点产业+人才”行动计划，出台《中宁县特聘专家柔性引进办法》等政策文件，探索设立中宁县人才发展基金，制定优化《中宁县人才专项资金管理办法》，每年列支500万人才专项资金，用于人才引进、培养、激励、扶持，以“政策红利”推动产才同频共振。实施人才培养工程，组织推荐33名优秀青年人才参加自治区“基层之星”“青年拔尖人才”培养项目和中卫市“智创卫(未)来”人才培养计划，举办中宁县第一届人才项目大赛、青年干部人才读书会、青年电商创业沙龙、青年人才杞乡行等各类活动20余期，鼓励吸引青年人才回乡就业、创新创业，人才工作在全市组织工作会议上交流发言。

【学习贯彻习近平新时代中国特色社会主义思想主题教育】 第二批主题教育县处级领导干部先学一步、学深一层，制订个人学习计划，“沉浸式”参加读书班学习7天14次，专题研讨7次，其中“双随机”学习交流2次；依托党委(党组)理论学习中心组、“杞乡发展论坛”等，开展常态化集中学习21次；全县500余个基层党组织结合实际制订学习计划，依托“三会一课”、主题党日等，开展学习讨论2000余场次；通过向18个县(区)组织部门发函，将349名流动党员纳入“双向共管”，为4100余名流动党员、行动不便党员开展“送学帮教”1224批次，利用为民商圈、电商融合发展平台等，设立学习角，发挥党建指导员作用，实现党员学习教育覆盖;结合学习推广"四下基层",用好用活县乡党校资源、"杞乡金秋"宣讲队等,28名县处级党员领导干部围绕"感恩总书记,奋进新征程"宣讲96场次,受众1.48万余人次,带动基层党组织开展各类宣讲576场次,受众3.2万余人次,打造农民合唱团文艺宣讲、"小新帮办"、"胡同党校"等特色宣讲品牌。县处级领导干部围绕枸杞产业发展、教育质量提升等"揭榜领题"28个,其中包括金融赋能"六权"改革、应对非法集资等正反面典型案例8个,采用"四不两直"方式,累计下基层调研180余次,发现问题122个,形成调研报告28篇,推动解决杞滋堂枸杞企业生产流动资金短缺等问题75个。县四套班子围绕影响制约高质量发展、群众急难愁盼等方面,梳理整改问题11个,各乡镇、部门(单位)动态梳理整改问题242个;推进"8+1"专项整治,县发改、统计、乡村振兴等牵头部门(单位)逐项制定推进计划,查找整改问题144个。组织教育、人社、卫生、住建等部门,梳理"为民办实事"事项41项,制定措施72条,"清单化""销号式"推进事项全部完成办理,教育领域"大班额"、交通领域"出行难"和卫健领域"非工作时间就诊难"等一批影响群众衣食住行问题得到解决;基层党组织开展"立足岗位做贡献"、建言献策活动,设立党员示范岗、党员责任区、党员突击队2968个,为群众办实事好事1891个,收集意见建议3619条,采纳建议2784条,选树宣传身边榜样103名,落实支持民营企业21条、推行极简审批机制等,审批效率再提升20%,为企业减税降费9.2亿元,深化"扩大有效投资年"活动,推动大唐共享储能、泰源储能电站等招商引资项目落地落实;结合"改作风,谋发展,争先进"专项行动,谋划2024年宁电入湘特高压直流输电等重点项目150个,计划总投资252.1亿元;统筹发展和安全,深入贯彻自治区、市党委部署要求,分时段、分专题组织全县党政领导干部参加能力提升培训班,排查整改重点行业领域隐患358条。县四套班子依托调查研究、检视整改,把握规律、总结经验、查漏补缺,建立健全《开会发文限额管理目标》等制度机制14项。

(樊　鑫)

宣传工作

【概况】 县委宣传部核定行政编制10名,事业编制5名,县控编1名。设部长1名,由县委领导兼任,副部长3名(其中1名兼文明办主任、新闻出版局局长)。宣传部内设办公室(理论教育)、新闻宣传、精神文明建设(新闻出版和电影管理)、新时代文明实践中心4个科室(事业单位编制)。

【理论学习】 2023年,召开县委理论学习中心组学习会16次,围绕"传达学习党的二十大精神"等主题开展交流研讨8次140余人次。强化理论学习中心组巡听旁听,年初制订年度巡听旁听计划,对全县各乡镇、部门(单位)中心组学习采取"预约听+随机听"的模式,巡听旁听20个党委(党组),反馈问题21条。督促指导全县各级党委(党组)召开理论学习中心组集中学习780余场次。

【特色宣讲】 2023年,持续开展习近平新时代中国特色社会主义思想"七进"和"三进"工作，获评自治区"七进"示范点2个。推广"小板凳宣讲""庭院课堂""文艺+宣讲"等互动宣讲模式。通过创作演唱歌曲、打造"胡同党校"、编写"方言快板"短剧等形式，开展党的二十大精神宣讲67次。开展"感恩总书记 奋进新征程"习近平新时代中国特色社会主义思想集中宣讲52场次，各级领导干部带头，深入各行业领域、部门（单位）、企业，开展专题宣讲390余场次，覆盖党员干部2.45万人次，大战场农民合唱团创作演唱的《宁夏人最念党的恩》获中央宣传部2023年度基层理论宣讲优秀微视频表彰。

【新闻宣传】 2023年，坚持网上网下一体、内宣外宣联动，全景化展现中宁形象。在各级各类媒体上稿2428篇，《人民日报》推出专版1个，宁夏广播电视台发布融媒体直播访谈《今日中宁》4期，《宁夏日报》推出中宁县观察专版4期。发动全县群众参与宣传《点赞2023我喜爱的中国品牌》活动，"中宁枸杞"以295万点赞数获第二。组织开展第六届枸杞博览会"百家媒体宁夏（中宁）行"活动，博览会期间230余名记者报道，全网发布相关报道8000余篇（含转载）全网累计总浏览量逾10.5亿人次，扩大枸杞产业博览会影响力。配合中央文明办、共产党人杂志社、新疆兵团日报社、漳州市委宣传部等8家单位开展"高质量发展调研行""乡村行·看振兴""共话山海情·同唱协作曲"等主题调研采访活动，协助中央广播电视总台与文化和旅游部拍摄文旅探访节目《山水间的家》，拍摄枸杞节目。

【精神文明建设】 贯彻《新时代公民道德建设实施纲要》《新时代爱国主义教育实施纲要》，评选表彰"好媳妇""好婆婆"等移风易俗示范户481人，自治区"新时代好少年"1人，慰问困难道德模范25人。组织开展中宁县"幸福到万家"移风易俗示范户网络点赞活动，筛选典型示范户44人，参与活动人数59万余人，通过"两微一端"转发点赞。开展习近平新时代中国特色社会主义思想"三进"工作和"扣好人生第一粒扣子"主题教育活动，学校党组织书记、校（园）长向师生讲党课、思政课140余场。制作社会主义核心价值观宣传展板、摆台300余处，推送短视频、微剧、栏目、图文等新媒体产品2700余条。开展"我们的节日"主题活动，利用元旦、春节、清明等重大传统节日，开展文化科技卫生"三下乡"集中示范服务、"清明祭英烈"、"5·20"青年婚俗改革集体婚礼等活动148次。结合文明城市创建工作开展学雷锋、"文明祭扫"、国家安全日等志愿服务活动1700次，承办全区首届"书香宁夏——乡村阅读论坛"，举行世界读书日活动，线下千人诵读、线上品读经典，免费赠书1000余册，丰富农民群众精神文化生活。

【文化活动】 建成数字化图书馆分馆15个，配送图书2万余册。在全县各社区均设置图书室，精心打造丰宁社区为民商圈党群服务驿站、柳青社区观园世家城市阅读岛，组织创排戏曲歌舞《人面桃花》、秦腔小戏《红心向党》等文化作品，完成防疫题材中篇小说《枸杞花在风中开》、纪实小说《防疫二三事》等。组织开展2023年"两节"系列文化活动、首届乡村振兴农民合唱艺术展演等文化惠民活动30余项，开展"贯彻落实二十大、建功立业新征程"广场舞大赛、"廉洁文化专场"文艺演出、秦腔小戏《好日子 唱起来》汇报展演等广场文化活动40余场,“送戏下乡”50场,文化大篷车145场。全面摸排县域内非遗项目,初步建立国家、自治区、市、县四级非物质文化遗产代表性项目名录体系,组织国家级非物质文化遗产代表性项目中长期保护规划座谈,对非遗项目形成常态长效保护。组织开展“钱鞭声声 畅享新时代”黄羊钱鞭、蒿子面制作技艺等培训班,推动非遗文化传承发展。2023年,实施文化惠民工程,开展全县农村电影放映活动,放映农村电影2046场。

(雍 梦)

统战 民族宗教

【概况】 中国共产党中宁县委员会统一战线工作部为正科级行政单位,挂“中宁县民族宗教事务局、中宁县委港澳台工作办公室(县政府港澳台事务办公室)、中宁县政府侨务办公室”的牌子。县委统一战线工作部设机关办公室、民主党派无党派港澳台及侨务工作办公室、民族工作办公室、宗教工作办公室4个科室。2023年统战部核定行政编制13名,部长1名,副部长4名,实有工作人员12名。中宁县委统一战线工作领导小组办公室设在县委统战部。

【统战工作】 制订《中宁县2023年政党协商计划》,开展“凝心铸魂强根基 团结奋进新征程”主题教育,开展调研,建言献策,党派成员参与各类协商会议16次,参加各类调研视察10次,反映社情民意信息70条,提交提案107件,立案11件。各民主党派参与纪念中共中央发布“五一口号”75周年系列活动,召开县委统战部理论学习中心组与民主党派班子成员集中学习会2次,各民主党派成员发挥界别优势,在法律宣传、送医送药、关爱妇女儿童、扶困助学、志愿服务等方面开展社会服务18次。配合民革区委会、民盟区委会、九三学社区委会、民盟广东省委会等民主党派到中宁县开展调研、交流等活动5次。开展“双走访双报告”制度,走访党外知识分子和新的社会阶层人士50多人次。开展“凝聚新力量·筑梦新时代”等主题教育活动。发挥新的社会阶层人士统战工作协调机制,加强沟通协调,形成工作合力,开展新的社会阶层人士调查摸底工作,筹备成立全县新的社会阶层人士联谊会。在大战场镇石喇叭村网红直播和宁安镇为民城市商圈建立2个新的社会阶层人士统战工作实践创新基地。对全县5家港澳台资企业走访调研5次,了解发展情况,协调解决困难,宣传惠企政策、搭建宣介平台。在端午、中秋等中华民族传统节日,到企业、社区对港澳台同胞及眷属进行慰问。配合做好在宁港澳台同胞及眷属“看发展、增共识,铸牢中华民族共同体意识”和“我们的节日·浓情端午”等各类交流活动8批次,引导港澳台企业、同胞及眷属发挥联通内外的优势,在促进全县招商引资、文化交流等方面发挥作用。加强与自治区党委港澳台办等对接联系,搭建交流推介平台,组织3家企业参加东莞台博会,不断促进两岸经贸文化交流;对接银川市台协会为中宁二小捐助价值2万余元体育用品。稳妥开展侨情侨务普查工作。到民营企业和商协会开展走访调研,对企业反馈问题协调解决，帮助民营企业纾困解难。

【民族工作】 依托县委党校（行政学校）、杞乡发展论坛等，将铸牢中华民族共同体意识教育纳入全县各级各类培训班次。运用线上线下、传统与创新等各类媒介资源开展宣传，在重要路口、城市街道等制作更新宣传牌 47 处，制作宣传片、专题片、微电影等 5 部，通过网、端、屏、台等各类载体宣传民族理论政策、创建工作典型、民族团结故事。督促指导基层单位依托乡村基层文化阵地，建设铸牢中华民族共同体意识示范村（社区）、示范企业、示范机关、示范景区等 56 个，白马乡、宁安镇黄滨村、中宁县第三小学被自治区党委、政府命名为第十二批全区民族团结进步示范区示范单位；中宁县审批服务管理局、中宁县大战场镇东盛村 2 个集体和 4 名个人分别被评为全区民族团结进步模范集体和模范个人。对照民族工作 9 个方面 48 项任务，制订工作方案，全面开展自查自改，建立任务清单、工作清单、责任清单、问题清单、整改清单，补齐短板。做好区、市"四防"督查组督导反馈问题整改工作，通过中央民族工作检查。

【宗教工作】 贯彻落实县乡村宗教事务管理责任落实办法，修订完善宗教活动场所民主管理等 7 项制度，加强宗教活动场所、宗教人士、宗教活动的规范管理。向信教群众宣传党和国家方针政策、法律法规、社会主义核心价值观。全面开展"五进"宗教场所活动，打造了"五进"宗教场所示范点 26 处。举办全县宗教界人士培训班 2 期，培训人员 400 余人，指导宗教界人士认真落实"三定"学习制度，开展学习 50 余次。制定《中宁县宗教场所和活动安全管理办法》等，常态化对全县宗教活动场所开展安全生产和消防安全"拉网式"排查，聘请第三方专业监测机构对全县宗教活动场所进行质量安全鉴定，鉴定出的安全隐患均已全部整改完毕。在全县范围内开展非法宗教活动排查整治。先后召开宗教工作联席会议 4 次，在宾馆、饭店、广场、集市等人员密集场所张贴《关于如何区分非法宗教活动及禁止参与非法宗教活动的告知书》《关于禁止参与、积极举报非法宗教活动的告知书》等 1 万余份。贯彻落实全国宗教工作会议精神，对照宗教工作 8 个方面 89 项任务和 6 个方面督查内容，开展自查，列出任务清单，及时查漏补缺。做好区市"四防"督查组反馈问题整改工作，逐一研究、逐条细化、逐项分解，制订整改方案，明确整改措施、整改要求、整改时限，确保反馈问题及时整改到位，通过国家督查考核。

（杨　飞　刘小雅　杨晓莉　丁志福）

机构编制

【编制资源配置】 统筹中小学教职工编制管理，根据教育统计年报数据，核减上交自治区党委编办中小学教职工编制 118 名，全面完成中小学控编减编任务。依据宁夏回族自治区全日制学校教职工编制核定标准，优质均衡配置教育资源，对全县 67 所学校、3391 名中小学教职工的编制进行调整规范。提升中共中宁县委党校办学质量和水平，为其增加 1 名全额预算事业编制，重新核定党校编制结构比例，推进党校实行参照公务员和专业技术人员"双规制"

管理。加强基层司法行政工作力量，督促指导县司法局将31名司法行政编制人员下沉到各基层司法所。保障国防动员力量，为发改局增加后勤服务事业编制1名，贯彻退役士兵安置政策，将1名退役士兵安置到发改局工作。适应乡镇应急发展需要，对乡镇应急管理办公室涉及应急管理、安全生产和防灾减灾救灾等6项主要职责予以重新明确；配足配齐应急保障力量，核定各乡镇应急管理办公室人员编制一般不少于3名。

【推进关键领域改革】 贯彻自治区机构改革要求，成立改革工作专班，研究制订《中宁县机构改革方案（送审稿）》，草拟相关配套文件，有序推进新一轮机构改革。调整国防动员机构设置，重新组建县国防动员办公室，撤销县国防动员委员会相关办公室，为发改局增加1名专职副主任领导职数。防范卫生健康领域重大风险，优化卫生健康机构职能，在卫生健康局加挂疾病预防控制局牌子，重新组建中宁县疾病预防控制中心，明确基层卫生机构职责。健全完善动植物疫病防控机构，撤销中宁县动物卫生监督所，将监督所职能职责和人员编制整体转隶中宁县动物疾病预防控制中心，重新明确动植物疫病防控职能职责。

【机构编制监督检查】 加强监督检查，选取县委网信办、县发展改革局、县工商联等12个部门（单位）开展机构编制执行情况和使用效益评估，对评估发现的6类问题进行督促整改，规范部门履职行为。

【机关事业单位人员招考】 根据空编情况，配合组织、人社部门补充机关事业单位工作人员，审核招考选调生、公务员（参公管理）62名，事业单位工作人员270名。

【机关事业单位登记管理】 贯彻执行国务院《事业单位登记管理暂行条例》及其实施细则规定，对14个党政群机关统一社会信用代码证书进行变更登记，对2个事业单位进行设立登记，将45个事业单位的45项事项进行变更登记。对全县146个事业单位法人年度报告书进行审核公示，对35家事业单位信息进行抽查。

【部门权力清单调整】 根据法规变化和部门职责调整情况，会同县司法行政部门，指导县工业和信息化局、交通运输局、市场监督管理局、发展改革局等部门动态调整权力清单事项184项，调整修订《中宁县乡镇权力清单（2023年版）》和《中宁县县乡“属地管理”事项主体责任和配合责任清单（2023年版）》，促进政府部门依法高效履职。

（马晓娟）

政研工作

【以文辅政】 根据县委、政府的决策部署和工作意向，围绕事关全县发展大局的政策制定方向，牵头、参与和协助有关部门起草《中宁县2023年农村综合改革实施方案》《关于全面贯彻落实党的二十大精神坚定不移把改革推向前进的实施方案》《中宁县落实〈自治区党委 人民政府关于深入学习贯彻习近平总书记重要讲话精神、全面推进新征程生态文明建设、加快建设美丽宁夏的意见〉任务分工方案》等对全县工作具有重要指导作用的政策性文件10余篇。撰写《提升文明素养 培树社会新风 多元互促深入践行社会主义核心价值观》等理论文章4篇，其中《胸怀大局 踔厉奋发 聚力谱写中国式现代化中宁篇章》《奋楫争先 勇毅前行 再造工业新优势助力社会主义现代化美丽新宁夏建设》被《宁夏工作研究》采用刊发；《宁夏中宁县：红枸杞成就大产业》被《瞭望》采用刊发。参与起草《宁夏品质中国行上海站活动推介词》《枸杞产业博览会宣传片解说词》《“2023我最喜爱的中国品牌”代表发言材料》，编制印发《中宁政研》16期，为县委科学决策提供参考。

【调查研究】 制定印发《关于在全县大兴调查研究工作的方案》《中共中宁县委关于加强和规范调查研究的工作细则》，为全县调研工作指明方向，提供指导。联合县委督查室督促指导工作1次，先后发送“工作提示”5次，督促各乡镇、部门（单位）报送调研方案、开展调查研究、上报调研报告、推动问题整改。组织召开调研成果交流会1次，印发《调研报告》汇编3册，收录调研报告133篇。

【深化改革】 先后召开深改会4次、专题推进会8次、现场评促会3次，制发《关于全面贯彻落实党的二十大精神 坚定不移把改革推向前进的实施方案》《中宁县全面深化改革攻坚年实施方案》《中共中宁县委全面深化改革2023年工作要点》《关于全面深化“六权”改革 助力经济社会高质量发展的实施意见》等政策性文件，梳理各项改革任务132项，分解安排47项方案任务和74项要点任务，建立《中宁县2023年全面深化改革任务清单》和《中宁县2023年全面深化改革工作要点推进落实台账》。建立常态化督查工作机制，对各涉改部门（单位）推动改革任务落实情况进行督促指导，联合县委督查室对各涉改部门（单位）进行2次督导检查，印发《督查通报》2期。承担国家级集体经营性建设用地入市试点、电子商务进农村综合示范项目等改革试点任务5项，自治区级体教融合改革、“数字供销”示范县建设等改革试点任务5项，县级试点6项。《中宁县体教融合破解“小胖墩”“小眼镜”顽疾》等改革经验在《宁夏改革动态》《半月谈》等媒体刊发。定期向区市各类新媒体推送改革信息30余篇。接待自治区党委常委、秘书长雷东生调研督导中宁县“六权”改革1次。配合自治区党委改革办调研“六权”改革1次，接待青海省委改革办调研枸杞产业发展情况，接待中卫市委全面深化改革培训班观摩学习1次，接待灵武市改革办等县区调研学习1次，全区“六权”改革推进会上梁言顺书记对中宁土地权改革表示肯定，2023年县委政研室获评“全区全面深化改革工作先进集体”。

【乡村振兴】 组织干部职工深入牵头帮扶的恩和镇河滩村、结对帮扶的大战场镇杞海村开展工作，每月走访帮扶群众2次以上。到河滩村，为重病贫困群众周立华捐赠3000元，协调民政部门和恩和镇为其争取18000元救急难资金，缓解其生活困难；协调交通运输局等职能部门项目资金，重新铺设河滩村破旧主干道1条。

（曹乐乐）

党校工作

【概况】 中共中宁县委党校始建于1958年，已有66年的建校历史，校园占地面积32633平方米，建筑面积15750平方米。现实行中共中卫市委党校中宁分校、中共中宁县委党校、中宁县行政学校“一套人马三块牌子”的管理体制。党校配有校委班子成员3名，校长由县委组织部部长兼任，设常务副校长1人（正科级），副科级副校长2人。县委党校核编人数11人，现有干部10人，其中，大学本科学历9人，研究生学历1人。党校内设办公室、干部教育培训室、教研室、图书信息中心。

【干部教育培训】 配合县委组织部举办全县科级领导干部学习贯彻党的二十大精神集中轮训示范班、学习党的二十大精神暨农村（社区）党员冬季轮训示范培训班、全县优秀年轻干部能力素质提升培训班、中宁县“万名党员进党校”示范培训班、全县中青年干部培训班、全县非公企业和社会组织党组织书记及党务工作者培训班、县直机关党员轮训示范班等21期3600余人次，与县委统战部、县人社局、县财政局等部门、单位联合举办培训班30期6300余人次。组织党员干部、培训班学员到六盘山红军长征纪念馆、将台堡红军会师纪念馆、张子华生平纪事馆、宁钢时代光耀爱国主义教育基地等现场教学点开展党性教育。聘请区、市有关专家和县直部门负责人授课，采取讨论交流、现场观摩教学、观看专题片等形式。

【基层理论宣讲】 充分发挥宣传主力军作用，组织教师围绕“感恩总书记奋进新征程”、党的二十大精神、习近平法治思想、铸牢中华民族共同体意识等专题，准备讲稿、课件，到乡镇、部门、企业、社区等开展理论宣讲95场次，受众6300余人次。

【科研咨政服务】 围绕以高质量党建引领民营经济高质量发展研究、基层党组织政治功能和组织功能建设、党建引领村集体经济发展、农村基层治理、企业科技创新主体地位、干部教育培训高质量发展等专题撰写理论文章、调研报告19篇，其中，调研咨政专报获县委主要领导批示2件，区市党校课题立项3个，1篇决咨报告获区级科研成果三等奖，1篇论文入选全区党校系统理论研讨会，1门专题课获全市党校系统优质课评比三等奖，在《宁夏党校学报》《宁夏党校通讯》《中卫日报》等发表理论文章7篇。

【师资队伍建设】 组织青年教师参加全市党校系统新课试讲、优质课评比等活动4人次，选派教师外出参加业务培训学习10人次。选聘区市县党校教师、行业部门领导干部、土专家、田秀才等组建县、乡二级党员教育师资库、专家库人选114名，建立党建、经济、社会等学科专题224个，确保党员教育师资“源头活水”。争取增加专职教师事业编1个，选调事业编教师2人。

【争取培训经费】 与自治区党校对接，争取培训经费5.28万元。联合县委组织部承办市级培训班分课堂，争取资金14余万元。县委党校被中央国家机关事务管理局、国家发改委等四部委授予“节约型机关”；被自治区党委宣传部确定为“党的创新理论进机关”示范点。

【帮扶志愿服务】 选派1名年轻干部到喊叫水乡白沿口村驻村帮扶，校领导班子成员多次到喊叫水乡北沿口村、大战场镇东盛村、太阳梁乡北湖村等与村“两委”班子成员共谋乡村振兴发展之计，破解“三农”发展难题，为村里捐赠空调2台改善办公条件。开展走访慰问，为帮扶户送去米面油等生活物资。为余丁乡党校、舟塔村党支部捐赠闲置桌椅70余件,改善党员教育培训条件。组织党员干部到包抓的城建东西楼、粮食小区等,开展安全大排查、环境卫生整治、电信反诈宣传、理论“微宣讲”等志愿服务38次。开展困难居民群众慰问4户,制作文明城市创建、安全知识宣传展板2块,购置分类垃圾桶12个。

【特色亮点工作】 整合部门项目资金,打造中宁县铸牢中华民族共同体意识教育基地、总体国家安全观教育基地、法治教育基地等立体化现场教学阵地体系,其中总体国家安全观宣传教育基地被自治区国安办命名为自治区级国家安全观宣传教育示范点,是首个在县级党校打造的宣传教育示范点。铸牢中华民族共同体意识教育基地接待内蒙古自治区海勃湾区民委、石嘴山市委统战部等区内外单位观摩学习和开展本县各级党组织、培训班学员现场教学85场次2900余人次。打造“党校+基地”培训阵地联合体,挖掘中宁本土特色,精心开发现场教学点13个。建设乡镇党校。配合县委组织部,按照“有固定场所,有醒目标识,有师资队伍,有培训计划,有电教设备,有规章制度,有党建书籍,有档案资料”的“八有”标准,把乡镇党校建设党员教育阵地,县委党校领导班子成员到基层党校指导建设,每个乡镇党校配备2名师资,全县各乡镇党校组织开展基层党员干部培训19期,参训学员1700余人次。制订《县委党校(行政学校)关于加强学科建设的方案》,根据校内主体班次教学和各专题班需求,结合兼职教师各自专长,组织教师开发习近平新时代中国特色社会主义思想的世界观方法论、习近平法治思想、《共产党宣言》导读、百年大党青春蕴藏的成功密码、坚定不移做好新时代意识形态工作、严守政治纪律政治规矩,做政治上的明白人等8门课程。开展集体备课、新课试讲等活动,不断提升课程质量。

(高蕴智　李惠芳)

档案管理　史志编纂

【概况】 2019年3月机构改革,中宁县档案局(馆)的行政职能划入县委办公室(县委办公室对外加挂“中宁县档案局”的牌子),将原中宁县党史县志办公室和中宁县档案馆的人员和职责整合,组建中宁县档案馆(挂“中宁县党史县志研究室”的牌子),为县委办公室所属副科级事业单位,不再保留中宁县党史县志办公室,核定编制12名,馆长兼任主任(副科级)1名。内设文书、业务监督指导、技术信息、保管利用服务、党史编纂、地方志和年鉴编撰6个工作岗位。

【档案业务指导】 采取集中整理、上门指导、跟踪服务、电话咨询等方式,做好档案业务指导监督工作。2023年,指导纪委监委、农业农村局、法院、检察院、教育体育局等30个单位全面完成机关档案分类方案、文件材料归档范围和档案保管期限“三合一”编制推行工作;指导县委办、政府办、自然资源局、审计局、人社局、发展和改革局、交通运输局等12个单位完成文书档案整理归档工作,总计942盒;指导完成党中央和国务院环保督察、第五届枸杞产业博览会、城镇老旧小区改造项目、鸣沙镇五道渠村新制枸杞高标准农田建设项目、清水河中宁段防洪治理工程以及县应对新型冠状病毒感染防控等18项“三重”档案资料归档工作，总计845盒；指导验收中宁县碧水源水务有限公司和宁夏水投中宁水务有限公司5个项目工程档案。

【档案接收利用】 按照档案移交接收进馆程序验收审核。完成政府办、水务局、鸣沙镇、民政局、县疫情指挥部5个单位的档案接收进馆工作，接收文书档案120卷，882盒（18492件），其中民政局婚姻档案114盒（2906件）。进一步创新档案的保管利用和服务方式，发挥馆藏档案资源优势，深挖档案资源潜在价值，及时准确提供档案查阅利用服务。截至年底，接待社会各界档案利用者1511人次，查阅利用档案2758卷（盒），提供档案复印件15950页，出具婚姻证明631份。档案局馆制定档案管理规范，修订完善档案工作“收”“管”“存”“用”各个环节相关规章管理制度35项。检查督促各立档单位依法依规落实档案工作管理责任，建立健全档案收集归档、查阅利用、安全管理等各项制度，确保全县档案馆（室）规范安全管理。

【年报鉴定划控】 完成档案局（馆）和51个基层档案室的2022年度基本情况统计报表的录入审核、汇总上报工作。根据《中宁县档案馆档案开放鉴定工作方案》，对财政局、发展和改革局、卫生健康局、住建局、交通运输局等8个全宗的1882卷档案进行鉴定划控，著录电子目录23127条，开放档案12267件。

【档案法宣传】 利用“6·9”国际档案日、“5·18”地方志工作宣传日，集中开展主题鲜明、内容丰富的系列宣传活动，活动期间组织在富康广场、人民广场等醒目地方悬挂宣传横幅16条。联合22个独立办公的单位和3个临街大型商场，利用LED屏幕播放宣传标语30条。设立咨询宣传点，组织县档案局馆全体干部职工向群众现场答疑380人次。发放《中华人民共和国档案法》2000本、档案知识解读折叠彩页5000张、地方志法规宣传彩页2000份，一次性宣传纸杯3万个。向县委党校和群众赠送中宁县近年来编纂的《中宁县志》《中宁年鉴》《中宁史话》《中宁碑录》《中宁红色印记》等反映中宁县情、地情书籍及红色书籍300余册。

【档案信息化建设】 根据全区档案信创业务系统（数字档案室及电子档案接收系统）配置管理和操作使用的要求，为加快数字档案馆建设进程，实现“存量数字化，增量电子化”。组织人员外出观摩学习，主动咨询请教，征求意见、反复修改审核，形成《中宁县数字档案馆（局域网）项目建设方案》，于2023年3月上报县政府常务会议研究通过，争取县财政拨款338.9万元，完成项目建设的专家评审、发改立项、招投标，2023年底进行档案专用机房改造建设工作。

【年鉴党史资料收集编撰】 挖掘红色档案资源，为张子华纪念园收集各类红色书籍20本、资料8份、视频1个、图片6张，协助完成恩和镇沙滩村张子华生平纪事馆和中宁县革命烈士纪念园布展资料和设计方案审核工作。按照志书和党史编撰规范和要求，收集整理资料，编撰修改审定，完成《中宁年鉴2023》编纂出版工作。开展《新民主主义革命时期中宁县党的建设史》《中宁改革开放史》《中国共产党中宁县党史大事记（2015—2022年）》《中宁县革命遗址遗迹》《中宁县组织史（1987—2020年）》

《中宁扶贫志》及中宁县脱贫攻坚口述史资料的搜集整理编写工作。

【党史宣传】 利用开展党史学习教育，配合县委组织部、宣传部、党校在全县党员干部中开展庆祝活动。利用清明节，与县委宣传部、团委等部门联合，组织党员干部及学生，到革命烈士纪念碑及李吉武烈士纪念亭进行扫墓，对党员干部及学生进行爱国主义教育。把党史的宣传教育与基层党员教育、干部培训工作结合起来，利用七一和冬季党员轮训班对党员干部进行党史宣讲。

（殷学贤　胡桂兰）

媒体融合

【概况】 中宁县融媒体中心主要承担中央、自治区广播、电视节目及重大活动的转播任务，和围绕县委、政府中心工作开展新闻宣传报道、广播电视节目安全传输、农村广播影视公共服务等工作职能。中心汇聚电视、广播、中宁网、微信公众号、"掌上中宁"客户端、视频号、人民网客户端、新华网客户端、央视频、宁夏广电"黄河云"等平台，实现内容统筹、新媒体首发、全媒体跟进的全方位、立体化传播模式，对全县时政、社会民生类新闻、专题节目、电视剧等进行全媒体传播。

【媒体宣传】 2023 年，中宁县被列入全国广播电视基本公共服务县级标准化试点；航拍视频《魅力杞乡　风景如画》在"学习强国"学习平台 2023 年航拍"我的美丽家乡"短视频征集活动中，获优秀作品奖；拍摄制作《宁夏中宁：魅力杞乡　风景如画》在"学习强国"学习平台2023年航拍"我的美丽家乡"专题中浏览量破百万；县融媒体中心获 2022 年度推动优秀区域融媒创新发展综合创新力 TOP10；"掌上中宁"APP获 2022 年度推动优秀区域融媒创新发展综合影响力客户端 TOP10；《喜迎二十大　中华民族一家亲》演讲比赛获 2022 年度推动区域融媒创新发展优秀大型融媒体直播活动 TOP10；融媒体中心在 2022 年"'宁'聚正能量　共筑中国梦"宁夏网络文明建设精品征集评选活动中获优秀组织奖；作品《不要让我们的时间再次定格到手机里》在 2022 年"'宁'聚正能量　共筑中国梦"宁夏网络文明建设精品征集评选活动中获网络正能量动漫音频类优秀奖；《天湖国家湿地公园》在全区微记录片、短视频、音频作品评选活动中，获短视频优秀作品奖；《宁夏中宁前来上分》在全区"网络中国节·我在宁夏晒月亮"网络互动传播短视频作品评选活动中获二等奖；作品《全民阅读　书香中宁》在"感恩奋进　'卫'来可期"网络正能量作品征集展播评选活动中，获优秀视频作品奖；《滋养杞乡的母亲河》《宁夏中宁南山公园　森林氧吧》《天湖国家湿地公园》入选新华社新闻信息中心、新华社音视频部、文化和旅游部新闻中心、新浪新闻、中国自然资源报社等单位联合推出的大型视频展映活动《"四季旅行"第八季——今天我在这里打卡》，在新华社、新浪平台发布；推出访谈节目《奋楫扬帆启新程　勇毅笃行谋新篇　贯彻落实党的二十大精神微访谈》，采取现场采访 + 外景拍摄的手法，被自治区广播电视局确定为"全媒体精品栏目"。

【新闻宣传】 聚焦党的二十大精神和中央决策部署，统筹网上网下、内宣外宣等各类资源，开设《深入学习宣传贯彻党的二十大精神》《学思想 强党性 重实践 建新功》等系列专栏10个以上，宣传中宁县创新引领持续加强、新产业新产品增势较好、新业态较为活跃，广袤乡村振兴蝶变、城镇社区和风骀荡等动人实践。全年采编新闻稿件1740余篇，其中社会民生占新闻总量70%，在宁夏电视台播出稿件200篇，在“学习强国”学习平台刊播中宁稿件700篇。

【专题宣传】 制作播出《杞福中宁》7期、《健康中宁》12期、《科普中宁》36期、《教育新视听》16期、《杞乡青语》6期、《老兵新彩》6期、《道德与法治》8期。鼓励干部职工出演短视频，拍摄制作预防电信诈骗短视频8部、医保短视频6部、健康微视频160部、贺岁短视频12部、其他短视频50余部，以及《百舸争流 勇立潮头》《枸杞为媒 文化为魂 竭力开创全域旅游发展新局面》《青春之城 魅力杞乡》等宣传片40余部。

【新媒体平台宣传】 中宁县融媒体中心微信公众号、掌上中宁客户端、中宁网、强国号、央视频号、人民号等新媒体平台共发布稿件21502篇，累计浏览量5亿+。其中，微信公众号发布稿件3973篇，掌上中宁客户端累计发布稿件7515篇，中宁网发布稿件7647篇，央视频号发稿848篇，人民号发稿848篇，强国号发稿670篇。382篇稿件被“学习强国”宁夏学习平台选用，2189篇稿件被人民号、央视频推送。转发宣传《习近平生态文明思想学习纲要》等相关报道400余篇，开设《守好改善生态环境保护生命线》《文明城市创建》《爱国卫生攻坚行动》等专栏，做好生态环境保护宣传。

【广播专题宣传】 围绕中央一号文件、廉洁文化、党史学习教育、安全生产等策划推出《专家解读中央一号文件》《清风悦读》等广播栏目，安排播出《总书记讲过的民族团结进步故事》《习近平著作选读》专题节目，动态录制播出《说新闻 知天下》节目，让农村百姓也可以实时关注党的最新动态，做好各项会议精神及民生相关领域最新政策的宣传工作。结合时事热点，创新推出《966公益课堂》广播剧和《生活在线》栏目。持续更新《魅力杞乡》和《法律时空》节目，《法律时空》通过律师与群众连线答疑解惑的方式，解读法律相关领域重点热点问题。

【安全播出】 加强广播电视基本公共服务体系标准化建设，完成中宁综合频道播出高清改造、调频广播数字化升级改造，无线发射设备、采编设备等硬件设施换代升级，提高制播能力。做好地面数字电视发射和“村村响”无线调频广播覆盖发射设备的维护维修，保障全国两会、中阿博览会、杭州亚运会等期间广播电视和网络视听安全播出。中宁综合频道全年播出自办电视节目时长5747小时，转播中央节目时长3013小时；调频96.6兆赫广播全年播出自办节目时长4820小时，转播中央、区台节目时长1597小时。

（王晓红）

网络安全与信息化

【概况】 中宁县委网络安全和信息化委员会

办公室，为县委工作部门，挂中宁县互联网信息办公室牌子。核定行政编制5名，实有人员5名，其中主任1名（兼互联网信息办公室主任）、副主任2名。中宁县委网络安全和信息化委员会办公室下设副科级事业单位——中宁县网络安全和舆情监测中心，核定事业编制9名，实有人员6名，其中副科级主任1名，工作人员5名，空编3名。

【网络宣传】 制订印发《中宁县2023年网上重要主题宣传和重要议题设置方案》，联动全县各级各类政务新媒体融合传播，围绕党的二十大、第六届枸杞博览会等重大主题开展网络宣传活动，动员全县59家政务新媒体平台推送转载相关稿件信息800余条，128名网络宣传员转发微信圈群8万余条。承接区、市委网信办"'宁'聚正能量 奋进先行区"网络媒体宁夏行暨网络达人家乡代言活动、"网络中国节·我在宁夏晒月亮"、网络达人看中卫等主题活动，宣传中宁发展态势。其中《宁夏中宁前来上分》作品获全区"网络中国节·我在宁夏晒月亮"主题活动二等奖，旅途（宁夏牧飒）等6个账号获"网聚职工正能量 争做中国好网民"主题活动优秀账号；《送上门的干儿子》等3个作品获优秀作品；全县网络文明建设工作开展情况作为典型案例在中央宣传部内网推送。

【网络舆情应对处置】 构建"人机同防"舆情监测分析全覆盖格局，建立"红、黄、蓝"网络舆情应对协调机制，梳理完善属地监测词库，围绕第六届枸杞产业博览会、主题教育等重要节点重大活动增设专题监测方案，增强网络舆情监测预警能力。召开网络意识形态风险分析研判会4次，针对网上敏感事件，协调各乡镇、部门（单位）纵横联动，实现网络舆情监测、交办、处置、回应全链条闭环。2023年，监测处置网络舆情154起，完成市委网信办交办舆情13起，向县委报送《舆情快报》6期，向市委网信办报送申请管控函12期，同比上年网络舆情发生率下降36.6%。

【网络安全监管】 通过开设"网络安全宣传周"专题专栏、制作推送14期"网络安全"动漫小视频、开展网络安全进机关、进校园、进企业等系列宣传活动，提升干部群众网络安全风险防范意识。联合县公安局网安大队对网络安全情况开展检查，加大医疗、教育等重点行业以及水暖气电等涉及民生领域关键信息基础设施巡查保护力度，排查整改医院挂号等系统网络安全漏洞5个，织密网络安全"保护网"。开展"网络安全日"活动，组织全县各部门单位开展风险排查化解、病毒查杀等活动。下发做好重要节点网络安全通知、网络安全风险提示函、整改通知书等36份，修补各类漏洞50余个，指导处置计算机感染病毒、系统漏洞等网络安全事件12起，同比上年网络安全事件发生率下降36.8%、感染木马病毒发生率下降56%。春节、两会、第六届枸杞产业博览会、"一带一路"高峰论坛等重要时间节点，启动网络安全应急响应，落实24小时在岗值守制度。开展网络安全宣传周活动，以校园日、电信日、法制宣传日、金融日、青少年日、个人信息保护日活动为契机，开展网络安全宣传活动。发挥"掌上中宁"客户端、"网信中宁"公众号等新媒体平台宣传优势，开展线上宣传推广活动，普及网络安全知识和防护技能，增强群众的网络安全意识，筑牢网络安全屏障，全年未发生重大网络安全事件。

【电子政务外网建设与服务】 实现全县92家机关事业单位、134个行政村、21个社区、175个医疗卫生机构、12家基层派出所、6家基层市场监督管理所电子政务外网全覆盖，推动各行业业务专网、互联网出口分类整合并入电子政务外网，强化基础信息保障，保障电子政务外网规范接入和安全防护工作。实施电信普遍服务项目，开展农村地区4G基站补盲建设，逐步推动5G和千兆光纤网络向乡村延伸，全县134个行政村已实现宽带光纤、4G网络信号全覆盖，建成5G基站503个，实现县主城区和12个乡镇中心区域全覆盖。建成“互联网+教育”、“互联网+医疗健康”、公共法律服务、智慧应急、智慧交通等网络综合平台，不断优化政务服务流程，推行“网上办”“指尖办”，实现“数据多跑路”“群众少跑腿”。督促重要行业部门及重点场所政务外网使用单位安装网络安全设备，合理配置安全策略，加强政务外网与局域网的边界防护，提升电子政务外网网络安全防护能力。

（马海佳）

巡　察

【概况】 2018年2月，根据自治区党委有关精神，设立县委巡察工作领导小组办公室，为县委巡察工作领导小组日常办事机构，列入中宁县委工作机构序列，机构规格为正科，设在中宁县纪律监察委员会。县委巡察办核定行政编制9名，其中主任1名，副主任1名，巡察组副组长2名（副科级），工作人员5名，现有行政人员8名（领导4名，工作人员4名）。2019年4月，增设县巡察信息中心（不定级别事业单位），核定事业编制5名，有事业人员5名。

【常规巡察】 全年完成十五届县委第四轮至第六轮对1个乡镇（含13个行政村）、16个部门（单位）的常规巡察，发现乡镇、部门问题608个，整改率为89.7%，发现13个村180个问题，整改率为85%；移交问题线索5件，立行立改事项14项，完成巡视巡察工作网络平台数据录入2600余条。

【成果运用】 用好用活巡察成果。2023年，先后召开县委常委会、书记专题会10次，巡察工作领导小组会10次，协调推动解决整改难度较大问题4个。向县财政局、农业农村局等10个相关职能部门提出整改建议16项，督促被巡察党组织建立完善规章制度66项，形成同题共答、常态长效的监督合力。立案审查2人，给予组织处理5人，清退收缴违纪违规资金3.2万元。借力县纪委监委“杞乡清风”监督执纪大数据平台，追回惠民资金10万余元。

【制度建设】 强化制度建设，修订完善巡察干部日常教育管理、巡察办涉密文件管理、公文管理等制度办法10余项，严把档案收集关、分类关、管理关，对十五届县委第三轮至第五轮巡察档案进行收集整理，做到应收尽收，科学规范。组织巡前集中培训3次，对巡察工作流程、巡察单机系统规范使用等进行专题培训，进一步提升巡察工作规范化水平。增设“靠前提示”环节，向各巡察组制发工作提示函6份，确保巡察流程规范。建立完善十五届县委信访台账、问题线索台账，及时更新办理情况，做到底数清、情况明。

【队伍建设】 坚持选优配强用好巡察干部，采取传帮结合、专业互补的方式配备巡察干部，2023年抽调73名干部参加巡察工作，先后有7名巡察干部得到提拔使用，从第五轮开始，抽调干部至少一抽两轮，确保巡察队伍稳定。实施巡察“两库”人员动态管理，优化巡察干部队伍梯次结构和专业结构。巡察组长库74人、人才库208人。注重文字撰写能力提升，撰写发表信息53篇，其中宁夏巡视巡察2篇，宁夏纪检监察内网12篇、外网1篇，宁夏新闻网2篇，《中卫日报》1篇。

（张袁银）

中宁县人民代表大会常务委员会

综 述

【视察调研】 视察县十八届人民代表大会第二次会议议案和2023年民生计划进展情况、完成情况，对县十八届人民代表大会第一次会议议案和重点督办意见建议进行“回头看”；视察全县矿产资源开发利用管控工作情况；对全县重点项目建设情况、全县用水权改革情况、全县社会救助工作情况、全县公立医院综合改革情况、全县社区治理情况、县人民法院基层法庭参与基层治理工作情况、县人民检察院民事诉讼监督工作情况进行调研。

【执法检查】 对《中华人民共和国固体废物污染环境防治法》《宁夏回族自治区固体废物污染环境防治条例》贯彻执行情况进行执法检查；对《中华人民共和国行政处罚法》《宁夏回族自治区行政执法监督条例》贯彻执行情况进行执法检查；对安全生产“一法两条例”(《中华人民共和国安全生产法》《宁夏回族自治区安全生产条例》《宁夏回族自治区燃气管理条例》)进行执法检查。

【依法监督】 听取和审议县人民政府关于乡村全面振兴工作情况的报告，县人民政府关于全县义务教育优质均衡发展情况的报告，县人民政府关于2023年度环境保护目标完成情况的报告，县人民政府关于行政事业国有资产管理情况的报告；听取和审议县人民政府关于2022年度财政决算(草案)情况的报告，审查和批准2022年财政决算；听取和审议县人民政府关于2023年以来全县国民经济和社会发展计划执行情况的报告，县人民政府关于2023年以来财政预算执行情况的报告，县人民政府关于2022年度县本级预算执行和其他财政收支情况的审计工作报告，县人民政府关于2022年度县本级预算执行和其他财政收支审计查出问题整改情况的报告。

【专题询问】 对县十八届人民代表大会第一次、第二次会议确定的议案及代表意见建议办理、监督事项落实情况进行专项询问。

【部门评议】 对农业农村局(乡村振兴局)、人力资源和社会保障局、市场监督管理局、司法局进行评议。

【人事任免】 坚持党管干部原则与人大依法任免有机统一,全面落实任前法律知识考试、供职承诺、宪法宣誓等制度,不断规范人事任免程序,全年任免国家机关工作人员67人次。

(马吉安)

人民代表大会

【十八届人民代表大会第三次会议】 2023年12月20—22日召开,应出席会议代表214人,实际到会代表190人。会议听取和审议县人民政府工作报告;听取和审议县人民政府关于县十八届人民代表大会第二次会议以来代表议案、建议意见和民生计划办理情况的报告;审查和批准中宁县2023年国民经济和社会发展计划执行情况与2024年国民经济和社会发展计划草案的报告;批准中宁县2024年国民经济和社会发展计划;审查和批准中宁县2023年财政预算执行情况和2024年财政预算草案的报告;批准中宁县2024年财政预算;审查和批准中宁县2024年民生计划草案的报告;批准中宁县2024年民生计划;听取和审议县人大常委会工作报告;听取和审议县人民法院工作报告;听取和审议县人民检察院工作报告。做出关于政府工作报告的决议,关于县十八届人大二次会议以来代表议案建议和意见办理情况报告的决议,关于中宁县2023年国民经济和社会发展计划执行情况与2024年国民经济和社会发展计划的决议,关于中宁县2023年财政预算执行情况与2024年财政预算的决议,关于2023年民生计划办理情况与2024年民生计划的决议,关于县人大常委会工作报告的决议,关于县人民法院工作报告的决议,关于县人民检察院工作报告的决议。审查确定本次大会代表议案1件,重点督办代表意见建议40件。补选县人大常委会副主任1名,委员11名。

(马吉安)

人大常委会会议

【概况】 2023年,县十八届人大常委会召开常委会会议6次,主任会议13次。听取和审议"一府一委两院"专项工作报告24项,组织视察、调研、执法检查和工作评议活动18次,开展专题询问1次,依法作出决议决定25件,形成审议意见7份、评议意见4份、执法检查报告3份。

【县十八届人大常委会第八次会议】 2023年2月24日召开。会议审议通过中宁县人大常委会2023年工作要点;会议审议县人大常委会主任会议、县人民政府、县人民检察院提请的有关人事任免议案。县人大常委会主任、副主任及委员24人出席会议。

【县十八届人大常委会第九次会议】 2023年4月27日召开。会议听取和审议县人民政府

《关于审议批准中宁县2023年县本级预算调整方案（第一批）》的议案，县人大常委会执法检查组《关于检查〈中华人民共和国固体废物污染环境防治法〉〈宁夏回族自治区固体废物污染环境防治条例〉贯彻落实情况的报告》，县人大常委会执法检查组《关于检查〈中华人民共和国行政处罚法〉〈宁夏回族自治区行政执法监督条例〉贯彻落实情况的报告》，县人民政府《关于全县社会救助工作情况的报告》，县人民政府《关于全县矿产资源开发利用管控工作情况的报告》，县人民检察院《关于民事诉讼监督工作情况的报告》，审议县人民政府、县监察委员会、县人民法院、县人民检察院提请的有关人事任免议案。县人大常委会主任、副主任及委员20人出席会议。

【县十八届人大常委会第十次会议】 2023年7月27日召开。会议听取和审议县人民政府《关于提请审议中宁县国土空间总体规划（2021—2035年）》的议案，县人民政府《关于2023年以来全县国民经济和社会发展计划执行情况的报告》《关于2023年以来财政预算执行情况的报告》《关于2022年度财政决算（草案）情况的报告》《关于2022年度县本级预算执行和其他财政收支的审计工作报告》《关于县十八届人大一次、二次会议议案和2023年民生计划办理落实情况的报告》《关于全县用水权改革情况的报告》，审议县人民法院、县人民检察院提请的有关人事任免议案。县人大常委会主任、副主任及委员25人出席会议。

【县十八届人大常委会第十一次会议】 2023年9月25日召开。会议听取和审议县人大常委会执法检查组《关于检查〈中华人民共和国安全生产法〉〈宁夏回族自治区安全生产条例〉〈宁夏回族自治区燃气管理条例〉贯彻实施情况的报告》，审议通过县人大常委会《关于修改〈中宁县人民代表大会常务委员会听取和审议专项工作报告办法〉等9项制度的决定》。听取和审议县人民政府《关于中宁县2023年县本级财政预算调整方案（第二批）的议案》《关于审议批准〈中宁县2023年地方政府债务限额〉的议案》《关于全县义务教育优质均衡发展情况的报告》《关于全县社区治理工作情况的报告》《关于全县重点项目建设情况的报告》，县人民法院《关于基层法庭参与社会治理工作情况的报告》，会议分别听取和审议县人力资源和社会保障局、农业农村局《关于县人大常委会工作评议反馈问题整改落实情况的报告》，会议审议县人大常委会主任会议、县人民检察院提请的有关人事免职议案。会议就安全生产"一法两条例"的贯彻落实、用水权改革、被评议的政府部门工作情况等开展专题询问。县人大常委会主任、副主任及委员23人出席会议。

【县十八届人大常委会第十二次会议】 2023年11月27日召开。会议传达学习习近平新时代中国特色社会主义思想有关内容，听取和审议县人民政府《关于2023年环境状况和环境保护目标完成情况的报告》《关于行政事业性国有资产管理情况的报告》，审查县人民政府《关于中宁县2023年县本级财政预算调整方案（第三批）》《关于中宁县2023年地方政府债务限额》，听取和审议县人民政府《关于全县公立医院综合改革情况的报告》《关于铸牢中华民族共同体意识示范县创建工作情况的报告》，县人大常委会法工委《关于2023年度规范性文件备案审查工作的报告》。审议县人大常委会主任会议、县人民政府提请的有关人事任免议案。县人大常委会主任、副主任及委员20人出席会议。

【县十八届人大常委会第十三次会议】 2023年12月19日举行。会议传达学习习近平新时代中国特色社会主义思想有关内容,主要学习中央经济工作会议精神和习近平总书记在广西考察时的重要讲话精神;审查县人民政府《关于中宁县2023年县本级财政预算调整方案(第四批)》;听取和审议县人民政府《关于2022年度县本级预算执行和其他财政收支审计查出问题整改情况的报告》《关于中宁县"十四五"规划纲要实施情况中期评估报告》《关于全县乡村全面振兴工作情况的报告》;听取和审议县市场监督管理局、司法局《关于县人大常委会工作评议反馈问题整改落实情况的报告》;审议通过《关于表彰2023年度先进代表小组和优秀县人大代表的决定》;听取和审议县人大常委会主任会议《关于提请召开县第十八届人民代表大会第三次会议的议案》;审查通过县第十八届人民代表大会第三次会议各项建议名单及会议有关文件、办法(草案),审议通过县人大常委会工作报告(审议稿);审议了县人大常委会主任会议《关于补选李金星等为中卫市第五届人民代表大会代表的议案》;审议县人大常委会主任会议、县监察委员会、县人民法院、县人民检察院提请的有关人事任免议案;听取和审议《中宁县第十八届人民代表大会常务委员会代表资格审查委员会关于个别代表变动情况和补选代表资格的审查报告》。县人大常委会主任、副主任及委员20人出席会议。

(马吉安)

工作委员会工作

【法制工作委员会】 2023年,组织对县人民检察院民事诉讼监督工作、全县铸牢中华民族共同体意识示范县创建工作情况进行了调研,对《中华人民共和国行政处罚法》《宁夏回族自治区行政执法监督条例》贯彻执行情况进行执法检查,对规范性文件进行备案审查。

【财政经济工作委员会】 2023年,组织听取和审议县人民政府关于乡村全面振兴工作情况的报告、关于2023年度环境保护目标完成情况的报告、关于行政事业国有资产管理情况的报告;组织听取和审议县人民政府关于2022年度财政决算(草案)情况的报告,审查和批准2022年财政决算;组织听取和审议县人民政府关于2023年以来全县国民经济和社会发展计划执行情况的报告,关于2023年以来财政预算执行情况的报告,关于2022年度县本级预算执行和其他财政收支情况的审计工作报告,关于2022年度县本级预算执行和其他财政收支审计查出问题整改情况的报告;组织对《中华人民共和国固体废物污染环境防治法》《宁夏回族自治区固体废物污染环境防治条例》贯彻执行情况进行执法检查;对全县矿产资源开发利用管控工作情况进行了视察,对全县重点项目建设情况、全县用水权改革情况进行调研,对农业农村局(乡村振兴局)工作开展评议。

【人事代表选举工作委员会】 2023年,组织听取全县社区治理情况的报告,调研全县社会救助工作情况,对人力资源和社会保障局工作开展评议。组织对县十八届人民代表大会第二次会议以来的41件重点督办代表建议意见办理情况进行跟踪检查;组织120余名人大代表赴外(广东、厦门)培训;组织开展半年联系走访代表活动,征求和梳理代表对全县经济社会高质量发展和影响群众生产生活突出问题的意见建议;指导各乡镇人大主席团、各代表小组做好县十八届人民代表大会第三次会议议案,代表意见建议的收集整理工作;完成十八届人大代表补选工作;组织评选2023年度先进代表小组和优秀县人大代表。

【教育科技文化卫生工作委员会】 2023年,组织听取和审议县人民政府关于全县义务教育优质均衡发展情况的报告,全县公立医院综合改革情况的报告;视察县十八届人民代表大会第二次会议议案和2023年民生计划进展情况、完成情况;对县十八届人民代表大会第一次会议议案和重点督办意见建议进行“回头看”视察,对市场监督管理局工作开展评议。

(马吉安)

人大常委会办公室工作

【办文办会】 2023年,办公室为县2次人代会、市1次人代会、自治区1次人代会、县委人大工作会议、县人大6次常委会会议、13次主任会议提供优质服务保障。起草常委会2023年工作要点和监督计划,历次会议通知、会议纪要及历次会议所需要的各类文稿、讲话材料以及各类总结报告材料。

【综合协调】 为人大常委会各工作委员会18次视察、调查、执法检查活动做好联系协调、车辆安排等后勤工作,帮助或协助各工作委员会起草“三查(察)”活动方案、通知、调研报告、审议意见等,保障常委会监督工作有效落实。接待区、市、县及外省人大常委会的调研和观摩学习等活动20余次。完成公文发送、传阅、归档等工作,全年收发各类文件3000余份。

【主题教育】 服务人大常委会党组开展学习贯彻习近平新时代中国特色社会主义思想主题教育,集中学习60余次,观看视频20余场次,专题研讨13次。按照主题教育办公室的统一安排,做好各项工作。

(马吉安)

中宁县人民政府

综　述

【工业经济】　2023年，和光方硅芯、铭岛再生铝等一批延链补链项目建成投产，大唐储能、宁电入湘等项目加速建设，宁创铝板带箔、万隆锰锭熔炼等项目投产达效。新增规上工业企业5家，宁创公司获评自治区“链主”企业，规上工业增加值增长28%，工业经济增速稳居全区第一方阵。佳洋光伏、泰源储能等新能源项目建成，中晶半导体等2家企业获评自治区绿色工厂，中宁工业园区获批自治区“绿电园区”创建试点。持续优化营商环境，全力扩大有效投资，开展“争项目、争资金、争示范”活动，向上争取项目资金41.4亿元，招商引资到位资金68.4亿元。

【现代农业】　2023年，新植改造枸杞3.1万亩，综合产值超140亿元，区域公用品牌价值达198亿元。枸杞主产区入列自治区首批枸杞农业科技园，舟塔乡跻身首批国家枸杞农业产业强镇名单，中宁枸杞入选杭州亚运会官方指定产品。守牢耕地保护红线，新建高标准农田6.2万亩，粮食产量稳定在30万吨以上。打造全产业链标准化示范基地3个，万头标准化肉牛养殖示范乡镇3个，万只标准化肉羊养殖示范村3个。奶牛存栏和肉牛、滩羊饲养量分别达到5.8万头和13.7万头、85.7万只，农林牧渔业总产值增长5%，农产品加工转化率持续攀升。通过国家现代农业产业园中期评估，建成县乡村三级“数字供销”网络，创建全区农业绿色发展先行区综合示范县。

【第三产业】　2023年，深化县域商业体系建设，建成商贸中心9个，新增升规上限服务类企业14家，培育国家级电子商务示范企业1家，电子商务交易额达到107.1亿元，增长7.2%。举办各类促销活动42场次，发放消费券421.5万元，拉动全民消费1.5亿元，消费市场逐步回暖。支持外贸经济发展，进出口总额达到8.3亿元，占全市进出口额的63%。唱响"杞程中宁"文旅品牌，推进大漠拉生态旅游区、"枸杞酒庄+枸杞养生体验馆"等项目建设，全年接待游客168万人次，增长42.6%，实现旅游收入3.9亿元，增长33.7%。石空镇太平村入选中国美丽休闲乡村，"中华杞乡·康养中宁"影响力逐步彰显。

【改革创新】 2023年，实施国家和自治区试点改革15项，政务服务"就近办"入选国务院办公厅"双十百千"工程典型案例，"一网通办""跨省通办"水平稳步提升，天元发电纳入全国碳排放权交易市场，成功创建全国集体经营性建设用地入市改革试点县。批建自治区工程技术研究中心、科技企业孵化器等创新平台13家，新增国家高新技术企业6家，获评自治区"专精特新"中小企业1家、创新型中小企业20家，入列首批自治区创新型县。推进青年发展型县域建设，健全完善人才引进机制，引进科技创新团队11个、高端专家61人，建成人才培养载体43个。

【城乡建设】 2023年，推进城市更新行动，着力增强服务功能，改造棚户区400套、老旧小区41个，铺设雨污分流管网14.3公里，打造特色街区2处、小微公园3处，更换路灯6000余盏，新增停车位4000余个，安装充电桩200个，停车难、充电难等"城市病"逐步缓解。开展全国文明城市创建，通过国家卫生县复审。推进巩固拓展脱贫攻坚成果同乡村振兴有效衔接，实施特色产业扶持、基础设施建设等衔接项目83个，发放小额信贷7528万元，兑付到户资金673.7万元，脱贫人口、监测对象收入达到14869元、15140元，分别增长13.4%和27.1%，实现"两个高于"目标。加快推进和美乡村建设，新建农村公路238公里，改造农村危旧房151户，打造人居环境整治示范村12个、提升村24个。

【社会民生】 2023年，民生支出占比达到78.6%。新增城镇就业5120人、农村劳动力转移就业7.3万人，发放创业担保贷款5466万元，培训技能人才1.6万余人，城镇调查失业率控制在5.5%以内。发放救助补助资金1.3亿元，社会工作服务站和未成年人保护工作站实现全覆盖。新建、改扩中小学、幼儿园6所，顺利通过教育部"互联网+教育"评估验收，大战场中学跻身全区数字化试点学校。高水平承办自治区十六运部分赛事，摘得金牌20枚。实施公立医院改革与高质量发展示范项目，建成重症监护室、血液透析室等重点专科。深入开展爱国卫生运动，创建健康细胞示范点39个，居民健康素养水平提至27.6%，通过自治区健康县评估验收。央视节目《山水间的家》《远方的家》全景展示中宁枸杞独特魅力，中宁代表队获全国妇女广场舞大赛一等奖，县图书馆获评国家一级图书馆。

【安全环保】 2023年，开展安全生产重点领域风险隐患排查整治，消除重大事故隐患31条、一般隐患2.1万余条，加装燃气"三件套"6.2万户，安装生命安全防护栏136公里，安全生产形势稳定向好。实施水系连通及水美乡村建设等项目，植绿增绿3.4万亩，治理修复废弃矿山498处。坚持"四尘"同治、"五水"共治、"六废"联治，全年优良天数比例、工业固废综合利用率分别达到79.3%、50%，主要河湖断面水质稳定达标。中央、区市生态环保督察反馈问题有序整改。

【基层治理】 2023年，开展平安中宁建设，学习“枫桥经验”，持续加强和改进信访工作，化解信访矛盾376件、信访积案27件。常态化开展扫黑除恶斗争，反诈防骗工作取得积极进展，立案数、财损数分别下降30.7%、40.4%。深化非法集资“清积攻坚”行动，侦办案件12起、兑付金额1.4亿元。创建“平安村”50个，“平安小区”33个，“平安家庭”107个，余丁乡黄羊村入选全国乡村治理示范村名单。持续巩固全国民族团结进步示范县创建，打造铸牢中华民族共同体意识示范点56个，创建全区民族团结进步示范单位4个，模范集体2个。

（李小娜）

重要会议

【第四十四次政府常务会议】 2023年1月7日，县长周永根主持召开。会议传达学习习近平总书记在中共中央政治局民主生活会、中央经济工作会议、中央农村工作会议上的重要讲话精神，中国共产党宁夏回族自治区第十三届委员会第三次全体会议精神、12月30日自治区党委常委会精神，安排部署相关工作；审议《中宁县2023年春节慰问活动方案（送审稿）》；审议《中宁县卫生健康事业发展规划（2021—2025年）（送审稿）》，研究《关于县级医疗机构紧急采购新型冠状病毒感染医疗设备的请示》；审议《中宁县“十四五”能源发展规划（送审稿）》，研究《关于中宁县县级储备原粮轮换的请示》；研究《关于拨付2022年中宁县水毁维修工程费用的请示》；研究《关于选聘党政机关法律顾问相关事宜的请示》；研究《关于申请追加困难残疾人生活补贴和重度残疾人护理补贴资金的请示》；审议《中宁县“十四五”建筑节能专项规划（送审稿）》；研究《关于拨付紧急采购疫情防控生活物资资金和应急救灾物资运输装卸等相关费用的请示》；会前专题学习《中华人民共和国反电信网络诈骗法》，安排部署有关工作。

【第四十五次政府常务会议】 2023年1月10日，县长周永根主持召开。会议传达学习习近平总书记2023年新年贺词、对政法工作做出的重要指示精神、《求是》杂志重要讲话《为实现党的二十大确定的目标任务而团结奋斗》，梁言顺在自治区党委常委会会议暨理论学习中心组学习会、自治区党委农村工作会议上的讲话精神，马洪海在全市经济运行调度会上的讲话精神，安排部署相关工作；审议《中宁县2023年第一批重点建设项目计划表（送审稿）》；审议《中宁县“十四五”退役军人服务和保障规划（送审稿）》；研究《关于对双龙山（石空寺）石窟开展文物保护规划编制工作的请示》；审议《进一步落实关心关爱医务人员工作方案（送审稿）》；审议《宁夏枸杞中宁枸杞抖音星推官闪亮电商季暨产品展览展销活动方案（送审稿）》；研究《关于拨付中宁县工业园区经四路至兴垦养殖场道路工程费用的请示》《关于拨付中宁县2022年水毁修复工程款的请示》；研究《关于拨付集中医学隔离观察点劳务人员工资的请示》；会前专题学习《宁夏回族自治区政府投资管理办法》，安排部署有关工作；

就中央、自治区环保督察整改工作和大气污染防治工作进行强调部署。

【第四十六次政府常务会议】 2023年1月18日，县长周永根主持召开。会议传达学习习近平总书记在二十届中央政治局第一次集体学习时的重要讲话精神、在二十届中央纪委二次全会上的重要讲话精神，梁言顺在自治区十三届人大一次会议闭幕会上的讲话精神、在自治区政协十二届一次会议闭幕会上的讲话精神，张雨浦在自治区人民政府第一次全体（扩大）会议上的讲话精神，区、市疫情防控工作会议精神，安排部署相关工作；审议《政府工作报告重点任务责任分工（送审稿）》；审议《调整规范政府议事协调机构及组成人员（送审稿）》；审议《中宁县部分确权压砂地清砂补助方案（送审稿）》；会前专题学习《中华人民共和国道路交通安全法》，安排部署有关工作。

【第四十七次政府常务会议】 2023年2月4日，县长周永根主持召开。会议传达学习习近平总书记在中国共产党第二十次全国代表大会上的报告（第一部分：过去五年的工作和新时代十年的伟大变革）、在中共中央政治局第二次集体学习上的重要讲话精神、在2023年春节团拜会上的重要讲话精神，李克强总理在1月28日国务院常务会议上的讲话精神，李文章关于信访工作的论述《加强和改进人民信访工作，全面履行为民解难为党分忧的政治责任》，梁言顺在1月30日自治区党委常委会上的讲话精神，安排部署相关工作；套开全县法治政府建设工作推进会，听取2022年全县法治政府建设工作情况和有关乡镇、部门（单位）表态发言，安排部署有关工作；审议《中宁县2023年粮食生产安排意见（送审稿）》《中宁县2023年农村“厕所革命”提升行动实施方案（送审稿）》《中宁县2023年宜居宜业和美乡村暨农村人居环境整治提升行动实施方案（送审稿）》；审议《中宁县粮食节约行动实施方案（送审稿）》；审议《2023年中宁县春季植绿增绿实施方案（送审稿）》；研究《关于宁地（G）〔2022〕-10号国有建设用地使用权出让的请示》《关于宁地（G）〔2022〕-19号国有建设用地使用权出让的请示》《关于徐套乡小湾村一宗集体经营性建设用地使用权出让的请示》《关于收回宁夏国宁智诚新能源科技发展有限公司国有建设用地使用权的请示》；研究《关于中宁县人民武装部迁建项目拟采用EPC工程总承包方式建设事宜的请示》《关于实施中宁高铁站、中央大道等区域照明设施提升改造项目的请示》；研究《关于实施2023年中宁县恩红路改造工程等4个农村公路建设项目的请示》；研究《关于紧急采购县中医医院综合ICU医疗设备的请示》；会前专题学习《中华人民共和国预算法》，安排部署有关工作。

【第四十八次政府常务会议】 2023年2月16日，县长周永根主持召开。会议套开县征兵工作领导小组会议；传达学习《中华人民共和国黄河保护法》、习近平总书记在中国共产党第二十次全国代表大会上的报告（第二部分：开辟马克思主义中国化时代化新境界、第三部分：新时代新征程中国共产党的使命任务）、在学习贯彻党的二十大精神研讨班开班式上的重要讲话精神、在《求是》杂志上发表的重要文章《全面从严治党探索出依靠党的自我革命跳出历史周期率的成功路径》,梁言顺在自治区党委常委会2022年度民主生活会上的讲话精神,张雨浦在自治区政府党组2022年度民主生活会上的讲话精神,安排部署有关工作;审议《中宁县居民收入提升行动实施方案(2023—2027)(送审稿)》;审议《中宁县2023年巩固脱贫攻坚成果和乡村振兴重点项目(送审稿)》;审议《中宁县城镇低效用地再开发专项规划(2023—2025年)(送审稿)》,研究《关于开展中宁县2023年"多规合一"实用性村庄规划编制事宜的请示》;研究《关于收回中宁县第七中学国有建设用地使用权的请示》《关于收回中宁县交通运输局新材料循环经济示范区道路工程项目(新区经四路)国有建设用地使用权的请示》《关于中宁县大战场镇长山头库区北建筑用砂岩矿变更登记的请示》;审议《中宁县2023年推进枸杞产业高质量发展重点工作任务(送审稿)》《中宁县2023年推进枸杞产业高质量发展扶持政策(试行)(送审稿)》《中宁枸杞进亚运活动方案(送审稿)》;研究《关于解决宁夏和光新材料有限公司硅芯圆棒生产及方硅芯深加工技改项目移动电线杆相关事宜的请示》;研究《关于中宁县第五中学、第十小学拆除重建教学楼项目拟采用EPC工程总承包方式招标建设事宜的请示》;研究《关于建设大战场镇社会治安综合治理中心的请示》;研究《关于红梧山枸杞基地继续由宁夏大地生态有限公司经营的请示》;会前专题学习《宁夏回族自治区人民政府立法工作规定》,安排部署有关工作。

【第四十九次政府常务会议】 2023年3月1日,县长周永根主持召开。会议传达学习中国共产党第二十次全国代表大会报告(第四部分:加快构建新发展格局,着力推动高质量发展;第五部分:实施科教兴国战略,强化现代化建设人才支撑),习近平总书记对内蒙古阿拉善左旗一露天煤矿坍塌事故做出的重要指示精神和李克强总理批示精神,安排部署有关工作;听取县教育体育局关于自治区十六运筹备情况的汇报,安排部署有关工作;套开全县经济形势分析调度会,传达学习全区民营经济高质量发展暨营商环境全方位提升推进大会精神,通报全县1—2月经济运行情况,安排部署2023年全县招商引资和争取项目资金工作及一季度经济工作;审议《中宁县防震减灾"十四五"规划(送审稿)》;研究《关于拨付中宁县2023年元旦春节期间文化体育活动经费的请示》;审议《中宁县"十四五"盐碱地改良利用规划(2021—2025)(送审稿)》《中宁县现代高效节水农业"十四五"建设规划(2021—2025)(送审稿)》《中宁县高标准农田建设规划(2021—2030)(送审稿)》;审议《中宁县创建国家生态文明建设示范区工作实施方案(2022—2025年)(送审稿)》《中宁县2023年国家重点生态功能区县域生态环境质量监测项目实施方案(送审稿)》;研究《关于中宁县数字档案馆项目建设相关事宜的请示》;审议《中宁县县属企业国有资产评估管理暂行办法(送审稿)》;研究《关于盘活石空汽车站和石空生态停车场国有资产租赁有关事宜的请示》;研究《关于划拨自治区执法监督局中卫分局建设治超站用地的请示》;会前专题学习《中华人民共和国科学技术进步法》,安排部署有关工作。

【第五十次政府常务会议】 2023年3月14日，县长周永根主持召开。会议传达学习党的二十大报告（第六部分：发展全过程人民民主，保障人民当家作主；第七部分：坚持全面依法治国，推进法治中国建设），中国共产党第二十届中央委员会第二次全体会议公报，习近平总书记在十四届全国人大一次会议上的重要讲话精神、在看望参加政协会议的民建工商联界委员时的重要讲话精神、在参加十四届全国人大一次会议江苏代表团审议时的重要讲话精神，李克强总理在市场监管总局、知识产权局考察并主持召开座谈会时的讲话精神，自治区第五次常务会议纪要，安排部署有关工作；套开县应对新冠病毒感染疫情工作指挥部第七十八次会议，传达学习习近平总书记在中共中央政治局常务委员会会议上的重要讲话精神，《中共中央办公厅、国务院办公厅关于新冠疫情防控工作情况的通报》，自治区疫情指挥部《贯彻落实全国疫情防控工作电视电话会议精神加强新冠病毒感染及其他春季重点传染病防控工作实施方案》《全区第二波新冠病毒感染疫情应对处置预案》《全区应对可能出现的新冠病毒致病力增强变异株感染应急处置工作预案》，市应对新冠疫情感染工作指挥部第五十八次全体会议精神，听取近期新冠病毒感染及其他重点传染病防控情况汇报，安排部署有关工作；套开各级环保督察反馈问题整改工作推进会，听取各级环保督察反馈问题整改情况汇报，安排部署有关工作；听取全县水资源利用及问题整改情况汇报，安排部署有关工作；审议《关于“9·20”疫情发生至“新十条”出台期间全县疫情防控投入情况的报告（送审稿）》；审议《中宁县2023年县本级预算调整方案（第一批）（送审稿）》；审议《中宁县2023年度巩固拓展脱贫攻坚成果同乡村振兴有效衔接实施方案（送审稿）》《中宁县2023年脱贫户、“三类”监测对象到户扶持政策项目实施方案（送审稿）》；审议《关于推进基本养老服务体系建设的实施方案（送审稿）》；研究《关于打造中宁枸杞文化一条街的请示》；研究《关于划拨中宁县人民武装部迁建工程项目国有建设用地使用权的请示》；研究《关于建设中宁工业园区（宁华片区）35 kV输变电站工程的请示》；研究《关于〈中宁县人民政府 天宁牧业万头现代奶牛养殖基地土地及地上附着物租赁合同书〉补充协议相关事宜的请示》；研究《关于实施中宁县白马乡S308线白马段主干道绿化项目工程的请示》；研究《关于给予宁夏中晶半导体材料有限公司年产1000吨单晶硅棒技改项目招商引资扶持奖励资金的请示》；研究《关于治理道路交通安全隐患的请示》；审议《中宁县全民健身实施计划（2021—2025年）（送审稿）》；研究《关于实施中宁县西环路白桥改造工程的请示》；会前专题学习《中华人民共和国环境保护法》，安排部署有关工作。

【第五十一次政府常务会议】 2023年3月19日，县长周永根主持召开。会议传达学习十四届全国人大一次会议精神，全国政协十四届一次会议精神，《2023年国务院政府工作报告》（第一部分：过去一年和五年工作回顾），安排部署有关工作；审议《中宁县新型城镇化“十四五”规划（送审稿）》《中宁县人民防空“十四五”发展规划（送审稿）》；审议《中宁县促进民营企业高质量发展10条措施（送审稿）》；审议《中宁县消费需求促进年活动实施方案(送审稿)》;审议《中宁县市场主体梯度培育提质升级行动计划(送审稿)》;审议《中宁县申请承办全国U21男子篮球联赛决赛和2023年“中宁枸杞杯”“一带一路”四国男子篮球邀请赛两项赛事工作方案(送审稿)》;研究《关于对大战场镇花豹湾完小、宁安镇东华幼儿园等28所学校(幼儿园)进行名称变更和机构代码调整的请示》《关于对教育系统94所中小学幼儿园财政财务收支大检查的请示》;研究《关于收回宁夏北星精工有限公司以南4家企业土地相关事宜的请示》;研究《关于解决泉眼山水电站职工欠缴社保等费用的请示》;研究《关于中宁县水系连通及水美乡村建设县项目采取工程总承包模式实施的请示》;审议《中宁县2023年经果林产业发展实施方案(送审稿)》;研究《关于划拨国道338线中宁至中卫段公路工程项目国有建设用地使用权的请示》《关于划拨宁夏杞乡750千伏开关站扩建工程项目国有建设用地使用权的请示》;研究《关于五宗国有建设用地使用权公开出让的请示》《关于宁安镇新建村一宗集体经营性建设用地使用权出让的请示》;研究《关于佳钰(宁夏)文化传媒有限公司中宁分公司改变容积率补缴土地出让金的请示》;研究《关于开展2022年度国土变更调查工作的请示》。

【第五十二次政府常务会议】 2023年4月17日,县长周永根主持召开。会议传达学习中国共产党第二十次全国代表大会报告(八、推进文化自信自强,铸就社会主义文化新辉煌;九、增进民生福祉,提高人民生活品质),《2023年国务院政府工作报告》(第二部分:对今年政府工作的建议),3月24日国务院联防联控机制电视电话会议精神,安排部署有关工作;审议《中宁县法治政府建设2023年工作要点(送审稿)》;研究《关于废止和修改部分行政规范性文件的请示》;审议《中宁县开展“就业创业促进年”活动方案(送审稿)》;审议《中宁县扩内需促消费增动能稳经济政策措施(送审稿)》;审议《中宁县贯彻落实〈气象高质量发展纲要(2022—2035年)〉实施方案(送审稿)》;审议《中宁县人才专项资金管理办法(送审稿)》;研究《关于实施中宁县徐套乡高标准农田建设项目水源工程的请示》;研究《关于对喊叫水乡高岭村两座蓄水池进行翻建改造的请示》;研究《关于宁地(G)〔2023〕-10号国有建设用地使用权出让的请示》;研究《关于实施中宁县丰安屯旅游度假区周边道路改造提升项目的请示》;研究《关于实施中宁县团结路(裕民街—宁安东街)及杞乡经典巷道项目的请示》;会前专题学习《中华人民共和国农业法》,安排部署有关工作。

【第五十三次政府常务会议】 2023年4月20日,县长周永根主持召开。会议审议《创建中宁县广电文化惠民工程示范县工作方案(送审稿)》;审议《改革完善中宁县粮食储备体制机制加强粮食储备安全管理实施方案(送审稿)》;审议《中宁县新型农业保险试点工作实施方案(送审稿)》;审议《中宁县教育专网建设方案(送审稿)》;研究《关于创建中宁县“绿水青山就是金山银山”实践创新基地的请示》;研究《关于拨付中宁县2022年喊叫水乡周沟、周马庄子等村高标准农田征地补偿款的请示》;研究《关于实施中宁县火车站广场东路改造工程的请示》;研究《关于拨付中宁枸杞官方直销中心运营补助资金的请示》;研究《关于拨付畜禽粪污及木质类材料资源化利用项目配套补助资金的请示》;研究《关于实施中宁县城区2023年路灯改造项目的请示》。

【第五十四次政府常务会议】 2023年5月4日,县长周永根主持召开。会议传达学习3月30日中共中央政治局会议精神,习近平总书记在中共中央政治局第四次集体学习时、在学习贯彻习近平新时代中国特色社会主义思想主题教育工作会议上的重要讲话精神,全区学习贯彻习近平新时代中国特色社会主义思想主题教育工作会议精神,梁言顺在自治区党委主题教育领导小组第一次会议上的讲话精神,安排部署有关工作;传达学习中央统战工作会议、中央民族工作会议、全国宗教工作会议、全国统战部长会议、全国民委主任会议、自治区党委统战工作会议和全区宗教工作会议、全区统战部长会议精神,听取全县民族宗教工作情况汇报,安排部署有关工作;审议《中宁县2023年政府购买动物防疫服务工作方案(送审稿)》;审议《中宁县2023年移民致富提升行动实施方案(送审稿)》《中宁县移民致富提升行动实施方案(2023—2027年)(送审稿)》;审议《康滩水源地保护区调整方案(送审稿)》;研究《关于划拨中宁县白桥棚户区周边配套基础设施建设项目(德达路)等两宗国有建设用地使用权的请示》;研究《关于实施2023年中宁县城区生态小微绿地及道路节点绿化项目的请示》《关于实施中宁县鸣雁东路文心园小微绿地项目的请示》;研究《关于建设"杞云e税为您办"智慧办税服务厅的请示》;会前专题学习《中华人民共和国审计法》,安排部署有关工作。

【第五十五次政府常务会议】 2023年5月19日,县长周永根主持召开。会议传达学习4月28日中共中央政治局会议精神,二十届中央全面深化改革委员会第一次会议精神,二十届中央财经委员会第一次会议精神,安排部署有关工作;审议《第六届枸杞产业博览会中宁县总体实施方案(送审稿)》;研究《关于在央视综艺节目〈山水间的家〉开展中宁枸杞宣传的请示》;审议《中宁县贯彻落实生态环境部西北督察局矿山整治修复"回头看"问题整改方案(送审稿)》;研究《关于宁地(G)〔2022〕-10号国有建设用地使用权出让的请示》;研究《关于实施中宁县2022年农村生活污水治理项目的请示》;研究《关于中宁县鸣沙、白马枸杞供水工程运营管理采购社会化服务的请示》;研究《关于新建中宁县大战场镇消防救援站有关事宜的请示》;审议《中宁县教育质量提升行动实施方案(送审稿)》;研究《关于县属国有企业兼职外部董事人选的请示》;审议《中宁县"十四五"节能减排综合工作方案(送审稿)》;审议《中宁县人民政府2023年度重大行政决策事项目录(送审稿)》;会前专题学习《中华人民共和国统计法》,安排部署有关工作。

【第五十六次政府常务会议】 2023年5月23日,县长周永根主持召开。会议传达学习《自治区人民政府办公厅关于规范新能源产业用地的通知》《国土资源部、国务院扶贫办、国家能源局关于支持光伏扶贫和规范光伏发电产业用地的意见》《国土资源部、发展改革委、科技部、工业和信息化部、住房城乡建设部、商务部关于支持新产业新业态发展促进大众创业万众创新用地的意见》《自然资源部办公厅、国家林业和草原局办公室、国家能源局综合司关于支持光伏发电产业发展规范用地管理有关工作的通知》等文件精神，安排部署有关工作；审议《宁夏中宁县时代新能源有限公司违法占用耕地建设光伏方阵典型问题整改方案（送审稿）》；审议《中宁县城乡危房和抗震房改造项目实施方案（2022—2027）（送审稿）》《中宁县美丽宜居村庄建设实施方案（2023—2027）（送审稿）》；审议《中宁县关于加快融入和服务全国统一大市场建设的实施方案（送审稿）》；审议《中宁县2023年第二批重点建设项目（送审稿）》；审议《中宁县提升农村公路质量服务乡村振兴三年攻坚行动实施方案（送审稿）》，研究《关于实施提升公路质量服务乡村振兴三年攻坚行动2023年农村公路路况提升工程项目的请示》；研究《关于中宁县热电联产集中供热主线管网项目调整建设内容变更批复的请示》《关于拨付中宁县热电联产市政供热管网延伸（改造）项目配套补助资金的请示》；会上还通报了1—4月固定资产投资完成情况并安排部署有关工作。

【第五十七次政府常务会议】 2023年6月1日，县长周永根主持召开。会议传达学习习近平总书记在中共中央政治局第五次集体学习时、在二十届中央审计委员会第一次会议上、在二十届中央国家安全委员会第一次会议上的重要讲话精神，湖南长沙"4·29"特别重大居民自建房倒塌事故追责问责情况，安排部署有关工作；套开中宁县推动公立医院高质量发展工作领导小组2023年第一次会议暨中央财政支持中卫市公立医院改革与高质量发展示范项目推进会，传达学习全国公立医院改革与高质量发展示范项目视频调度会议精神、全区卫生健康工作会议精神，听取中央财政支持中卫市公立医院改革与高质量发展示范项目中宁县进展情况报告，安排部署有关工作；审议《中宁县道路交通安全管理"十四五"规划（送审稿）》；研究《关于实施中宁县公安局视频图像智能化建设项目的请示》；审议《中宁县加快电子商务产业高质量发展实施方案（送审稿）》《中宁县商贸流通提质增效行动实施方案（送审稿）》；审议《关于财政支持做好碳达峰碳中和工作的实施方案（送审稿）》；研究《关于解除宁夏雅泰房地产开发有限公司两宗国有建设用地使用权出让合同有关事宜的请示》《关于收回中宁县医院迁建项目国有建设用地使用权的请示》《关于划拨中宁县第七幼儿园南侧空地建设项目等三宗国有建设用地使用权的请示》；研究《关于实施宁安北街、鸣雁西路、镇东路等市政道路雨污分流改造项目征地拆迁有关事宜的请示》《关于实施中宁县老旧小区煤房等附属房间拆除有关事宜的请示》《关于实施中宁县城市政道路路面维修工程有关事宜的请示》；研究《关于盘活中宁县职业技术学校资金的请示》；审议《中宁县人民政府 四川利彤企业管理有限公司合作框架协议（送审稿）》；审议《中宁县人民政府 宁夏和光新材料有限公司年产2GW单晶硅棒和200GW方硅芯项目合作框架协议（送审稿）》；研究《关于调整购置中央财政支持中卫市公立医院改革与高质量发展示范项目部分设备的请示》；会前专题学习《中华人民共和国土地管理法实施条例》，安排部署有关工作。

【第五十八次政府常务会议】 2023年6月3日，县长周永根主持召开。会议审议《中车中宁喊叫水200 MWp光伏复合项目部分光伏列阵整改迁移协议(送审稿)》。

【第五十九次政府常务会议】 2023年6月16日，县长周永根主持召开。会议传达学习习近平总书记在内蒙古巴彦淖尔考察并主持召开加强荒漠化综合防治和推进"三北"等重点生态工程建设座谈会上的重要讲话精神，生态环境部部长黄润秋在宁夏回族自治区调研重点生态环境问题整改等情况时的讲话精神，梁言顺在自治区党委常委会会议上的讲话精神，张利在市委专题会议上的讲话精神，安排部署有关工作；套开二季度全县经济形势分析调度会，通报1—5月全县经济运行情况，听取有关责任单位重点项目谋划推进和固定资产投资完成情况汇报，安排部署有关工作；套开2023年全县双拥工作领导小组第一次会议，传达学习2023年全国双拥办主任办公会议精神，听取2023年上半年全县双拥工作开展情况汇报，审议《中宁县双拥领导小组2023年工作要点(送审稿)》，安排部署有关工作；审议《中宁县盘活闲置低效扶贫项目资产专项行动实施方案(送审稿)》；研究《关于开展中宁县园地林地草地定级和基准地价制定工作的请示》；审议《中宁县县委原书记陈宏、原县长何建勃经济责任、自然资源资产离任审计发现问题整改方案(送审稿)》《中宁县政府债务管理审计发现问题整改工作方案(送审稿)》；审议《关于2022年度县本级预算执行和其他财政收支情况的审计工作报告(送审稿)》；研究《关于实施中宁县2023年农村公路生命防护工程的请示》《关于维修滨河南路G109至西二环段的请示》《关于实施2023年农村公路安全隐患治理项目的请示》；审议《中宁县2023年清砂区域产业扶持政策(送审稿)》；研究《关于拨付建设中宁县党员干部政治生活体验馆资金的请示》；研究《关于发放2023年度考核奖的请示》；审议《2023年中宁县"盛夏有礼·惠聚中宁"政府促消费活动方案(送审稿)》；研究《关于中宁县公共供水管网漏损治理工程调整实施主体事宜的请示》；研究《关于拨付中宁县城区再生水管网建设项目——第一第三污水处理厂再生水及城区再生水管道联通工程配套资金的请示》；会前专题学习《中华人民共和国水法》，安排部署有关工作；强调部署抓好第六届枸杞产业博览会期间安全生产、疫情防控、信访维稳等工作。

【第六十次政府常务会议】 2023年6月26日，县长周永根主持召开。会议传达学习习近平总书记关于统计工作的重要论述，《国家统计局关于2022年查处的7起重大统计违法案件的通报》《关于树立和践行正确政绩观深入开展违反客观规律大干快上举债搞"半拉子工程""形象工程""面子工程"和统计造假屡禁难绝问题专项整治方案》，安排部署有关工作；传达学习国务院安全生产十五条硬措施、自治区二十条和中卫市三十六条具体措施，《国务院安委会办公室关于请认真做好问题隐患整改工作的函》，安排部署有关工作；审议《中宁县国土空间总体规划(2021—2035年)(送审稿)》，研究《关于执行中宁县2020—2022年度"多规合一"实用性村庄规划的请示》；研究《关于收回中宁县石空商业中心项目部分国有建设用地使用权的请示》；审议《中宁县2023年度巩固脱贫攻坚成果同乡村振兴有效衔接重点项目（第二批）（送审稿）》；审议《中宁县城市社区专职工作者薪酬发放管理办法（送审稿）》；审议《关于加快推进文旅产业发展实施方案（2023—2025年）（送审稿）》；研究《关于实施中宁县公共厕所提质改造项目的请示》；审议《中宁县空气质量精细化监管能力建设项目技术方案（送审稿）》；审议《年产500万件汽车铝合金轮毂项目投资意向书补充协议（送审稿）》。

【第六十一次政府常务会议】 2023年7月5日，县长周永根主持召开。会议传达学习《关于印发深入学习贯彻习近平总书记重要指示精神认真落实全国安全防范工作紧急视频会议部署要求全面加强安全生产工作责任分工方案的通知》，自治区安委会扩大会议暨全区瓶装液化石油气安全监管工作会议精神，自治区人民政府第十七次、第十八次常务会议纪要，安排部署有关工作；套开全县法治政府建设暨行政复议工作推进会，传达学习全区法治政府建设推进会精神，听取全县行政复议工作开展情况汇报，安排部署有关工作；听取上半年全县网络意识形态工作责任制落实情况汇报，安排部署有关工作；审议《中宁县农村集体经营性建设用地入市试点工作方案（送审稿）》；审议《中宁县2022年度巩固拓展脱贫攻坚成果同乡村振兴有效衔接考核评估问题整改方案（送审稿）》；研究《关于宁地（G）〔2023〕-13号国有建设用地使用权公开出让有关事宜的请示》《关于中国石油天然气股份有限公司宁夏中卫销售分公司长兴加油站用地补缴土地出让金的请示》；研究《关于2023年到期重点绿化工程移交运营管理的请示》；审议《2023年中宁县工程建设项目审批制度改革工作十四项落实措施（送审稿）》；审议《关于进一步促进中宁县房地产市场平稳健康发展若干措施（送审稿）》；研究《关于变更中宁县整县屋顶分布式光伏项目投资主体的请示》；审议《中宁县落实自治区人民政府办公厅关于推进法治政府建设"八大提升行动"分工方案（送审稿）》；研究《关于实施县疾控中心重大传染病防控监测能力提升项目的请示》；研究《关于整改自治区"四防"督导组反馈S308省道与老石碱公路十字路口、S310省道134公里+100米交通安全隐患的请示》《关于整改自治区"四防"督导组反馈平安东街与解放路十字路口、中央大道与黄河路十字路口交通安全隐患的请示》；研究《关于黄羊古落88号公路与愚公路交叉路口安装交通信号灯、配套交通安全设施的请示》；会前专题学习《城镇燃气管理条例》，安排部署有关工作。

【第六十二次政府常务会议】 2023年7月14日，县长周永根主持召开。会议传达学习习近平总书记对防洪救灾工作做出的重要指示精神，《自治区党委常委会会议研究部署安全生产风险隐患问题排查、整改整治工作情况通报》，梁言顺在调研"三夏"工作时、在调研中部干旱带生态保护和防灾减灾工作时的讲话精神，自治区政府第二十次常务会议精神，安排部署有关工作；套开全县城镇燃气安全隐患排查整治工作推进会，传达学习《自治区人民政府办公厅关于组织开展全区燃气用户免费入户安全检查的紧急通知》《市人民政府办公室关于组织开展全市燃气用户免费入户安全检查的紧急通知》，通报全县城镇燃气安全隐患排查整治工作总体情况，听取全县城镇燃气安全隐患排查整治工作汇报，安排部署有关工作；通报《自治区乡村振兴局对中国乡村振兴杂志社暗访反馈问题开展“回头看”情况的函》，安排部署有关工作；审议《中宁县“十四五”城乡社区服务体系建设规划（送审稿）》；审议《中宁县 2023 年政务公开工作要点（送审稿）》；审议《中宁县 2023 年“富民贷”实施方案（送审稿）》；研究《关于为参加“9·20”疫情防控执勤民兵发放补助的请示》；研究《关于发放中宁县 2012 年之后连任村干部退休后过渡性养老金有关事宜的请示》；研究《关于宁夏中宁宁新实业有限公司嘉瑞能源加油站项目建设及选址有关事宜的请示》；研究《关于中宁县城区主次干道 LED 路灯照明改造事宜的请示》；审议《中宁县 2022 年财政决算（草案）的报告（送审稿）》《中宁县 2023 年上半年财政预算执行情况的报告（送审稿）》；研究《关于启动源林生物发电有限公司破产重组涉及相关事宜的请示》；会前专题学习《中华人民共和国安全生产法》，安排部署有关工作。

【第六十三次政府常务会议】 2023 年 7 月 20 日，县长周永根主持召开。会议传达学习习近平总书记在全国生态环境保护大会上的重要讲话精神，《中共中央 国务院关于促进民营经济发展壮大的意见》，梁言顺对全区深入学习贯彻全国生态环境保护大会精神提出的要求，《关于深刻汲取辽宁营口钢铁有限公司“6·22”较大灼烫事故教训 切实加强工贸行业安全生产工作的通知》《关于防范有毒有害气体中毒窒息事故的提示函》，安排部署有关工作；套开全县生态环境领域违法行为专项整治行动工作推进会，传达学习 6 月 12 日马洪海市长专题会议精神，听取全县生态环境违法行为专项整治行动工作开展情况汇报，安排部署有关工作；审议《创建全国未成年人保护示范县工作方案（送审稿）》；审议《关于 2023 年以来全县国民经济和社会发展计划执行情况的报告（送审稿）》；研究《关于购买技术服务打击跨境网络赌博犯罪的请示》；研究《关于划拨 T063（宁夏—湖南 ± 800 千伏特高压直流输电工程）中宁段项目国有建设用地使用权的请示》；研究《关于调整残疾人专职委员工资标准的请示》；研究《关于拨付普通高考手机作弊专项治理增配设备所需资金的请示》；研究《关于追加义务兵家庭优待金及高素质兵员家庭优待奖励金的请示》；会前专题学习《宁夏回族自治区气象灾害防御条例》，安排部署有关工作。

【第六十四次政府常务会议】 2023 年 7 月 28 日，县长周永根主持召开。会议传达学习 7 月 24 日中共中央政治局会议精神，习近平总书记在中央财经委员会第二次会议上的重要讲话精神，中国共产党宁夏回族自治区第十三届委员会第四次全体会议公报，全区上半年经济形势分析会精神，安排部署有关工作；套开全县安全生产大起底大排查大整治专项行动工作推进会，听取全县安全生产大起底大排查大整治专项行动进展情况汇报和重点乡镇燃气领域安全隐患排查整改情况汇报，安排部署有关工作；审议《中宁县第三次全国土壤普查试点工作实施方案（送审稿）》；审议《中宁县激励大学毕业生参军入伍十条措施（试行）（送审稿)》;研究《关于变更中宁县交通运输局石空汽车站项目用地的请示》《关于变更中宁县交通运输局石空镇停车场项目用地的请示》;审议《中宁县"十四五"水利发展规划(送审稿)》;研究《关于减免宁夏隆基硅材料有限公司租金的请示》;研究《关于拨付教育系统 2023 年安保社会化服务经费的请示》;审议《中宁县教育体育系统 2023 年教职工体检方案(送审稿)》;会前专题学习《建设工程安全生产管理条例》,安排部署有关工作。

【第六十五次政府常务会议】 2023 年 7 月 30 日,县长周永根主持召开。会议研究讨论自治区"1+37+8"文件,安排部署有关工作。

【第六十六次政府常务会议】 2023 年 8 月 9 日,县长周永根主持召开。会议传达学习习近平总书记对防汛救灾工作做出的重要指示精神,自治区"1+37+8"文件精神,梁言顺在自治区党委十三届四次全体会议上的讲话和雷东生对相关意见及专项配套文件的总体说明,梁言顺在石嘴山市、吴忠市暗访督查自治区党委全会精神学习贯彻情况时的讲话精神,自治区安委会 2023 年第五次全体(扩大)会议精神,自治区政府党组(扩大)会议精神,先行区建设中卫市 2023 年第七次推进会暨全市耕地保护工作会议精神,张利对全市深入学习宣传贯彻自治区党委十三届四次全会精神再次提出的要求,安排部署有关工作;审议《中宁县人民政府关于进一步提高政府监管效能推动高质量发展实施方案(送审稿)》;研究《关于拨用我县2023年第一批次集体建设用地使用权的请示》;研究《关于拨付嘉里宁夏陆港项目土地征收费用的请示》;研究《关于解除宁夏雅泰房地产开发有限公司两宗国有建设用地使用权出让合同相关事宜的请示》;研究《关于申请柳青社区办公用房的请示》;审议《中宁县财政"十四五"规划(送审稿)》;研究《关于改造原党校基础设施的请示》;研究《关于拨付 2021 年 10 月 26日至 11 月 3 日全县城乡居民核酸检测费用的请示》《关于拨付 2022 年 6 月 5 日全县全员核酸检测费用的请示》;会前专题学习《中华人民共和国法律援助法》,安排部署有关工作。

【第六十七次政府常务会议】 2023 年 8 月 16 日,县长周永根主持召开。会议传达学习习近平总书记在首个全国生态日之际做出的重要指示精神,副总理张国清、国务委员王小洪在全国安全生产电视电话会议上的讲话,梁言顺在自治区党委理论学习中心组学习会、银川市、宁东基地、吴忠市太阳山开发区和同心县暗访督查自治区党委全会精神学习贯彻情况时的讲话精神,市委五届七次全会公报,县委十五届五次全会公报,安排部署有关工作;套开全县耕地保护工作推进会,传达学习习近平总书记关于耕地保护重要论述,通报全县耕地保护工作情况,签订违法违规占用耕地问题整改目标责任书,安排部署有关工作;审议《中宁县促进硒砂瓜销售工作方案(送审稿)》;研究《关于建设中宁县滨河南路(中央大道至西二环)交通安全专项提升项目的请示》;审议《中宁县国有资本"十四五"规划(送审稿)》;研究《关于将原花豹湾完小移交大战场镇政府的请示》;研究《关于将中小学、幼儿园液化气灶更换为电磁大锅灶的请示》;会前专题解读税收基本业务知识,安排部署有关工作;会上还就下一阶段固定资产投资和重点项目建设等工作进行了安排部署。

【第六十八次政府常务会议】 2023年8月31日，县长周永根主持召开。会议传达学习8月17日中共中央政治局常务委员会会议精神，习近平总书记关于巡视工作的重要论述、对四川凉山州金阳县山洪灾害做出的重要指示精神，李强总理在国务院第二次全体会议上的讲话精神，张雨浦在自治区人民政府第二次全体（扩大）会议上的讲话精神，安排部署有关工作；听取区市审计发现问题整改情况汇报，安排部署有关工作；传达学习习近平总书记关于坚持和发展新时代“枫桥经验”“浦江经验”重要指示批示精神，听取全县1—8月信访工作情况，安排部署有关工作；研究《关于对中宁县养老服务机构（设施）消防安全改造给予资金补助的请示》；审议《中宁县推动黄河流域生态保护和高质量发展2023年工作要点（送审稿）》；研究《关于宁夏枸杞、中宁枸杞开展全媒体营销宣传的请示》；研究《关于对县行政中心基础设施进行维修改造的请示》；研究《关于落实学前教师基层服务专项计划的请示》《关于落实司法协理基层服务专项计划的请示》《关于落实乡村医生基层服务专项计划的请示》；审议《中宁县2023年地方政府债务限额（送审稿）》《中宁县2023年县本级预算调整方案（第二批）（送审稿）》；研究《关于确认基本草原划定成果的请示》；研究《关于中宁县天仁房地产开发有限公司天仁家园六区商住项目补办用地手续的请示》；研究《关于宁夏隆基硅材料有限公司西侧国有建设用地处置意见的请示》；会前专题学习《宁夏回族自治区乡村振兴责任制实施细则》，安排部署有关工作。

【第六十九次政府常务会议】 2023年9月8日，县长周永根主持召开。会议传达学习习近平总书记在中共中央政治局第五次集体学习时、在北京育英学校考察时的重要讲话精神，听取全县未成年人思想道德建设情况汇报，安排部署有关工作；传达学习习近平总书记关于巩固拓展脱贫攻坚成果、推进乡村振兴重要讲话和指示批示精神，通报全县脱贫人口小额信贷和“富民贷”进展情况，安排部署有关工作；安排部署全县打击毁林毁草和禁牧封育工作；审议《中宁县2021—2022年帮扶项目资产确权清单（送审稿）》；研究《关于公示中宁县城镇2023年度标定地价的请示》；审议《中宁县公办养老服务机构改革试点实施方案（送审稿）》；研究《关于瀛海、天元、润恒等3家企业削减量用于中卫电厂4×660MW机组扩建工程项目替代量及签订污染物削减量出让意向协议的请示》；研究《关于处置中宁县人民法院移交涉案财产的请示》；研究《关于中宁县佰仕兴工高新技术产业发展集团有限公司增加注册资本金的请示》；研究《关于中宁县宣传文化中心大楼建设无障碍设施（电梯）的请示》；会前专题解读《宁夏回族自治区法治政府建设指标体系》《关于推进法治政府建设“八大提升行动”的实施方案》《关于加强行政复议行政应诉工作的意见》，安排部署有关工作；会上还就近期安全生产和应急值班值守情况进行强调。

【第七十次政府常务会议】 2023年9月13日，县长周永根主持召开。会议传达学习中央、自治区学习贯彻习近平新时代中国特色社会主义思想主题教育第一批总结暨第二批部署会议精神，梁言顺在全区第九次民族团结进步表彰大会上的讲话精神，自治区安委会第六次全体（扩大）会议精神，张雨浦在全区推进“三北”工程和荒漠化防治工作座谈会上的讲话精神，安排部署有关工作；传达学习《自治区住房和城乡建设厅等十八部门关于加快经营性自建房安全隐患整治健全房屋安全常态化管理机制的通知》，听取全县自建房安全隐患排查整治工作情况汇报，安排部署有关工作；审议《中宁县化解农村宅基地“房地一体”确权登记历史遗留问题实施方案（送审稿）》《中宁县批而未供和闲置土地盘活利用专项行动实施方案（送审稿）》；审议《中宁县2023年度农田水利基本建设实施方案（送审稿）》；审议《中宁县康滩水源地一级保护区内畜禽散养户养殖设施关闭拆除实施方案（送审稿）》；研究《关于实施中宁县2023年大战场镇东盛村高标准农田建设项目（渠改滴改造提升）等三个项目的请示》；研究《关于有序终止企业代储县级原粮的请示》；研究《关于县城部分区域消防设施改造更新的请示》；研究《关于将新堡村社区服务中心改造建设为新堡社区卫生服务中心的请示》；研究《关于变更中宁工业园区（宁华片区）35 kV输变电站选址的请示》；会前专题学习《中卫市耕地保护党政同责实施办法（试行）》《中卫市耕地保护十条措施（试行）》，安排部署有关工作。

【第七十一次政府常务会议】 2023年9月27日，县长周永根主持召开。会议传达学习习近平总书记对新时代办公厅工作、推进新型工业化作出的重要指示精神、向全国广大农民和工作在“三农”战线上同志们的祝贺精神，中国共产党宁夏回族自治区第十三届委员会第五次全体会议公报，安排部署有关工作；通报全县巩固拓展脱贫攻坚成果同乡村振兴有效衔接重点工作督查情况，安排部署有关工作；安排部署中秋国庆双节期间全县安全生产、信访维稳、值班值守、廉洁过节等重点工作；审议《中宁县加快县域经济和城区经济高质量发展的实施方案（送审稿）》；研究《关于实施宁夏中卫市黄河流域规模化防沙治沙2023年中央财政国土绿化试点示范项目（中宁县项目区）的请示》；研究《关于配套实施黄河北岸腾格里沙漠边缘化土地治理示范带（乌玛高速石空出口—卫宁交界处）主水源建设项目的请示》；研究《关于中车中宁喊叫水200 MWp光伏复合项目部分光伏阵列迁建事宜的请示》；会前专题学习《宁夏回族自治区火灾事故调查处理规定》，安排部署有关工作。

【第七十二次政府常务会议】 2023年10月10日，县长周永根主持召开。会议传达学习习近平总书记对宣传思想文化工作做出的重要指示精神、在中共中央政治局第八次集体学习时的重要讲话精神，梁言顺在自治区党委十三届五次全会上的讲话，雷东生关于自治区生态文明建设“1+4”系列文件起草情况的总体说明，自治区生态文明建设“1+4”系列文件，《宁夏回族自治区扩大内需战略规划纲要（2023—2035年）》，安排部署有关工作；传达学习习近平总书记关于卫生健康工作重要讲话指示批示精神，听取健康中宁建设暨健康水平提升行动工作情况汇报，安排部署有关工作；审议《中宁县创建国家食品安全示范城市工作方案（送审稿）》；审议《中宁县保障困难群众基本生活12条措施（送审稿）》；研究《关于拨付第六届枸杞产业博览会资金的请示》;研究《关于建设宁夏黄河法治文化带中宁县法治文化园的请示》;研究《关于治理道路交通安全隐患的请示》《关于建设道路交通视频监控设施及交通信号灯的请示》;研究《关于解决中宁县石空公租房供电设施隐患的请示》;研究《关于实施中宁县创建国家园林城市技术服务项目的请示》;会前专题学习《中华人民共和国行政复议法》,安排部署有关工作。

【第七十三次政府常务会议】 2023 年 10 月 30 日,县长周永根主持召开。会议传达学习习近平总书记在中共中央政治局第九次集体学习时重要讲话精神,《中共中央办公厅 国务院办公厅关于进一步加强矿山安全生产工作的意见》《国务院安委会办公室关于学习宣传贯彻〈中共中央办公厅 国务院办公厅关于进一步加强矿山安全生产工作的意见〉的通知》《国务院办公厅关于 2023 年度国务院推动高质量发展综合督查征集问题线索的公告》《自治区党委办公厅 政府办公厅关于进一步严格财政支出管理坚决落实过紧日子要求的通知》,梁言顺在全区党委和政府办公厅(室)工作会议上的讲话,张雨浦在《国务院办公厅督查室关于做好国务院"互联网 + 督查"平台征集 2023 年度国务院推动高质量发展综合督查问题线索宣传推广工作的通知》上的批示精神,雷东生在全区党委和政府办公厅(室)工作会议上的讲话,安排部署有关工作;套开全县前三季度经济形势调度会,传达学习李强总理在经济形势专家和企业家座谈会上的讲话精神,全区三季度经济形势分析会精神、自治区政府第三十一次常务会议精神、市政府第 64 次常务会议精神,通报全县 1—9 月份经济指标完成情况、2023 年重点项目完成情况及 2024 年项目谋划情况、1—9 月工业经济运行情况、农业经济运行情况及 2024 年农业项目谋划情况,安排部署有关工作;研究《关于审批中宁县 2022 年"多规合一"实用性村庄规划的请示》;研究《关于宁夏中宁县白马乡小石子沟建筑用砂矿采矿权延续事宜的请示》;审议《中国水电四局(中宁)能源装备制造项目合作框架协议(送审稿)》;审议《中宁县大战场镇管道天然气项目合作框架协议(送审稿)》;会前专题学习《中华人民共和国农产品质量安全法》,安排部署有关工作。

【第七十四次政府常务会议】 2023 年 11 月 8 日,县长周永根主持召开。会议传达学习习近平总书记关于保障和改善民生重要讲话精神,听取全县根治拖欠农民工工资工作进展情况汇报,安排部署有关工作;通报国家卫生县复审评估反馈问题整改情况,安排部署有关工作;研究《关于恩和镇詹家大坡建筑石料用砂岩矿等 2 家矿山采矿权申请注销的请示》《关于余丁乡建筑石料用砂岩矿等 11 家矿山采矿权非申请注销的请示》;研究《关于分配全县燃气居民用户"三件套"安装专项补贴的请示》;审议《中宁县新冠肺炎疫情隔离板房项目资产及物资移交协议书(送审稿)》《中宁县隔离板房后期保障及综合处置利用方案(送审稿)》;审议《中宁县加快文化旅游产业发展奖励扶持办法(2023—2025)年(试行)(送审稿)》;审议《中宁县公共就业服务能力提升示范项目实施方案(送审稿)》;研究《关于众汇嘉润投资运营管理集团有限公司联合华企网安(北京)科技有限公司开展数据分析服务工作的请示》;研究《关于治理道路交通安全隐患的请示》;研究《关于包兰铁路以北、罗家沟以东4家企业(个人)拆迁补偿标准及资金拨付的请示》;研究《关于拨付新一轮中宁县电子政务外网运维服务项目费用的请示》;研究《关于废止〈中宁县加快工业经济发展新十条措施(试行)〉的请示》;研究《关于中宁县2023年地方政府债务限额的请示》,审议《中宁县2023年县本级预算调整方案(第三批)(送审稿)》《中宁县防范化解地方债务风险实施方案(送审稿)》;会上传达学习全市食品安全"两个责任"工作落实情况通报,针对全县食品安全工作进行强调;会上还就2024年项目谋划工作进行了强调。

【第七十五次政府常务会议】 2023年11月16日,县长周永根主持召开。会议传达学习《习近平法治思想学习纲要》有关章节,习近平总书记在中央金融工作会议、中央全面深化改革委员会第三次会议上的重要讲话精神,梁言顺在调研推进新型工业化工作时、督导调研自治区党委十三届四次五次全会精神贯彻情况、在中卫市督查调研安全生产生态环保工作时的讲话精神,张雨浦在国务院推动高质量发展综合督查宁夏工作见面会上、在调研黄河"几字弯"攻坚战等工作时的讲话精神,安排部署有关工作;传达学习习近平总书记关于妇女儿童和妇联工作重要论述、第七次全国妇女儿童工作会议精神,听取全县妇女儿童发展规划实施情况汇报,安排部署有关工作;研究《关于审批中宁县2023年村庄规划事宜的请示》;研究《关于宁地(G)〔2023〕-2号国有建设用地使用权出让的请示》《关于宁地(G)〔2023〕-12号国有建设用地使用权出让的请示》;研究《关于划转中宁县城区再生水管网建设工程——第三污水处理厂项目国有建设用地使用权的请示》;审议《中宁县激发民营经济发展活力工作方案(送审稿)》;审议《中宁县农村公路安全生命防护提升工程实施方案(送审稿)》;研究《关于实施中宁县石空镇G338线向西道路北侧改造工程的请示》;研究《关于拨付企业退休人员冬季取暖费财政补贴资金的请示》;会前专题学习《自治区"两高"项目管理办法(试行)》《自治区"两高"项目评估论证管理办法(试行)》《自治区固定资产投资项目能源消费替代管理办法(试行)》,安排部署有关工作;会上还就解决全县大白菜滞销问题进行强调。

【第七十六次政府常务会议】 2023年11月24日,县长周永根主持召开。会议传达学习习近平总书记对山西吕梁市永聚煤矿一办公楼火灾事故作出的重要指示精神和李强总理批示精神、应急管理部调度当前安全防范工作会议精神、自治区安委会第八次全体(扩大)会议精神、中卫市2023年安全防范暨冬春季火灾防控会议精神,套开全县安全防范暨冬春季防凌、火灾防控会议,安排部署有关工作;套开全县耕地保护暨禁牧封育工作推进会,通报全县违法违规占用耕地问题整改情况和禁牧封育工作开展情况,安排部署有关工作;审议《中宁县养老托育服务高质量发展实施方案(送审稿)》;审议《中宁县2023年度实施乡村振兴战略综合考评方案(送审稿)》;审议《中宁县加快"互联网+医疗健康"高质量发展实施方案(送审稿)》;审议《中宁县加快推进产业转型升级工作方案(送审稿)》;研究《关于将太阳梁第一牧场对外租赁的请示》;研究《关于处置李广伟、何勇国有建设用地使用权的请示》《关于处置中宁县财政局拍卖房地产涉及土地的请示》;研究《关于划拨国道338线红寺堡至恩和段公路工程项目等四宗国有建设用地使用权的请示》;专题学习《宁夏回族自治区事故隐患自查核查排查督查调查验查责任“六查”倒查办法(试行)》。

【第七十七次政府常务会议】 2023年12月1日,县长周永根主持召开。会议传达学习《习近平法治思想学习纲要》有关章节,11月27日中共中央政治局会议精神,11月24日国务院常务会议精神, 全国安全生产电视电话会议精神,《关于强化金融支持举措 助力民营经济发展壮大的通知》,11月24日自治区党委专题会议精神,自治区副主席陈春平、刘军在全区安全防范调度暨冬春季火灾防控工作视频会议上的讲话,自治区副主席徐耀在2023—2024年全区冬春季大气污染防治攻坚行动启动会上的讲话,安排部署有关工作;套开中卫市创建国家食品安全示范城市中宁县创建工作动员部署会,专题解读《中宁县创建国家食品安全示范城市工作方案》,安排部署有关工作;套开县应对新冠病毒感染疫情工作指挥部第七十九次会议,传达学习《自治区应对新冠病毒感染疫情工作指挥部办公室关于做好全区今冬明春新冠病毒感染及其他重点传染病防控工作的通知》《自治区应对新冠病毒感染疫情工作指挥部办公室关于印发贯彻落实自治区主要领导批示任务清单的通知》,听取全县近期新冠疫情防控工作开展情况汇报,安排部署有关工作;通报全县2024年度城乡居民医保征缴工作情况,安排部署有关工作;审议《中宁县关于推进农村客运创新发展(试点)实施方案(送审稿)》;审议《关于加快推进工业经济高质量发展的实施方案(送审稿)》;研究《关于盘活中宁工业园区110 kV输变电工程国有资产的请示》;研究《关于设立中宁县第十一幼儿园、中宁县第十二小学的请示》;研究《关于推荐第三批拟享受中卫市政府特殊津贴人选的请示》;研究《关于保障困难群众温暖过冬有关事宜的请示》。

【第七十八次政府常务会议】 2023年12月20日,县长周永根主持召开。会议传达学习12月8日中共中央政治局会议精神,习近平总书记在党外人士座谈会上的重要讲话精神、在第十个国家宪法日之际做出的重要指示精神,自治区党委书记梁言顺在吴忠市督导检查第二批主题教育开展情况、在石嘴山随机检查生态环保安全生产工作时的讲话精神,自治区主席张雨浦在自治区政府宪法宣誓仪式上的讲话精神,自治区副主席冼国义的批示精神,安排部署有关工作;套开全县法治政府建设工作推进会,通报全县法治建设工作督查情况,听取创建全区法治政府建设达标县工作情况、2022年以来县政府重大行政决策事项完成情况汇报,安排部署有关工作;套开全县第五次经济普查工作推进会,听取全县第五次经济普查工作开展情况汇报,安排部署有关工作;审议《中宁县人民政府工作报告(送审稿)》《中宁县2023年民生计划执行情况和2024年民生计划(草案)的报告(送审稿)》;审议《中宁县2023年国民经济和社会发展计划执行情况与2024

年国民经济和社会发展计划(草案)的报告(送审稿)》;审议《中宁县“十四五”规划纲要实施情况中期评估报告(送审稿)》;审议《中宁县“十四五”规划纲要实施情况中期评估报告(送审稿)》;审议《中宁县2023年县本级预算调整方案(第四批)(送审稿)》;会前,专题学习《宁夏回族自治区乡村振兴促进条例》,安排部署有关工作;会上还就近期安全生产工作进行强调。

【第七十九次政府常务会议】 2023年12月26日,县长周永根主持召开。会议传达学习中央经济工作会议精神、中央农村工作会议精神,习近平总书记在中共中央政治局专题民主生活会上的重要讲话精神、对甘肃临夏州积石山县6.2级地震、对低温雨雪冰冻灾害防范应对工作作出的重要指示精神,李强总理在国务院第五次专题学习时,在甘肃、青海地震灾区检查指导受灾群众过冬安置和灾后恢复重建等工作时的讲话精神,自治区党委十三届六次全会公报、自治区中央生态环境保护督察整改工作领导小组会议精神,《自治区发展改革委关于全国发展和改革工作会议有关情况的专报》,安排部署有关工作;安排部署岁末年初安全生产、生态环保、市场保供、信访维稳、值班值守等重点工作;审议《中宁县耕地保护网格化监管工作方案(送审稿)》;审议《2024年中宁县推进荒漠化综合防治打好黄河“几字弯”攻坚战工作计划(送审稿)》;审议《关于实施财源建设工程推进全县经济高质量发展的实施方案(送审稿)》;审议《喊叫水乡万亩金银花种植区域结构调整方案(送审稿)》;研究《关于2023年稳增长奖补相关事宜的请示》;审议《宁夏枸杞、中宁枸杞公用品牌平面宣传项目实施方案(送审稿)》;审议《关于2022年度县本级预算执行和其他财政收支审计查出问题整改落实情况报告(送审稿)》;会前,专题学习《宁夏回族自治区生态保护红线管理条例》,安排部署有关工作;会上还就城乡居民医保参保缴费工作进行了强调。

(李小娜)

政府办公室工作

【应急管理】 按照应急体系建设“十四五”规划,落实相关工作,完善各类专项预案,落实24小时应急值守制度,加强各单位应急值班管理,做好信息报送、研判、跟进工作,提升应急管理水平和应急处置能力。2023年,全面盯抓完成县政府总值班室和全县12个乡镇值班室规范化建设任务,及时调度处置突发事件200余件(次),第一时间核实请示并向区市报告各类重要紧急事件信息40余件(次),协调办理并反馈区市领导批示20余件(次)。

【政务信息】 围绕政府中心工作及工业转型升级、枸杞提质增效、现代农业发展、民生保障、重点领域改革等重大问题,到乡镇、部门、企业、农村、学校和重点项目现场进行调研,收集整理国家、区、市重要决策部署和外地经济社会发展经验做法,为政府领导决策提供科学依据。2023年,向自治区政府办公厅报送政务信息121余篇,其中被自治区政府采用8篇。

【文件办理】 加强公文报送管理,严把政治关、政策关、法律关、格式关，合理使用文种，力求内容丰富、语言朴实、短小精悍。规范政府机关公文行文及下级机关来文处理，对不符合要求的报送件退回重办。2023年，处理上级来文2553件、来电152个，乡镇、部门来文、来信1624件，起草领导讲话稿300余篇。

【督查工作】 紧盯年初确定的重点项目、重点工作和政府常务会、县长办公会、专题会等议定事项的落实，及时了解掌握进展情况，采取书面督办、电话督办、实地督办、推促通报等多种方式，强化督促检查。2023年，印发督查通报12期，督办通知19期，定期督办人大代表建议41件，人大代表议案1件，民生实事10项11件，政协委员提案45件，县长批示件2800余件。

【政务公开】 健全政务公开议事协调机构，及时研究处理政务公开重大问题，整合力量，做好各单位信息公开、政策解读、回应关切、公众参与等工作。2023年，主动公开政府信息9494条、行政文件27件，发布通知公告333条、新媒体动态信息11648条；依托宁夏政务服务网和“我的宁夏”手机APP，公开中宁县网上可办事项1400余项、可查事项3500余项。建成村务公开小程序“杞乡村务”并通过工业和信息化部备案审核，打造村务公开示范点24个。

【信访工作】 开展集中治理重复信访、化解信访积案攻坚行动，以解决问题为核心，以案结事了、息诉罢访为最终目的，增强法治思维，完善体制机制，细化工作职能，畅通信访渠道，压实工作责任，加强源头治理，推进“阳光信访”“法治信访”“责任信访”建设。2023年，接待群众来访1095批5817人次，办理群众来信91件（次），网上直转信访件624件（次），市长信箱和县长信箱104件，受理人民网地方领导留言板信访事项25件（次）。

（李小娜）

政协中宁县委员会

综　述

【政治协商】 2023年，政协常委会发挥专门协商机构作用，聚焦县委、政府中心工作，召开全委会议1次，常委会议6次，主席会议9次，专题协商调研7次，提案办理协商13次，完整构建多层次、常态化的协商议政格局。

【提案办理】 2023年，收到提案草案206件，经审查立案45件，立案率21.8%。筛选确定重点提案6件，经主席会议审定后呈送县委、政府主要领导批阅，县委、政府主要领导，政协主席、副主席负责领衔督办，所有转交提案已全部办理和答复，提案成果得到运用，在服务决策、推动发展、凝聚共识中发挥作用。

【社情民意】 各界委员和政协各参加单位反映信息35条，经过整理向县委、政府报送《社情民意专送》23期，转交相关部门办理落实，被自治区政协采用3起，其中《破除政务信息壁垒，打通营商环境堵点》社情民意，被自治区政协以信息专报的形式报送到全国政协。政协党组成员联系民主党派成员、中共党员委员联系党外委员制度，各专委会通过谈心谈话、走访看望、座谈交流等方式，密切与委员联系，增进与委员沟通，走访联系委员100多人次。

【调研视察】 按照《2023年协商民主计划实施方案》，先后就全县文化体育服务设施运行与管理情况、全县优化营商环境情况、全县水环境治理工作情况、全县深化土地经营权改革情况等7项议题开展调研协商，提出意见建议63条；坚持区市县政协一体联动、密切协同，就"加强医疗教育人才队伍建设，为推动宁夏高质量发展提供人力支撑"开展三级联动调研，在自治区协商议政的平台上提出中宁主张、发出中宁声音。

【宣传交流】 编写《中宁政协信息》300余期，先后在人民政协网、宁夏政协、《华兴时报》、政协履职通APP、中宁县融媒体中心公众号等媒体刊登新闻稿件40余篇。严把《中宁政协》刊物编辑政治关、文字关、内容关，对期刊版块内容进行完善创新，完成4期《中宁政协》刊物编辑发行工作。启动“砚里丹青写人生，笔下浓墨耀中华”国学修养与书法研习班开展活动6次。联系动员宁夏正丰慈善基金会和宁夏恒达建设工程有限公司捐资6万元，对15名家庭经济困难、当年应届考取的大学新生进行资助。全力参与中宁县慈善总会筹建工作，动员政协委员、委员企业和爱心人士行善德、捐善款、济危困。

【理论学习】 开展学习贯彻习近平新时代中国特色社会主义思想主题教育、“改作风，谋发展，争先进”专项行动和纠治形式主义、官僚主义专项整治活动，开展2022年度民主生活会和学习贯彻习近平新时代中国特色社会主义思想主题教育专题民主生活会2次。2023年，先后组织政协党组理论学习中心组学习会议12次、政协机关党组理论学习中心组学习会议12次，组织干部职工集中学习90多次，开展各类交流研讨15余次，举办支部主题党日活动12次，开展“委员大讲堂”暨读书交流培训班4次，开展经典咏读9次、读书心得分享20余人次，组织机关支部党员干部到中卫市全面从严治党教育基地、中宁县铸牢中华民族共同体意识教育基地、张子华红色教育基地和交通安全教育基地警示教育各1次。

（白　晶）

重要会议

【县政协十三届第八次常委（扩大）会议】 3月9日下午召开，县政协副主席张光旭主持会议。会议传达中共中央总书记习近平在学习贯彻党的二十大精神研讨班开班式上的重要讲话精神、中国共产党第二十届中央委员会第二次全体会议公报、全国政协十三届常委会工作报告，审议通过县政协2023年度协商民主计划实施方案，审议通过县政协常委会2023年工作要点、县政协2023年度主要工作分月实施计划，提请县委、政府主要领导和县政协主席、副主席领衔督办重点提案的建议，审议通过有关人事事项。

【县政协十三届第九次常委（扩大）会议】 7月28日下午召开，县政协副主席张光旭主持会议。会议传达学习习近平新时代中国特色社会主义思想纲要，政协第十四届全国委员会常务委员会第二次会议精神，听取县人民政府关于2023年以来全县国民经济和社会发展计划执行情况的通报、县财政局关于全县上半年财政预算执行情况的通报，审议讨论关于全县优化营商环境情况的调研报告、关于全县水环境治理工作情况的调研报告，审议讨论《中国人民政治协商会议中宁县委员会常务委员会工作规则》，审议通过有关人事事项。

【县政协十三届第十次常委（扩大）会议】 11月23日，县政协十三届十次常委（扩大）会议召开，县政协副主席张光旭主持会议。会议传达学习全国政协十四届四次常委会会议精神、《自治区政协“有事好商量”协商活动工作规则》和《自治区政协重点关切问题情况通报会工作办法》等内容，审议《关于我县深化土地经营权改革情况的协商报告》，听取县政协各专委会2023年工作情况汇报，审议通过有关人事事项。

【县政协十三届第十一次常委(扩大)会议】 12月18日召开,县政协副主席张光旭主持会议。会议传达学习有关会议和文件精神,审议通过《关于召开县政协十三届三次全体会议的公告》(草案)、《县政协十三届三次全体会议会务文件》(草案)、《县政协十三届常委会工作报告》(草案)、《县政协十三届常委会提案工作报告》(草案)、《县政协 2024 年协商民主计划》(草案)、《县政协 2023 年度优秀政协委员建议名单》(草案)、听取县人民政府《关于 2023 年度提案办理情况的报告》。会议还审议了有关人事事项。

【县政协十三届第十二次常委会议】 12月20日召开,县政协副主席张光旭主持会议。会议听取各组对各项报告讨论情况的汇报、各组讨论《选举办法》(草案)情况的汇报,审议通过《选举办法》(草案)、各组酝酿讨论政协中宁县第十三届委员会主席候选人情况的汇报,决定正式候选人名单,提交大会选举;提名总监票人、监票人名单;审议通过政协中宁县第十三届委员会第三次会议期间提案审查情况的报告(草案)、县政协 2024 年协商民主计划(草案)、政协中宁县第十三届委员会第三次会议政治决议(草案)和其他各项决议(草案)。

【县政协十三届第十三次常委会议】 12月21日召开,县政协副主席张光旭主持会议。会议听取各组对政府工作报告讨论情况的汇报、听取总监票人关于选举结果的报告;通过当选人名单事项。

【县政协十三届三次全委会议】 12月19日—12月21日召开,会议由政协副主席张光旭主持,市人大常委会副主任县委书记何建勃出席会议并讲话。会议听取审议《政协中宁县第十三届委员会常务委员会工作报告》(草案)、《政协中宁县第十三届委员常务委员会关于提案工作情况的报告》(草案);听取大会发言;列席中宁县第十八届人民代表大会第三次会议开幕式;补选政协中宁县第十三届委员会主席;审议通过《政协中宁县第十三届委员会提案工作委员会关于十三届三次会议期间提案审查情况的报告》《县政协 2024 年协商民主计划》、政协中宁县第十三届委员会第三次会议政治决议及其他各项决议。

(白　晶)

专门委员会工作

【提案和委员联络委员会】 2023年,征集提案草案206件,审查立案45件,筛选确定重点提案6件,县委、政府主要领导,县政协主席、副主席各领衔督办1件重点提案;起草《县政协十三届二次会议提案办理情况的报告》《关于县政协十三届委员会三次会议提案审查情况的报告》,完成主席会议分配给提案委的全委会筹备工作任务。根据县政协常委会《2023年协商民主计划实施方案》安排,提案委承担"围绕关于深化土地经营权流转情况"专题调研协商并形成调研协商报告。组织开展功能型党支部和委员"大讲堂"、联系界别委员等活动;组织实施全部提案清单办理、清单答复,开展提案督办和重点提案视察工作,转交提案全部实现清单答复。

【经济委员会】 按照政协常委会《2023年协商民主计划实施方案》安排,围绕加强生态环境保护、助推乡村振兴，对全县水环境治理工作和农民增收情况开展视察调研协商活动；组织开展功能型党支部和委员"大讲堂"、联系界别委员等活动；做好迎接区内外各省市县（区）政协到全县的视察调研、考察学习等工作；完成政协党组和常委会交办的其他工作。

【教育科技文化卫生体育委员会】 按照《县政协2023年协商民主计划实施方案》安排，组织政协委员对全县优化民营经济发展环境、文化体育设施运行管理情况2项议题开展专题调研，撰写报送的协商报告受到县委主要领导肯定。先后在县人民医院、图书馆和余丁黄羊古落，建成医药卫生、文艺2个界别委员工作室和区市县三级政协委员实践基地暨中宁县政协委员特色工作室，建成政协委员南苑联络小组。依托建成的2个界别委员工作室和1个实践基地，举办界别协商会3次、提案办理对口协商会2次、"有事好商量"协商会1次，联合主题党日活动1次，政协委员赋能乡村文化振兴特色实践暨启动挂牌仪式2次，推动政协协商向中心聚焦、向民生贴近。通过专题调研、界别活动、功能型党支部活动，收集编报社情民意10条。协调宁夏正丰慈善基金会、宁夏恒达建设工程公司捐资6万元，对15名家庭经济困难、当年的大学新生进行资助。完成《中宁政协》季刊编发工作，为社会各界了解政协工作开设窗口，全力参与中宁县慈善总会筹建工作。

【社会治理委员会】 按照政协常委会《2023年协商民主计划实施方案》安排，组织对全县强化城市社区治理能力情况进行调研，组织开展社会治理委功能型党支部、新社会阶层界别工作室、三级政协委员联络小组、"有事好商量"协商等活动，对分配到社会治理委的11件提案进行督办，提高办理成效，组织对本委员会委员履职情况进行考核。

（白　晶）

政协办公室工作

【提高工作质效】 围绕全县中心工作，结合《中宁县政协常委会2023年工作要点》，明确县政协2023年工作的指导思想、重点工作和主要活动。做到沟通上下、联系左右、综合各方，加强与党政部门、与各民主党派县委会、县工商联、与县政协各委室之间的沟通协调，提升服务发展、服务决策、服务落实能力。注重与县委办、人大办、政府办相互联系、密切配合，对重要通知、会议安排、外市县考察学习等进行衔接，妥善安排相关工作。组织召开县政协常委会议6次，党组会议10次，主席会议9次。从严把控发文质量，拟定各类文件40余份，起草各类汇报材料、领导讲话、经验交流文章、视察调研报告等综合性材料40余篇。加强会议统筹，坚持会前筹备、会中强化服务、会后协助落实，做到会议通知及时、会场布置整洁、材料印刷准确、会务服务严谨，完成30余次会议的组织和服务工作。健全完善机关管理制度，出台机关干部行为准则，归纳整理考察调研接待工作流程等，形成制度汇编，保障各项工作规范高效运行，规范机关公务接待工作，接待各类调研考察30余次400余人。

（白　晶）

纪委监委

【概况】 中宁县纪律检查委员会、监察委员会是县委主管的职能部门，为正科级，实行一套工作机关、两个机关名称，共同设立内设机构。机关有行政编制34名，设纪委书记兼监委主任1名，由县委领导兼任，纪委副书记兼监委副主任2名（正科级），纪委常委或监委委员2名（副科级），内设机构正职8名（副科级）。

【政治责任】 县纪委常委会落实“第一议题”制度，跟进学习习近平总书记重要讲话和重要指示批示精神，先后召开常委会、理论学习中心组学习会35次、交流研讨200余人次。对贯彻落实党的二十大战略部署情况、自治区党委决策部署落实情况、一把手和领导班子履行职责情况作为年度监督重点，紧盯自治区纪委监委确定的“3个加强、15个围绕、26个聚焦”政治监督工作重点，细化3个方面25项监督内容，处理处分37人，责任约谈33人，推动整改问题9类77项。确定“移民致富提升行动”为监督主题，发现问题线索14条，组织处理4人，推动解决压砂地退出后土地流转等6个问题。聚焦重点领域安全隐患排查整治开展监督检查，下发督查通报2期，会同组织部门建立安全生产责任落实干部“调”“究”机制，对作风漂浮、推诿扯皮等问题问责处理13人。严肃查处北山非法采矿严重违纪违法案件，处理处分12人。一体推进学习贯彻习近平新时代中国特色社会主义思想主题教育和纪检监察干部队伍教育整顿工作，牵头推进全县主题教育整改整治工作，检视整改问题253个。全面起底梳理党的十八大以来反映纪检监察干部的问题线索31件32人次，受理反映纪检监察干部问题线索8件，立案1件，给予党纪政务处分1人，组织处理2人，清理出队伍2人，开展涉政网络言行、案件质量问题、违规办案行为等7个专项整治，修订完善纪检监察干部重要情况报告报备、打听干预案情处理等8项制度，推动严管严治常态长效。中宁县教育整顿工作被评估为全区优秀等次。

【专项治理】 推进耕地保护领域突出问题整改整治,持续深化粮食购销领域腐败问题专项整治,配合开展医药、统计等领域专项治理,开展监督检查12次,发现问题11个,督促修订完善长效监管制度12项。开展纠治形式主义官僚主义专项整治,督促全县各级党组织自查整改问题1509个,查处问题线索5起,处理处分9人。推进乡村振兴领域腐败和作风问题专项治理,受理处置问题线索33件,处理处分14人。开展教育领域侵害群众利益不正之风专项治理,受理问题线索19件,处理处分11人。开展国有企业"靠企吃企"专项治理,监督检查5次,发现问题25个,提出整改建议45条,督促各企业自查整改问题40个。

【正风肃纪】 对落实中央八项规定精神的监督检查,发现问题19个,处置问题线索6件,处理处分27人。同步核查党员和国家公职人员酒驾醉驾及背后的"四风"问题,处理处分11人。深化基层小微权力"监督一点通"服务平台应用,处理举报投诉12件,开展深化重复举报治理和业务范围外信访事项化解专项活动,化解重复举报典型案件4件,解决群众合理诉求。组织81名民营企业负责人到中卫市全面从严治党教育基地接受警示教育、参观廉洁文化展、观看警示教育片。召开优化营商环境座谈会,选取10家民营企业作为监测点,跟踪惠企政策落实、"放管服"改革、监督执法等情况,督促解决问题2批54件。

【惩治腐败】 全县纪检监察组织处置问题线索384件,立案51人,给予党纪政务处分55人,组织处理129人,留置2人,收缴违纪违法资金57.5万元,严肃查处杨斌、田浩等严重违纪违法案件。聚焦重点领域腐败案件问题,制发纪检监察建议书13份,下发工作提示函16份,推动国企、粮食等领域职能部门健全防治腐败滋生蔓延的体制机制。实施廉洁文化建设"五大工程",巩固提升"清廉剧社"廉洁文化品牌,建成"杞乡清风"展厅、廉洁文化广场、廉洁文化公交线路,打造舟塔乡新时代文明实践所展馆、新堡镇刘庄村特色小游园等廉洁文化阵地。开展"廉政警示教育周"系列活动,通过召开廉政警示教育大会、组织观看警示教育片、开展集体廉政谈话等多种形式,增强党员干部拒腐防变免疫力。

【县委巡察】 全面贯彻巡视工作方针,修订县委巡察工作5年规划,修订完善组织领导、业务指导、队伍建设等10项制度,为充分发挥巡察利剑作用提供保障。围绕"四个聚焦"开展3轮对17个乡镇、部门(单位)的常规巡察,同步开展意识形态专项检查,发现问题608个,移交问题线索5件,推动解决立行立改事项14件,向相关职能部门移交巡察整改建议16条,督促健全制度办法66项。落实自治区党委关于加强巡察整改和成果运用的实施办法,压实被巡察党组织整改主体责任。联合县委组织部、县委巡察办对十五届县委巡察整改情况回访督查,督促整改问题545个,整改完成率90%。配合自治区党委第一巡视组巡视中宁工作,自查整改问题27个,办结移交信访件37件,办结率86.04%。工作成效得到自治区第一巡视组的肯定。推进巡察与纪律、监察、派驻监督统筹衔接,探索制定纪检监察监督巡察监督与审计监督贯通协同工作机制。

【履行监督职责】 严把党风廉政意见回复关,

审慎回复党风廉政意见2830人次，提出暂缓或否定性意见8人次。常态化开展新任职干部廉政谈话，加强年轻干部纪法教育。督促27个党组织召开违纪违法党员干部宣布处分决定会议，责成2个党组织召开民主生活会、组织生活会，指导9个党组织整改问题29个，推动建立健全制度4项。准确把握政策策略，运用监督执纪"四种形态"批评教育帮助和处理343人次，"四种形态"分别占比83.90%、13.18%、1.75%、1.17%，监督执纪由"惩治极少数"向"管住大多数"拓展。落实"三个区分开来"，为4名受失实检举控告党员干部及时澄清正名，对68名受处理处分党员干部开展回访教育。

【党内监督】 落实《纪检监察机关派驻机构工作规则》，进一步优化调整派驻监督范围。加强乡镇纪委建设，制定乡镇纪检监察组织建设、村监会规范化实施办法。发挥"室组地"联合办案优势，协作自治区联合查办案件77件，立案8人，给予党纪政务处分6人，组织处理12人次。完成全县69名监察官等级首次确定工作。加快推进数字纪检监察体系建设，运用"杞乡清风"智慧监督执纪大数据平台，更新基础数据7万余条，惠民资金数据80余万条，处理投诉举报16件，比对异常数据600余条，交办核查36人，追缴违规资金12万元。建成一把手和领导班子数字化监督平台，警戒谈话2人，组织处理65人。运用大数据平台，数字赋能一把手和领导班子监督工作获全区纪检监察特色亮点工作优秀等次。制定加强"四项监督"统筹衔接分工意见，召开全县纪检监察机关执纪执法工作互查互评通报暨整改部署会、提升问题线索办理质效工作推进会、办案安全工作推进会，推动重点案件查办质效。修订完善案件质量评查、信访举报线索管理等8项制度，健全纪检监察制度体系。

【干部队伍建设】 开展"纪检监察工作规范化法治化正规化建设年"活动，组织业务培训17次，9名干部到上级部门跟班学习。中国纪检监察报、宁夏纪检监察信息等采用50余篇信息，信息宣传工作位列全区22个县（区）第二，1人获全区"优秀审理人"称号。班子成员围绕21项课题开展调研，《关于加强乡镇纪检监察组织建设的对策研究》获评全区纪检监察系统优秀调研报告。

（万镇嘉）

民主党派

中国国民党革命委员会中宁县委员会

【概况】 民革中宁县委会于1954年成立。民革县委会设有城镇支部、卫生支部、新堡支部、石空支部、老年支部等5个支部,有民革党员87人,平均年龄45岁,主要分布在教育、卫生、法制等领域。

【自身建设】 组织党员干部开展"凝心铸魂强根基,团结奋进新征程"主题教育演讲比赛,6名党员分别获得一、二、三等奖,选送优秀党员刘恒参加全区演讲比赛,获得二等奖。2023年,发展党员4人,储备重点培养对象1人。党员张学霞被评为全区参政议政先进个人,万瑗珲被评为全区优秀民革党员。

【参政议政】 围绕基层社会治理、乡村振兴、法治政府建设、绿色低碳发展等社会治理和产业发展搞好调研。在市政协五届三次会议、县政协十三届三次会议提交政协提案46件,其中并案立案7件,转社情民意1件;县政协十三届二次会议提案已办结3件;提交大会发言材料5篇。

【社会服务】 民革中宁县委会党员孙丽琴、毛学峰等法律工作者先后为中宁县各乡镇、机关事业单位千余名干部群众义务进行《民法典》、"防止干预司法三个规定"等相关法律法规的宣讲;卫生支部联合教体局、县医院在各中小学开展"关爱青少年护眼行动",为2000余名学生进行视力检测;民革县委会组织医疗小分队到洼路村开展"关爱健康乡村行"活动,接待咨询问诊110余人次,发放卫生健康宣传册110余份,发放常用药品20多种;组织开展以"端午粽飘香,浓浓夏日情"为主题的包粽送真情活动。

(刘小雅)

中国民主同盟中宁县委员会

【概况】 民盟中宁县委会于1989年成立。民盟县委会设有县城支部、城北支部、城东支部、中宁中学支部、中宁一中支部、老年支部等6个支部，有民盟盟员84人，平均年龄54岁，主要分布在教育、政府部门、卫生、法律等领域。

【自身建设】 以各支部班子成员、中青年骨干盟员、新盟员为主要培训对象，以新阶段新形势下的统一战线理论、民主党派自身建设理论、参政议政知识、国情区情市情为内容，举办讲座、知识竞赛、研讨交流、外出培训等形式，开展培训。先后选派14人次参加自治区、市委统战部举办的5次干部学习班，有2人参加民盟区委会组织的骨干盟员新盟员培训班培训学习。

【参政议政】 在政协中宁县十三届二次全委会议上，民盟中宁县委会向大会提交提案31件，在提案审查委员会审定立案的45件提案中，采纳的提案8件，占政协立案总数的25.8%。2023年1—8月，民盟盟员参与各类协商会议5次，参加各类调研视察3次，反映社情民意8条，提交提案4件，立案1件。上交政协十三届三次会议提案39件，大会发言1篇。

【社会服务】 安排盟员对高三学生进行心理疏导，缓解考前压力，组织盟员免费指导考生填报志愿。为恩和镇、余丁乡、石空镇、舟塔乡30户困难群众送去价值6000元的生活物资。联合县民政局及各社会组织开展惠民政策系列宣传志愿活动。

（刘小雅）

中国民主促进会中宁县委员会

【概况】 民进中宁县委会于1989年成立。民进县委会设有城镇第一支部、城镇第二支部、中宁一中支部、中宁中学支部、东华支部、鸣沙支部、五中支部等7个支部，有民进会员105人。

【自身建设】 全年召开全委（扩大）会议4次，发展新会员4人，推荐市级代表人士初步人选5人，推荐县妇女代表1人。推荐7批40人次参加各类学习培训。

【参政议政】 2023年向县政协、民进区委会、民进市委会报送社情民意信息68条，其中《关于中宁县多处十字路口道路标识标线不清晰的建议》《关于尽快修复和平广场西面篮球场篮板的建议》《关于在宁安北街部分路段尽快安装路灯的建议》等6条社情民意已被采用，并得到转化落实。撰写《关于中小学教育教学质量提升》的调研报告1篇，并提交县委统战部。征集提案79件，县委会采用66件，其中，提交市委会提案20件，提交县政协提案66件，提交大会发言7篇。

【社会服务】 组织10余名书法家开展“春联万家·奔赴新征程”活动，在县市民大厅为群众写送春联800余副；与中卫市委会联合举办“关爱女性健康”志愿服务活动，会员安玉梅为群众讲解健康知识；“安全生产月”组织开展“急救安全应急知识宣讲”进学校活动，为900余名师生宣传普及急救安全应急知识；赴敬老院开展关心关爱老人慰问活动，为54名老人送慰问品，为老人们提供义诊，送上乐器表演及演唱。

（刘小雅）

群众团体

中宁县总工会

【概况】 2023年，县总工会下辖职工文化活动中心（挂“困难职工帮扶中心”的牌子），内设办公室、宣教文体部、综合工作部和经审办4个部室，现有干部职工16人（其中参公人员5人，事业人员3人，工勤人员1人，社会化工会工作者7人）。2023年全县有基层工会组织547个，职工（农民工）入会42099人。

【凝心聚力工程】 2023年，开展劳模“五个一”活动，为各级劳模发放慰问金6.25万元；玺赞庄园枸杞有限公司获评自治区五一劳动奖状，宁夏锦腾炭素有限公司安环科科长李鹏和县农业技术推广服务中心主任张丽获自治区五一劳动奖章；创建自治区劳模创新工作室1家，打造劳模精神宣传文化长廊。深化“中国梦·劳动美”系列活动，举办“迎新春·送万福·进万家”，全县职工运动会、全县职工广场舞大赛，“赴玫瑰书香之约·承中华文化之魂”女职工主题阅读活动，“书画缤纷·舞动中宁”书画、剪纸、摄影、非遗作品展，“铸师魂 强作风 跟党走 育新人”师德师风宣讲比赛，“生态黄河·美丽宁夏”全县劳动者之歌文艺汇演暨大学生艺术团走基层宣传习近平新时代中国特色社会主义思想巡回慰问演出，“奋进新征程 巾帼绽芳华——巾帼劳模进校园宣讲”活动，“学习二十大 永远跟党走 奋进新征程中宁县‘黄河少年说’演说大赛”，推荐4名职工参加全市职工诵读演说大赛，开展环南河子公园徒步+捡拾垃圾志愿活动等。推荐中宁九小教师牛锦萍、徐媛参加2023年“玫瑰书香”全国女职工主题阅读活动，获“最美阅照+微感言”奖、玫瑰书香·阅读成才女职工奖、短视频奖。组织参加中卫市委宣传部、市总工会等五部门联合举办的第三届全市职工书画展，获优秀组织奖。开展“网聚职工正能量，争做中国好网民”主题网络宣传活动，中宁水投公司推荐的“刘能带徒”微视频，获全市一等奖。

【建功立业工程】 调整中宁县产业工人队伍建设改革协调小组，优化明确各成员单位职责，建立协调会议联系制度，制定中宁县产业工人队伍建设改革2023年度工作要点和工作台账；围绕“六新六特六优”产业发展，各产改单位联动协调共同发力，搭建产业工人技能素质提升平台、技术比武平台、劳模创新引领平台，引导产改试点企业申报2023年产业工人示范项目8项；开展劳动（技能）竞赛活动10场次，联合枸杞产业发展服务中心开展枸杞采摘劳动竞赛，组织开展“岗位大练兵，业务大比拼，能力大提升”技能竞赛、食堂餐饮技能竞赛、“关爱生命·救在身边”全县首届应急救护大赛、中宁县建筑工人职业技能竞赛、班主任基本功大赛、全县劳动关系协调及争议调解技能竞赛等。推荐2名企业职工参加市总工会举办的水投杯技能大赛，1名企业职工获得优秀奖；推荐2名企业职工参加全区企业班组长素质能力提升培训班。组织各企业工会参加2023年中卫市职工“五小”创新成果评选活动，征集涵盖产品类、设备类、工艺类、成本类和环保类5个类别的46项创新成果，14项作品获奖；开展“安康杯”竞赛活动，举办安全生产“金点子”随手拍等活动，收集“金点子”安全生产合理化建议15条。

【维权帮扶工程】 开展“四季送”活动，在冬送温暖活动中，筹措资金62万元，对困难企业宁夏天元锰业集团和236名困难职工进行慰问。在春送岗位活动中，联合县人社局举办招聘会11次，提供岗位7000多个。在夏送清凉活动中，对52家重点行业企业、交巡警、环卫工人、外卖员及新就业形态劳动者进行慰问，送去价值14.8万元的防暑物品。在金秋助学活动中，为4名困难职工子女每人发放4000元“金秋助学”金，共计1.6万元，帮助困难职工子女圆大学梦。开展职工安全宣传教育活动，普及安全生产法律法规和职工职业健康常识，教育引导职工正确使用劳动保护用品。对开展安全生产隐患大排查的21家社区干部职工和包保单位工作人员进行集中慰问，送去价值10万余元的西瓜和矿泉水。推进职工医疗互助工作，168家企事业单位9199人参与互助活动，缴纳职工医疗互助金55.19万元，累计发放医疗互助金30人约5.22万元。开展新业态群体职工健康体检，先后2次为全县759名货车司机、快递员、网约送餐员等新业态群体职工免费进行健康体检，组织560名企业女职工进行“两癌”体检工作。

【和谐劳动关系工程】 召开中宁县协调劳动关系三方会议，推进企业厂务公开民主管理工作。深化“公开解难题，民主促发展”主题活动，推进厂务公开制度化、规范化建设，迎接自治区厂务公开领导小组对中宁县企业民主管理工作互观互学。开展“尊法守法 携手筑梦”服务职工（农民工）法治宣传活动、“开展维权行动月”系列宣传活动，联合司法局成立“尊法守法携手筑梦”服务农民工法治宣传队，结合“春风行动”就业招聘现场会和“女职工法律法规权益维护健康知识”开展宣讲活动，宣传工会法、劳动法、《民法典》等法律法规。组织召开中宁县法治服务民营企业发展座谈会，现场为企业开展“点餐”式法律服务。开展“周四摸排日”

活动，每周对有关企业劳动领域风险进行摸排。利用“杞乡职工”微信公众号宣传党的方针政策，开展“4·15”国家安全日和“网络安全宣传周”活动，“网聚职工正能量 争做中国好网民”和网络公益工程。做好12351职工维权服务热线接单工作，全年共接单42起。

【工会改革工程】 开展“兜底建”工作，加大“小三级”工会组织体系建设力度，吸纳新就业形态劳动者加入工会组织。实地走访了解企业职工人数和运营情况，指导企业组建工会，发展会员。新组建工会组织25家，发展会员3505人、农民工会员476人。召开中宁县总工会第十次代表大会，选举产生新一届领导班子，圆满完成工会换届工作。指导35家基层工会召开会员（代表）大会进行换届选举，11家基层工会补选工会主席，69家工会组织填写工会法人资格登记表，并办理工会法人资格证书。新建工会户外劳动者服务站点2个，申报自治区“最美户外劳动者服务站。召开中宁县总工会促消费活动现场推进会，投入资金121万元，推动县域消费805.97万元。

（周　佳）

共青团中宁县委员会

【概况】 2023年，团县委下辖团委29个，团工委4个，团总支3个，团支部745个，团员15311人。团县委机关编制4人，有在编干部4名，其中书记1人，副书记2人，在编干部1人。另有挂职副书记1人，兼职副书记1人。

【青年宣传教育】 组织好全县团员和青年主题教育，基层团组织平均开展专题学习2次、主题实践1次，组织青年在科技创新、乡村振兴等领域岗位建功，申报“青年文明号”8个、青年安全生产示范岗5个，凝聚思想和行动合力。举办演说演讲、手抄报比赛4次，开展“石榴籽一家亲”主题团（队）日活动800余场次，推送优秀主题示范团队课5个，组织青年讲师团开展分众化、常态化理论政策宣讲30余场次，组织农耕文化体验、争当小法官、环保小卫士等社会实践活动10余次。发布182期914条微信推送，制作播出《杞乡青语》栏目9期，开设《团务小课堂》专栏，开通“中宁青年”抖音号，实施好“青年大学习”“红领巾爱学习”活动，组织青少年开展学习12万余人次。

【青年建功新时代】 争取科技创新实验室项目2个、“小平科技创新”系列项目5个，各团队组织开展科普创作展示、“校园科技节”等活动。依托重点产业项目组建青年突击队38支，成立宁夏青年枸杞产业联盟，开展“联盟聚力 智汇杞乡”系列活动，建设青年志愿服务驿站4个，组织180余名青年志愿者服务于十六运、第六届枸杞产业博览会等大型赛事活动。各级团队组织开展环境整治、植绿护绿等特色志愿服务80余场次，实施“宁夏青年林”项目。开展“美丽中国 绿色希望工程 环保小卫士”系列活动6次，覆盖青少年300余人，获“母亲河奖”绿色项目奖2个、绿色卫士1人。开展青少年法治宣传教育10余场次。与县人民检察院就未成年人司法保护达成合作。组织270名“返家乡”大学生到村、社区开展志愿服务，6个志愿服务团队和5名志愿者受自治区团委通报表扬。开展“两助两帮”工作，帮助指导4

名大学生就业，团干部联系包抓3个青创项目，为3名创业青年发放“青农贷”55万元。开展“青耘中国”直播助农活动，开展直播电商达人训练营5期400余人次。

【服务青年成长发展】 印制青年发展政策汇编，推出县委领导微访、青年发展政策沙龙6期，举办青年联谊3场、集体婚礼1场，对全县青年工作进行督查，自治区对中宁县中期评估为A等级。深化“希望工程”品牌，对134名困境青少年长期建档帮扶，资助慰问500余人次，点亮214人“微心愿”。实施“千校万岗”大学生就业服务行动，配合人社等部门开展“春风行动”招聘会10场，完成就业岗位3362个，新认定青年见习基地21个。用好青少年法治教育实践基地，联合法院、检察院、妇联等开展法治进校园、巡回法庭等20余次、青少年自护宣讲7场次。组织青少年参与民主协商，模拟政协提案90余件。实施青少年视力健康工程，为1500名初高中生免费配眼镜，组织530余辆出租车开展爱心送考志愿服务活动。

【基层团组织建设】 召开县第十九次团代会，将37名优秀青年选入团的委员会，选派青年发展项目专员7名。成立县直机关、卫生健康、工业园区、商经(电商物流)4个团工委，新建“两新”团组织32个、团属社会组织1个。召开团组织书记述职评议考核会、西部计划志愿者年度考评会，举办“青马工程”主体培训班5次。指导基层团组织落实 “三会两制一课”制度，标准程序发展团员665名。排查整治团员信教参教问题。规范开展分批入队、红领巾奖章争章活动，颁发“红领巾奖章”二星章746个(人)，13名少先队员、8名少先队辅导员、10个少先队组织被自治区通报表扬。新建校外少工委53个，建立中宁县首批少先队校外实践教育基地(营地)9个。

(张斯钰)

中宁县妇女联合会

【巾帼风采宣传】 在全县妇女中开展“巾帼心向党”各类主题“她宣讲”“云宣讲”“家宣讲”“微宣讲”60余场次，覆盖妇女群众4万余人次。起草推送各类妇联工作信息简报114篇，展播区级三八红旗集体、三八红旗标兵、三八红旗手事迹6期、“美丽庭院”16期。

【乡村振兴巾帼行动】 实施“马兰花”妇女创业支持行动，培育女致富带头人379人。发挥农村妇女创业担保贷款杠杆作用，发放贷款10883万元，财政贴息697.64万元，扶持630名妇女创业。申报命名中卫市巾帼创业创新基地3个，巾帼直播孵化基地1个，开展养殖、电商直播等女性技能培训300人次。推荐并命名全国巾帼文明岗1个，为2022年度全国巾帼文明岗、自治区三八红旗集体、中卫市巾帼创业创新基地颁发奖牌6个。

【家庭文明建设】 学习贯彻习近平总书记关于注重家庭家教家风建设的重要论述，组织开展“贤内助家庭助廉”活动1场，家庭教育促进法培训6场次，“家教伴成长·协同育新人”家庭教育讲座7场次。举办女童保护“一校一师”志愿讲师培训班1期，现场考核通过讲师10人，首次建立中宁县志愿者讲师队伍。开展“巾帼心向党·奋进新征程”女童保护宣讲30余场次，打造巾帼志愿“阳光站”1个，“巾帼好网民”3个；开展“忠诚立家风”作品征集活动，获全区一等奖1个、二等奖1个；开展“我为妈妈做道菜”视频征集活动，报送视频6条；推荐并命名全国“最美家庭”1户、区级“健康家庭”20户、“节水家庭”6户、市级“最美家庭”30户。

【关爱困境妇女儿童】 深化“小树苗”关爱活动，开展各类主题活动20余场次，实施儿童公益项目6个，招募523名“爱心妈妈”；推广“筛查+救助+保险+关爱”四位一体工作模式，开展“康乃馨”关爱困境妇女主题活动19场次；慰问困境妇女儿童270人，发放慰问金27万元；救助“两癌”患病妇女48人，发放救助金48万元；落实关爱女性健康保险11210人112.1万元，为36名妇女理赔171.5万元。

【权益保障】 制订印发《中宁县加强新时代妇女工作的实施方案》《中宁县关于进一步加强未成年人防性侵宣传教育工作方案》，迎接自治区和中卫市妇女儿童工作委员会“两规划”工作督导调研组来中宁开展调研工作，组织召开中宁县政府妇女儿童工作委员会2023年第一次全体（扩大）会议，妇女儿童工作委员会相关成员单位按照职能职责，落实未成年人保护工作。组织开展《妇女权益保障法》、“和谐婚姻大讲堂”和“抵制高额彩礼”等主题宣讲50余场次，发放宣传彩页等1000余份，宣传妇女儿童相关法律法规和维权知识。发挥12338维权热线作用，化解婚姻家庭纠纷122件（其中重点婚姻家庭纠纷26件），为妇女提供公共法律援助4人次，推荐并命名全国维护妇女儿童权益先进集体1个。

【妇联组织建设】 组织召开中宁县第十四次妇女代表大会，选举产生中宁县妇女联合会第十四次执行委员会和新一届妇联领导班子。在全县非公有制经济组织和社会组织中建立妇联组织15个，打造爱心驿站5个、妇女微家2个、母婴室2个。举办全县基层妇联主席、执委素质能力提升培训班1期200余人次。发放农村基层妇女工作者“双培双带”项目资金10万元，带动妇联工作和妇女发展。推荐并命名全区“最美妇联执委”2人。

（张　蓉）

中宁县文学艺术界联合会

【概况】 中宁县文联有编制5人，实有6人。下设办公室、组联部、协会工作部、《红枸杞》编辑部及作家协会、音乐家协会、舞蹈家协会、戏剧家协会、书法家协会、美术家协会、民间文艺家协会、摄影家协会、文艺评论家协会、影视家协会10个协会。有县级会员718人、市级会员147人、自治区级会员69人、国家级会员9人。

【重大文艺活动】 文联组织开展“‘艺’心向党 文联万家”党建品牌创建、“党建+主题采风”助力乡村振兴、“党建+志愿服务”提升服务水平、“党建+特色活动”等主题活动。组织协会开展“花开太阳梁·相约漫桃山”“美丽乡村入画来”等主题文艺创作采风活动4次。举行红枸杞文学原创作品诵读评析活动2次。组织作协骨干会员开展“送文化·进企业”——中宁民营企业奋斗事迹主题征文活动，征集文学作品27篇。组织摄影骨干会员参与自治区文联、自治区摄影家协会的百人百村“黄河两岸的笑脸”前期拍摄活动，走访沿黄5个村拍摄11位优秀基层村干部、致富带头人、道德模范、非遗传承人。

【文艺创作成果】 全年出版《红枸杞》文学期刊4期。完成防疫题材作品集《枸杞花在风中开》1本，完成重大文学题材创作扶持项目长篇小说《洪漫地》。长篇小说《底线》、诗集《寻轲》、纪实文学《心语》等3部本土作家书籍公开出版发行。文学作品《杞园风语》《花开南长滩》，书法作品《初月楼随笔》《廉洁诗词节选》，美术作品《杞乡六月》《黑山峡古黄龙游东北》，摄影作品《南长滩梨园》《治沙巾帼》，剧本《奇妙的复仇联盟》等文艺作品在市、区（省）以上主题文艺优秀作品展赛中入展、获奖33篇（幅）。小说《锁头记》《河渡》，散文《和草木说话》《山里的烟囱》，诗歌《人与自然》《再见》，古诗词《别乡》《春雨》等文学作品分别在《朔方》《诗刊》《骏马》《吴忠文学》《沙坡头》等市、区（省）以上文学期刊发表57篇。

【文艺作品展览展演】 组织举办“翰墨扬清风·丹青绘廉洁”“奋进新征程·书香能致远”“书画缤纷·舞动中宁”“第六届枸杞博览会文化产品展示”“民族团结进步月”“翰墨丹青绘盛世·光影华章映初心”主题书画展览活动6场次，展出优秀文艺作品1213幅。组织开展“4·23”世界读书日、“书香中宁·悦动杞乡”“情暖桑榆·爱满重阳”等主题书画笔会活动8次，创作书画作品864幅，向群众随机展示和赠予。

【文艺惠民活动】 组织文艺志愿服务队开展“文化进万家·‘艺’起迎新春”送春联、“梨园花争艳·戏曲闹新春”“中宁好声音”等文化惠民活动，以“我们的节日”“文化科技卫生三下乡”“双报到双报告”等为契机，组织文艺志愿服务者开展“书画进社区、剪纸进机关、摄影进学校”等“六进”活动，累计走进企业、社区、乡村开展文化惠民活动24次，赠送春联、福字、书画作品4000多副，赠送《红枸杞》《中卫文艺动态》《沙坡头》《宁夏文艺评论》等文学期刊2200余本。

【文艺队伍建设】 组织文艺界人士第一时间跟进学习习近平总书记关于文艺方面的重要讲话和重要指示批示精神，文艺理论武装得到加强。开展业务理论学习26次，交流研讨13次，知识测试5次。注重实践锻炼，突出党员骨干引领文艺作用，实施“名师带徒”计划。指导各协会到社区、学校、企业落实“名师带徒”，吸收年轻文艺人才。继续与青铜峡作家之家合作，完成13名年轻文学爱好者参加的“一对一”写作培训辅导。在《红枸杞》文学季刊设立《杞园绽蕾》《本土一家》等栏目，优选刊发青少年作品，激励和培养文学后备新人。新增县级会员28名、市级会员31人、自治区级会员17名、国家级会员1名。

（李文选）

中宁县残疾人联合会

【概况】 中宁县残疾人联合会有编制7人，实有7人，其中理事长1名，副理事长2名，干部4名。下设综合办公室、康复科、教育就业科、维权室、办证窗口。

【康复服务】 适配辅助器具166人391件，建立辅助器具借用站3个。转介115名0—6岁残疾儿童到定点机构进行康复训练，对7—14岁4名残疾儿童进行康复训练及辅助器具救助。适配站立式电动轮椅5辆。对8名残疾人进行骨关节置换手术治疗。对2448名残疾人进行服务，康复服务率达98%，辅助器具服务率达100%。

【教育救助】 对符合资助条件的17名大专以上残疾学生，资助资金5.9万元。配合特教学校对全县69名残疾儿童开展送教上门服务，保障残疾儿童受教育权利。

【就业培训】 持续开展“2023年残疾人就业宣传年”和“就业援助月”活动，配合县人力资源社会和保障局开展招聘活动9期。通过公益性岗位安置16名残疾人就业。按比例安排残疾人就业年审73家，稳定安置残疾人169人。举办残疾人职业技能培训5期，培训残疾人及其家属175人。对2023年11名应届毕业大学生进行就业意愿征求，一人一册，对有就业意愿的残疾人大学生提供就业服务，推荐就业岗位。对14名个体创业和62名灵活就业的残疾人按照政策给予资金扶持。全县有2829名残疾人通过不同渠道就业，年度新增就业人数204人（其中，年度城镇新增就业49人，农村新增就业155人）。

【巩固拓展脱贫攻坚成果】 开展防止返贫致贫监测预警工作，摸排19户26名突发严重疾病的困难户、脱贫不稳定户和边缘易致贫户残疾人家庭作为防止返贫致贫监测和帮扶重点人群，并进行动态帮扶。开展农村残疾人实用技术培训2期，培训人员102人，提高农村残疾人种植养殖水平，增加产业收入。实施“阳光助残小康计划”项目，扶持60名残疾人家庭发展特色养殖业，增加家庭经济收入。

【民生保障】 投入资金30万元，对200名就业年龄段精神、智力及重度肢体残疾人提供居家托养服务。投资60万元，实施困难残疾人家庭无障碍改造155户。投入资金46.35万元，2023年春节期间慰问457户贫困残疾人家庭和1家康复机构。投入资金30.54万元，对358名精神病患者进行免费服药和住院救助。投入资金21.375万元，帮助4275名就业年龄段的残疾人购买每人50元意外伤害综合保险，并落实就业年龄段残疾人意外伤害综合保险（圆梦护航保）理赔工作，落实保险理赔28人，赔付金额12.94万元。对171名精神、智力及重度残疾人发放残疾评定补贴1.48万元。对26名缴纳本年度养老保险的残疾人个体工商户给予养老保险补贴。全县享受困难残疾人生活补贴 6368人，重度残疾人护理补贴 5815人。年内办理残疾人证924人。核查清理死亡注销和人证不符残疾人641人，残疾鉴定等级核查复议评定3次28人，开展上门残疾评定服务4次101人，鉴定办证98人，跨省跨县通办35人次。开展公职人员违规持有和办理残疾人证专项整治，经核查，迁出1人，等级变更11人，冻结2人，康复注销153人，正常持证230人。

【上门代办】 贯彻落实《为特殊困难残疾人上门代办服务若干措施》，全面梳理上门代办服务事项，发挥民政、卫健等相关部门协同联动作用，开展上门代办服务10441件，惠及残疾人10371人次，其中县级相关部门服务9762人次、本系统乡镇及村（社区）服务609人次。

【文化体育】 结合"全国爱耳日"宣传教育活动和"全国助残日"活动,组织170户贫困残疾人家庭开展文化进家庭"五个一"活动,组织13个社区开展残疾人文化进社区活动。播放电影7场次,开展残疾人文化进家庭进校园活动1场。对200户重度残疾人开展康复体育进家庭服务,并对确定的服务对象进行康复体育器材、康复体育方法、康复体育指导"三进"服务。县残联举办残疾人春季运动会,有13个代表队600余名残疾人及家属参加,推荐、选拔40名残疾人运动员参加宁夏首届残特奥运动会,夺得金牌16枚,银牌22枚,铜牌16枚。

（万文娟）

中宁县工商业联合会

【组织建设】 2023年,根据《中华全国工商业联合会章程》,县工商业联合会召开第十五届执行委员会第二次会议决定,免去李剑华县工商联十五届执行委员会主席、执行委员会委员职务,补选王艳红为县工商联十五届执行委员会委员、执行委员会主席职务。依据《中华全国工商业联合会章程》,分别征求公安部门(县公安局)、市场监管部门(县市场监督管理局)、人社部门(县人力资源和社会保障局)的意见,吸收中宁县林氏黄金珠宝城、中宁县长安铝制品有限公司、宁夏中宁县骨杞草枸杞开发有限公司、中宁县宁华再生资源循环利用科技有限公司、宁夏今飞轮毂有限公司、宁夏铝岛铝业有限公司6家民营企业为企业会员。中宁县工商业联合会被中华全国工商业联合会办公厅评为2023年度调查点工作先进基层单位。中宁县工商业联合会被全国工商业联合会认定为全国"五好"县级工商联。

【服务会员】 组织民营经济代表人士通过线上参加全国、区市民营经济人士综合素能提升培训24次。组织7名企业家、4名干部参加区、市工商联举办的各类培训。开展"工商联大讲堂""送政策进民企活动""法律知识专题培训班""律师服务民企发展座谈会"等活动10余次,发放政策汇编、铸牢中华民族共同体意识、安全生产、生态文明建设等资料4600余份。针对邢台商会、内蒙古商会反馈的银行贷款额度小、贷款困难、枸杞产业政策、宁夏杞鑫种业有限公司校企合作等问题,及时联系银行、枸杞发展服务中心和教育局等部门,召开专题座谈会2次,搭建政银企交流对接平台,推促问题解决。围绕惠企政策落实、营商环境建设、民营企业科技创新、人才培养、转型升级、企业发展中的困难问题等课题,到企业调研,征集意见建议。梳理汇总呈报县委企业反馈意见建议26条,并列入中宁县民营企业反映问题和意见建议办理第一批和第二批责任清单中,由县委督查室跟踪督办。县委常委、统战部部长罗永珍带领工商联班子先后到5家会员企业、商会走访调研,工商联负责人带领班子先后到31家会员企业、商会走访调研,实地了解企业和商会发展中存在的问题及根源,帮助提出对策建议。制订《中宁县工商联"送政策进民企"调研活动方案》和《中宁县工商联"双引"行动走访企业调研活动方案》,采取线上线下相结合,培训讲座与政策汇编发放、平台精准推送相结合,常态化开展"送政策进民企”活动。组织开展“工商联大讲堂”系列活动4期，先后邀请宁夏工商联主席何晓勇传达全国两会精神，专业人员进行《企业如何规避用工风险》《企业质量管理体系认证提升》《企业如何合规经营知识》培训。联合司法局举办“法治服务民营经济发展”座谈会2场次，向78家企业征求法律服务意见，举办“送法律进民企”大型法治讲座4场次，开展“法治体检”4场次。对民营企业的合同签订履行、劳动人事争议、贷款、商标、专利等方面问题和法律需求，组织律师在现场一一进行解答，并提出防范措施和处理问题的意见建议，帮助部分民营企业解决法律问题。参与和谐劳动关系协调三方工作。与人社局、县总工会联合举办全县构建和谐劳动关系暨“四员队伍”培训1场次、劳动人事争议调解技能竞赛1场次。向县政协提交提案5件、大会发言2篇，向自治区工商联上报提案2件、社情民意1篇。开展大调研大走访活动，组织班子成员实地走访、座谈交流等方式围绕企业发展情况、政策落实、存在困难等进行调研，形成专题调研报告4篇。

【光彩事业】 落实中宁县《关于开展2021—2025年“万企兴万村”行动实施方案》，组织开展“万企兴万村”行动，引导早康枸杞股份有限公司等47家民营企业结对帮扶南塘等47个村，落实“万企兴万村”行动任务，通过产业、技能、就业、公益等帮扶措施，助力农民增收。及时掌握“万企兴万村”行动中存在的困难和问题，并形成《关于“万企兴万村”行动落实情况的报告》。组织推荐上报宁夏早康枸杞股份有限公司、宁夏杞鑫种业有限公司、玺赞庄园枸杞有限公司、宁夏中宁青银村镇银行、宁夏华宝产业有限公司、宁夏牛一农牧科技有限公司、宁夏禹尧农产品科技有限公司、宁夏瀛海天祥建材有限公司等“万企兴万村”行动典型案例，宁夏早康枸杞股份有限公司被自治区工商联评为“万企兴万村”典型案例。

【社会稳定】 在包抓的中宁县工行小区、电信局小区等四个小区进行手机反诈APP的安装。组织开展安全生产“四进”活动(即进企业、进商会、进机关、进社区)。

(门仲军)

中宁县科学技术协会

【概况】 2023年，县科协被中卫市科学技术协会、中卫市教育局评为“第九届中卫市青少年机器人竞赛优秀组织单位”，被中卫市科学技术协会、共青团中卫市委员会、中卫市教育局、中卫市妇女联合会评为“第37届中卫市青少年科技创新大赛优秀组织单位”，被中国科协办公厅评为“2023年全国科普日活动优秀组织单位”。

【科技人才推荐】 推荐青年托举人才培养对象等科技人才10名，中宁县中医医院医师魏建龙、中宁八小教师贾明璋被确定为第七批自治区青年科技人才培养对象，徐套乡下流水九年制学校教师马东晓被评为“典赞·2023科普宁夏”年度科普人物。

【科普信息化建设】 在中宁电视台科普专栏制作节目33期，“中宁科普”微信公众号推送文章809篇，开展应急科普和科学辟谣宣传32次。推广使用“科普中国”APP，全县科普信息员注册24219人，聚焦安全生产、生态文明等重点内容发动信息员传播科普文章210万条。

【科技创新】 推进“科创中国”宁夏行动，制订印发《中宁县推进“科创中国”宁夏行动实施方案（2023—2025年）》，组织企业及个人登记注册“科创中国·宁夏中心”数字平台719家，发布各类科技资讯200余条，开展路演活动1场次。

【科技助力乡村振兴】 向中国科协农业技术协会申报获批中宁瓜菜科技小院。组织开展送科技下乡活动15场次，培训班12场次，培训农民1500余人次。组织申报市级“科技助力乡村振兴”项目5个，争取项目资金11万元。自筹资金13万元，组织实施2023年中宁县全民科学素质提升项目4个，助力中宁五小完善科技教育设施，打造新堡镇刘营村科普宣传长廊、宁安镇宁新社区和平广场科普主题公园和宁安镇丰宁社区“三长”工作室。对包抓联系和定点帮扶的宁安镇丰宁社区、新堡镇吴桥村、喊叫水乡周段头村、太阳梁乡德胜村23户困难群众进行慰问，送去米、面、油等慰问品。

【基层组织建设】 成立“中宁县卫生健康学会”“中宁县科技教育学会”和“中宁县农业技术学会”，发挥“三会”作用，开展科技志愿服务活动。

【青少年科技教育活动】 在县流动科技馆展出《律动世界》《二十四节气与中国农业》主题展，开展科技教育活动22场次，累计参观达15156人次。组织开展“科学家精神宣讲、‘科普进校园’、科普知识竞赛、走出校园参观科普展、赠送科普学具”等九项活动，擦亮“党员牵手服务青少年”支部党建品牌，为中宁二中、大战场初级中学等学校赠送科普品牌书包390个。组织全县400余名中小学师生参加中卫市第38届青少年科技创新大赛、第九届中卫市青少年机器人竞赛、第八届中卫市青少年科普剧竞赛、第37届宁夏青少年科技创新大赛，获奖119项，其中一等奖29项。组织全县中小学科技辅导教师参加青少年科技创新大赛等各类培训5场次，覆盖科技辅导教师110人次。组织农村中学科技馆负责人参加2023年农村中学科技馆项目科技教师培训及研讨交流会，提高农村中学科技馆服务效能。

【科普主题活动】 联合中卫市科协先后在宁安镇杞韵社区新时代文明实践站等8个新时代文明实践站开展“千人万场”家庭安全素养提升科普知识专题教育培训活动，累计发放科普书籍2000余本，科普宣传品2000余份，受益500余人。邀请专家到中宁县渠口九年制学校开展“地震科普 携手同行”防震减灾校园行科普讲座。联合中卫市科协在中宁中学开展以“‘碳’索生活·‘益’起行动”为主题的科普大篷车进校园活动，通过科技小实验制作、VR眼镜体验等方式丰富学生课余生活，受益人数1000余人。在中宁五小、中宁三小开展“传承·2023”弘扬科学家精神宣讲活动。组织科技工作者在红苑社区、丰宁社区开展“智慧助老”“打击整治养老诈骗，切实维护老年人合法权益”等主题科普宣传活动，面向青少年开展2023“放飞梦想，智造未来”科技志愿服务活动。

【科普宣传培训】 开展“全国科普日”“全国科技工作者日”等集中科普宣传活动15场次，发放宣传资料2万余份，组织科普大篷车深入集市、广场、社区、学校开展科普宣传活动40余次。组织科技工作者举办学习贯彻习近平新时代中国特色社会主义思想专题培训班并召开座谈会，开展“我为科协献一策”活动，征求梳理汇总意见建议10条，制定改进措施15条。

（汪晓宇）

中宁县红十字会

【概况】 2023年，中宁县红十字会完成首例遗体和组织捐献，实现遗体器官捐献零的突破；香港红十字会援助中宁县4个防灾减灾项目落地中宁，预计到位资金221.2万元；在市县级红十字会中首个举办基层组织能力提升班暨培训班。建成首个在（市）县红十字会推广线上募捐系统，进一步规范红十字募捐工作流程；举办中宁县首届红十字应急救护大赛，并选派优秀选手参加自治区第七届应急救护大赛并获得团体三等奖；举办全县应急救护师资座谈会，并将现有师资按照“乡镇＋卫生院”模式重新划分为5个片区，探索以“县红会＋镇政府＋乡镇卫生院＋成效”（1+1+1+X）的运行模式，推动应急救护提质扩面，得到区红会认可。

【公益项目】 在腾讯公益平台成功上线AED筹款项目，通过申请上级支持、单位自筹、AED专项募捐等方式，全县AED配备数量由0增长到13台，其中县红十字会通过上级调拨、项目筹款的方式，配备5台，公安局根据岗位需要为乡镇派出所、交通管理局配备8台。结合“红十字博爱宣传月”系列活动，实施“一家一个急救包”项目，筹集资金2.6万元；利用“9·9公益日”为AED项目筹资2.03万元。接收社会捐赠款物94.2万元，其中捐款65.6万元，捐物价值28.6万元，均按照捐赠人意愿处置。

【基层服务】 举办红十字基层组织能力提升班；通过全员外出学习，探索出全县乡镇、村（社区）、旅游景点红十字工作推进模板，推动红十字业务向基层延伸；坚持对包保小区开展反诈、防灾减灾、飞线充电治理等系列活动。

【实战演练】 建立健全应急工作机制，完善突发公共卫生事件、自然灾害等应急预案。先后组织4支志愿服务队参加救护员培训并获得证书；开展山地搜救、水域救援、山洪演练各1次，消防演练5次，疏散演练3次，并及时分析复盘，提高志愿服务队整体水平；借助“健康中宁”平台录制海姆立克急救法、心肺复苏、AED使用等应急救护小视频6个，通过融媒体中心抖音号、视频号、微信公众号不定期推送。

【宣传动员】 围绕“三救三献”核心业务，通过“3·5”学雷锋日、“6·14”世界献血者日等主题活动，发动群众参与献血735人289842毫升，造血干细胞入库登记155人份；持续打造“生命接力·大爱传递”品牌，落实人体器官捐献各项法规要求，累计登记志愿者1040人；建立中宁县首个应急救护实训基地，开展应急救护培训39期，培训人数1525人。

【基层组织建设】 采取“先发展，后巩固，再提高”的工作方法，以“红十字救护站（角）”“生命健康安全体验室”等基层阵地为依托，对新堡镇、太平村、安定社区等基层红十字会在业务上指导、人员上培训、资源上倾斜等，促其先行一步，形成亮点，带动一批基层组织的建设和发展；将医疗卫生机构、企事业单位、乡村干部发展成为团体会员、个人会员，提高红会会员覆盖范围，团体会员单位22个，个人会员1717人，收缴会费21747元，已按比例上缴。

【志愿服务】 开展“生命接力小地摊”“行走的救护员”“红十字小先锋”等活动，打造各具特色的志愿服务品牌项目，激发志愿服务活力；组织开展南河子“缅怀先烈”为英雄献花圈及遗体器官捐献动员宣传活动；利用寒暑假，对年满18岁周岁的高中生及返乡大学生开展救护员培训，壮大民间应急救援团队；多层次普及应急救护知识、宣传“小天使”“天使阳光”项目，让“救”在身边走进寻常百姓家。

【救护师资培养】 按照“哪里有基层组织，哪里就有师资”的思路，不断壮大师资队伍，实现12个乡镇、15个卫生院、3个县级医疗机构师资全覆盖，年内培养应急救护师资69人（其中，教体系统5人，企业7人），乡镇全覆盖；全县登记在册师资120人；推动“救”在身边服务品牌建设，组织召开全县应急救护师资座谈会暨培训班，通过以老带新、以强带弱进一步提升师资授课的水平，全力“盘活”现有师资队伍，推动红十字应急救护培训工作高质量发展。

【救护员培训】 以“哪里有群众，哪里就有救护员”成为应急救护员培训的信念，将“安全救人、科学救人”的理念贯穿培训始终，宣传红十字应急救护愿景，让参训的学员树立急救意识，动员身边更多群众参与到应急救护培训中，提高居民群众自救互救能力；结合国家卫生县城复审、全国文明县城创建等工作，将公安、消防等特殊行业人群作为应急救护培训的重点，对公安培训7期257人，保安培训3期147人，快递行业1期36人，进一步提高应急救护覆盖面。

【民生保障】 动员广大企业、群众通过捐赠、志愿服务等方式济困扶弱，推动公益事业发展。积极对接爱心企业，为康养中心30名特殊孩子送去价值2.3万元的衣物；为徐套乡长流水完小的100余名孩子送去价值1.34万元书包和衣物；为大战场宽口井完全小学、长山头完全小学送去价值6万元学习用品；为中宁二小学生送去1.5万元体育器材；对接爱心企业捐赠资金6万元，为中宁县15名应届困难新生送去关爱。

【应急救护培训】 推进应急救护培训活动进机关、进社区、进学校、进企业、进乡村“五进”活动。全年开展应急救护培训55期5584人，其中，取证性培训39期1525人，普及性培训16期4357人。

【助力乡村振兴】 定期对帮扶村（余丁乡金沙村、宁安镇洼路村）和帮扶点（大战场镇宁原村9户居民）精准制订帮扶计划，开展送医送药送温暖活动，帮扶资金13828元；将“三救三献”业务、红十字阵地、品牌项目和新时代文明实践站（所）的有机融合，建立3个标准化红十字救护站、4个救护角，并配备急救箱、担架、轮椅等设备；在12个乡镇民生服务中心设立红十字代办窗口，为申报小天使和天使阳光救助项目提供便利。为辖区符合政策的白血病、先天性心脏病儿童申请救助资金，目前接收申请28人，到位资金7.5万元。

【项目建设】 利用香港项目将新堡镇安定社区废弃卫生间进行改造，并已对外开放。在宁新社区、安定社区安装微型消防站22个，打造红十字会救护站2个，在南河子水系打造防溺水宣教基地1个，为南河子水系配备救生圈、救生绳等设施器材，安装路灯、监控、长条椅等，提高居民整体防灾减灾能力；“学校为本促进心理健康”项目在中宁三小、中宁十小开展。组织三小、十小、心理协会15名成员赴兰州进行学习，在三小、十小分别开展心理团辅、教师心理专业知识培训、红十字会争章等活动，进一步提升三小、十小师生整体心理健康水平。争取区红十字会救护站建设项目，在丰安屯旅游景区、恩和镇沙滩村建设标准化救护站2个。香港红十字会援助中宁县城镇社区防灾减灾、学校为本促进心理健康项目于2023年5月开始实施。截至10月，县红十字会累计争取到位各类资金133万元。

（周梅芳）

法　治

政法与综合治理

【概况】 2023年，县法院受理各类案件7886件，结案7633件，结案率96.79%。县检察院全年办理各类案件752件，其中，受理审查逮捕案件85件113人，批准逮捕56件76人；受理审查起诉案件360件468人，提起公诉240件312人。公安机关2023年立各类刑事案件1240起，同比下降8.1%；破案893起，同比下降12.9%；抓获696人，同比上升36.5%；立电信网络诈骗案件320起，同比下降26.15%；破案241起；抓获156人，同比上升44.4%；财产损失1746.7万元，同比下降14%。

【维护稳定】 监控6名涉政重点人员动态，全程跟进管控外馆外媒来县活动人员59人次，依法监管排查县内87家社会组织。推进反恐维稳法治化、常态化，分级管控52家重点目标单位。依法打击非法宗教和各类邪教活动，破获邪教案件4起、抓获涉邪人员10人，评估解脱邪教人员69人。建设反邪教“关爱之家”，利用重要节点开展宣传教育活动。“多措并举、分类施策提高反邪教宣传影响力”典型经验作为宁夏亮点入选全国反邪教警示案例集。着眼事前、事中、事后三个关键，对8个重点项目开展重大决策社会稳定风险评估。聚焦婚恋家庭、征地拆迁等重点领域，狠抓矛盾纠纷日排查日报告和重点人员管控机制落实，全年排查化解矛盾风险14815件，“一人一档、一人一策”排查回访“三失一偏”（生活失意、心态失衡、行为失常，性格偏执）重点人员49人，教育管理1523名精神障碍患者、181名社区矫正对象和1273名刑满释放人员，兜牢民转刑、刑转命红线。新增非法集资清积立案10起，以司法震慑推动兑付率65.08%，同比增长91.4%，解决红宝集团非法吸资难题。推进信访积案清仓和源头治理，化解66件重点信访件，全县重复信访率下降7个百分点,群众满意率上升3个百分点。

【专项整治】 巩固信息网络、自然资源等六大行业整治,接续开展教育、金融放贷、市场流通三大行业专项整治。召开领导小组会专门听取“三大行业”领域专项整治情况,进一步提要求、压责任,制发“三书一函”44份(其中2023年制发7份、已整改完成6份)。对33家非学科类培训机构全部纳入预收费监管,核查处置无证辅导、违规补课等问题线索3条,劝返学生53名。对食品药品、特种设备、虚假广告等不规范行为下发行政处罚决定书14份,严格审查39名涉黑涉恶刑满释放人员从业情况,严防黑恶组织死灰复燃。部署开展非法集资案件“清积攻坚”专项行动,加强投融资类公司、小贷公司排查监管,立非法集资案件52起,累计兑付23.3亿余元,兑付率62.4%。组织开展矿产资源领域法律监督、运输车辆整治、专项法律宣传三个专项行动,查处整治矿山企业8家,采取强制措施恢复整治1家,打击处置非法采矿7案9人;开展反诈工作,压实3000余名干部包保到户责任,集体约谈2次,下发通报13期,立案数和财损数分别同比下降25%和30%。

【社会治理】 建立问题、责任、考核涉稳矛盾风险“三张清单”,清单化管理重点矛盾38件,衔接人民调解、行政调解、司法调解,实现矛盾纠纷村级“日清周结”、乡镇“周清季结”。将群众参与平安建设纳入积分制管理,在白马乡推行群防群治示范点建设,“老周说和”“朝阳夜话”工作室得到群众好评。以“平安细胞”推动平安联创,有107个家庭及89个村(社区)、校园、医院、市场、企业实现达标。鸣沙镇薛营村、宁安镇古城村被评为全国民主法治示范村(社区),余丁乡典型经验在自治区“塞上枫桥”大讲堂做交流发言。

【队伍建设】 开展学习贯彻习近平新时代中国特色社会主义思想主题教育,举办政法系统政治轮训班2期,习近平法治思想等专题培训班29次,开展各类宣讲5场次。出台常态化加强新时代政法干警素质能力训练29项措施,完善实战技能训练机制,开展轮值轮训、实岗练兵、技能比武等活动。组织干警旁听职务犯罪庭审、参观监狱、聆听身边被查处人员现身说法,落实防止干预司法“三个规定”(《领导干部干预司法活动、插手具体案件处理的记录、通报和责任追究规定》、《司法机关内部人员过问案件的记录和责任追究规定》、《关于进一步规范司法人员与当事人、律师、特殊关系人、中介组织接触交往行为的若干规定》),填报防止干预司法“三个规定”146人211件,倒逼干警依法履职。受到自治区及以上表彰的有32个集体和个人。

(郑学香)

公　安

【概况】 2023年,中宁县公安局设置32个机构,其中内设机构13个:指挥中心、办公室、政工监督室、警务保障室、法制大队、政治安全保卫大队、网络安全保卫大队、刑事侦查大队、交巡警大队、治安管理大队、经济犯罪侦查大队、缉毒大队、出入境管理大队;监管机构2个:中宁县看守所、中宁县拘留所；派出机构16个：城关、新堡、鸣沙、恩和、舟塔、大战场、长山头、喊叫水、石空、余丁、渠口、白马、徐套、森林、太阳梁、工业园区派出所；公益一类单位1个：社区警务管理中心。2023年，中宁县公安局有民警、职工676人，其中，政法专项编民警242人，工勤人员13人，事业编54人，辅警299人，禁毒专干68人。全局有中共党员274人，退休党员41人。民警中，硕士研究生学历3人，大学学历223人，大专学历80人，中专及其以下学历3人。交巡警大队被公安部授予集体一等功，政工监督室、森林派出所被公安厅评为全区公安工作先进集体，经侦大队、新堡派出所被中卫市公安局评为集体三等功。

【刑事案件侦办】 中宁县公安局立刑事案件1240起，同比下降7.8%。采取刑事强制措施642人，同比上升14.8%。紧盯恶性暴力犯罪，切实保障人民群众生命安全。发挥技术资源优势，完善破案机制，实现八类案件全破。全年立故意杀人案3起、破3起，立强奸案件案件10起、破10起，打击处理犯罪嫌疑人11名。对多发频发、群众反映强烈的盗窃商铺、盗窃电动车案件及普通诈骗案件，快速反应、严打现行，串并破获传统“盗抢骗”案件440起，抓获犯罪嫌疑人185人，为群众挽回经济损失140万元。立食药环领域刑事案件9起，打击处理犯罪嫌疑人7人，追回生态修复资金70.3万元。

【电信网络诈骗】 研究新型诈骗手段和套路，强化资金流、信息流研判及串并案分析，建立健全预警及止付冻结工作机制，严打辖区内高发多发的兼职刷单、虚假投资等类型诈骗案件。2023年，立电诈案件320起、破241起，挽回财损1746.7万元，打击处理156人，立案、财损同比分别下降26.1%、14%，打击处理同比上升44.4%，实现发案数、财产损失双下降。

【经济犯罪侦查】 2023年，受理各类经济犯罪案件39起，其中洗钱案1起，非法吸收公众存款12起，信用卡诈骗案2起，非法经营案2起、合同诈骗案12起，职务侵占案3起，非法转让、倒卖土地使用权案1起，虚开发票案3起，组织领导传销案1起。抓获各类犯罪嫌疑人48人，同比上升65.5%。

【社会治安防控】 开展大起底大排查大整治专项行动。全年检查“九小”等行业场所1.7万家次，排查整改隐患5650个，整改“四防”督导组反馈问题680条，30条移交住建局整改。破获非法经营瓶装液化石油气案1起，抓获嫌疑人2名，涉案金额200万元。排查整改安全隐患，检查各类行业场所1.6万家次，查处黄赌案件59起324人。

【社区警务工作】 2023年，招聘警务助理43名，确保“一区一警两辅”“一村一警”实现全覆盖。举办社区警务培训班4期，社区警务业务标兵分享经验10次，受教民辅警1000余人次。实地走访派出所150余次，警务室200余次，组织考核12次，发布考核通报12期。开展“塞上枫桥公安派出所”创建活动，新堡派出所、石空派出所被自治区公安厅评为“塞上枫桥公安派出所”，4支群防群治队伍被中卫市公安局命名为“2023年度群防群治品牌队伍”，4名社区民辅警被中卫市公安局评为“2023年度‘十佳’社区警务标兵”。2023年，排查化解矛盾纠纷7619起，化解率97.3%。

【禁毒工作】 全面统筹各方资源，组织专业警力对案件开展侦查工作，打掉跨省毒品团伙2个，缉毒执法打击工作成效显著，被公安厅通报表扬，并在全区禁毒工作总结会议上交流发言。成功培育打造宣传新阵地升级改造项目、“疏、帮、培、服”就业帮扶、“非遗”文化助力禁毒、乡村振兴“禁毒路”、根植“禁毒草根文化”五大特色亮点品牌工作，其中“非遗”文化助力禁毒这一特色品牌获得全区乡镇特色品牌第二名的优异成绩。与妇联、人社、民政等部门，打造农产品种植技能培训、蒿子面制作等产业帮扶教育培训基地，举办培训班12期，培训人员150余人，帮助管控人员就业累计300余人次。升级改造中宁县禁毒教育基地，投资290万元在乡村主干道、村居交叉路口以及人员密集区域打造禁毒文化小广场5个、文化形象墙1000余平方米、禁毒文化长廊100余米，在133个行政村设立宣传橱窗，全县娱乐场所全部建立禁毒宣传角，利用禁毒阵地开展禁毒预防宣传活动120余场次，线上禁毒直播活动6场次，禁毒宣传阵地不断发展壮大，预防宣传覆盖面不断扩大。

【警卫工作】 先后完成一级警卫3次、三级警卫1次。针对大型群众性活动，制定安保方案、从严安全许可、严格审批程序，联合应急管理、消防救援、市场监管等部门对活动场地开展安全检查，动态清零安全隐患，做好应急处置，累计出动警力1.6万余人次、警车1200余辆(次)，实现安保零事故。

【交通安全管理】 2023年，大力整治路面秩序，查处各类交通违法行为15.3万起，行政拘留44人。持续深化道路交通隐患治理，强化道路综合治理，投入4018.8万元改造、完善110处道路交通配套设施。专项整治交通乱象，查处各类交通违法行为15.3万起，淘汰黄标车816辆。全县交通事故死亡人数、受伤人数同比分别下降10.34%、1.17%。年内未发生死亡3人及以上道路交通事故，全县道路交通安全形势基本平稳。投资465万建设交通安全宣传教育中心，通过视觉、听觉和沉浸式感受体验，切实从源头提升群众交通安全意识和文明出行意识。全年接待各界群众89批次，受教人员8790人。

【规范执法化建设】 2023年8月，执法办案管理中心建成并投入使用，执法监督质效进一步提升，B级执法办案管理中心进一步巩固，案件办理质量显著提升。严格执法全流程、全要素管理，全年发布日巡查通报251期、月考评通报13期、民警办案积分通报16期。在日常巡查和审核考评案件中纠正执法问题5279条，审核提交行政复议案件答复10起，办理刑事复议案件2起。严格规范涉案财物管理及智能办案区使用，发布涉案财物管理全局通报10期，智能办案区使用通报20期、执法督办6次。

【服务群众】 践行“我为群众办实事”实践活动，落实“365×24小时”便民服务措施，依托“宁警通”平台网上办理业务303件，咨询答复15件，户口迁移审批、户口登记变更或更正、出生、死亡登记共计58742件，异地受理身份证审核1118件；办理出入境证件总计2008件，核发身份证27690张。为孤寡老人、残疾人提供“送证上门”，为高考学生的各种突发状况开通户政业务绿色通道，按“放管服”等便民利民举措，上门办理身份证、户籍等业务120

余件次。创新推出政务服务“六办一通道”，实现一窗通办、一次办结，全年累计办理“车驾管”业务35962笔，处理违章95902笔，组织驾驶人理论考试496场31859人，科目二、科目三考试481场3554人。2023年6月，承接大型机动车业务权限，为群众节省各项费用近100万元，让群众享受到车驾管便民服务的改革红利。

【队伍建设】 围绕学习贯彻党的二十大精神、习近平法治思想、自治区第十三次党代会精神等开展专题学习21次、宣讲14次，组织学习22次，谋划干事创业7项均已完成，查找问题6项并整改完毕，“为民办实事”68项。实施马克思主义民族观宗教观培育计划，组织3天全覆盖式党员培训。制订模范机关创建方案，申报3个五星级、8个四星级党支部，调整优化支部班子9个。开展“青蓝工程”师徒“传帮带”助力12名新警成长；举办“庆五一·迎五四”文艺晚会和“左手牵你·右手敬礼”联谊活动。

（艾乐乐）

检　察

【概况】 2023年，中宁县人民检察院下设办公室、政治部（法警大队）、第一检察部、第二检察部、第三检察部、第四检察部、第五检察部、综合业务部8个内设机构，现有编制54个，其中，政法专项编49个，工勤事业编4个，县聘用编制1个。2023年末，在职人数64人，其中，政法专项编42人，工勤事业编3人，县聘用编1人，聘用制书记员18名。

【平安中宁建设】 逮捕各类刑事犯罪嫌疑人76人，提起公诉298人。着力防范化解重大金融风险，办理非法吸收公众存款案14件、洗钱犯罪案件1件，督促追赃挽损4500余万元。依法不批捕35人，不起诉101人，认罪认罚从宽制度适用率96.93%。

【优化营商环境】 依法办理合同诈骗、串通投标等扰乱市场秩序犯罪案件6件，维护公平竞争市场环境。开展“检察官进企业”活动，走进企业听诉求、做体检、解难题，举办法治讲座12次，提供法律咨询31次，开展警示教育5次，发放法治宣传资料3000余册。

【守护绿水青山】 推进“河（湖）长+检察长+警长”工作机制，针对河道管理、违规取水等问题开展督查检查12次，办理案件13件，督促治理采沙点2处、修复污染水域1000余平方米、清理非法占用河道1.5公里。紧盯生活垃圾乱堆乱放等问题，办理案件12件，督促清理各类垃圾、固体废物500余吨。聚焦耕地、林草资源保护，办理案件7件，督促修复耕地200余亩、草原300余亩。探索公益诉讼检察与生态环境损害赔偿衔接机制，办理生态环境损害赔偿民事公益诉讼案件1件，支持行政机关提起生态环境损害赔偿诉讼2件。

【社会治理】 治罪与治理并重，落实最高检一至八号检察建议，用心循理分析案件背后“症结”所在，针对交通信号灯、军队训练场设施保护、安全生产等社会治理问题，向相关部门制发社会治理类检察建议43件，系统推动诉源治理。紧扣自治区“1+37+8”系列文件要求，聚焦城镇燃气、道路交通、电力设施等重点领域，开展专项监督，办理危害安全生产刑事案件2

件7人、公益诉讼案件19件,督促养护管理道路3条、修复桥梁7座、消除整改各类安全隐患600余处,筑牢社会公共安全“检察屏障”。持续加强监检衔接配合,依法对自治区应急管理厅原安全生产监察专员黄某某职务犯罪案提起公诉。

【刑事检察】 强化对刑事立案、侦查活动和审判活动监督,监督刑事立案19件、撤案65件,纠正漏捕漏诉24人,侦查活动违法48件,审判活动违法10件;提请抗诉1件,提出再审检察建议1件。与法院联合开展“雷霆2023”专项行动,全面核查党的十八大以来职务犯罪案件涉财产部分执行情况,监督法院立案执行8件,追回罚没款50余万元。开展“减假暂”检察监督、社区矫正巡回检察监督和财产刑执行检察监督等专项活动,审查暂予监外执行案件7件,提出纠正意见2件,对刑罚执行违法行为提出纠正意见39件。

【民事检察】 坚持实体监督与程序监督并重,对确有错误的民事生效裁判提出再审检察建议5件,提请抗诉1件。紧盯民事诉讼活动重点领域和关键环节存在的违法问题制发检察建议63件,促进规范司法。与法院、公安机关建立虚假诉讼线索移送、结果反馈等机制,办理虚假诉讼案件1件,遏制“打假官司”现象。

【行政检察】 开展“道路交通安全和运输执法”“行政检察护航民生民利”等专项监督活动,办理道路运输、社会保障等领域案件8件,推进行政执法机关依法履职。聚焦行政违法行为监督,对行政执法领域中的执法不当、适用法律错误等问题提出检察建议12件,促进依法行政。落实行刑反向衔接制度,提出检察意见2件,督促行政机关对8名涉案人员作出行政处罚。常态化开展行政争议实质性化解,与法院、司法局协同化解工伤、行政补偿纠纷案件3件,实现案结事了政和。

【公益诉讼检察】 开展“公益诉讼守护美好生活”“公民个人信息保护”等专项监督活动,办理案件25件,督促各乡镇对政务公开信息中的群众身份证号码、银行账户等敏感信息去标识化处理,清理不当储存的电子数据10万余条、销毁台账200余本。聚焦残疾人权益保障,督促依法收缴残疾人保障金90余万元,将完善无障碍配套设施纳入城市道路改造、公共卫生间建设等工程项目。针对违规使用“中宁枸杞”品牌注册商标标志、宣传不当等影响品牌声誉、侵害消费者权益的问题,开展“共商、共谈、共护”专题调研,办理的“中宁枸杞”品牌保护行政公益诉讼案入选自治区知识产权保护典型案例。

【群众信访申诉】 对受理的群众信访全部实现7日内程序性回复、3个月内办理结果答复。通过检察长接访、院领导包案、律师参与信访案件化解等方式开展释法说理42件次,让“法结”、“心结”一起解。邀请人大代表、政协委员、人民监督员参与公开听证66件次。

【民生民利案件办理】 以对发现的医院、诊所、药店医保报销违法问题,督促监管部门予以行政处罚,追回医保资金57万余元。紧盯群众钱袋子安全,推进反诈人民战争、“断卡”专项行动,逮捕犯罪嫌疑人19人,提起公诉72人。聚焦特殊群体权益保护,办理支持起诉案件38件,帮助百余名农民工追回劳动报酬85万元,向31名涉案被害人及其家属发放司法救助金26万元,防止因案致贫、因案返贫。

【未成年人工作】 依法履行"国家监护人"职责,促进家庭、学校、社会、网络、政府、司法六大保护融合发力。深化"双向保护"机制,对9名罪错未成年人开展监督考察、跟踪帮教,帮助1名未成年人复学就业,对15名未成年被害人开展心理疏导和司法救助。针对部分娱乐场所、宾馆非法接纳未成年人等问题,监督相关部门对重点行业、领域清查3次,对2家违规场所依法查处。院领导担任法治副校长,开展法治宣传20余场次,受众6000余人,发放宣传资料1万余份,从源头上预防和减少未成年人违法犯罪发生。

【政治建设】 执行《中国共产党政法工作条例》,坚决落实重大事项请示报告制度,主动向县委、县委政法委和上级检察院请示报告重大事项22件(次)。以铸牢中华民族共同体意识为主线,守牢意识形态主阵地,利用门户网站、微信公众号、微博等载体,通过宣传作品讲好检察故事。结合实际案例拍摄的《黄羊湾的春天》获第十八届全国法治动漫微视频优秀奖。

【队伍建设】 检察干部撰写的9篇调研文章入选自治区检察院论文集。"党徽耀检 素能检察"品牌入选全县首批"机关党建品牌创新案例"。创建民间借贷"职业放贷人"、财产刑执行、司法救助等27个法律监督模型,整合内外部数据4.8万余条,发现各类监督线索351条,提出监督意见166件,实现从"个案办理"到"类案监督"到"系统治理"的有效转变,7个法律监督模型在区市推广。

(吴冰婵)

法 院

【概况】 2023年,受理各类案件6751件,审结6498件,结案率96.25%,法定审限内结案率100%。

【扫黑除恶】 按月归纳总结各庭室涉黑涉恶线索及"保护伞"排查情况,深化打财断血,加快涉黑涉恶案件财产执行工作进程,依法执行"黑财"1150万元。推进"行业清源"整治,紧盯案件审理及日常工作中发现的行业乱象和监管缺位等问题,制发司法建议,强化跟踪问效。

【刑事审判】 重拳打击暴力犯罪,受理刑事案件252件,审结238件。其中,故意伤害案件6件6人,寻衅滋事、开设赌场、赌博等案件9件19人,审结盗窃案件23件29人。从严惩处危害食品药品安全、侵犯公民个人信息、养老诈骗等犯罪案件31件。全面贯彻宽严相济刑事政策,对认罪认罚的297人从宽处理。依法审理黄某某职务犯罪案。

【民商事审判】 受理民事案件3263件,审结2983件。依法审结涉教育、医疗、养老、育幼、住房、社会保障案件233件,审结劳动争议、追索劳动报酬纠纷73件,为农民工追回欠薪25万元。紧盯审判工作中多发、易发案件,从家庭小切口入手,研判家事案件审理的特点和难点,以"家和"为基调,发挥家事审判对婚姻家庭关系诊断、修复和治疗作用。调解离婚案件265件,占婚姻案件受理数量的45.30%。综合审判庭被全国妇联评为"全国维护妇女儿童权益先进集体"。

【行政审判】 受理行政诉讼案件 54 件，审结 41 件，完成行政非诉案件审查 10 件。坚持监督依法行政和保障合法权益并重，支持行政机关依法履职，维持合法行政行为 21 件。判决行政机关履行法定职责、确认行政行为违法、撤销或变更行政行为 9 件。建立行政审判与行政复议联席会议制度，推进行政争议实质性化解，协调化解 3 件。发送出庭通知书 30 份，行政机关负责人出庭应诉率达 100%。

【执行工作】 受理各类执行案件 2876 件，结案 2323 件，执行到位金额 2.44 亿元。开展执行信访“百日攻坚”行动，受理信访案件同比下降 76.32%，清理旧存积案 154 件，执行到位金额 8037.54 万元。开展集中执行 6 场次，成功腾房 13 套，扣押车辆 58 辆，划扣银行存款 3025.67 万元，处置各类资产 382 宗。发起网络司法拍卖 981 次，成交标的物 636 个，拍卖到位标的 4059.45 万元。发布失信被执行人名单 32 人次，对 679 人采取限制高消费措施，让“老赖”寸步难行。公开搜查 110 次，拘传 209 人次，对拒不执行、规避执行、妨碍执行的 246 人实施司法拘留。

【普法宣传】 到全县养老机构、学校、企业、社区等开展普法宣传 60 余场次，受教育群众7000余人次。开设巡回法庭以案说法 48 次，旁听群众 3000 余人次，最大限度将矛盾止于诉前。聚焦贪污贿赂、渎职、危险驾驶等典型案件，把警示教育课“搬”到庭审现场，邀请干部群众参与旁听 16 场次。举办“1 元起拍”“正在执行”等全媒体直播 4 次，让群众“零距离”感受司法公平正义。

【基层法庭调解】 设置巡回审判点 14 个，审务工作站 19 个，在 10 个乡村开展“无讼品牌”建设。推进人民法院调解平台进乡村、进社区、进网格“三进”工作，委派调解纠纷 286 件，调解成功 268 件。试行“诉前鉴定 + 诉前调解 + 司法确认”，诉前化解矛盾纠纷 2340 件，司法确认调解协议 1078 件，司法鉴定由“诉中”变为“诉前”，实现矛盾纠纷前端化解，减轻群众诉累。加强涉法涉诉信访矛盾排查化解，落实领导包案、一案一策等制度，防范 10 余起因矛盾激化可能导致民转刑、刑转命案的发生。

（王晓燕）

司法行政

【概况】 2023 年，中宁县司法行政系统有干部职工 45 名，中共党员 23 名。局机关内设办公室、基层工作指导室、法治宣传教育室、社区矫正管理室、法制室、行政复议与应诉室、公共法律服务室；派出机构 12 个基层司法所；所属事业单位 1 个，为宁夏回族自治区中宁县公证处。合伙律师事务所 6 个，全县有执业律师 56 名，公证员 4 名。

【普法宣传】 落实“八五”普法实施意见，加大全民普法工作力度，开展“法律八进”活动 232 场，集中宣传活动 15 场，专场文艺演出 1 场，专题访谈节目 1 期，制作《道德与法治》《法律时空》节目 24 期，拍摄普法微电影、宣传短视频 5 部。落实“谁执法谁普法”普法责任制，举办“法律明白人”培训班 50 余场，培育“法律明白人”1694 人，“法律明白人”骨干 717 人，获自治区“最美法律明白人”称号 1 人。中宁县宪法教育基地和青少年法治教育实践基地投入使用，累计接待参观及现场教学45次。1人获“全区青少年普法教育成绩突出工作者”称号。在恩和镇沙滩村打造法治文化长廊，建设宁夏黄河法治文化带中宁县主题公园，开展“民主法治示范村”示范创建，保留“全国民主法治示范村”命名2个，创建“自治区民主法治示范村”3个，举办宁夏《民法典》主题宣传活动“法润民心·法治‘典’亮生活”启动仪式，推动在全社会形成自觉守法、办事依法、遇事找法、解决问题用法、化解矛盾靠法的法治氛围。

【人民调解】 坚持和发展新时代“枫桥经验”，加强调解组织队伍建设，全县各类调解组织203个，乡（镇）、村（社区）人民调解员995名。强化矛盾纠纷排查化解，累计排查矛盾纠纷6797次，调处案件1988件，仲裁确认174件，调解成功1972件，调解成功率99%，其中疑难复杂纠纷488件，调解协议涉及金额9741.5万元。开展诉前调解560件，警司联调80次，成功调解行政案件4件，获全国组织宣传人民调解工作先进集体，1名兼职人民调解员被评为“全国模范人民调解员”。在坚持和发展新时代“枫桥经验”推进会暨全区调解工作会议上做经验交流。推行“人民调解＋仲裁＋信访”纠纷治理模式，县公安派出所与人民调解组织联动调解纠纷82件，县、乡人民调解组织引导达成调解协议当事人申请仲裁确认案件174件，信访事项人民调解委员会调解信访纠纷35件，行业性专业性人民调解委员会派驻法院调解工作室调处案件608件。

【公共法律服务】 2023年，办理法律援助案件2120件，其中民事案件1905件、刑事案件210件、行政案件5件，接待来访群众5500余人次。建立村（居）法律顾问工作制度，由6家律师事务所47名律师担任154个村（社区）法律顾问，实现基层公共法律顾问律师全覆盖、法律服务工作全覆盖。开展法治讲座、法治宣传等活动450余场次，化解矛盾纠纷、审查合同等其他服务活动130次。深化公证体制改革，扩大“最多跑一次”公证服务范围至180项，办理各类公证业务790件。为4家民营企业提供“法治体检”，为50多家枸杞企业开展集中专题培训，打造法治化营商环境，助力民营企业高质量发展。

【社区矫正和安置帮教】 织密社区矫正防护网，完成中宁县智慧社区矫正中心改建和刑满释放人员安置帮教基地建设。规范社区矫正执法，紧紧依托宁夏社区矫正一体化平台及“电脑终端＋手机客户端”和“视频巡查系统”开展矫正工作，提高监管能力，确保社区矫正对象不脱管、不漏管，切实做到底数清、情况明。全县在册社区矫正对象216人，其中缓刑216人，暂予监外执行0人，未成年社区矫正对象3人。2023年接收213人，解除175人，做适用缓刑前调查评估172人。发出训诫28人，警告13人，审批经常性跨市县活动19人次，办理执行地变更6人，提请撤销缓刑收监执行2人。2023年，司法局出资4.8万元对96名社区矫正对象和刑满释放人员进行帮扶救助。

【法治政府建设】 制定印发法治政府建设相关文件30余份。对7个重点单位开展法治履职评议，组织开展学习贯彻习近平法治思想培训班1期、举办专题讲座26场，组织全县国家工作人员考法活动3场，累计1.4万人参与考试。组织法治政府建设相关会议12次，迎接第三方评估1次，开展专项督查3次，统筹推进全面依法治县和法治政府建设工作，创建自治区法治政府建设达标县。落实合法性审查规则，审查行政决策文件399件，重大决策4件，规范性文件6件。组织118名行政执法人员考取执法证件。深化行政复议改革，成立行政复议咨询委员会，打造规范化行政复议听证室，受理行政复议案件95件，行政应诉案件负责人出庭率达100%。

（马　迪）

人民武装

【概况】　2023年，中国人民解放军中宁县人民武装部下设军事科、政治工作科和保障科，被宁夏军区表彰为“练兵备战先进单位”。

【政治建军】　在学思践悟习近平新时代中国特色社会主义思想和习近平强军思想上，学习宣传贯彻党的二十大精神，组织全体人员原原本本、逐字逐句学习党的二十大报告，32次跟进学习习近平主席最新重要讲话精神，以“学习贯彻二十大，奋进强军新征程”为主题，组织研讨交流5次。参加军分区主题教育理论集训，先后进行7次集中学习和6次交流研讨。组织全体人员到张子华革命纪念馆和中宁县枸杞展览馆开展“踏寻红色足迹　凝聚奋进力量”参观见学活动。结合建党102周年，开展“赓续红色血脉，凝聚奋进力量”主题党日活动，学习新修订的《中国共产党章程》，并组织全体人员开展党章知识竞赛，为成绩优秀人员颁发荣誉证书，营造“比学赶帮超”的浓厚学习氛围。常态化开展“读书分享会”和“业务学习会”，提升工作人员理论水平和业务能力，做好书香军营建设“下篇文章”。巩固肃清郭、徐、房、张流毒影响成效，对照涉刘亚洲、印春荣有害信息出版物清单，开展清理清查，抓好意识形态领域斗争和“四反”工作，确保部队高度纯洁巩固。

【党管武装】　坚持定期研究解决党管武装工作矛盾问题，落实人武部党委第一书记和基层武装部政治教导员党管武装述职制度。3月21日，召开中宁县2023年党管武装工作会议，总结上年工作，部署今年全县国防动员工作任务。5月29日，邀请中卫市人大常委会副主任、中宁县委书记、县人武部党委第一书记何建勃到县民兵训练基地进行现场办公，研究解决全县武装工作矛盾问题。

【练兵备战】　把握中宁县地处黄河两岸、贯通宁夏南北、连接内蒙古高原和黄土高原等自然环境特点以及担负的职能使命。依据《“十四五”时期民兵建设发展计划》和民兵组织整顿任务，对接民兵工作领导小组各成员单位，分行业、分系统组织开展民兵组织整顿潜力调查，完成民兵编建，在宁夏军区民兵数据会审中实现零差错。4月10—25日，组织民兵教练员参加军区和军分区民兵教练员集训比武，全面提升民兵教练员组训任教能力和队伍建设水平，储备教学训练骨干。选派教练员参加军区民兵教练员竞赛性考核，刘志学取得全区个人综合第四名，是军分区唯一获奖人员。5月22日，代表宁夏军区接受西部战区动员局练兵备战和国防动员工作检查考评，受到各级首长一致好评。5月29日,以太阳梁乡大塘沟突发强降雨导致发生山洪为背景,组织民兵分队开展山洪灾害防御防汛抢险应急演练;10月12日,选派基干民兵联合应急管理局在舟塔乡开展森林草原防灭火综合演练。依据《民兵军事训练大纲》,发挥民兵训练基地功能作用,分批组织民兵应急和支援分队进行封闭式集中轮训,圆满完成教学训练任务。每季度协调地方公安、网信、宗教、信访等部门召开情报信息会商会议,分析研判驻地民社情和安全稳定形势,研究应对措施和办法,确保社会和谐稳定。在中卫军分区年度练兵备战综合检查中得分847.82,位列中卫市第一名。

【国防动员】 聚力挖潜赋能,国防动员准备更加精准高效。加强军地协同,对接国防动员需求,抓紧抓实国防动员准备。健全国防动员指挥军地协调机制,配合完成县国动委办事机构改革,划分职能定位,理顺领导关系和工作链路。坚持军民融合发展,参加自治区交战办在某部队组织的交通战备保障调研座谈会。8月底,先后协调驻军单位选派优秀军事教练员41人次为中宁中学、中宁一中、中宁职业教育学校4090名学生开展学生军训工作。

【征兵工作】 按照"一年两征,全年准备"的思路,突出大学毕业生征集,召开推进会2次和征兵工作领导小组会议,联合县纪委监委对各乡镇进行检查督导,狠抓廉洁征兵,压实工作责任,充分征求县人社、财政、教育等部门意见建议,协调出台《中宁县激励大学毕业生参军入伍十条措施(试行)》。

【双拥共建】 巩固深化脱贫攻坚成果同乡村振兴有效衔接,按照"1村+1校"帮扶模式,持续帮扶徐套乡上流水村,常态化开展"联学创新理论、联创先进组织、联育优秀党员、联解发展难题"活动。部领导先后5次深入上流水村调研巩固脱贫攻坚成果同乡村振兴有效衔接工作,向村"两委"班子和群众宣讲党的二十大精神。投入13万元从党建、产业、教育、医疗、文化5个方面进行帮扶,为长流水小学捐赠校服174件(套),文体用品220余件(套),电脑、打印机等教学设备18件(套),为学生上国防教育课。3月1日,县人武部联合裕民社区开展"学雷锋"志愿服务活动,为社区孤寡老人和优抚对象送去米、面、油等生活用品,组织清理社区公共卫生,进行疫情防控政策宣讲等。争取军委政治工作部、国防动员部救灾补助资金18万元,用于救助补偿上流水村夏季山洪灾害损失。协调落实拥军优属各项政策,联合县退役军人事务局春节前对边防一线服役的中宁籍官兵家属进行节日慰问。

【国防教育】 人武部联合中宁县第十小学投入20万元,打造以在抗美援朝中涌现出的中宁籍二级战斗英雄李吉武为名的"战斗英雄李吉武"少年军校。9月21日,中宁县军地联合在县第十小学举行"战斗英雄李吉武"少年军校揭牌仪式,中卫军分区大校政治委员翟伟中、中宁县委副书记彭小沛出席揭牌仪式。遴选上报的中宁一小被教育部和中央军委政治工作部评定为"全国国防教育示范学校"。10月,人武部联合县委、政府各部门共同为中宁县第一小学举行"全国国防教育示范学校"授牌仪式。常态化开展"兵叔叔进课堂"国防教育课,组织学生制作国防教育手抄报和工艺品,学习以爱国爱军为主题的"武术操"和"课桌操”，以点带面营造浓厚的辖区国防教育氛围。

【乡村振兴】 人武部始终围绕“支部提星、产业提效、文化提韵、乡风提味、助学提志”五大赋能工程展开帮扶工作。争取、投入帮扶及救灾补助资金26万元，在徐套乡上流水村打造“铸牢中华民族共同体意识”文化长廊，帮助民族地区群众铸牢中华民族共同体意识。协调村“两委”班子成员参加宁夏军区集中组织的乡村振兴参观见学活动，帮助开阔乡村振兴工作视野，选派帮扶村人员参加“电商培训”，增加群众就业技能，推动产业发展。针对夏季降雨多，山洪多发，上流水村村道受损、硒砂瓜受灾严重的情况，人武部对接跟进，将相关情况及时上报，争取军委政治工作部和国防动员部救灾补助资金18万元；资金下达后，及时联合徐套乡党委、政府研究资金使用，拟对上流水村内8条村道进行修缮维护，保障群众生产出行条件。

【基础建设】 制定人武部党委2023年挂钩帮带乡镇基层武装部计划，每名党委委员挂钩帮带1个乡镇基层武装部，不定期进行检查指导，确保上级军事机关指示要求在末端得到贯彻落实。按纲抓建基层，按照“一室、一部、一家、一库”建设标准和软件资料规范，加强基层武装部规范化建设。人武部营区迁建项目经过6个月有序施工，于11月4日主体封顶。11月16日，接受宁夏军区基层武装部规范化建设检查取得97.5分，居全区前列。继续加大专武干部队伍培养力度，选拔年富力强、能力素质较好的公务员，提拔到武装部部长岗位，配齐建强专武干部队伍，基层武装工作有新的提升。

（李文鹏）

经济管理

发展和改革

【概况】 2023年，中宁县发展和改革局有干部职工40人，其中在编在岗33人，公益岗4人，“三支一扶”3人。内设办公室、综合规划办公室、项目管理办公室、能源发展管理办公室、服务业发展办公室、粮食和物资储备管理办公室、价格管理办公室7个内设机构；县国防动员办公室设在县发展和改革局。

【经济运行】 2023年，实现地区生产总值231亿元，同比增长11.6%；完成固定资产投资70亿元，同比增长13.2%；完成服务业增加值72.6亿元，同比增长2.3%；招商引资到位资金25.18亿，同比增长67.8%；全县规模以上工业企业能源消费量392.9万吨标准煤，同比增加23.1%；单位工业增加值能耗同比下降3.8%。

【重点项目建设】 2023年，157个重点项目开（复）工145个，开（复）工率92.3%，同比增长3%；完工91个，完工率58%，同比增长14%。固定资产投资同比增长13.2%，高于全区7.7个百分点，扩大有效投资沿黄县（市）综合排名第一。其中，县发展和改革局包抓重点项目9个，完工3个，完成固定资产投资23.97亿元，占全县34%。

【项目资金争取】 组织住建局、太阳梁乡等14个部门、乡镇，围绕以工代赈、公共供水管网漏损、城市更新改造等领域争取中央、自治区预算内资金2.1亿元，同比增长15.6%；成功申报国债项目8个，争取资金1.6亿元。招商项目8个，落地引资25.18亿元，同比增长67.8%。

【中期评估工作】 组织全县开展各类专项规划中期评估工作，“十四五”规划纲要的24项重要指标中，研发经费投入增长等12项提前完成或达到预期中期进度，居民人均可支配收入增长等9项指标尚未达到预期目标，每万人口高价值发明专利拥有量等3项数据暂时无法统计，整体完成率为57.1%。对森林覆盖率、湿地保护率、城市空气质量优良天数比率以及每万人口高价值发明专利拥有量等5项关键指标进行调整。

【深化改革】 牵头制定一系列扩内需促消费政策。持续优化审批程序，审批政府投资项目210个，备案企业投资项目317个，办理时限平均压缩33%。制订印发《中宁县关于开展用能权有偿使用和交易改革提高能源要素配置效率的实施方案》，提前完成全县重点用能企业用能情况摸底工作。

【现代服务业发展】 建立完善服务业发展联席会议制度，制定《推进服务业加快恢复的分工清单》，每月召开服务业暨促消费工作推进会议；向上争取资金支持，为入规上限的18家企业争取资金180万元；着力完善社会事业领域基础设施建设，为中宁工业园区足球场建设项目争取资金240万元。

【能源发展】 建成并网分布式光伏规模达49.24兆瓦，完成整县屋顶分布式光伏开发示范县创建比例要求。全县新能源装机规模超过3兆瓦，储能建成200兆瓦/400兆瓦时。获批分散式风电项目2个66.3兆瓦；核准通过"以大代小"等容更新项目2个，谋划储备风电改造项目4个，初步形成"两区、两翼、一中心"新能源产业发展总体格局，中宁工业园区获批"绿电园区"试点创建资格。

【能源保供】 牵头制定《关于做好2023年农村困难群众平价煤供应的通知》，组织各乡镇调查核实农村困难群众平价煤实际需求量，并与国家能源集团宁夏煤业公司签订平价煤购销合同，为671户农村困难群众配送到位1782.5吨平价煤。加强监测预警稳定能源供应。密切跟踪、提前研判能源供应形势，动态监测"油荒""气荒"等苗头信号，督促能源企业加强能源供应保障工作。

【节能降耗】 加快违规建设"两高"(高耗能、高排放)项目整改工作，强化节能目标管理，推进重点领域节能。2023年前三季度单位GDP能耗同比下降1.5%，1—12月单位工业增加值能耗同比下降3.8%。

【价格管理】 强化市场价格监测。重点做好粮、油、肉、禽、蛋、菜等46种群众生活必需品价格监测，随时掌握市场主要商品价格变动趋势。做好价格服务工作。全年完成价格认定结论61件，涉案金额59万余元。开展农产品成本调查工作。对小麦、粳稻、玉米、枸杞、中规模生猪、小规模生猪等6个品种47个样本调查点的农产品成本开展全面调查。

【粮食安全保障】 全面完成800吨县级应急成品粮储备任务、17家应急供应网点建设任务，初步形成强有力的粮油应急供应保障体系。开展原粮储备生产基地建设工作，完成小麦种植任务2.7万亩，水稻种植任务1万亩；收购原粮基地小麦10771吨，兑付补贴资金1083.67万元，收购原粮基地水稻4555吨，兑付补贴资金92.58万元，超额完成自治区下达任务。完成县级原粮储备轮换任务1697.74吨。全力做好应急物资回收、储备、使用、维护等管理工作，累计储备应急救灾帐篷、棉衣、棉被、折叠床等50余种4万余件生活物资。

【优化营商环境】 组织各部门"应公示尽公示"，全年累计归集行政许可数据3584条，行政处罚数据285条。组织开展全县社会信用体系建设百日宣传培训活动，印发《创建全国文明城市 营造诚信社会风尚》宣传册，营造良好信用环境。制定《中宁县2023年优化营商环境任务清单》，提出86条改革任务措施；集成编印《民营经济发展政策汇编》，帮助企业了解掌握优化营商环境相关政策。梳理民营企业急需解决问题责任清单2批，共计65条，跟踪督办办结51条。

【国防动员】 推进国防动员体制改革和队伍建设，开展国防动员潜力调查。2023年，批复建设人防工程项目1个，建设面积1424.5平方米，批复缴纳人防易地建设费用项目7个，收缴费用26.39万元，按规定免缴人防易地建设费用项目6个。组织开展人民防空领域安全隐患排查整治工作，举办应急疏散演练活动，参与人数1.3万余人，开展国防动员宣传教育，引导群众了解和认识人民防空，提升群众防灾防空意识，普及防震减灾知识，增强防灾减灾能力。

（马 玥）

财 政

【财政收支】 2023年，全县财政总收入66.58亿元，其中一般公共预算收入60.91亿元，政府性基金收入5.67亿元。一般公共预算收入60.91亿元，其中地方一般公共预算收入7.11亿元，为年度预算的93.36%，同比增长1.3%；税收收入4.98亿元，同比增长0.6%；非税收入2.13亿元，同比增长3.4%。全年财政总支出66.58亿元，其中一般公共预算支出60.91亿元（结转下年3.3亿元），同比增长4.6%；政府性基金支出5.67亿元（结余36556万元），同比增长145.45%。社保基金收入4.86亿元，社保基金支出4.13亿元，本年结余0.73亿元，滚存结余3.93亿元。

【增收渠道拓展】 紧盯重点税源、重点行业及企业，做到应收尽收。严格落实收支两条线制度，加强非税收入执收监督，做到非税收入应收尽收；争取各类项目资金45亿元；新增地方政府债券资金1.66亿元，全部为一般债券资金。

【重大决策实施】 拨付中央直达资金9.97亿元，利民58863人次。投入33195万元，做大做强“六新六特六优”产业。投入1455万元，助力高质量举办第六届枸杞产业博览会。投入67629万元，推进乡村振兴战略。投入36173万元，巩固提升黄河流域及废弃矿山生态修复成果，助力国省主干道路绿化改造等国土绿化项目实施，提升县域生态环境质量。投入3659万元，持续加大科技支持奖补力度。投入16667万元，助力开展安全生产领域专项整治。投入3342万元，夯实园区基础设施，提升园区安全生产水平。

【民生事业】 投入3944万元，加大就业创业补贴力度，加强就业技能培训，支持群众就业创业。投入62319万元，全面落实社会保险、城乡低保、残疾人补助、退役军人就业安置等基本民生保障政策，保障教育优质发展。投入73660万元，助力中宁一小、六中等中小学教学楼建设，深入推进县域教育专网建设，持续改善城乡办学条件。兑付校长津贴、班主任津贴、乡村教师补贴，提升教师待遇。增强卫生健康服务能力。投入38319万元，推进公立医院改革与高质量发展示范项目实施，助力重症监护室、血液透析室等重点专科建设，持续提高医疗水平和应对突发公共卫生应急能力。投入3254万元，推动文化场所免费开放，加强文物保护修缮，支持丰安屯旅游区、玺赞庄园等旅游项目建设，助力全域旅游高质量发展。投入106870万元，实施棚户区改造、老旧小区改造、农村危房改造等民生实事，加快雨污分流管网改造、城乡生活垃圾填埋场建设、供热基础设施建设等项目实施，不断提升城市面貌和公共服务能力。投入12796万元，用于公路护栏提升、公路路况提升。

【财政体制改革】 持续加强预算绩效管理。常态化开展预算绩效目标执行监控，组织对2022年度17个重点项目及2个部门(单位)整体支出开展绩效评价，有效提升资金使用效益。坚决落实“过紧日子”要求。制定《关于贯彻落实自治区进一步严格财政支出管理坚决落实过紧日子要求的通知》，进一步规范财政资金管理使用，降低行政运行成本，累计压减“三公”经费和“三项费用”支出91万元。

【财源建设】 制定《关于实施财源建设工程推进全县经济高质量发展的实施方案》和《关于进一步加强税费征管保障工作的通知》，明确重点任务，细化工作措施，推动实现财源涵养培育。加强财税联动，持续落实减税降费惠企政策，累计退税减税降费8.9亿元。举办“盛夏有礼·惠聚中宁”促销活动，发放消费券421.5万元，拉动消费1.5亿元，夯实税源基础。化“零钱”为“整钱”，有效盘活存量资金4576万元，统筹用于教育、社会保障等民生领域。

【巩固脱贫攻坚成果同乡村振兴衔接】 2023年，落实脱贫人口小额信贷政策，贷款余额2650户14419.41万元，全年脱贫人口小额信贷贴息10869笔477.58万元。通过“党组织+国有企业+龙头企业+合作社+脱贫户”机制，实施脱贫人口商业贷款政策，全年商业贷款贴息7265笔361.52万元。

【财政监督检查】 开展财会监督工作。对5家行政事业单位、2家企业、3家社会组织、3家代理记账机构13家单位开展2023年会计法规执行情况行政执法检查工作。对被检查单位2022年度执行《中华人民共和国会计法》和国家统一的会计制度(含内部控制制度)，以及财政、财务法律、法规、部门规章和相关政策、制度等情况进行监督检查。针对发现的问题，提出改进和加强管理的意见建议，督促单位及时进行整改。紧盯无证经营和虚假承诺行为，将全县34家代理记账企业机构全部纳入专项整治检查范围开展代理记账行业违法违规行为专项整治工作。针对15家无证经营企业，督促其变更经营范围或者在规定期限内办理代理记账许可证书。

【防范化解金融领域风险】 2023年，中宁县主动攻坚，有机衔接政法资源力量和包案单位常态化信息掌控，开展非法集资存量案件“清积攻坚”行动，依法、有序、稳妥加快非法集资积案善后处置节奏，强力推进结案销号，有效化解非法集资利益受损群体涉稳隐患，维护正常金融秩序和社会稳定，兑付15036.63万元。加强源头防范和治理，及时发现和切断非法集资传播途径。不定期对投资理财公司、小额贷款公司、典当行、寄卖行、解债公司等60家公司及4家广告经营主体开展现场检查10余批次，做到防范为先，化解为要。运行涉“金融业务”字样市场主体商事登记会商机制，牢牢把好准入关口。

（尹晨辉）

税　务

【概况】 2023年，国家税务总局中宁县税务局有在职人员132人，其中公务员105人，事业人员9人，三类人员17人，劳务派遣1人。其中，公务员35岁及以下39名，35—50岁26名，50岁以上40名。全局设立基层党支部8个，党员100人，其中，在职党员63人，离退休党员37人。内设党委办公室、法制股、税政一股、税政二股、社会保险和非税收入股、收入核算股、纳税服务股、征收管理股、税源管理股、组织人事股、机关党委（党建工作股）、党委纪检组、信息中心等13个机构和第一税务分局（办税服务厅）、第二税务分局、宁安税务分局、石空税务分局、鸣沙税务分局、新堡税务分局6个派出机构，担负全县15989户纳税人的税收征管工作，其中，单位纳税人5311户，个体纳税人10678户。

【税费政策落实】 全年组织各项收入273743万元，同比增长32.70%。其中，税收收入入库126324万元，同比增长102.99%（扣除增值税留抵退税因素，税收收入入库150368万元，同口径增长2.32%，增收3408万元）；社保费入库110396万元，同比增长5.91%；非税收入入库18737万元，同比下降15.16%；其他收入入库18286万元，同比增长3.05%，累计办理出口退税1883万元。全年累计办理退税减税降费共计98613万元，其中，办理留抵退税24098万元，减税71490万元，降费3025万元；累计办理出口退税和免抵调库2049万元。

【税费规范管理】 提升办税体验，对标精准服务。持续深化“放管服”改革，优化营商环境，落实“非接触式”214项清单内容和“最多跑一次”清单事项，全面深化电子税务局、宁夏税务APP推广应用，自助办税服务范围覆盖实体办税服务厅95%的税费业务，办理效率较实体窗口提高30%以上。简化办税流程，实施精确执法。将“三项制度”规范行政执法行为作为法治政府建设工作重要抓手，统一执法标准，规范执法流程。全年公示行政征收信息895条、行政处罚19笔，按要求对2类执法信息制作执法音像记录41条；严格落实“首违不罚”制度，对139户纳税人出现轻微违法行为不予行政处罚；推进简易处罚事项网上办理，实现违法信息自动提醒、处罚流程全程网上办、处罚结果实时传递。建立工作机制，强化精准监管。推进“信用+风险”税务监控，简化无风险和低风险企业涉税业务办理流程，提醒预警或直接阻断高风险企业涉税业务办理。规范农产品加工企业收购发票使用，严防虚开收购发票抵扣进项税款现象。推进部门联动，深化精诚共治。承接森林植被恢复费、草原植被恢复费两项非税收入征收工作，有效降低企业交易成本。加强与县财政、工信等部门沟通协调，对重点税源开展日常涉税信息监控，准确把握重点税源动态变化，提高重点税源企业入库率，全年重点税源入库税收收入7.38亿元，占全局税收收入的58.44%,减收11620万元。

【优化营商环境】 开展“我为纳税人缴费人办实事暨便民春风行动”和“春雨润苗”两大行动,严格按照税务总局下发的5批次109条措施任务,结合本地实际统筹推进,不断提升纳税服务质效。开创“党建+帮办代办”服务举措、“微而不小 一次办好”“纳税人之家”专区,推行“五个一”“四零标准”工作法,开办“税费即学即办小讲堂”。2023年,通过自然人电子税务局征纳互动模块“一对一”处理272笔个人所得税政策咨询,各税务分局充分发挥网格员作用,通过税费政策面对面系列节目、税企微信群、开展入企问需、“青春税月行 未来惠更好”活动、与美团、饿了吗外卖公司联合开展“减税降费幸福餐 送到家”活动、新华书店设置“税收书籍报刊(免费取阅)”专柜、税法宣讲六进活动等方式,帮助辅导广大缴税费人对税费政策应知尽知,对税收红利应享尽享。推广“党建+帮办代办”“大企业VIP服务”等定制服务,带动区域税收营商环境持续提升。加强纳税服务投诉管理,畅通纳税人投诉渠道和反馈机制,2023年,县局收到12366转办意见建议及投诉11起,其中2起投诉、9起建议,12345政务服务热线转办20起,税企座谈会、入企问需活动共收集诉求建议19条。税费服务投诉处理人员及时回应解决纳税人缴费人涉税诉求并与12366、12345沟通协调,最终化解为“无效投诉”。有效保障纳税人缴费人权益。全年参与政务服务“好差评”66043户(次),“满意率”达到100%。

(惠 喆 王怡蘅)

市场监管

【概况】 2023年,中宁县市场监督管理局内设办公室、监察法制室、登记注册室、食品安全监管室、药品与医疗器械监管室、市场规范管理综合业务室、特种设备安全监察室、价格与反不正当竞争监管室8个内设机构和宁安市场监督管理所、新堡市场监督管理所、鸣沙市场监督管理所、石空市场监督管理所、大战场市场监督管理所、喊叫水市场监督管理所、太阳梁市场监督管理所7个派出机构。管理的副科级行政执法机构1个(中宁县市场监管综合执法大队),隶属事业单位3个(中宁县消费者协会、中宁县食品药品检测中心、中宁县质量监督检验与计量测试站),管理的临时机构1个(中宁县枸杞产业综合执法大队)。全局有干部职工93人,其中公务员69人,工勤事业人员24人(含县内聘用人员2人);全县依法登记各类市场主体29690家(户),同比增长7.73%。

【营商环境优化】 深化商事制度改革。全面推行“一门一网一次”审批服务新模式,推广应用电子证照,推行“政银合作”,实现企业开办3小时、“零”费用。落实“一址多照”“一照多址”集群注册14户,完成政务服务“跨省通办”23单,“一业一证”改革全面推开,引导“知名”个体工商户建立现代企业制度,办理个体工商户转企业市场主体9家,新增各类市场主体3667户,较上年同期增长14.18%,全程电子化流程办理2852户,不见面审批率达到95%。促进个体工商户发展。推动《促进个体工商户发展条例》普遍实施，贯彻执行针对个体经营者变更简化办理手续、降低交易成本规定，初步实现个体工商户从成立时间、字号和相关行政许可的持续发展，促进个体工商户持续经营，进一步鼓励、支持和引导个体经济健康发展，累计变更经营者389家。加强事中事后监管。组织召开部门联合"双随机，一公开"联席会议及系统操作培训会，完成"双随机，一公开"抽查任务103项，其中部门联合任务62项，检查市场主体674户。依法吊销105家"僵尸企业"，将7025家市场主体列入经营异常名录，指导帮助1828家市场主体修复信用，企业年报率为96.5%。

【食品药品安全监管】 完成中宁县食品药品安全委员会机构及人员调整，大力推动食品安全"两个责任"提速落地，督促县、乡、村三级526名包保干部督导企业3891家次，发现并消除食品安全隐患47处。申请食品生产许可证企业14家，变更企业34家，注销企业15家，检查食品生产企业76家，督促企业对检查发现的116个问题完成整改，开展大米、肉制品等食品生产专项行动5次；先后组织开展两节、全国两会、农村假冒伪劣食品、"小饭桌"及婴幼儿早教机构等专项行动15次，检查各类市场主体3216家(次)，组织开展重大活动食品安全保障4次；开展"守底线，查隐患，保安全"专项行动工作，聚焦重点领域、重点环节、重点主体，排查涉及国省道沿线食品经营单位、食品生产企业、农村食品经营单位等7个领域的17个隐患点，且针对发现问题均已完成整改；开展制止餐饮浪费专项行动，全县1353家餐饮单位落实制止餐饮浪费各项要求，树立示范单位2家，并依法对3家未落实制止餐饮浪费措施餐饮单位给予警告；持续打造清洁厨房、健康餐厅(食堂)，推行智慧监管手段运用，全县110家校园(幼儿园)食堂实现"宁夏阳光餐饮"监管系统全覆盖；完成食品及食用农产品抽检1172批次；组织召开各类食品生产经营培训16次，发放宣传册3500余册，培训各类食品安全管理人员1600余人次。抽检药品、化妆品、医疗器械共57批次，推行智慧监管手段运用，147家零售药店全部纳入阳光系统管理，对创建为"阳光药店"的119家零售药店，对照创建标准实时追踪检查；149家药械经营企业建立信用监管档案，90%药品重点品种经营单位有效入驻"码上放心"药品全链路追溯平台，此项工作被评为全区药品重点品种信息化追溯工作先进单位。建设医疗机构"规范药房"145家，对65家医疗机构未按要求储存药品行为给予责令限期整改；累计通过宁夏药品智慧监管系统录入检查信息771条，评价上报药品、化妆品不良反应，医疗器械不良事件报告389例；立案查处药品医疗器械化妆品案件17起，其中，涉药案件8起，涉械案件1起，涉妆案件8起，罚没款共计16万元。

【特种设备安全监察】 开展压力容器、电梯、场内机动车辆、大型游乐设施等重点特种设备执法监督检查，强化安全隐患排查治理，全面压实企业安全生产主体责任。检查特种设备使用单位239家(次)，抽查特种设备246台(套)，发现并消除问题隐患374条；持续开展石油液化气瓶领域安全检查，排查各类生产经营单位3658家，召回"双阀"钢瓶141支，排查整治发现并消除问题隐患 909 条，报废超期钢瓶 28090 只。

【质量标准与计量监督】 组织开展燃气器具及配件产品、小家电、电动自行车等重点工业产品检查，检查各类市场主体 145 家，下发责令改正通知书 31 份。组织对 4 家工业产品生产许可证获证企业进行复查，完成电动自行车、消防产品、农资产品、水泥、儿童用品、纤维制品等抽检任务 206 批次，检查并抽检煤炭 40 批次。检定各类计量器具 968 台。全县 97 家企业获得各类认证 311 个，68 家企业通过企业产品标准信息公共服务平台公开企业标准 223 个。

【知识产权保护】 开展知识产权执法保护专项行动，持续保持打击侵犯知识产权和制售假冒伪劣商品（简称“双打”）高压态势，不断巩固民生领域案件查办“铁拳”行动工作成效。全年办理各类行政处罚案件 99 起，罚没款 205.3 万元。通过“3·15”消费者权益保护日、“9·14”全国侵权假冒伪劣商品统一销毁行动对货值 19.29 余万元的侵权假冒伪劣商品进行集中销毁。申报国家知识产权强县建设试点项目，2023 年底中宁县被确定为国家知识产权强县建设试点县。着力推动知识产权行政保护协作和交流合作，2023 年，中宁县市场监管局作为全区唯一一家发起人，与全国 154 个区（县）联合签署县域知识产权保护跨区域协作协议。

【中宁枸杞品牌保护】 围绕枸杞良种繁育、精深加工、品牌建设保护等重点工作，加大枸杞产业保护力度，新核准授权 16 家企业使用“中宁枸杞”地理标志证明商标，组织 2 家企业申报自治区地理标志运营试点企业。建立枸杞市场监督筛查“过滤网”和市场不合格食品“清查网”，做到入市必检、出厂必检、收购必检、销售必检，开展枸杞质量检测 16661 批次；开展枸杞市场专项执法行动 4 场次，检查枸杞生产经营户 3237 户（次），查扣问题枸杞 2413 千克、问题枸杞包装物 5 万余件、不合格标识标签 4 万张；全面推行枸杞包装箱赋码管控溯源管理，筑牢“中宁枸杞”品牌保护监管防线。

（任宁生）

统　计

【统计队伍】 2023 年末，中宁县统计局有行政人员 6 人，事业人员 6 人，聘用编制人员 2 人，工勤人员 1 人。全县 12 个乡镇统计人员中，专职统计人员 11 人（宁安镇、石空镇、鸣沙镇、新堡镇、白马乡、舟塔乡、余丁乡、徐套乡、喊叫水、恩和镇、大战场镇），兼职统计人员 1 人（太阳梁乡），部门统计员均为兼职；实行统计联网直报的企业均设有专兼职统计人员。

【统计制度】 2023 年，中宁县统计局执行的自治区常规调查统计制度有 22 种：宁夏（季度）地区生产总值统一核算方法、调查单位基本情况统计报表制度、农林牧渔业综合统计报表制度、乡村振兴统计监测一套表制度（试行）、工业统计报表制度、能源统计报表制度、固定资产投资统计报表制度、建筑业统计报表制度、房地产开发统计报表制度、限额以上批发和零售业统计报表制度、限额以上住宿和餐饮业统计报表制度、规模以上服务业统计报表制度、“四下”单位抽样调查统计报表制度、交通邮电互联网软件业统计报表制度、互联网经济统计报表制度、劳动工资统计报表制度、人口变动情况抽样调查制度、企业创新活动统计报表制度、企业(单位)研发活动统计报表制度、妇女儿童状况综合统计报表制度、部分行业事业单位统计调查方案。

【统计调查】 贯彻落实各项统计报表制度，加强对基层企业上报数据的评估、审核力度。完成70家规模以上工业和能源资源、35家建筑业、17家房地产、69家限额以上批发零售住宿餐饮业、16家规模以上服务业和306个固定资产投资项目、32个房地产开发项目的年报和月度定期报表；按季完成GDP核算、农业农村、劳动工资、工业园区、基本单位名录库数据审核以及83家规模以下工业、64家规模以下服务业、23家限额以下批发零售住宿餐饮业抽样调查；完成科技研发、企业创新、妇女儿童监测等统计调查。

【统计服务】 2023年，中宁县统计局按月在县人民政府门户网发布全县国民经济、工业、投资等经济运行情况44篇，向县委和政府及时报告全县经济运行分析59期，编印《中宁经济发展月报》11期，编印2022年《中宁统计年鉴》《中宁县国民经济和社会发展统计公报》《中宁经济发展月报合订本》，使全县各级各部门及时掌握全县经济运行情况。

【统计法治建设】 法治学习常态化，组织干部职工持续加强学习《统计法》《关于深化统计管理体制改革提高统计数据真实性的意见》《统计违纪违法责任人处分处理建议办法》《防范和惩治统计造假、弄虚作假督察工作规定》《关于更加有效发挥统计监督职能作用的意见》。主动向县委、县政府汇报统计监督作用发挥情况，2023年县委常委会、县政府常务会分别传达学习相关监督意见。集中开展宪法、《民法典》、统计法等相关法律法规和统计知识宣传教育活动，增强干部依法统计依法治统、防范和惩治统计造假弄虚作假的责任意识，提高统计调查对象的配合意识和社会公众的统计法治意识。

【统计基层基础建设】 更新印发《中宁县统计数据对外提供和发布管理制度》，从加强统计基础建设、加强统计数据规范管理、提升统计服务水平、强化统计基层基础建设等方面对做好统计工作作出明确要求。组织人员到12个乡镇开展统计基层基础建设督导工作，加强对乡镇、园区、部门、“四上”企业统计工作的指导，提升乡镇统计对农业统计方法制度、统计法律法规等内容的掌握。举办全县2022年统计年报和2023年定期统计报表制度培训班7场次，2022年农业农村统计年报及2023年定报培训会1场次，培训人员500余人次。

【第五次全国经济普查】 制定印发《关于做好第五次全国经济普查工作的通知》，成立由县长为组长、22个部门负责人为成员的全县第五次全国经济普查领导小组，全力完成“五经普”各项工作任务。截至2023年底，全县底册单位9683家，正常填表单位7129家，单位清查率73.6%；全县个体户底册数21354个，采集上报16105个，采集率75.49%；全县一套表调查单位上报率98.67%；四下样本单位上报率92.04%；投入产出单位上报率100%；园区单位上报率95.38%；税务活跃单位上报率91.99%；金融铁路单位上报率100%。

【专项治理自查自纠】 按照国家、区、市统计局的工作部署，制订工作方案，成立专项治理行动领导小组，开展自查自纠、数据核查。开展入退库自查，配合市统计局开展执法检查，持续抓好统计造假专项治理自查自纠，核实入库项目 269 个，在库项目 371 个，退库项目 143 个；核查企业（项目）700 家（次），累计发现问题企业 170 家（8 家属于 2022 年年报无法修正），整改 162 家，整改率 95.3%。

（陈泉灵）

社会经济调查

【概况】 中宁县社会经济调查队是自治区统计局的派出统计调查机构，核定参照公务员法管理的事业编制 8 人。其主要职责是：承担百万移民收入统计监测、城乡一体化住户调查、农作物播种面积及产量调查、主要畜禽监测调查、劳动力调查、分乡镇农民收入调查及农户固定资产投资等社会经济抽样调查工作；搜集、汇总、整理调查数据，开展统计分析，为各级党委、政府提供统计信息服务；完成自治区统计局、国家统计局宁夏调查总队和自治区社会经济调查队交办的其他工作任务。

【重点工作】 2023 年，组织完成百万移民收入统计监测、住户调查、农作物播种面积及粮食产量、主要畜禽监测、劳动力调查、分乡镇农民收入调查等各项常规统计调查工作，分别获宁夏回族自治区统计局 2023 年度效能目标管理考核一等奖、宁夏调查总队 2023 年度业务工作考核先进单位。

【依法统计】 严格遵循“依法统计，依法治统”原则，加强统计调查对象和基层统计人员的统计法治宣传教育，开展“统计法进小区 法治‘典’亮生活”、宁夏第十四届“统计开放日”普法大宣传和“统计法治四十载 初心笃实向未来”主题活动，借助中国移动云 MAS 平台和超级短信向全县统计调查对象及干部群众发送统计普法和调查工作短信。

【统计服务】 围绕全县经济社会发展重点任务和中心工作，先后组织开展全县春耕备耕情况、居民消费现状、“三夏”农业生产中的新情况新问题、残疾人就业、宁夏县域农民工市民化情况、“三秋”农业生产情况等 10 个专项调研。分析经济运行态势，强化统计预警预测预判，撰写统计分析报告，精准服务地方党委和政府科学决策，统计分析报告被县委书记批示 8 篇（次）、县长批示 5 篇（次）、县委副书记批示 1 篇（次）、副县长批示 3 篇（次）。

（庞 荣）

审计监督

【概况】 2023 年，中宁县审计局核定行政编制 16 人，其中领导职数 4 人，工勤人员 1 人。内设办公室、法规审理室、经济责任审计室、综合业务审计室、公共投资审计室 5 个职能科室。局领导班子设局长 1 名，副局长 3 名。全年完成审计项目 25 个，其中，预算执行审计 5 项，领导干部经济责任审计 6 项，自然资源资产审计 2 项，政府投资审计 5 项，专项资金审计 7 项。查出主要问题金额 130134 万元，其中，违规金额1747万元、管理不规范资金128387万元；审计发现非金额计量问题90个；审计期间整改金额3939万元；审计促进整改落实有关问题资金34900万元；审计处理处罚25362万元，其中应上缴财政1448万元、应归还原渠道资金283万元、应缴纳其他资金38万元、应调账处理金额23591万元；移送处理事项4件，移送处理落实事项3件，移送处理金额464万元。出具审计报告和专项审计调查报告28篇，被批示、采用0篇（次），审计提出建议70条。提交审计信息58篇，被批示、采用3篇（次）。

【审计委员会办公室工作】 不断完善县委审计办日常运行机制和综合协调职能，全面落实各级审计委员会关于审计工作的决策部署和县审委会审议事项、重大决策、督察督办等事项，及时向自治区和县审委会请示报告审计工作情况，传达学习习近平总书记对审计工作的重要讲话和重要指示批示精神、中央和自治区审计委员会会议精神，协调县委审计委员会审议通过相关重要文件。协调县委召开审计委员会会议3次，召开审计委员会成员单位协调推进会1次，向县审委会提交请示报告6件，报告重要审计情况和综合类业务报告5件，向自治区党委审计委员会和审计办报告重要审计情况1件，报备规范审计监督相关制度3件，县委审计委员会主要领导批示6件。

【财政预算执行审计】 组织开展县本级和民政局、自然资源局、司法局、卫健局等4个部门预算执行和其他财政收支审计，把监督着力点放到促进节省开支、落实“过紧日子”要求上，重点关注一般性支出压减、“三公”经费、存量资金盘活以及遵守中央八项规定精神等方面，推动纠正不合理不合规支出，促进清理盘活沉淀资金，提高部门预算执行和绩效管理水平。在国有企业、政府投资审计项目中，及时揭示各类风险隐患，促进发展和安全协同推进。

【民生和专项资金审计】 以兜住兜牢民生底线为目标，开展本县就业补助资金和失业保险基金审计、全区高标准农田建设资金审计、“9·20”疫情防控资金和捐赠款物等专项资金管理使用情况审计调查，推动惠民政策和资金落实见效。

【领导干部经济责任审计】 2023年，组织对县民政局、司法局、鸣沙镇、喊叫水乡等4个部门（乡镇）党政领导干部开展经济责任审计，加强权力运行制约和监督促进领导干部履职尽责、担当作为。重点关注领导干部重大经济事项决策执行效果，财政财务管理和经济风险防范，关注是否存在违反中央八项规定精神等腐败和作风问题、民生领域损害群众利益问题。

【政府投资项目工程审计】 开展中宁县2020年城镇污水处理提质增效建设项目决算审计、中宁中学教学楼建设项目决算审计等2项政府投资审计，聚焦项目决策、工程管理、资金支付等环节，促进完善制度，提高投资绩效。

【审计质量管理】 围绕“十四五”审计工作发展规划和县委、县政府确定的重点工作以及自治区审计工作统一部署，结合中宁县工作实际，精心谋划，确定5类25个审计项目，对资金使用、项目建设、权力运行、资源保护等方面开展审计，落实“财政资金运用到哪里，审计就跟进到哪里”的要求。聚焦创新发展领域，持续推进“研究型审计”。围绕审计“一盘棋”要求，坚持把研究型审计贯穿审计工作全过程，加大应用型研究力度，以审计项目为平台，在研究项目立项、审计发现问题、审计建议、审计方式创新上精准发力，以深入研究推动谋划好项目、控制好质量、提炼好成果，坚持研以致用，研究行业系统的突出问题，科学规划“穿透式”审计项目，做到“审计一个领域，规范一个领域”。加强与纪检监察、巡察等部门协作，监督成果共享，实现审计组织方式、资源配置、成果运用更加有效。探索谋划对接数字化改革应用需求，落实“金审三期”应用，推进“数据分析+现场核查”数字化审计，提高审计信息化水平，提升审计效率。

【审计整改落实】 按照自治区审计整改结果认定办法，提高审计整改标准化和操作性，建立县本级预算执行及其他财政收支审计查出问题整改台账、审计委员会议定事项和领导批示落实等情况督办台账，明确责任，与县委和政府督查部门做好衔接，加强过程跟踪，形成工作闭环，确保任务落实。县委、政府督查室和县审计局联合对历年各级审计机关审计反馈问题整改情况进行实地督察督办，促进审计整改落实到位，截至2023年底，县级审计查出问题69个，督查整改66个，整改率达95.65%。

（许　瑞）

银行　保险

中国工商银行股份有限公司中宁支行

【概况】 中国工商银行股份有限公司中宁支行成立于1984年，为工商银行宁夏分行的一级经营单位。内设公司机构金融业务部、个人金融业务部、综合管理部3个部室，下辖中宁支行营业室、平安东街支行2个对外营业网点，以及2个附行式自助银行、3个离行式自助银行。截至2023年末，有从业人员64人。

【经营特色】 立足中宁县农业经济区域特征，与县供销社、龙头农资农机公司开展业务合作，持续加大涉农贷款投放，填补支行在农业市场的空白。2023年，中宁支行农业类贷款投放超过0.2亿元，各类专业农业合作社开户超20户，持续做好普惠金融服务，普惠贷款实现新增0.46亿元。

【业务发展】 截至2023年末，全部存款时点及日均实现稳定增长，中宁支行全部存款17.56亿元，较年初增长1.82亿元，增幅11.53%，其中，储蓄存款余额14.28亿元，较年初增长1.9亿元；对公存款3.24亿元，基本与年初持平。存款日均增量1.21亿元。各项贷款均衡增长，各项贷款余额23.27亿元，较年初增加0.68亿元，增幅3%。立足县域经济结构，支持大中型客户，实现贷款增量0.33亿元；重点围绕农业产业、普惠金融两大领域，实现贷款增量0.46亿元。

【客户基础拓展】 加速推进金融数字化转型，持续开展“GBC+客户质量提升年2.0”活动，持续推进客户基础拓展工程，依托农业信贷领域投放、信用卡、商户及GBC+数字场景建设等方面，扩大全量客户规模，扩宽金融服务工作广度。截至2023年底，支行全量客户数17万个，较年初增长1万个，增幅6%。

【金融数字化转型】 依托“我的宁夏”APP平台，提供教育服务，建设课后托管缴费业务场景，承办全县56所中小学校课后延时费缴费项目，56所中小学校实现收费。对接“悦享消费·乐购中宁”“盛夏有礼·惠聚中宁”“爱尚杞乡·惠享生活”政府消费券活动事宜，通过线上消费满减活动，促进“消费需求促进年”活动取得实效。通过立足县域教育、消费两大领域，建设课后托管缴费业务场景，开展政府消费券活动，综合实现支行各类商户100户以上，带动收单交易笔数近15万笔，收单金额突破3000万元。电子钱包连续两年突破1万户。

【客户服务】 不断创新服务方式，全力推进服务规范化建设，以推广“工行驿站”品牌形象为契机，打造零距离、有温度、情感化网点服务。围绕客户投诉，开展专项治理活动，着力实现客户投诉总量下降，落地工单量下降，不断推动形成“降投诉，强服务”良性循环，持续提升客户服务水平。

（张　雯）

中国农业银行股份有限公司中宁支行

【概况】 2023年，农行中宁县支行本部内设风险/综合管理部、个人金融部、对公业务部、运营财会部共4个部室；下设1个营业室、3个二级支行和6个分理处共计10个营业机构，此外在大战场镇设立离行式ATM机。2023年，全行有在职人员128人（不含非业务岗位派遣用工1人）。其中，机关本部35人，占比27%；营业机构93人，占比73%。全行有党员96人，其中，在职党员68人，机关本部党员24人，网点党员44人。

【经营指标及发展】 2023年底，各项存款余额38.14亿元，较年初增加2.4亿元。涉农贷款余额19.36亿元，净增0.9亿元，占比提升6.92个百分点，突破上量。坚持推广“产业依托·整村推进”模式，全年累计投放农户贷款7.14亿元，贷款余额8.3亿元，新增农户信息建档5755户，净增2.15亿元。全行实现营业收入1.34亿元，同比增收1108万元，持续强化自主清收、依法诉讼和核销处置力度，全行累计清收处置不良贷款本金2950万元。持续优化网点布局，不断提升网点服务质效。开展“春天行动”“万马奔腾”两大综合营销活动。Ⅱ、Ⅲ类电子账户、基金有效客户、理财活跃客户、缴费场景及微信银行活跃客户等多项指标位均居系统前列。

【数字化转型提质】 运用数字化信贷、场景、渠道、营销、风控“五大抓手”，加快转型步伐。加快“一号工程”突破提升。加强缴费场景建设，重点推进公共事业、教育学校类、智慧场景产业链场景建设。坚持“赢掌银者赢天下”原则，把智能掌银作为转型工具，发挥网点优势，持续开展“决胜掌银”行动，将掌银作为来行客户“必推”产品。

【社会责任】 聚焦服务“三农”主责主业，持续增加金融供给。涉农贷款余额19.36亿元，净增0.9亿元，占比提升6.92个百分点。坚持推广“产业依托·整村推进”模式，全年累计投放农户贷款7.14亿元，贷款余额8.3亿元，新增农户信息建档5755户，净增2.15亿元，“冬储”行动建档完成分行计划109.22%，系统排名第六；贷款增速34.96%，高于支行各项贷款25.36

个百分点。

【基础管理】 坚持合规底线不动摇，严抓内控管理，杜绝严防案件发生。组织全员学习各项规章制度，充分发挥“三线一网格”作用，强化完善“党建线、纪检线”建设，着力推进党风廉政建设党委主体责任和纪检监督责任全面落实，抓好“运营线”管理，分析查找运营工作漏洞，规范业务操作，把制度规矩挺在前面，时刻警钟长鸣。落实监管部门“巩固治乱象成果，促进合规建设”工作要求，组织开展整治市场乱象工作。结合主题教育创建工作及运营案防重点工作任务，对网点薄弱环节及重点业务，持续加强风险管控。持续开展业务“回头看”检查，加大非现场检查力度与频次，紧盯网点整改成效，对于屡查屡犯问题加大处罚力度，直至问题彻底整改。开展网络安全及灾备演练。

【服务实体经济】 围绕新发展格局战略部署和自治区“六新六特六优”重点任务，优化实体领域融资配置，助力县域经济回升向好。金融服务得到认可。各项贷款余额 23.29 亿元，增量 2.04 亿元，增速 8.76%，五行一社排名第三。支持“稳投资，促消费”能力不断加强，非农个贷净增 3700 万元，余额 5.24 亿元。消费贷款增加 1943 万元，信用卡消费额 1.9 亿元。为晶隆石英办理涉外保函 1900 万美元，制造业贴现 1.12 亿元，引存保证金 9240 万元，抢抓绿色信贷、战略性新兴产业贷款投放，为汇能新能源发放银团贷款 2200 万元。履行普惠金融政治责任，全行普惠贷款增量 1.21 亿元。连续多年监管达标。新增供应链融资贷款 5700 万元；“政采 e 贷”“账户 e 贷”“首户 e 贷”“抵押 e 贷”等小微 e 贷产品净增 7786 万元。农户普惠贷款新增 6013 万元。严格落实减费让利政策。为仓满制桶、天宁牧业等多个中小企业下调贷款利率，降低企业融资成本，全力支持县域实体经济快速发展。

（丁　宗）

中国建设银行股份有限公司中宁支行

【概况】 中国建设银行股份有限公司中宁支行内设综合管理部、区分行纪委驻中宁支行纪检组、财务会计部、公司业务部、个人金融部 5 个部门组成，全行下辖 4 个营业网点，分别为支行营业部、金岸支行、广场支行、正大路支行。2023 年，有在职职工 88 人，在岗中共党员 48 人。

【基础业务指标】 截至 2023 年底，支行全口径存款时点余额 38.51 亿元，新增 0.056 亿元。各项贷款余额（含贴现）48.70 亿元，较年初新增 2.16 亿元。其中，公司类贷款余额为 37.13 亿元，个人类贷款余额为 11.57 亿元。全年实现中间业务净收入 1497.2 万元，在四行占比 29.2%。不良贷款余额 10599.01 万元，较年初增加 713.77 万元。不良贷款率为 2.18%，较年初上升 0.06 个百分点。各项普惠金融贷款余额 22680 万元，较年初净增 7685 万元；银保监口径普惠金融贷款余额 22680 万元，较年初净增 7685 万元，均超额完成全年计划任务。

【支持地方经济】 普惠金融贷款提质扩量，大力发展“云税贷”“商户云贷银联版”等线上系列小微快贷产品，持续提升线上普惠产品市场竞争力和认可度。截至2023年底，支行银保监口径普惠金融贷款余额22680万元，较年初新增7685万元，计划完成率118%。普惠贷款客户775户，较年初新增246户，计划完成率82%。开展“善担贷”业务推广，通用客户新增1户，贷款金额100万元，增信客户新增3户，贷款金额389万元。公私联动，利用“商户云贷银联版”业务优势拓展商户及普惠金融业务发展，截至2023年底，商户云贷(银联版)余额9752万元，较年初新增5254万元，客户数329户，较年初新增175户。金融科技纵深推进，县职业技术学校、县公安局“建行生活+智慧食堂”全面上线，实现互联互通；以金融科技为推动，丰富场景环境，截至2023年底，县公安局终端交易笔数23040，交易金额69792元，县职业技术学校终端交易笔数269663，交易金额146838元。提升手机银行月活。打造活跃度更高、黏性更强、综合贡献更大的核心客群。深化“双子星”融合发展，加强“双子星”平台互通、用户互通、权益互通、场景互通，最大程度发挥“双子星”模式价值，通过数字化经营手段触达、促活、进阶客户。营销受理发放个人住房贷款48笔，发放1500.5万元。加强与住建部门沟通，打造住房租赁生态场景，延展“住房租赁+”服务领域。强化公租房缴费及代收付等功能上线推进工作，以租金收缴为契机，以公租房客户营销“双覆盖”为目标，与住建部门研究推进措施，完成公租房系统及APP缴费推广上线工作。

【巩固拓展脱贫攻坚成果同乡村振兴有效衔接】 截至2023年末，建行裕农通服务点总量87个，乡村有效覆盖率98.9%，活跃服务点总量55个，村委服务点占比63.2%，裕农通签约农户数5800户。针对农户客群，大力推广“两个产品包”。线上“裕农快贷”方面，持续以“建业贷”为拳头产品，不断提升乡村覆盖度。将线下“塞上系列”产品作为线上产品有效补充，对线上不能覆盖的客户，通过线下贷款进行支持，满足客户需求。截至年末，裕农贷款新增19682万元。

【内控合规】 2023年，持续做好由一把手亲自分管内控合规、反洗钱工作，全行形成以一把手为点、党总支班子成员为线、各级管理人员为面的责任落实体系，更深层次压实“一岗双责”和合规精细化管理要求。全年组织合规教育专题活动19次，反洗钱宣传活动20次，行为排查599人次。通过对“新办法”“监管红线”“合规必读”“反洗钱”等内容学习，在全行形成“不敢违规，不能违规，不想违规”的整体氛围，年内未发生严重违规事项。

(钱嘉辉)

中国农业发展银行中宁县支行

【概况】 中国农业发展银行中宁县支行内设综合部、客户部，在册正式职工20人。2023年，全行累计投放各类贷款21241万元。截至年末，全行贷款余额166071万元，各项存款余额7549万元，FTP净利润204万元。全年无经济案件、刑事案件、重大责任事故、严重违规违纪行为，实现“四无”经营目标。

【支持粮食收储】 2023年，全力服务国储粮食收购，累计向中央储备粮中宁直属库有限公司发放中央储备粮油贷款12159万元，支持轮换粮食42888吨，全面完成2023年度中央储备粮轮换计划。

【巩固拓展脱贫攻坚成果同乡村振兴有效衔接】 2023年，累计发放帮扶贷款共计4558万元。其中，向宁夏中宁枸杞产业集团有限公司发放2000万元，重点用于收购鲜枸杞及枸杞干果，带动服务脱贫5人；向中宁县丰泽粮油贸易有限公司发放粮油收购贷款2558万元，带动服务脱贫5人。

【支持重点项目】 2023年，支持县域基础设施建设，向中宁县润恒热力发放贷款1000万元，用于中宁县热电联产集中供热主线管网建设项目，该项目建设有利于热力资源整合利用，提升全县供热效率。向宁夏水投中宁水务有限公司发放水利建设流动资金贷款700万元。

【支持特色产业】 2023年，深入调研走访县域枸杞、奶牛、生猪养殖产业龙头企业，开展各项业务营销。向宁夏中宁枸杞产业集团有限公司发放贷款2000万元，向宁夏中宁县杞玉商贸有限公司发放农业小企业贷款185万元。

【融资模式创新】 2023年，以政策引导为契机，深化多部门协同联动，紧盯中宁县农村公路道路改造期，深入调查研究，主动靠前服务，量身定制融资方案；创新方法，发掘项目现金流，提出“各方收益共享+成本分担”思路。上报审批中宁县丰安屯旅游发展有限公司农村路网建设贷款4500万元，发放2639万元。

（杨　海）

宁夏中宁农村商业银行股份有限公司

【概况】 宁夏中宁农村商业银行股份有限公司成立于1954年，于2005年10月完成以县联社为单位统一法人改制工作，于2017年10月正式改制为农村商业银行股份有限公司。2023年末，中宁农村商业银行下设营业网点19家，内设职能部室13个，在岗员工221人。

【业务发展】 截至2023年末，各项存款630735万元，较年初增加44848万元，增长7.65%。其中，个人存款余额555470万元，较年初增加53160万元，增长10.58%；日均存款余额623710万元，较年初增加53931万元，增长9.47%。各项贷款余额530316万元，较年初增加41682万元，增长8.53%，还原核销4999万元，实际较年初增加46681万元，增长9.55%。其中，涉农贷款余额460691万元，较年初增加37698万元，增长8.91%，占比86.87%；各项贷款户数27432户，其中涉农贷款户数26279户；有贷款余额的小微企业户数4521户。五级不良贷款余额5795万元（含信用卡），较年初减少396万元，不良率1.09%，较年初下降0.18个百分点。全年无各类案件和安全责任事故。

【经营特色】 加快信贷结构调整，优化资源配置。按照“支农、支小”市场定位，坚持走“小额面广，普惠金融”路子，统筹城乡两大市场，实行差异化布局、特色化经营，不断提高服务质效，巩固好农村主阵地，做优做强县域市场，夯实发展根基。强化信贷政策统一标准和刚性执行，严格退出低端、落后的高风险市场，优化信贷投向。对批发业、制造业等谨慎类行业，实行余额控制，对建筑业等退出类行业，制定压缩计划，逐年压降。

【巩固拓展脱贫攻坚成果同乡村振兴有效衔接】 在原有小额信贷的基础上，通过“脱贫小额信贷+商业贷款”模式，对有产业、信用状况良好、有大额信贷资金需求的脱贫户、边缘户予以增信，全力支持其发展，巩固好脱贫攻坚成果，做好移民安置区后续金融扶持工作。截至年末，为有产业的2341户脱贫户、边缘户发放商业贷款余额金额2.08亿元，为移民安置区脱贫移民发放移民致富贷款9165万元。发放商e贷190笔797万元，房e贷207笔1268万元；发放各类创业贷款35254.99万元，其中，给1738户人家发放妇女创业贷款余额27468.78万元，给360户人家发放全民创业贷款余额7786.21万元。与农业农村部门对接，运用好村集体经济项目资金，支持村集体经济组织发展壮大，与12个试点村签订担保贷款合作协议。截至年末，为村集体、新型农业经营主体发放各类贷款1034笔41209.18万元。组织选拔7名支行行长、业务骨干下沉各乡镇村组，挂职村党组织副书记，与村党组织书记签订导师帮带承诺书，促进集体经济壮大、带动广大农户增收致富。

【支持地方经济】 加大县域优势特色产业支持，助推县域经济发展。大力营销个人经营快贷贷款，支持扩大枸杞种植面积，引导企业采取村企互动、返租倒包、订单生产方式，与茨农签约种植枸杞订单，促进现代农业“公司+基地+农户”生产模式推广。按照自治区“六新六特六优”产业规划，对辖区内重点枸杞企业、奶产业养殖场等优势特色产业逐户进行摸底走访，深入了解客户需求，全力满足新型农业经营主体发展，延长产业链资金需求，培育一村一品、一村多品，一乡一业、一乡多业，促进县域特色产业高质量发展。截至年末，枸杞产业贷款投放余额68001万元，占各项贷款12.82%。

【助力小微企业】 加大小微、民营企业信贷投放，不断提升民营小微企业金融服务能力。通过网格化管理，主动对接小微企业，分类建档施策。通过走访，了解企业经营情况，细分客户，完善企业信息建档。灵活运用“一企一策”“一企一议”，多渠道降低小微企业融资成本。针对小微企业“轻资产，缺担保”实情，以贷款担保抵押方式，开拓活体质押、应收账款质押等贷款，为小微企业融资拓宽渠道。加强与政策性融资担保合作、与农业投资担保有限公司合作，实行利率优惠，解决小微企业担保难的问题，为辖内新型农业经营主体提供金融服务保障。截至年末，对公贷款94户64269万元，较年初增加38户12327万元。

【金融服务】 累计布放ATM机39台，其中在行式ATM机33台，离行式ATM机6台。安装POS机569台，自助服务终端10台，现金循环机26台，智能柜台2台，发卡机12台。提升金融服务能力，满足不同市场主体支付需求，实现“小额取现不出村，大额转账不离镇”普惠金融目标，提升金融服务满意度。

【回报社会】 落实黄河银行“希望工程·圆梦行动”，以“黄河银行助学基金”为平台，捐款21万元，资助中宁县60名家庭困难大学新生走进校园。向中卫市慈善基金会捐资10万元，用于中卫市各类慈善项目。响应自治区妇联、宁夏妇女儿童发展基金会共同发起的“关爱困境母亲项目”,捐款3万元。对接本地硒砂瓜及蔬菜种植户,购买受天气影响滞销的西瓜、白菜等农产品,缓解农户经济压力和燃眉之急。组织开展一系列金融知识、防范电信诈骗等宣传活动进校园、进社区、进工厂,做好防范电信诈骗、洗钱犯罪工作。截至年末,发现可疑案例68个,及时上报反洗钱监测中心,向中宁县反诈中心移交电信诈骗资金交易线索客户22个。

(吴苗苗)

宁夏银行股份有限公司中宁支行

【概况】 宁夏银行中宁支行成立于2003年3月,现有员工36人,内设风险管理科、业务发展科、营业室、办公室等科室,下辖中宁宁安东街支行。截至2023年末,资产总额18.91亿元,负债总额19.63亿元;各项存款19.03亿元,各项贷款18.82亿元。

【支持重大项目】 支持宁夏铭岛科技发展有限公司100万吨再生铝项目贷款1.5亿元;支持中宁县润恒热力有限公司1000万元项目贷款。

【支持特色产业】 利用支行枸杞贷、宁商贷、宁商e贷、宁税贷等线上线下产品支持枸杞产业客户745户,支持枸杞产业贷款余额4.4亿元;支持中垦天宁牧业公司奶产业贷款8000万元,支持大青山牧业公司奶产业贷款3000万元。

【巩固拓展脱贫攻坚成果同乡村振兴有效衔接】 贯彻落实乡村振兴政策,与大战场镇14个村2个社区签订党建共建协议,累计在大战场地区投放贷款340笔,金额7596万元(其中,公司9笔2420万元,个人331笔5176万元),布放收单150余户,信用卡70余张,设立金融服务站13家,指定专人负责对接村委会和金融服务站;贯彻落实县委关于“百万移民”农户贷款稳定续贷、不压降政策,为大战场镇宁原村,杞海村村民发放百万移民农户贷款95笔820万元用于发展肉牛养殖,为宁夏宁特农业发展集团有限公司发放“百万移民”贷款3096万元用于支持肉牛养殖产业;累计为中宁县徐套乡李士村,红柳村,喊叫水乡麦垛村,太阳梁乡南塘村农户269户发放扶贫产业贷款1228万元。

【乡村金融服务站建设】 开展乡村金融服务站建站运营工作,将金融服务覆盖到乡村农户,实现大战场镇14个行政村、2个社区金融服务站全覆盖,全辖区建立金融服务站19家。

(王　嘉)

宁夏中宁青银村镇银行

【概况】 宁夏中宁青银村镇银行是青海银行发起设立的股份制商业银行。2023年,青银村镇银行设有14个管理部门、13家支行,营业网点遍布全县主要经济区域,金融服务覆盖全部乡镇和行政村。

【经营状况】 贯彻落实县委政府关于金融支持县域经济、普惠金融、乡村振兴和支持小微企业复工复产相关政策,不断加大对县域“三农”、小微企业和民营企业支持力度。截至

2023年末，全行资产总额47.8亿元，各项存款余额38.4亿元，各项贷款余额32.3亿元，主要监管指标持续达标。

【助力县域经济发展】　主动融入乡村振兴战略，聚焦自治区“六新六特六优”产业，支持新型材料、枸杞、肉牛、冷凉蔬菜、文化旅游等发展，探索创新信贷产品与服务模式，拓宽抵质押物担保范围，开发“枸杞采摘贷”“枸杞收购贷”“供应链贷款”等产品，满足涉农及乡村振兴产业融资需求，发放产业贷款8.4亿元。发挥再贷款货币政策工具作用，精准投放支农支小再贷款5亿元，重点支持县域涉农领域、普惠小微企业及个体工商户纾困发展。借助“优客贷”营销一批行政事业单位、优质企业等稳定工薪类客户群，年末余额7525万元。创新推出数字化零售业务产品“青银e贷”，运用大数据及移动通信等科技手段，完善符合村行线上风控模型，提高贷款发放效率，全年授信总额22676万元。普惠型小微企业贷款增加2585万元，普惠涉农贷款增加9286万元，超额完成普惠考核任务。

【获得荣誉】　2023年，宁夏中宁青银村镇银行先后荣获“全国村镇银行综合服务能力百强单位”，荣获全区“支持小微企业和‘三农’突出贡献奖”“支持地方经济社会发展成效显著的金融机构”；被中卫市政府评为“支持地方经济发展先进单位”，荣获中卫市“青年文明号”“五四红旗团支部”等殊荣；被中宁县委、政府评为“支持县域经济发展先进单位”和“支持枸杞产业发展先进单位”。

（古银龙）

石嘴山银行股份有限公司中宁支行

【概况】　石嘴山银行中宁支行成立于2013年12月，有员工16人，其中男员工6人，女员工10人；本科13人，大专3人，专科以上学历占比100%，本科以上学历占比81.3%。支行下辖2个对外营业网点，分别为支行营业部、中宁西街支行，铺设自助设备5台。截至2023年末，资产总额73542万元，各项存款余额47229万元，各项贷款余额73103万元。服务结算客户28000余户，信贷客户1600余户。

【经营特色】　持续稳定地对中宁县枸杞“核心产区”给予金融支持。围绕枸杞产业链，“由点及面”向优质客户延伸服务，截至2023年末，累计支持枸杞特色产业贷款11.4亿元，支持枸杞户1000余户，贷款余额17785万元，占一般贷款比例34.0%；着重对县域畜牧养殖、贸易、饲草种植、奶牛养殖、奶产品加工等行业发放普惠信用贷款，截至2023年末，累计投放粮贸行业贷款12050万元，种植养殖贷款10650万元，奶牛养殖加工贷款5000万元，脱贫小额信贷累计投放7309万元；围绕中宁县工业产业布局，着力支持有色金属冶炼加工、非金属矿物制品业、农副产品深加工三大主导产业。通过“行长走厂长”形式，深入了解各园区企业、重点项目等信贷需求，支持铭岛铝业流动资金6000万元，兴尔泰集团流动资金7000万元，宁夏永寿堂中药饮片有限公司2000万元等，扶持一批中宁县行业重点骨干企业；加大对困难企业、低收入客群的纾困支持，统筹运用展期、重组等方式为临时性经营困难的小微企业提供支持，做好支持政策接续转换。2023年，累计为普惠小微企业办理延期还本贷款1050万元22户，通过各项措施扩大减费让利覆盖面，累计减费让利256万元。

【儿童财商教育】 2016年10月，宁夏首家儿童财商教育主题银行在石嘴山银行成立。以关注儿童及家庭财商教育为根本，结合真实场景，研发系列儿童财商教育课程、亲子活动及儿童家庭专属金融产品和服务，其中“幸福小象”银行卡作为一张免费专属儿童银行卡，深受家长和孩子们喜爱。截至2023年，中宁支行共开展财商公益课130余场，开展“小小银行家”“跳蚤市场”“小手拉大手，反诈全家行”等财商研学线上线下活动67场次，线下活动触达客户10000余人，线上活动访问量突破610万次。

【获得荣誉】 2023年，石嘴山银行股份有限公司中宁支行先后获中宁县委、政府“推进中宁枸杞产业发展先进单位”称号，获中国金融工会宁夏工作委员会“宁夏金融先锋号”称号，获中卫市金融团工委第一届中卫金融青年“金点子”创新创效“优秀项目”奖。

（吴　越）

中国邮政储蓄银行股份有限公司中宁支行

【概况】 中国邮政储蓄银行股份有限公司中宁支行成立于2008年5月7日，截至2023年，所辖1家全功能金融网点和6家代理网点；发挥城乡网络优势，在各乡镇成立金融服务乡村振兴工作室，对全县开展进村入户，开展农村信用体系建设，对农户、种养大户、家庭农场、农民专业合作社、个体工商户等农村经营实体开展精准服务。

【服务地方发展】 助力乡村振兴，做好服务“三农”工作，全年涉农贷款净增1.06亿元，增速28.4%，持续做好脱贫攻坚与乡村振兴衔接工作，完成扶贫小额贷款100%。科技赋能助推乡村产业发展做精做细，成功开发“金膘”活体估价系统，“活牛金融价值模型”在总行数据建模大赛中荣获价值创造赛道、数据建模赛道二等奖。提升小微金融服务质效。全年普惠型小微企业贷款结余2.1亿，净增4134.29万元，完成普惠型小微企业贷款“两增两控”监管目标115.81%。加大服务地方经济社会发展的金融支持力度。新增信贷规模优先投放监管鼓励、中宁需要、符合总行战略重点领域，全年支持民营企业融资87987.23万元（含个人经营性贷款81083.56万元），增速20.43%，“专精特新”及科创企业贷款投放2281.7万元，年净增346.7万元。

【风险管控】 以推进内控体系优化为主线，提升全面风险防控能力，牢牢守住高质量发展安全边界。企业围绕高质量发展要求，坚持齐抓共管、联防联控、群防群治持续加强全面风险管控能力，强化对重点领域风险研判，及时采取管控措施，防范风险隐患，强化问题化解。

【金融知识普及】 响应市、县政府号召，参与社会公益活动，开展“金融知识万里行”“金融知识进社区”“反洗钱、防诈骗宣传”等活动，面向城乡群众普及金融知识，推广现代金融工具，培育诚信、防控非法集资、防范反洗钱风险等现代金融理念，不断改善金融服务环境。在兑换纪念币期间，做好发行前的准备工作、发行中的应急预案以及发行后的总结工作，为公众提供优质服务。

（孙晓燕）

中国人民财产保险股份有限公司中宁支公司

【概况】 中国人民财产保险股份有限公司中宁支公司（简称人保财险中宁支公司）设立于1997年，有职工74人，下设部门13个，其中乡镇设立石空、鸣沙、大战场、徐套、汽车城5个营销服务部，12个农村保险服务站，各级机构基本上覆盖全县主要乡镇。2023年，人保财险中宁支公司市场份额59.4%，继续保持市场主导地位。全年累计承担各类风险保障近千亿元，受理各类赔案1.69万件。累计缴纳各项税收1006.6万元，其中代收代缴车船税921.74万元。

【政策性农业保险】 2023年，人保财险中宁支公司政策性农业保险保费收入5209.28万元，市场份额81.6%，为全县农业生产承担风险保障9.4亿元，受益农户数30261户（次）。自2007年开办农业保险业务以来，农险经营结果波动受自然灾害因素影响较大，农业保险赔付率平均在105.88%，农业保险已成为农民灾后恢复生产和灾后重建的重要资金来源。

【农业理赔】 4月29日，公司承保的苹果、桃子等因霜冻天气受损，核实损失面积1.6万亩，受益农户2605户。7月23日、7月26日、10月5日，中宁全县发生多次暴雨天气，枸杞受损面积为5.69万亩，惠顾农户1529户。6月24日—7月23日，徐套乡发生5次冰雹灾害性天气，造成徐套乡下流水、上流水、白圈子、大台子村种植的西瓜不同程度受损，受灾面积4.09万亩，涉及农户1003户，未发生风险事件。

【农业保险产品创新】 根据自治区财政厅《关于鼓励创新开展农业保险试点有关工作的通知》和《中宁县新型农业保险试点工作实施方案》的工作要求，对接中宁县核心产区舟塔乡，进行推广宣传，试点承保0.72万亩，提供风险保障3999.7万元。

【农业农村服务水平】 截至2023年底，在全县主要乡镇设立“三农”营销服务部5个、“三农”服务站12个，实现乡镇网点全覆盖；成立专业农网服务队伍，其中，专职农险服务人员20人，协保人员78名；实现农险服务的“网络连成片，服务面对面”服务格局。

【服务乡村振兴】 公司为巩固脱贫攻坚成果，宣传承保已脱贫户、三类监测对象417户，提供政策性农业保险风险保障912.49万元；为辖区19家枸杞种植企业和17家种植大户办理“金农保”雇主责任保险，提供风险保障3.39亿元。为全县12个乡镇脱贫户和监测对象承办“乡村振兴健康保”，共计参保22516人，提供风险保障 22.07亿元。推广“乡村振兴保”服务乡村治理现代化，承办中宁县政府救助保险，为全县35万常住人口以及流动人口提供1.8亿元风险保障。

【服务智慧交通】 为全县物流运输企业办理货物运输保险。办理各类货物运输保险2178笔，累计提供风险保障9.44亿元，其中，办理预约货运险1412笔，提供货物运输保险保障

5.25亿元；办理公路货物运输保险766笔，提供货物运输保险保障4.19亿元。

【服务健康养老】 推广全县老年人意外险项目，承办中宁县老年人意外伤害综合保险项目，为全县29521位60周岁以上老年人提供81430.12万元风险保障。

【服务社会治理】 全年办理建筑工程履约保险13笔，提供风险保障526.19万元；办理农民工工资支付履约保证保险18笔，提供风险保障325.79万元。

【服务教育系统】 在春、秋两个开学季办理“学幼险”，累计承保学生1.4万人，承担风险保障855.6万元。加强教育系统校园风险管理，中标中宁县校园方责任险项目，为全县所有直属学校和民办学校在校学生承办校园方责任保险，提供1300万元风险保障。主动参与和支持教育体育事业发展，2021—2023年累计向中宁六中捐赠太空被和毛毯120套；与帮扶对象喊叫水乡五丰台村开展精准扶贫爱心助学活动，向五丰台小学现场捐赠电脑10台，为学校31位贫困生捐赠爱心书包与文具；向宁安镇南桥完小捐赠国学书籍90套、校服90套和足球篮球等体育器材；向中宁县广场舞大赛赞助5万元；向中宁县民间篮球比赛捐款5000元，冠名支持比赛并提供参赛人员意外保险。

【服务政府其他领域】 2023年，配合政府部门开展拥军工作，连续四年办理承办退役军人意外险项目，为全县5098名退役军人承办退役军人意外险，提供风险保障7.8亿元，年度受理理赔案件41起；为全县29772名外出务工人员办理“铁杆庄稼保”，每人风险保障26万元；为全县265名实习见习人员办理意外伤害保险，提供风险保障1.32亿元；为全县664名驻村干部办理县村干部“安心保”，每人提供风险保障145万元；为全县662名警务人员办理公安民警执法安全责任保险和第三者责任保险，每人保障金额100万。

（郭丽慧　陶志欣）

中国人寿保险股份有限公司中宁支公司

【概况】 中国人寿保险股份有限公司中宁支公司坐落于中宁县城宁安西街，总公司在北京。2023年，中宁支公司有在职职工19人，销售人员174人。公司设经理室、综合管理部、营销发展部、收展发展部、机构业务部、客户服务部6个职能部门。下设鸣沙、渠口、大战场3个营销服务部。

【业务发展】 2023年，公司实现总保费收入1.59亿元，同比增长3.8%。其中实现首年期交保费2120万元、实现短期险保费1041万元、完成续期保费1.05亿元。

【社会责任】 与社区联合党支部组织开展“弘扬劳动精神，传承五四薪火”主题教育1次，开展“迎中秋，庆国庆”社区共驻共建文艺会演活动1次，开展社区困难群众慰问1次，开展促进“共驻共建”工作。公司助力学子高考，在中宁中学、中宁一中、中宁高级职业中学摆设高考服务点，为家长和考生提供休息、饮水、金融咨询服务。响应县政府春季义务植树活动，高标准保质保量完成304棵植树任务。加快发展绿色保险、支持新兴产业发展，更好地服务县域经济。2023 年，总公司为在中宁支公司承保绿色产业保险的企业职工 293 人累计承担风险保额 1032 万元。

【巩固拓展脱贫攻坚成果同乡村振兴有效衔接】 中国人寿中宁支公司联合中宁建行搭建"携手普惠金融，助推乡村振兴"微信支付优惠平台，乡村振兴健康保保险费 70 元，对中宁县脱贫户和监测对象以外具有农村户籍且通过微信选择建设银行借记卡支付乡村振兴健康保保险费的客户补贴 20 元，实际支付 50 元保险费，即可享有意外、大病保险保障，合计保额 128000 元。

【服务保障】 客服中心坚持"以客户为中心"发展理念，为广大客户提供"有速度、有温度"服务；新单承保全面实行"双录"（录音录像），持续客户信息核查整改，完善柜面助老助残基础设施，落实消费者保护评价工作，推广智能化服务，实现数字化融合落地，提供投保、保全、理赔全场景智能化服务，不断优化客户体验。2023 年，智能化服务达到 94%，保单证件号码完善率 99.67%，移动电话完善率 99.97%，长险保单客户关键信息准确率达 99.95%，办理保单复效件数 452 笔，业务质量全区排名第二位。及时处理客户投诉，解决矛盾纠纷，防范化解风险。2023 年，受理各类投诉 47 件，均已办结。

【风险防控】 公司坚持把风险防控贯穿工作全过程，合规管理与经营管理深度融合，落实风险防控责任，巩固"制度合规年"活动成效，强化合规管理，加强对新制度及核心制度的学习执行工作，提高制度执行力和有效性，坚守底线。组织开展多层次、多元化、多维度的宣传教育，坚持销售人员诚信教育常态化，筑牢思想防线。组织开展反洗钱、防范非法集资、扫黑除恶等常态化风险排查；落实 2023 年风险排查、"五虚"综合治理、违规参与"代理退保"自查自纠、互联网营销宣传合规性自查整改、销售误导综合治理、人身保险领域风险排查及落实案件风险防控等相关排查，立行立改，及时消除风险隐患，堵塞经营管理漏洞。严肃责任追究，以案示警，进一步规范销售行为。

【支农惠民】 加大宣传力度，扩大乡村振兴健康保覆盖面。通过寿险 APP、国寿 E 店、微信公众号等移动端为客户提供线上保全、理赔、投保等服务，满足客户足不出户办理相关业务的愿望，提高客户服务满意度。普及金融知识宣传进广场、进学校、进社区、进商铺、进村部，提高群众风险防范意识。2023 年，公司赔付支出 57712061.71 元。其中，死亡给付 5044772.30 元，伤残给付 79960.00 元，医疗给付 2870774.53 元，满期给付 31048598.52 元，年金给付 11640432.72 元，支出 7027523.6 元。

（牛淑英）

农　业

综　述

【概况】 中宁县农业农村局为县人民政府工作部门，为全额拨款的行政单位，隶属管理24个下属事业单位，其中，全额预算事业单位22个，定额补助事业单位2个。核定编制266个，其中，行政编制19个，后勤服务编制2个，全额预算事业编制194个，自收自支事业编制2个，定额补助事业编制49个。有人员243名，其中，行政人员16名，后勤服务人员2名，全额预算事业人员184名，定额补助事业人员39名，自收自支人员2名。有党员142名，领导职数为一正三副。全县完成农业增加值25.5亿元，同比增长7.3%；农民人均可支配收入17970元，同比增长8.7%，较上年增长3.4个百分点。

【粮食生产】 全县落实粮食播种面积60.55万亩，粮食总产达3.09亿公斤。其中，玉米种植面积46.4万亩，比上年增加1.5万亩，增长3.3%；水稻、小麦种植面积分别为1.05万亩、5.2万亩；杂粮种植面积7.9万亩，农作物良种覆盖率达97%。

【畜牧水产业】 全县奶牛存栏5.97万头，生猪、肉牛、肉羊、家禽饲养量分别为15.5万头、14.8万头、91.2万只、123.9万只，肉、蛋、奶产量分别为2.6万吨、0.37万吨和23.8万吨；渔业水域面积3.2万亩，水产品总产量达0.38万吨。

【蔬菜产业】 实施设施农业效益倍增计划，全面推进新设施、新技术及新模式集成应用，全县瓜菜种植面积307978亩，其中，设施瓜菜种植面积14101亩（日光温室707亩，拱棚13394亩），露地蔬菜种植面积52964亩（供港蔬菜种植18764亩，露地春夏菜19021亩，露地秋菜12137亩，黄花菜3042亩），露地西甜瓜种植面积240913亩（露地西甜瓜76298亩，压砂西甜瓜 164615 亩)。

【绿色食品产业】 推动传统产业转型升级,加速产业集约集聚,大力推广枸杞、优质粮食等绿色产业生产模式,创建国家农业绿色发展先行区,成功申报国家现代农业产业园。新培育市级农业产业化龙头企业 8 家、自治区级 6 家,绿色食品企业总数达 229 家,全县农产品加工转化率达 75.2%,农产品加工业总产值达 69.6 亿元,同比增长 6.4%。

【深化农村土地制度改革】 开展农村承包地确权登记颁证"回头看",化解各类土地矛盾纠纷 46 起,完成 12 个乡镇 1012 户土地确权信息变更。确权登记颁证成果数字广泛应用到农村土地流转、黄河生态环境保护、农用地调查、压砂地退出、农业产业化生产等领域服务。调查摸清 12 个乡镇闲置宅基地 5185 宗,核实整改农村乱建耕地图斑 43 处。

【强化农村"三资"监管】 完成 133 个村集体资产清产核资,完成清产核资、债权债务、农经统计年报、成员身份认定和村集体经济运行报表检测系统等"五个系统"的数据汇总和各类资金资产资源登记台账填报工作,督促乡镇完成侵占、侵吞、垄断农村集体"三资"问题整改落实。

【发展壮大村级集体经济】 实施 4 个扶持壮大村级集体经济项目,按照自主经营、委托经营、合作经营、投资入股等模式,带动加工、旅游、餐饮等二三产业发展。通过深入挖掘闲置房屋、土地等资产资源,采取租赁流转或自主经营方式合理开发利用,增加村集体经济收入。全县村级集体经济收益达到 5116.83 万元,其中,100 万元以上的村 10 个,50 万 ~100万元村 26 个,10 万 ~50 万元村 86 个,5 万 ~10 万元村 11 个。

【农业生产托管服务】 2023 年,中央财政下达中宁县农业生产托管服务项目补助资金 746 万元,任务面积 14.3 万亩。2023 年,中宁县农业生产托管服务项目区涉及 12 个乡镇 130 个行政村,公开择优遴选 26 家社会化服务组织承担项目,主要涉及村集体经济合作社、农民专业合作社、家庭农场、专业化农机公司、农业企业等主体。共完成农业生产托管服务总面积 55.73 万亩次 15.56 万亩,其中,耕 24.43 万亩次 9.21 万亩,种 5.84 万亩次 1.58 万亩,防 12.36 万亩次 1.23 万亩,收 13.1 万亩次3.54 万亩。服务农户共 8973 户,小农户 7716 户,占比 85.9%。

【农业经营主体能力提升】 2023 年,自治区下达中宁县农业经营主体能力提升项目资金总额 555 万元,项目实施主体共 57 家,其中,农民专业合作社 36 家,家庭农场 18 家,奶业农民专业合作社或家庭农场 3 家。补助资金主要用于支持农业经营主体推广新技术、新装备应用,改善生产条件,增强生产经营能力,提升产出水平。

【农民培训】 依托高素质农民培育、基层农技推广体系改革与建设项目实施,举办高素质农民 4 期,培训 200 人;开展农业生产经营人才技能提升行动,完成移民村枸杞、林果设施蔬菜、草畜产业培训 1000 人次;培育农业科技示范主体 100 个;建成 3 个集示范展示、指导培训、科普教育等多功能一体化的农业科技示范展示基地;完成移民安置区农村实用人才 200 人培训任务。

【农村人居环境整治】 推进农村"厕所革命"、生活污水和生活垃圾治理及村容村貌提升等重点工作，实现农村生活污水治理率达 41.08%、生活垃圾处理率达 96%、新建卫生厕所 1300 户，新建卫生厕所普及率达 89.9%，打造县级示范村 12 个，提升村 24 个，力促美丽宜居村庄建设加速升级。

【农田水利基本建设】 2023 年，清淤各类渠道 3526 条 3279 千米、各类沟道 2089 条 1367.9 千米，培厚加固已砌护渠道 2343.7 千米，整修道路1221.25 千米，建成高标准农田 7.1 万亩，高效节水灌溉面积 3.89 万亩；新建高标准农田 4.52 万亩。

【农业机械化】 全县拥有各类农业机械13480 台，其中，拖拉机 12014 台，联合收割机 541台，插秧机 164 台，其他农机具 14520 台，农业机械化总动力 34.2942 万千瓦，农业机械总值达 4.82 亿元，农作物综合机械化率达 91.93%。

【农业行政执法】 加强种子、农药、化肥等农业投入品和蔬菜、枸杞、动物产品等农产品质量安全监管，发放农资识假辨假资料 2.5 万余份、农业法律法规 2000 份，检查企业和经营网点 625 家（次），查处违法违规行为并立案 22 起，受理农民举报投诉 19 件，挽回经济损失60 万元。全县无重大农产品质量安全事故发生。

（张　伟）

种植业

【粮食生产】 坚持稳政策、稳面积，鼓励规模化种植，强化技术指导，支持新型经营主体向农户提供农机、病虫害统防统治等农业社会化服务，提高粮食生产专业化、组织化水平，建设小麦、水稻原粮储备生产基地 2.6 万亩，向储备库提供优质粮源 1.5 万吨；完成粮食播种 60.55 万亩，粮食产量 3.09 亿公斤，同比增加 0.25 万吨，增加 0.81%。

【种子工程】 承接区域试验、绿色通道试验和生产试验 36 组，参试品种 374 个，试验面积 50 亩。建设春小麦"三圃"提纯田 30 亩，玉米、小麦、大豆展示园区 243 亩，展示、示范品种 39 组 388 个。按照《农作物种子检验规程》质量标准和方法，对田间拔杂去劣、病虫草害情况逐块进行检验，做到无杂株、异穗（株）、高穗（株）、无危害性杂草、无倒伏、无病虫害，保证市场供种质量。

【新品种新技术试验示范】 在白马乡白路村建立专家领衔包抓粮食生产示范田 1 个，示范面积 1000 亩以上。引入 6 个优质玉米品种进行对比试验；在余丁乡石空镇建立稻水象甲防控示范区 2700 亩，在白马乡建立瓜类细菌性果斑病防控示范区 2000 亩。

【农业绿色发展】 全县建设化肥减量增效技术示范区 1.57 万亩，有机肥替代化肥示范区 1.67 万亩，粮食优新技术示范区 0.13 亩，农作物测土配方技术推广覆盖面积达 85 万亩。创建农作物病虫害统防统治和绿色防控融合示范区 29.44 万亩，农作物统防统治面积 60.7 万亩，化肥利用率 41.5%，农药利用率42.02%。引进小型滴灌水肥一体化设备 40 台，示范推广零化肥、零农药、零激素"三零"绿色生产技术 200 亩，番茄品质提升项目 500 亩，选择设施蔬菜种植大户示范推广蚯蚓生物技术 100 亩、秸秆生物反应堆技术200亩，在大战场镇宽口井建设设施蔬菜绿色标准园1个。

【植物保护工程】 全县农作物病虫害总发生面积383.41万亩（次），防治面积502.67万亩（次），其中统防统治面积60.7万亩（次），占总面积60.0%。发布《植保情报》16期6300余份，发放各类病虫害防治资料2.9万份，开展科普园地电视讲座6次，向农技干部发送手机植保信息50余次，接受群众技术咨询2760人次，拍摄高质量病虫数码照片100余张，农作物病虫害中短期预报准确率达到96%，长期预报准确率达90%。

【农产品质量安全检测】 完成农药残留抽样任务200个，涵盖叶菜、鳞茎、菜用豆、茄果类等蔬菜共计153个，瓜果类40个，食用菌7个，农药残留抽样合格率达到99%。

（张 伟）

畜牧业

【规模养殖场建设】 高标准完成喊叫水马塘移民区5000头肉牛养殖场项目建设。完成恩和镇双井子30万头生猪养殖园项目建设。打造万头标准化肉牛养殖示范乡镇3个，万只标准化肉羊养殖示范村3个，千只肉羊标准化养殖场2个，千头标准化肉牛养殖示范村4个。完成兴垦牧业2.5万头奶牛养殖场建设并投入生产，存栏奶牛1.8万头。

【家畜品种改良】 推广奶牛优质性控冻精、西门塔尔肉牛冻精6.4万支，改良基础母牛1.8万头；引进滩羊种公羊300只。

【禽粪污资源化利用】 按照“谁污染，谁治理”原则，指导规模养殖场开展畜禽粪污综合治理，推行“三改两分三防再利用”，配套利用先进工艺和清洁养殖实用技术，推行精准化管理，严防畜禽养殖污染物排放现象。完成91家规模养殖场畜禽粪污处理设施改造，投资1000万元建成畜禽粪污集中处理中心1个。全县规模养殖场畜禽粪污设施装备配套率达到100%，畜禽粪污综合利用率达到93%。

【粮改饲项目】 优化补贴机制，完成粮改饲12.72万亩，收贮全株玉米青贮37.95万吨。开展“春小麦+饲用燕麦”一年两茬种植试验示范，种植饲用燕麦4840亩；示范推广“青贮玉米+小黑麦”一年两茬种植模式，种植小黑麦1790亩。

【科技培训】 举办高素质农民培育（草畜产业）培训班1次，动物疫病防控及养殖技术指导培训班1次，受众人数379人。

【动物疫病防治】 强制免疫各类畜禽305.92万头，免疫密度、标识率达100%。强化人畜共患病防控，累计免疫、驱虫易感动物63.22万头，其中，狂犬病免疫家犬0.3万只，布病免疫奶牛2.37万头，肉牛0.55万头，羊54万只，吡喹酮家犬驱虫0.6万条。累计免疫其他主要动物疫病242.7万头/羽，其中，高致病性禽流感123.9万羽，羊小反刍、口蹄疫89.9万只，猪口蹄疫14.7万头，牛口蹄疫免疫14.2万头。全年无重大疫情发生，中垦天宁牧业有限公司和宁夏农垦贺兰山乳业有限公司渠口牧场通过国家级奶牛结核病净化场。

【动物疫情预测预报】 完成各类动物免疫抗体水平检测13259份，免疫抗体全部合格，部分项目指标超过部颁标准。加强养殖、屠宰、贩养、交易、无害化等关键环节采样，做好口蹄疫、牛结核病、小反刍兽疫、高致病性禽流感、布鲁氏菌病等重大动物疫病的常规监测，采集血清5229份、拭子2038份，监测外调畜禽免疫抗体奶牛样品7665份、家禽样品365份，检测结果符合免疫抗体水平标准。

（张　伟）

水产业

【渔业新技术推广】 建设渔业监测点10个，每个监测点配备1套水质在线监测系统，可测试池塘中的溶解氧、pH值、水温等。辐射10个塘口，面积1360亩。示范开展病害防控和水质调控在线监测，提升水产养殖生产管理水平，确保水产品质量安全，促进渔业经济发展提升率5%以上；产地水产品药残抽检合格率保持在100%；未发生重特大渔业安全生产事故。水产养殖尾水达标排放，增加产业整体效益，打造中宁县渔业结构调整示范基地，带动水产业良性发展。

【渔政执法】 严格落实黄河流域禁渔制度，禁渔期间，张贴休渔通告700余份，悬挂禁渔横幅45条，发放宣传彩页1500余份；出动执法车辆计60车(次)，派出检查执法人员240人次，完成巡渔巡逻85次，受理并查处违法案件3起，劝回垂钓人员60人次。联合森林派出所等执法部门开展黄河禁渔联合执法3次。

（张　伟）

农业机械化

【农机免费管理】 完成拖拉机、联合收割机入户挂牌228台，检验2431台，粘贴反光标识3510台。举办驾驶员培训班22期，培训982人，审验驾驶员782人，发放跨区作业证69副。与乡镇签订《农机安全目标管理责任书》12份，与农机作业服务公司(合作组织)、维修、销售企业签订《农机安全生产承诺书》19份，与农机驾驶操作人员签订安全责任书1653份。发放各类宣传资料7种15000余份，悬挂横幅46条，发送手机短信、微信20000余条。开展农机安全检查活动103次，出动监管人员360人次，检查拖拉机、收割机617台(次)，检查农机作业公司(合作组织)、维修、销售企业19家，排查安全隐患104起，整改104起(其中重大农机事故隐患4起，整改3起)；在重要农时季节召开农机领域安全生产部署会议4次。组织农机作业服务公司、农机维修网点、农机销售企业等，召开全县农机领域“三秋”农机安全生产部署会和安全生产促进会，严格落实“管行业必须管安全、管业务必须管安全、管生产经营必须管安全”的要求。全年未发生较大以上农机事故，全县农机安全形势稳定。

【农机购置补贴】 2023年，全县农机购置补贴资金1330万元(国补资金1215万元，省补资金115万元)。2022年结余资金41.322万元(其中，国补资金0.001万元，省补资金41.321万元)，2023年共落实资金1371.322万元(国补资金1215.001万元，省补资金156.321万元)。全年共结算购置补贴资金 1371.296 万元，其中，中央补贴资金共 1215.001 万元，自治区补贴资金 156.295 万元（累加补贴 53.868 万元，填补中央缺口 102.427 万元）。结算上年超录申请 2 批，补贴资金 1003.753 万元；结算 2023 年购置申请两批，补贴资金 367.543 万元。中央资金使用比例占下达任务的 100%，无剩余资金。自治区资金使用比例占下达任务的 100%，剩余资金 0.026 万元。新增各类农业机械 1114 台(套)，其中，拖拉机 276 台，打捆机械 62 台，收获机 22 台，烘干设备 10 台，日粮机 80 台，平地机 62 台，无人机 19 台，色选机 21 台，旋耕机 150 台，犁 60 台，其他各类农具 352 台(套)，受益农户达 818 户，拉动社会资金 5801 万元。年度农机购置补贴资金执行率达到 100%；政策公开率达到 100%。

【农用残膜回收】 2023 年，中宁县投入农用残膜回收利用资金 157 万元，坚持“源头减量，过程管控，末端治理”工作思路，按照“谁污染，谁治理”原则，鼓励企业、农户参与农用残膜回收工作，主要以覆膜西甜瓜、供港蔬菜、拱棚蔬菜等种植区域为回收重点。2023 年，回收农用残膜 1228.1 吨，农用残膜回收率达 91.3%以上。开展农田地膜残留监测实验，2 个监测点，取样 14 份。发放宣传资料 8000 余份，悬挂条幅20 条，开展农用残膜回收利用技术指导10 次，宣讲残膜回收政策 15 次。

（张 伟）

农业行政执法

【动物卫生监督】 2023 年，全县畜禽备案车辆全部安装 GPS 定位器，运行轨迹列入全国动物检疫电子出证系统。全年完成生猪、牛、羊屠宰环节瘦肉精自检 6897 份，其中，生猪 4865 份，牛 378 份，羊 1654 份；养殖环节抽检 3500 份。产地检疫各类畜禽 537385 头(只)，检疫各类动物产品 9398174 公斤。严格落实跨省调运种猪、仔猪审批隔离观察和落地报告制度，对从山西、陕西、甘肃等地外调的畜禽及时进行落地监管，隔离期满无异常后进行正常饲养。出具动物 A 证 1320 张，检疫动物 313362 头(只)；出具产品 A 证 108 张，检疫各类肉品 477466公斤。监督检查规模化养殖场 178 家(次)，完成畜产品抽检 68 份，办理各类行政许可证 13份。严格落实县乡场(户)三级监管机制，实行“风险分级”“量化监督”管理。

【种子质量监督管理】 结合农资市场、农产品基地等专项整治检查，与市场监管、公安局及相关部门联合开展执法检查 6 次，严厉打击种子经营领域经营证照不全、代销零售手续标签不规范、未审先推、种子包装、假冒伪劣等违法行为。全年出动执法车辆 286 车次，执法人员 625 人次，市场抽检种子、化肥、农药样品 27 个，发放农资识假、辨假资料 2000 余份，检查企业和经营网点 587 家(次)，完成受委托代销备案 82 个，经营不分装备案 466 个，抽检西瓜种苗混合样 73 份，西瓜种子 42 份、砧木种子 12 份。印发《种子法》《农产品质量安全法》《假冒伪劣种子、化肥、农药识别》等宣传资料 2.5 万份。查处种子经销违法案件 1 起。

【肥料农药质量监督管理】 对全县 4 家肥料生产企业、肥料经营企业及其销售网点进行不定期检查，重点对复合肥、有机肥、微生物肥等农药是否存在有效成分不足、以肥代药、未经登记、一证多用、假冒伪造登记证及产品标识不规范问题进行检查。按照"依法依规,公开公正,有进有出,示范引领,全面覆盖"原则,指导创建农药标准化经营示范门店64家。

【农产品抽样检测】 配合农业农村部农产品质量检测中心、区、市、县农产品质量检测中心开展枸杞、畜产品、蔬菜、鱼等抽检工作,抽检624个样品,农产品合格率99.5%,县级例行监测抽检农产品200份,抽检牛羊自配饲料和成品饲料抽检79份,兽药抽检12份,蔬菜瓜果211批251个样品,合格率99.6%;畜产品42批53个样品,合格率96.2%;生鲜乳8批8个样品,合格率100%;农资21个,其中1个韭菜、2个鱼产品不合格。抽检坚持做到随机覆盖。强化流通、屠宰环节"瘦肉精"快速检测工作,保障上市肉食品质量安全。在全县生猪、牛羊屠宰场官方兽医驻厂(场)检测日志做到连续、完整、翔实,相关记录和处理记录完整,实施病死畜禽及畜禽产品无害化处理,处理率均达到100%。

【乡镇农产品质量安全监管】 建立一批标准化乡镇农产品质量安全监管站。根据乡镇行政区划和生产主体分布情况,合理设置监(协)管员,乡(镇)一级确定农业中心主任为监管员,村一级确定村委会班子成员为监管员,鼓励根据需要聘用社会化监(协)管员,确保人员数量和结构合理合需,务实有效。加强乡镇检测能力建设。根据辖区重点产业和规模配备数量相当的农产品快速检测仪器(检测卡),配置移动检测设备,实时开展产品抽样、快速检测、数据上传和打印等日常工作,提高检测效率。落实乡村农产品质量安全岗位责任网格图责任,建立农产品质量安全网格化监管制度,强化农产品质量安全监管,提升农产品风险监测检测。

【行政执法水平提升】 规范建立各项监管制度、抽查工作流程。持续做好"双随机,一公开"监管平台信息录入,编制农业农村局随机抽查事项清单,建立随机抽查对象名录库和执法检查人员名录库,对权力清单、责任清单和权责清单及时进行调整完善。为13名农业执法人员配备执法服装,购置增添高清摄像机、便携计算机、执法记录仪等执法装备。

(张　伟)

农田水利基本建设

【中宁县2022年恩和镇华寺等村高标准农田建设项目】 项目完成投资3571.57万元。土地平整及增施有机肥0.1万亩,机械深耕1.032万亩,砌护渠道1.65千米,新建蓄水池3座,泵房3座及配套农田输配电和自动化工程,铺设PVC管109.09千米,铺设PE管74.55千米,配套建筑物1475座。铺设沙砾石路6.7千米,新修生产路9.36千米,种植新疆杨899株,架设高压线路860米,低压线路480米;安装变压器3台。

【中宁县2022年鸣沙镇长滩等村高标准农田建设项目】 项目完成投资2027.51万元。土地平整、激光平地及增施有机肥0.12万亩,机械深耕1.32万亩。砌护渠道59.25千米,铺设沙砾石路11.25千米,生产路14.3千米;种植新疆杨2343株。

【中宁县2022年徐套乡上流水村、喊叫水乡周马庄子等村高标准农田建设项目】 项目完成投资4342.01万元，平整土地0.43万亩；机械深耕1.15万亩，增施有机肥3440吨；新建蓄水池1座，首部厂房2座，首部监控系统2套，铺设支干管168公里，新建各类建筑物378座；设置控制中心1处，新建沙砾石道路92.90公里，安装变压器2台，架设高压线路3.65公里。

【中宁县2022年徐套乡新庄子村高标准农田建设项目】 项目完成投资3438.87万元，平整土地0.48万亩，机械深松翻1.17万亩，增施有机肥11688亩。新建泵站2座，铺设球磨铸铁管3.42公里，铺设支干管172.72公里，新建建筑物288座，安装自动化控制系统1套，铺设沙砾石道路91.94公里，安装变压器3台。

【中宁县2022年喊叫水乡周沟等村高标准农田建设项目】 项目完成投资6331.22万元，土地改良1.56万亩，新建蓄水池3座、首部枢纽5座，铺设支干管347.89公里、高压输电线路2.5公里，铺设沙砾石路面12.02公里，栽种刺槐6270棵，配套自动化工程等。

【中宁县2022年徐套乡大台子村和小湾村现代高效节水农业项目】 项目完成投资2646.25万元，平整土地面积0.34万亩，土壤改良面积1.09万亩，新建首部厂房2座，铺设支干管150公里，安装监控系统2套，新建控制中心1处；新建沙砾石道路84.47公里，安装变压器2台，架设高压线路0.4公里。

【中宁县2022年徐套乡大台子村现代高效节水农业项目】 项目完成投资7200.48万元，平整土地面积1.1万亩；土壤改良面积2.8万亩；新建首部厂房2座，铺设支干管398公里，首部监控系统2套，设置控制中心1处；新建沙砾石道路213.46公里；变压器2台，架设高压线路2.8公里。

【秋冬季农田水利基本建设】 清淤沟道3526条3279公里、渠道2089条1367.9公里，砌护渠道176条133公里，新建、维修配套建筑物15432座，开挖回填土石方518万立方米，使用混凝土4万立方米，损毁工程修复率达到100%。改善灌溉面积35万亩，节水1300万立方米，农田灌溉水利用率达到0.561。中宁县粮食生产稳定度大于0.5。

（张　伟）

乡村振兴

【监测预警与帮扶】 建立县、乡、村三级防返贫监测预警帮扶机制，实行“对象发现，风险预警，及时纳入，动态帮扶，问题消除”全过程闭环管理。组织乡村振兴、医保、残联、民政、教育、水利、住建等部门建立信息共享预警机制，重点数据每月调度、及时分析，做到排查不漏项、隐患不放过。截至2023年底，行业部门反馈预警信息825条，农户自主申报受理3285条，核查“一键预警”风险线索864条。按照“早、宽、简、实”要求，进一步完善“八必访”台账，逐户排查、综合研判、能纳多纳，杜绝唯收入“一刀切”、搞“体外循环”。2023年，新识别纳入监测对象172户641人，全县监测对象累计862户2969人，已消除风险471户1518人，消除风险比例51.4%。

【“三保障”和饮水安全】 义务教育方面，严格落实控辍保学"三包三保"和"12357"工作制度，义务教育阶段学生零辍学。落实一免一补、国家助学金、雨露计划、燕宝奖学金、助学贷款等政策，发放各类教育资助资金3177万余元，受益学生7.21万名。健康保障方面。实施"三个一批"疾病分类救治，将重病、大病患者全部纳入救治管理。全县脱贫户、三类监测对象入户核实率、家庭签约服务率均达到100%。2023年，全县农村低收入人口（特困人员、低保对象、易返贫致贫人口）住院报销6223人次，报销总费用4258.92万元；医疗救助5281人次，救助金额624.59万元。医疗保障方面。脱贫户、监测对象医保个人缴费分别为120元、60元。脱贫户、三类监测对象参保率均达到100%，为22432人购买"乡村振兴健康保"，累计金额100.94万元，有效防止因病致贫、因病返贫。住房安全方面。建立健全住房安全动态监测帮扶机制，分别以每户4万元和每户2.5万元的补助标准，建立健全住房安全动态监测帮扶机制，改造危房15户，补助资金39万元；完成抗震宜居农房改造129户，补助资金156.8万元。饮水安全方面。定期开展水质监测，执行日检9项、月检43项、年检97项水质监测标准，每月定期公示，保障农村用户饮水安全。投入衔接资金553万元实施2023年农村人饮改造工程，更换入村巷管道39.9公里、入户2091户。建立农村饮水安全台账，及时解决季节性停水、水质不达标等问题，全县脱贫户自来水入户率、水质达标率均达到100%。

【定点帮扶】 区市县各级定点帮扶单位自筹及协调累计投入资金1473.156万元，其中定点帮扶部门（单位）投入资金1039.8万元（基础设施建设投入资金242.5822万元，产业帮扶投入37.6447万元，送温暖投入资金31.193万元，其他物资投入资金16.3081万元）

【领导干部帮扶】 根据岗位变动，及时调整县级领导包抓乡镇、移民村、脱贫村及帮扶脱贫户和监测户，安排28名县级领导包抓12个乡镇、25个重点移民村，不定期进村入户、蹲点指导，推动重心下移、资源下投、力量下沉。保持脱贫攻坚领导机构、工作架构、帮扶体系不变，72个单位定点帮扶133个行政村和4个社区，177名驻村工作队员驻村帮扶59个村，2330名干部结对帮扶，1320余名乡村干部一线攻坚，形成齐抓共管的强大合力。

【移民致富提升行动】 聚焦移民地区水、电、路、气、暖等基础设施短板弱项，投入资金2.38亿元（其中衔接资金2.1亿元），实施产业发展、基础设施配套、环境综合整治等项目238个。在移民地区实施农村公路路况提升工程187公里，实施公路改造工程19.8公里，铺设乡村道路39.8公里，新建农村公厕35个。持续加大基础设施建设力度，新增电商村级服务站（物流配送站点、电商网点）54个、综合超市3个、综合运输服务站2个。选派20名教师到喊叫水、徐套乡帮扶支教，持续推进农村学校"温馨校园"建设，全面提高移民地区学校办学条件和教学质量。建成红梧村农民篮球场全民健身站点工作室，为移民安置区安装健身路径、篮球架等设施。移民乡镇、移民村卫生院、卫生室全部实现标准化建设，家庭医生签约率达到100%。

【产业帮扶】 因地制宜在太阳梁乡、宽口井、红梧村3个移民安置区建成标准化枸杞种植基地2.11万亩，在太阳梁乡打造精品桃种植基地3000亩，在大战场镇打造花豹湾冷凉蔬菜种植基地6000亩、长山湖黄粉虫繁育基地1个，在喊叫水乡打造马塘移民区辣椒种植基地5200亩、上庄子黄花种植基地1405亩。大力发展肉牛产业，实施牛羊“出户入园”养殖场基础设施配套项目8个，鼓励脱贫群众、清砂群众发展养殖业增加收入，脱贫地区肉牛饲养量达9.1万头，滩羊饲养量达56.04万只。进一步完善“联合党支部+国有企业+村集体经济合作社+合作银行+农户+保险”利益联结机制，为全县2687户脱贫户、移民群众托管养殖肉牛，2023年发放托管养殖分红3450.62万元，户均年增收8000元以上。鼓励引导脱贫人口和监测对象利用自有院落空间及资源资产发展庭院经济。1207户利用庭院养殖基础母羊4.08万只，327户利用庭院养殖肉牛2689头，通过发展庭院经济每户年增收0.5万元。壮大新型农村集体经济，累计投入资金6790万元，实施工程项目17个，进一步改善村集体产业发展条件。全县41个脱贫村集体经济收益944万元以上，其中，10万~50万元23个，50万~100万元7个。

【就业帮扶】 建立乡镇劳动力状况、外出就业、自主创业、技能培训“四本台账”，及时统计脱贫户（监测对象）外出务工劳动力信息，做到底数清、情况明。坚持“需要什么就培训什么”的原则，通过培训机构列单、移民选单、政府买单等方式，增强培训针对性，提升培训质量。截至2023年底，举办电工、美容师、家政服务员、中式烹调师、中式面点师等培训班41个，培训2000人（开展企业职工技能提升培训1108人，就业重点群体培训650人，帮扶家庭劳动力培训242人），完成目标任务的103.2%。搭建就业桥梁，培育壮大劳务经纪人队伍，举办劳务经纪人培训班2期，培育经纪人183名，推动全县农村劳动力转移就业有序化、组织化、规模化。实现农村劳动力转移就业7.3万人，工资收入11.45亿元。其中脱贫人口、监测对象外出务工1.09万人，实现工资收入1.3亿元。促进稳岗就业，发展就业帮扶车间11个，吸纳劳动力1674人，其中，脱贫户828人，监测对象11人。建立就业困难人员公益性岗位托底安置制度，多渠道安置乡村公益性岗位人员762人，确保每个家庭至少有1人稳定就业。

【资金项目管理】 围绕项目库建设、项目实施和资金支出进度等情况，建立“随时检查，重点督办，定期通报，限时办结”机制，确保资金使用公开透明、规范有序。2023年自治区安排各类资金27125万元（中央衔接资金12217万元，自治区财政专项衔接资金7908万元，巩固拓展脱贫攻坚成果同乡村振兴有效衔接地方债券7000万元），其中，中央衔接资金用于产业发展投入7555万元，占比61.84%；自治区衔接资金用于产业发展投入4581万元，占比57.93%。实施衔接资金重点项目83个（产业发展项目40个，乡村建设项目17个，就业项目10个，巩固成果项目16个），项目开工率100%，衔接资金支付率达94.71%。坚持分类指导、精准施策，根据运行现状分类抓好扶贫（帮扶）项目资产管理。全县有经营性帮扶产业项目资产50个，资产价值4.9亿元，稳定发挥效益。

（林丹丹）

自然资源管理

【概况】 中宁县自然资源局为县人民政府工作部门，承担县境内全民所有土地、矿产、森林、草原、湿地等自然资源资产所有者职责和国土空间用途管制、生态保护修复、自然资源调查监测评价、统一确权登记、合理开发利用等18项职责。2023年2月，设自然资源局党委，下辖6个党支部。2023年1月，根据县委机构编制委员会《关于调整县园林管理所等事业单位职能职责及编制事宜的通知》文件精神，将下属事业单位中宁县园林管理所职责和人员编制5人整体转隶县住房和城乡建设局。全局辖属6个全额拨款事业单位和3个定额补助事业单位，设置综合办公室、调查确权登记股、空间规划管制与权益利用股、生态修复股、矿产资源管理股、林业和草原股6个内设机构。局机关有行政编制16人，全额预算事业编制64人。局领导班子职数4名，设局长1名(兼林业和草原局局长)，副局长3名(其中1名兼林业和草原局副局长)。

【规划编制】 编制形成《中宁县国土空间总体规(2021—2035年)》文本、说明书、图集等。编制完成123个村的“多规合一”实用性村庄规划，完成县级部门联审和市级联审程序，着力营造集约高效的生产空间、宜居适度的生活空间和山清水秀的生态空间。

【国土绿化】 2023年，自治区绿化委员会下达中宁县国土绿化营造林任务3.4万亩。中宁县围绕国省干道、园林县城、“美丽乡村”及经济林建设，开展全县植绿增绿工作，实施国省主干道路绿化改造、南山义务植树基地建设、中部防沙治沙建设工程3个重点项目，完成国土绿化营造林面积3.4万亩，占造林任务的100%。其中，人工造林乔木林0.3万亩，未成林抚育提升及退化林改造1万亩，人工造林灌木林2万亩，生态经济林枸杞0.05万亩，其他经济林0.05万亩。

【耕地保护】 严格按照六级耕地保护责任制要求，对耕地实行“一地一码”严格管护。安装完成六级耕地保护二维码警示桩895个，全县16个四级耕地保护责任牌、137个五级耕地保护责任牌全部完成基座安装。完成软件操作培训、账号下发等配套工作，开展日常巡查及图斑核查整改工作。完成设施农业用地上图入库项目备案及上图入库项目81个，合计占用土地2128.7亩，其中，农用地2103.55亩，耕地面积155.08亩。编制完善全县耕地“进出平衡”总体方案。2023年，依法依规流出耕地2473.73亩，流入耕地3282.75亩。截至2023年末，全县基本农田保护面积83.78万亩，耕地保有量119万亩，高于“三区三线”控制指标。

【要素保障及项目用地】 提请县规委会召开会议5次，审定议题37个，其中，项目选址27个，项目规划设计方案7个，专项规划3个。为4个区市重点项目办理用地初审和审查意见，上报区厅办理用地预审，保障重点项目用地需求。为73个重点项目审核办理“一书三证”，为19个重点建设项目组件上报土地14个批次1098.79亩。为西气东输、佳洋能源等4个项目征用土地616.85亩，收回土地4宗1014.44亩。

为7个重点项目办理临时用地审批，督导用地主体完成超期临时用地复垦验收12宗5238.68亩。为14个项目办理划拨用地1265.85亩，为16个项目挂牌出让土地599.07亩，出让价款1.49亿元。

【矿山生态修复】 坚持以自然修复为主、人工修复为辅的方针，持续推进历史遗留矿山生态修复治理工作。根据自治区"三山"生态保护修复专项规划，编制"中宁县黄河流域废弃矿山生态环境恢复治理项目"和"黄河上游风沙区历史遗留废弃矿山生态修复示范工程项目"，争取专项资金，逐年对分布全县的历史遗留废弃矿山进行整治修复。经核查，全县共有642处历史遗留矿山点位，破坏面积达49650亩。通过矿坑回填、渣土清理、植树种草等措施，完成治理498处，治理面积4.5万亩。其中，自然修复150处2145亩，人工修复348处4.3万亩。

【林草资源管护】 全面推行林长制体系，全县设立县乡村三级林长310名，森林警长20名，生态检察长3名，监管员145名，护林员402名，完善"林长＋警长＋检察长"联动机制。全县三级林长开展巡林巡草4200余人次，发现制止破坏森林草原违法行为8起，有效保护全县林草资源安全。与各乡镇、农(林)场签订《中宁县2021年保护发展森林资源目标管理责任书》，压实林地保有量、森林保有量、森林覆盖率、森林蓄积量考核指标工作责任。严格落实建设使用林草地联审联签制度，办理建设项目使用林地审核报批12件44.28亩，办理草原征占用手续14件6294.05亩。杜绝随意侵占、无证采伐、破坏林地草原湿地行为。强化草原管理，开展草原样地调查，将禁牧封育工作纳入年度林长制考核，开展禁牧封育督查巡查72次，查处偷牧羊群、马、骆驼43群，罚款金额25760元，拆除羊圈61座。加强野生动植物保护。开展"清风行动"，对野生动物栖息地、花鸟鱼虫市场、农贸市场、餐厅等329处场所进行巡查检查，收缴非法猎具渔具16个，救助野生动物13只。加强自然保护地保护。对天湖国家湿地自然公园、石峡沟地质自然公园、青铜峡库区湿地自然保护区进行执法巡查，核查保护区人类活动疑似点位22个，维护生态多样性和自然生态安全。

【重大风险防范】 制定《全县自然资源领域"1+37+8"责任清单》和《全县自然资源领域安全生产重大事故隐患专项排查整治2023行动方案》，组织干部对非煤矿山安全生产、森林草原防火、汛期地质灾害等行业领域重点风险隐患进行大排查大起底和"回头看"。排查发现安全隐患166条，整改落实165条，正在整改1条。按照自治区党委"四防"领域常态化督查组反馈清单，整改落实问题24个。

【深化改革】 开展入户调查，摸清家底情况"一本账"。完成全县12个乡镇、2个农场、3个林场、129个村山林地外业调查35.62万亩，其中枸杞1446户8.87万亩，枸杞类符合办证条件的不动产证实现应确尽确，发证率100%。制定9个配套政策文件。加快确权颁证，颁发林权类不动产证66本，确权发证面积3.97万亩，赋予山林权抵押、质押、担保权能，为早康、玺赞等枸杞龙头企业办理融资贷款2700万元。完成首单商业性林业碳汇价值保险8600亩，价值111.6万元。发展林下经济企业3家，林业合作社31家，家庭林场3家，农家乐3家。

全县林下经济经营利用林地面积2.65万亩，综合产值2800万元。节地挖潜，盘活利用土地资源。2023年，宁夏林业和草原局下达中宁县处置批而未供土地任务853.5亩。制订《中宁县批而未供和闲置土地盘活利用专项行动实施方案》，采取先租后让、弹性年期、转让预告登记、调整规划用途等措施，盘活处置批而未供土地747.6亩，盘活处置率达87.59%。自治区国土资源厅下达中宁县闲置土地处置任务231.97亩，中宁县采取限期开发、征收闲置费、收回土地等方式，依法处置闲置土地338.1亩，处置率145.75%。创新供地，加快产业融合发展。按照“建多少，用多少，供多少”原则，采取国有土地租赁、集体土地流转、公益性建设用地划拨、经营性建设用地“点状”出让等混合供地方式，为玺赞枸杞庄园、丰安屯度假区、黄羊古村落等乡村振兴全域旅游重点项目提供用地服务，推动一二三产业融合发展。盘活城镇低效土地。印发《中宁县城镇低效用地再开发专项规划（2022—2025年）》，分年度对城镇和工业园区6种类型188.1公顷低效用地进行再开发。盘活开发地块7个，盘活面积16.7242公顷。土地入股，增加农民财产收入。将丰安屯、黄羊古落等项目区内果园、林地，采取土地流转方式，提供给企业统一经营管理。农民依靠土地“入股”，在拿到土地流转费的同时，剩余劳动力就近就业，有效促进三产融合发展，增加群众财产性收入。

【自然资源执法监察】 落实执法动态巡查制和禁采禁垦禁伐禁牧“四禁”责任制，开展土地矿产动态巡查298次，发现并制止违法行为35起，立案查处违法行为31起，收缴罚没款113.3218万元。开展湿地巡查38次、林地巡查32次，查处破坏占用林草案件8起。调查处理2022—2023年涉林行政处罚案件6起、涉草行政处罚案件16起，查处破坏森林草原资源案件8起。实地核查自然资源部下发2023年土地卫片图斑745个、矿产卫片图斑14个。完成区厅下发中宁县2023年全时域监测图斑85个。补充摸排农村乱占耕地建房专项整治行动非住宅类房屋疑似图斑8386个。经查，原已摸排并予关联的图斑1602个，应增加房屋信息的图斑4797个；不涉及2013年以来乱占耕地建房的图斑3589个。应增加房屋信息中，非住宅类房屋868个，面积1770.69亩（耕地1495.75亩、永久基本农田19.52亩）。通过农村乱占耕地建房数据汇交平台进行上报。完成自治区农房办督办农村乱占耕地建房问题图斑12个。

【自然资源统一确权及不动产登记】 按照资源公有、物权法定和统一确权登记原则，对不同自然资源种类和保持相对完整的生态功能、集中连片划分登记单元方法，将县域内水流、湿地、森林、草原、荒地等自然资源国家所有权和自然生态空间进行预划分，并对预划登记单元进行更新，预划分3273个登记单元，面积为125163.94公顷，其中，水流登记单元80个，面积为7237.33公顷；湿地登记单元42个，面积为154.94公顷；森林登记单元1217个，面积为2177.91公顷；草原登记单元1553个，面积为114496.47公顷；荒地登记单元381个，面积为1097.29公顷。在12个乡镇129个村委会公开栏张贴通告145份，对登记单元进行信息关联，填写地籍调查表，完成工作量50%。通过线上线下办理不动产登记业务65788件，化解金海名邸、天仁名邸、沃尔德都市花园等8个小区不动产登记历史遗留问题3103个，化解率100%。

【集体土地入市试点】 经中宁县申请，自治区自然资源厅筛选推荐，自然资源部于2023年3月1日批准将中宁县列为全国集体经营性建设用地入市改革试点县，与贺兰县、平罗县、盐池县一同成为宁夏首批被列入试点市县。中宁县公布实施《中宁县集体建设用地基准地价》，结合实际制定《中宁县农村集体经营性建设用地入市管理办法（试行）》《中宁县农村集体经营性建设用地入市流程及决策办法（试行）》等地方条规，从集体经营性建设用地入市途径、范围、条件、入市主体、入市程序、收益、税费、转让、监督管理等方面，明确入市事项审核流程、集体决策办法、收益分配机制，规范集体经营性建设用地入市行为。全县完成10宗集体经营性建设用地入市交易，交易金额2260.49万元。

【提案办理及信访矛盾化解】 全年办理人大代表建议和政协委员提案7件，其中县十八届人民代表大会第二次会议代表议案1件，县十八届人民代表大会第二次会议重点督办代表意见建议2件，县政协十三届二次会议委员提案4件，全部完成办理答复。全年排查办理矛盾纠纷信访案件149件，年末全部办结。

（李铁军）

枸杞产业发展

【概况】 中宁县枸杞产业发展服务中心，是中宁县人民政府直属正科级事业单位，内设机构5个，分别是办公室、党建办、生产服务站、品牌建设站、企业服务站。核定编制32人，2023年，实有干部32人，其中，主任1人，副主任4人（挂职1人），全部为事业人员。

【基地建设】 坚持一手抓老基地改造提质，一手抓新基地扩规增量，新植、改造枸杞基地3.1万亩，深化“企业＋基地＋合作社＋农户＋社会化服务组织”利益联结机制，夏季干果平均价格达54.2元/千克，同比上涨35.5%。创建自治区现代枸杞产业百亩、千亩绿色丰产示范基地19个，建立有机肥替代化肥示范园8个，繁育枸杞良种1000万株。

【龙头保杞】 争取国家农村产业融合发展示范园、中央预算内和自治区统筹预算内资金8793万元。持续实施“小升规”和“个转企”行动。培育骨杞草、杞乡生物、源乡枸杞3家国家高新技术企业。推进项目建设，杞福源精深加工、华宝隆枸杞精深加工等6个重点项目建成投产，完成固定资产投资1.8亿元，完成招商引资到位资金2.05亿元。

【科技兴杞】 强化平台建设，杞滋堂（宁夏）健康产业有限公司获评自治区人才小高地。深化新品研发，审定枸杞良种1个，获得自治区科技成果登记5项。深化院（校、所）地企合作，推出枸杞巧克力、枸杞十方膏、枸杞红茶、枸杞酱酒、枸杞饮品科研新品20余种，成功举办第二届全区现代枸杞产业茨农技能大赛并获得团体一等奖，培训高技能人才和技术骨干50人次，实用技术人才500人次。

【质量立杞】 制定枸杞粉、冻干枸杞等5项团体标准，严格落实“五步法”绿色防控技术，枸杞病虫害绿色防控覆盖面达100%。强化种植、加工、销售等环节检验检测，抽检产品1800批次，中宁枸杞产品合格率达100%。指导企业申报使用“中宁枸杞”地理标志证明商标、质量追溯标识和枸杞原料“赋码”包装箱，实现中宁枸杞和其他产区枸杞分类管控。

【品牌强杞】 加快国家级中宁枸杞市场建设，实施宁夏中宁国际枸杞交易中心服务业集聚区项目、枸杞博览馆标准仓储改造工程，提升改造标准化仓储（地库）1.6万平方米，夯填平整地面基层6800立方米，修缮会展中心屋面1.2万平方米。打造中宁枸杞区域营销中心2家、一杞生活馆和官方旗舰店10家，建设销售专柜200余个。深化与京东、抖音等新媒体平台合作，枸杞产品网销额达42亿元，同比增长18%。

【文化活杞】 通过央视一套《山水间的家》、中宁枸杞进亚运、浙江卫视《一桌年夜饭》等系列宣传活动，使中宁枸杞原浆成为“国礼”，中宁枸杞影响力不断提升。成功举办第六届枸杞产业博览会，开展24项系列活动，促成招商引资及采购商项目签约51个，签约金额达106.46亿元。推进枸杞康养旅游、工业旅游、采摘观光三个示范带建设，玺赞枸杞庄园、华宝枸杞健康体验馆等“串珠成链”。

【新路子探索】 统筹粮食安全和产业发展，结合压砂瓜退出区域生态修复和产业替代，聚力推动枸杞种植“上山入园建基地”。在鸣沙、太阳梁等区域新植枸杞1.1万亩，新植面积占全区的90%。通过增施有机肥、节水灌溉等措施，改造提升宽口井、红梧山等低产低效园2万亩，有效解决群众务工就业10万余人次，增加群众务工收入4000余万元，走出了一条产业发展生态化、生态修复产业化、土地和水资源节约集约化利用的新路子。

【利益联结机制健全】 建立县乡村、各有关部门、专业技术人员联动包抓枸杞产业促乡村全面振兴机制，形成全县上下推进基地稳杞工程、推动产业高质量发展合力。采取“企业+基地+合作社+农户+社会化服务组织”产销对接模式，依托宁夏早康公司、华宝公司、中宁枸杞产业集团等龙头企业，农民合作社、家庭农场、小农户等主体共同参与，企业与合作社以及农户签订生产收购订单，农户按照合同规定进行生产，新型经营主体提供技术指导并收购产品，带动农户连片发展枸杞产业。夏季干果平均价格达54.2元/千克，同比上涨35.5%，枸杞产业规模化种植亩均利益达2880元，同比增长8.8%，农户种植亩均利益达1690元，同比增长7.5%。

【“中宁枸杞”品牌聚合效应激发】 结合中宁枸杞品牌宣传，以中宁枸杞产业集团为主体，推进中宁枸杞进亚运活动，推促中宁枸杞品牌运营管理有限公司为杭州亚运会官方供应商，借助授权使用“中宁枸杞—杭州第19届亚运会官方供应商、官方指定产品”等亚运会无形资产权益，激发“杭州亚运会+中宁枸杞”品牌叠加和放大效应。开展央视一套《山水间的家》系列宣传活动，深度解读中宁枸杞历史文化、品牌、市场，《山水间的家》观看人数超过6000余万人次，预计影响力达到1.5亿人次，全景展示中宁枸杞产业高质量发展。

（冯　丹）

水　　务

水务建设

【概况】 中宁县水务局是中宁县人民政府组成部门，是中宁县全额拨款的一级预算单位，执行《政府会计准则》和《政府会计制度》。主要职责是水利工程建设、农村饮水安全、农业灌溉、水土保持、水资源管理、水旱灾害防御、水库移民管理、水利安全生产与质量监督、河湖长制服务管理等。2023年，水务局设置3个内设机构，所属13个事业单位、1个企业。有职工139人（行政10人，全额88人，自收自支31人，企业10人），专业技术人员73人（高级12人，中级27人，初级22人，技术员12人），3个党支部，100名党员。2023年，实施重点项目16个，谋划项目29个，争取资金1.63亿元，完成投资2.03亿元，完成招商引资任务3500万元。

【重点水利工程项目建设】 投资2696万元，完成2022年清水河中宁段防洪治理工程（续建）。新建护岸15处，长2.8公里，砌护天湖退水沟道4条，长1.8公里。投资1623万元，完成2022年水库移民后期扶持第二批结余资金项目。对宁安镇洼路村、莫嘴村、石空镇枣一村、高山寺村进行基础设施改造，对北滩渠进行渠道砌护改造，强化基础设施建设。投资1237万元，完成2023年大中型水库移民后期扶持项目。涉及鸣沙镇、白马乡等5个乡镇19个行政村。投资1270万元，完成2023年大中型水库移民后期扶持结余资金项目。对鸣沙镇李滩村、长滩村进行基础设施改造，对柳青渠进行渠道砌护及信息化提升改造。投资696.02万元，完成中宁县2023年农村人饮改造工程。解决太阳梁乡渠口社区供水管网“跑、冒、滴、漏”问题和喊叫水乡北沿口村集中供水困难问题，直接受益人口2270户8277人。投资2.41亿元，实施中宁县水系连通及水美乡村建设县项目。投资6667.72万元，实施2023年清水河中宁段防洪治理工程。完成配套建筑物18座，水生态保护与修复土方回填2处，恢复及新建堤防12公里，完成护岸工程19处，长2.55公里的基础砌护。

【巩固拓展脱贫攻坚成果同乡村振兴有效衔接】 牵头帮扶喊叫水乡高岭村和舟塔乡康滩村，结对帮扶村太阳梁乡南塘村，全局93名职工帮扶210户，6个定点帮扶村派出驻村第一书记3名、驻村干部4名。投资49.7万元，完成县管五条渠道春修工程，修缮渠道工程42座、清淤疏浚17.66公里；帮助高岭村解决滞销麒麟瓜2万斤。

【水资源管理】 通过严格执行计划用水、节约用水、超量加价政策，切实管好用好有限的水资源，确保年度用水既不超标，也不浪费，还有节余。严控三大用水不超标。全面运用确权成果配置水资源，分解下达农业用水指标5.24亿立方米、工业用水指标1699.60万立方米、生活服务业用水指标1930万立方米。全县农业灌溉实际用水4.879亿立方米，工业实际用水1433.78万立方米，生活服务业实际用水1128.69万立方米，三大用水实际用量较计划用水指标节水4677.13万立方米，水资源利用效率显著提升。盘活闲置水权不浪费。收储闲置用水权，收储工业用水权68.83万立方米，规模化养殖业用水权114.42万立方米，盘活用水权144.73万立方米，征收初始水权使用费608.87万元。通过撮合、协商等方式促成鸣沙镇与渠口农场、太阳梁乡完成农业用水权交易3笔，交易水量450万立方米，交易金额113.4万元，解决渠口农场、太阳梁乡的夏秋灌用水不足问题。违规取水行为"不放过"。全年开展执法巡查检查121次，处理违法行为21起，立案查处违法水事案件4起，行政罚款23.8万元。立案调查徐套乡蓄水池"8·29"溃口事故，对涉案的5家公司及14名相关责任人完成行政处罚，行政罚款38.49万元。开展"互联网+监管"工作检查25次，跨部门"双随机，一公开"检查工作2次。完成12个乡镇近600眼农业自备井排查工作，关闭自备井15眼。

【河湖长制】 统筹推进河湖长制各项工作，加强水环境治理。开展河湖岸线清理整治，加强水域岸线管控，全面排查整治河道行洪突出问题164个，清理整治"四乱"问题40余个。对重点河湖沟道问题易发地段加强巡查监管力度，开展拉网式排查20余次，下发《督办通知》51份，督促相关乡镇对105个问题及时整治到位。动态调整三级河长224名，有效巡河次数达8975次。投资701万元，实施完成红柳沟小流域水土流失综合治理工程，增加水土保持治理面积15平方公里。核查水土保持疑似违规扰动图斑60个，督促30个"未批先建"违规违法生产建设项目整改落实到位。审查审批水土保持方案47个，收缴水土保持费82.46万元，监督检查生产建设项目60个，下达意见书60份，督促生产建设单位完成5个水土保持设施验收工作。

【水利工程安全生产与质量监督】 加强隐患排查，先后召开动员部署会1次，工作推进会3次，专题会议1次，对全县范围内207座蓄水池、11座骨干坝、3座水库、3座强排泵站、1座小型水电站、5条县管渠道、39条山洪沟道、49处重点水域、75公里黄河堤防、12个在建项目、6个人员密集场所、4个供水站、133个行政村山洪灾害预警系统、防汛物资储备等

14个方面进行检查并建立台账。发现一般隐患215条，整改215条，整改率达100%。严格执行《自治区水利工程质量监督程序》，办理拟建项目质量安全监督书12个，覆盖率达100%，开展在建水利工程质量专检36次。验收分部工程22个，验收单位工程8个。完善工程质量安全监督工作制度，不断规范工作流程，先后制定《水利工程建设安全生产监督检查管理制度》《安全检查和隐患治理制度》等6项制度。

【水旱灾害防御】 开展培训演练，提升应急能力。开展2023年水库、淤地坝及蓄水池“三个责任人”技术培训、水旱灾害防御知识培训、防汛抢险应急演练。加强维修治理，确保安全度汛。完成2023年凉风崖和小湾水库维修养护项目、应急抢险工程、险工险段应急抢险治理任务，解决小湾水库、凉风崖水库、石空镇高山寺段、宁安镇营盘滩段存在安全问题，确保安全度汛。储备应急物资，壮大抢险队伍。修订完善《中宁县山洪灾害防御预案》等5项应急预案，储备防汛物资7类24种，涉及堵排固等水利抢险物资，充分满足短时强降雨需要。建立水务局水旱灾害应急抢险领导小组办公室，组编3支抢险队伍，主要领导统帅部署，分管领导分别带队，所有人员10分钟集结到岗，开展应急救援。与3家施工单位签订应急抢险救灾合作协议，储备机械百余台，人员300余人，全县配备预警广播等各类设备376套。

【水库移民】 完成2023年移民人口复核及直补资金发放工作。在全县11个乡镇44个行政村，发放直补资金403.86万元，受惠群众6731人。将发放情况录入杞乡清风智慧监督执纪大数据平台，接受移民群众监督。推进项目储备工作。通过广泛征求意见，经过认真梳理和筛选，谋划建立《中宁县2023—2025年度大中型水库移民后期扶持项目库》，谋划2023年大中型水库移民后扶等14个项目，估算投资10900万元。推进宜居宜业美丽移民村建设。按照2021—2025年大中型水库移民后期扶持规划，中宁县向水利厅水库移民管理处申报并纳入美丽移民村建设工程4个，估算投资3468万元，涉及宁安镇、白马乡、石空镇、鸣沙镇4个乡镇6个移民村，受益移民8300人。

【农村饮水安全】 实施中宁县2023年农村人饮改造工程。投资696万元，完成入村支管铺设4.1公里，入巷管道铺设10.2公里，入户管道74.3公里，水表安装1600户，新建、翻建阀井164座，完成总工程量75%，工程建成后，受益群众2270户3800余人。强化农村供水工程维修养护，实施2023年中宁县农村饮水安全维修养护工程。投资130.1万元，对宁安镇、石空镇、恩和镇、大战场镇、白马乡、喊叫水乡、徐套乡、太阳梁乡8个乡镇13个行政村现有农村饮水安全工程维修改造，更换管道15.61公里，新建、翻建阀井23座，维修联户水表井38座，受益群众3352人。

（王　乐）

七星渠管理处

【概况】 2023年，全处在职职工123人，其中，管理人员15人，专业技术人员67人，技术工人41人；大学专科以上学历101人，中级以上职称40人。宁夏回族自治区七星渠管理处全年收入554.97万元。其中，供水收入507.94万元；国有资源有偿使用收入47.03万元，全额上缴财政；财政核拨资金3068.98万元。

【灌溉管理】 全方位落实“四水四定”原则，强化总量控制和定额管理，科学编制水量调度预案。针对黄河来水不稳、进口闸引水不足等不利因素，采取编组轮灌、错峰用水措施，提高水量调度的精准性和时效性。强化供用水过程管理，发布水情预警信息35条，完善量测水资料，及时公布水量水费账目，让群众淌明白水、交明白费。开展水质检测3批，化验水样9个，确保灌溉水质安全。完成12块农田4种作物灌溉水利用系数测算，采集数据240个。统筹优化配置水资源，保障枸杞、葡萄、奶牛等“六新六优六特”产业发展，构建全方位供水新格局。全年引水8.6亿立方米，供水7.2亿立方米，其中向红寺堡、固海扩灌、同心三大扬水灌区供水5.4亿立方米，向自流灌区供水1.8亿立方米。向鲁家窑、南坪等86座山区水库补水1.2亿立方米。支持泉眼山水电站发电334万度。

【工程建设与管理】 锚定“补短板，强弱项”目标，推进项目前期工作，总投资9.3亿元的七星渠现代化改造可研通过自治区发改委批复，总投资3698万元的七星渠进口闸和渠道砌护改造纳入自治区现代水网体系建设项目，清水河渡槽列入固海扬水灌区现代化改造（五期）工程并通过水利厅批复，《七星渠调度中心修缮加固工程初步设计报告》争取自治区财政厅评审。完成渠道清淤3.6千米，渠堤加固3.9千米，砌护渠道120米，维修砼板4841平方米，保养启闭机386台，检修水闸34座，维护生产管理设施13处。探索“内部加强砌护＋外部修筑副堤”模式，治理沙滩、唐家湖、红石嘴、曹桥险工段4处。

【防汛抗旱】 加强水旱灾害防御，修订防汛应急预案和安全生产事故应急救援预案，开展演练10场次，签订联防协议28份，组建联防队伍21支，落实机械27台、人员686人。

【安全生产管理】 开展重大隐患专项治理行动，完成消防隐患消缺14项，实施灶具“气改电”15处。落实全员安全生产责任制，签订各类责任书252份，组织安全培训8期480人次。开展“安全生产月”活动，印发“防溺水”宣传资料1200份，喷涂警示标识251条，配发救援绳32条、救生圈42个。开展“水安将军”网络答题等活动224人次。推进城乡危旧房排查整治，拆除危房2990平方米，维修房屋527平方米。落实管理处月查、管理所旬查、管理段候查制度，全年开展安全检查194次，整治风险隐患81项。压实网络安全责任。果断处置双阴洞渡槽漏水、古城节制闸启闭机故障、高干渠水泥厂段滑塌险情。

【信息化建设】 优化灌区标准化平台，完善水位遥测、视频监控、水闸控制等软件功能，构建具有预报、预警、预演、预案功能智慧水利体系。开展标准化平台等保测评，健全网络安全制度，实施机房升级改造，做好88套遥测设备维修保养。以“远程操控，计量收费，规范管理，效益发挥”为目标，着力在流量比测、数据应用、维修保养方面下功夫，建测控一体化闸门数据应用率达100%。

【依法管水】 开展“世界水日”“中国水周”“国家安全教育日”“旁听法院庭审”活动，研究法治建设15次，组织集中学法74次。举办《民法典》《黄河保护法》《水行政处罚实施办法》专题培训5期260人次，委托法律顾问审核制度、合同22份。“八五”普法成效明显，常态化开展扫黑除恶斗争，组织水政巡查116次，排查化解涉水领域矛盾纠纷9起，化解信访积案1件，制止乱挖乱建行为5起。

【财务管理】 坚决落实过紧日子要求，加强国有资产管理，公开竞租3宗国有土地，上缴收益45万元。开展宁夏七星水利工程有限公司专项审计调查。完成2022年度基本支出和渠道维修养护项目支出绩效评价。强化内控管理，预算资金支付率在厅属单位名列前茅。全年收缴水费508万元，实现“水停费清”。加强业务培训和岗位练兵，荣获水利厅财会法规知识竞赛一等奖。

（李 晖）

固海扬水管理处

【概况】 2023年，固海扬水管理处在职职工771人，其中高级工程师30人，工程师67人，助理工程师126人，高级技师83人，技师188人。全年固海扬水工程安全运行163天，引水4.72亿立方米，配水4.20亿立方米，商品水率89.02%，固海系统能源单耗4.29千瓦时/(千吨·米)，固扩系统能源单耗4.04千瓦时/(千吨·米)，完成供水收入5834.34万元，保障灌区161.79万亩农田灌溉和120万人口、70万头大家畜的安全用水，灌区实现“二十连丰”。固海扬水工程获水利部“人民治水 百年功绩”称号。

【灌溉管理】 面对黄河来水偏枯形势，管理处坚决贯彻“四水四定”原则，把抗旱保灌责任扛在肩上，统筹城乡人饮、特色产业、生态补水、重大工程和农业灌溉用水，与灌区政府建立沟通机制，精准制订供水计划，采取提前开灌、适时补灌、错峰轮灌等方式，有效缓解高峰期用水压力，确保应灌尽灌、应蓄尽蓄。推进节水型灌区建设，发放节水宣传单3000余份，参加2023宁夏节约用水知识大赛获优秀奖。推广应用新型量测水技术，提升供水精细化水平。修订《固海扬水管理处灌溉管理制度》，加强抽灌地供水管理，商品水率稳步提升，用水权得到有效保障。适时开机补灌5天，保障大战场灌区1万亩小麦及时灌溉；夏秋灌为马塘灌区增流0.4立方米/秒，全力支持喊叫水乡特色产业用水需求；为原州区加大流量供水9天，解决因寺口子水库补水不足致使原州区无法完成春灌任务难题；采取系统联调，向石炭沟灌域补水61.34万立方米，化解因区域种植结构调整引发的用水矛盾。泉眼山泵站“6+1”模式运行49天，较“5+2”运行模式多引水1609万立方米。

【安全生产管理】 汲取“6·21”“7·22”事故教训，全面落实安全生产风险管控“六项机制”，深入推进水利重大事故隐患专项排查整治2023行动和安全生产风险专项整治。管理处党委班子成员全面落实包抓包保安全责任，联合红寺堡扬水管理处联合开展安全生产工作“交叉互查”，定期开展鼠(獾)等害堤动物风险隐患排查，更换安全警示标牌2177个，安装“三个责任人”标识标牌14处，整改一般隐患135项、重大隐患1项，对及时发现安全隐患的集体和个人进行表彰奖励，整改率100%。拆除、查封老旧房屋26处8554平方米。开展安全、消防等“五进”宣传活动，发放宣传材料4100余份，发送防溺水短信6万条，开展各类应急救援演练活动45场次。“水安将军”网络知识竞赛取得全国水利企业500~1000人组第一名，获水利部办公厅优秀集体奖，科普作品《革新“涂”强》获宁夏科学实验展演会演三等奖。

【工程管理】 全年工程建设投资3630万元，完成建设项目26项，日常维护水工建筑物1459座、渠道整修4.5万平方米、疏通21.5公里，渠道集中改造340米，渠堤除险加固510米，改造测配水设施95座，工程完好率97.4%，安全运行率100%，为安全行水提供坚实保障。推进基层管理设施升级改造，完成李堡等13座泵站厨房、卫生间及职工宿舍改造，黑水沟泵站主厂房室内及厂区设施改造，管理处库房改造，扩灌系统及马塘13座泵站旧管理房通暖改造3500平方米。

【防汛抗旱】 树立“防大汛、抗大旱”安全意识，早计划、早部署、早落实。汛前督查做到组织、制度、人员、物资、预案及措施六落实，对全处防洪工程重点部位、薄弱环节全面复查，制定防汛维修计划并落实。修订完善处站两级防汛抢险应急预案，抓好预案学习和预案演练，提高防洪抢险应急反应能力。根据各泵站防汛现状，开展防汛物资大盘点，投入17.18万元采购17类29项防汛材料并及时发放，保障防汛物资储备。进入汛期后，开展专项督查工作6次，压实防汛责任，遏制安全事故发生。

【机电管理】 维护29座泵站机变电设备5870台套，机变电设备大修57台（套），一、二次设备维护841台，严格执行“班（组）—站（队）—处”三级验收制度，严把验收关。全年机电设备总用电量3958.04万千瓦时，固海系统能源单耗4.29千瓦时/（千吨·米），固扩系统能源单耗4.04千瓦时/（千吨·米），系统装置效率、能源单耗、用电力率等主要经济指标明显优于往年，设备运行安全高效。加大标准化建设力度，完成黑水沟泵站标准化创建，大战场、龙湾、石峡口等7座泵站1715个老旧安全警示标牌更换、扩灌系统泵站、马塘水库14座蓄水池“三个责任人”标识标牌安装，提升泵站工程标准发展的新内涵。编制宁夏大中型扬水泵站标准化管理高压变配电设施设备（变电站）运行管理手册工作，固海泵站标准化、灌区标准化自治区级达标单位申报完成。

【水政与水资源管理】 加大水行政执法力度，治理15起管理难点问题，实现渠道“四乱”动态清零。精细管护扩灌三干渠、固海五干渠沿线等509.1亩防护林；为天湖生态湿地公园补水259 万立方米，徐套、喊叫水区域生态修复供水1070万立方米，同心县植树绿化供水3.5万立方米，推动灌区生态向好趋优。

【财务管理】 强化资金动态监控，落实资金绩效管理，提高内部管理水平。持续优化资产管理，抓实国有资产入账工作。坚持程序化采购，提升物资采购质量和效益。坚持内外审结合，提高防控风险能力。重点围绕落实管理处决策部署、资金使用、资产管理、履职尽责等方面强化离任经济责任审计。通过内外审相结合，及时发现和纠正财务管理中存在的问题，促进领导干部认真履职、廉洁从政，提高其自觉遵守财经法规的行为和意识。

【科技创新】 加强信息化基础设施建设运维力度，推进固海扩灌数字孪生建设，实现扩灌系统及马塘泵站92台主机组开停机全流程自动控制，扩灌系统165公里渠道实现全视频监控。对调度中心和29座泵站综合自动化监控系统进行升级,实行机电运维、灌溉调度、物资管理工作一平台管理、一流程执行。

（李贵省）

红寺堡扬水管理处

【概况】 2023年,宁夏红寺堡扬水管理处上水163天,累计引水2.96亿立方米,黄河泵站跨渠系补水1.67亿立方米,灌溉面积96.66万亩;设备完好率91.75%,工程完好率92%,能源单耗4.17千瓦时/(千吨·米),水商品率88.83%,计收水费3551万元收缴率100%。2023年,管理处在册职工385人,其中处领导7 人,科级干部51人;具有大专及以上学历213人,专业技术人员164人,正高职工程师1人,副高级工程师15人,中级职称59人,助理级74人。

【灌溉供水管理】 2023年,计划上水163天,实际上水163天;上水量2.96亿立方米;计划配水量2.64亿立方米,实际配水量2.63亿立方米,完成计划的99.62%;灌溉面积96.66万亩,比上年增加3.02万亩;商品水率88.83%。管理处面对灌区面积增加、人口增多、特色产业快速成长和区域经济社会发展对扬黄水资源刚需增大的形势,落实“四水四定”,科学调、精细管、从严控,用好管好水资源,保障灌区水安全。

【防汛抗旱】 推进“四预”(预报、预警、预演、预案)建设,修订4项预案,开展防汛、机电及网信安全反事故演练30场次,成功应对“7·14”强降雨天气。通过增设警示牌、播放小视频、发送短信息、上好公开课等强势开展防溺水宣教,收效良好。落实总量控制、指标管理要求,逐日调度逐月核算,指标调整“点”对“点”控制,建立预警机制,用好调控措施,倒逼节约用水。优化“渠库联调”方案、用活“长藤结瓜”模式,优先解决急难问题,夏秋灌延长供水,冬灌协助交易增加水指标,做到应灌尽灌、应蓄尽蓄,开展“三严两提升”“机关下基层、进灌区、抓安全、保供水、解民忧”等3项活动,形成人心齐、风气正、干劲足的良好局面。抗旱保灌夺取全面胜利,群众赠送锦旗34面。

【安全生产管理】 开展防汛演练等25场次。建立一把手督安全机制和三级“包干包抓”责任制,修订《机电设备评级标准》等5项制度,建立险工段和病险建筑物风险防范手册,用好周通报、月考核、季例会机制,发现问题点名通报,时刻绷紧安全弦。联合兄弟单位相互“找茬”,全处分层次开展自查300余次,查治缺陷隐患72项。紧盯自治区“四防”督查组和水利厅检查组反馈问题,确保生产安全、防汛安全和职工安康。

【机电运行与管理】 设备完好率91.75%,能源单耗4.17千瓦时/(千吨·米),安全运行率100%,泵站效率65.83%,能源单耗4.17千瓦时/(千吨·米),用电力率95%;投运机组558台次累计运行187595小时,投运主变压器46台次累计运行85371小时,系统平均运行负荷67286千瓦;执行操作票1537张、工作票112张,合格率100%。大修水泵31台、电机3台、阀门11台,维修保养机电设备1867台(套)、信息自动化设施102套;推进三网分离、制订网络应急预案,强化信息化网络管理。

【工程建设与管理】 完成渠道砼板维修8834

平方米，渠道清淤2000余立方米，屋面防水维修440平方米，渡槽伸缩缝涂护182平方米，更换止水橡皮条95米，保养启闭设备75台套，现浇混凝土284立方米，浆砌石砌筑134立方米，浆砌石（含水泥砂浆抹面）勾缝118平方米，完成干渠2000亩林地管护任务；严格落实渠道巡护检查制度和生产交接班制度，加强渠道日常巡检管理工作，强化隐患消缺处理工作，确保渠道工程安全运行。

【水管体制改革】 落实培养包抓和“师带徒”机制，新增师徒对子17个；建立新职工生产期一线锤炼、停水期机关历练制度，与设备厂家搭建培训“孵化”平台，选送骨干到湖北洪城阀门厂学技能；集中举办培训班10期，常态化开展岗位练兵、一事一训。汇集规章制度130项、规程预案手册4部，规范“六项管理”。实施3座泵站泵坑视频监控补缺项目，泵站、渠道、水闸远端监视、控制、计量和数据采集分析等功能探索应用，巡渠通常态化使用，二维码身份管理向全业务延伸。编制目视化方案并在7个站所实施，先后制作安装泵站、渠系建筑物标识牌、流程图、操作规程等2000余块。支泵站改造可研报告获批，红二、三泵站出水渡槽维修加固等列入自治区现代水网体系建设项目。建立“水管单位+公安部门”联合执法机制，中宁县为红一、二干渠安装7.2公里标准防护栏杆，消除安全隐患，红寺堡区、同心县支持泵站绿化亮化和垃圾社会化处理，助推美丽泵站建设。

【信息化建设】 整合国家级技能大师工作室、技能人才创新工作室等资源，引进VR虚拟现实技术，建成VR虚拟现实实训室、仿真智慧教室、创新研讨室和“红扬培训”文化廊道，实现平台应用“无限可能”。与设备厂家建立联动机制，通过现场研讨、远程研判等解决技术难题4项。坚持科研应用并重，《自动回转式清污机在黄河水源泵站单机单流道侧向进水条件下的布置设计与应用》等2个科技项目分获宁夏水利科技进步奖二等奖、三等奖。开展“五小”（小发明、小创造、小革新、小设计、小建议）活动，出水液控阀阀板抖动修复等8项“小技改”成效显著。

【水行政执法】 建立领导干部学法清单及会前学法“一刻钟”制度，开展培训、答题等活动22场次；利用世界水日、中国水周、“12·4”法制宣传日等，开展水法规“六进”活动，集中开展水法规宣传活动22场次；依法查处水事违法案件2起；开展反酒驾醉驾、反治安违法、反刑事案件、反电信网络诈骗等法治宣教活动28次，干部职工法纪意识明显增强。

【财务管理】 科学编制财务计划，严格执行预算指标和控制指标，对公务费、办公用品、车辆和生产能耗等划定指标，责任到人，严肃奖惩，建立2023年预算资金支出台账，监督各项资金支付进度。2023年，收入11309.78万元，其中，财政拨款收入11290.86万元，利息收入1.87万元，其他收入17.04万元；费用合计12119.22万元；本年盈余-809.44万元。水费收入3550.97万元，全部上缴财政。

【水利宣传】 2023年，编发《红扬动态》21期，公众号刊发信息517条、宁夏水利网刊发135条（位居厅属水管单位第一）、驻地融媒体宣传27次，《宁夏日报》等主流媒体报道34次，红寺堡扬水登上央视新闻等国家级主流媒体。

（刘兴龙　张顺康）

城乡建设　生态环境保护

城乡建设

【概况】 2023年,中宁县住房和城乡建设局下辖事业单位6个:房地产管理所、建设工程质量安全监督站、村镇建设站、城市监察大队、市政管理中心、园林管理所,其中村镇建设站、建设工程质量安全监督站和园林管理所为不定级别事业单位。有行政编制10名,事业编制76名,聘用编制3名;市场服务中心分流人员14名;公益性岗位5名;西部计划志愿者1名;"三支一扶"人员1名;大学实习生1名;临聘人员72名。

【老旧小区改造】 坚持"一楼一策",因地制宜完成2022年47个老旧小区室外配套及2023年41个老旧小区楼体改造,2023年老旧小区室外配套改造已完成35个小区;10月上旬,自治区组织全区住建等系统对老旧小区进行观摩,红宝家园作为观摩点进行经验交流。

【美丽乡村建设】 坚持土地资源高效节约利用和居住区域集中合理布局原则,以"打造重点镇,培育中心村"为目标,统筹规划、分批建设重点小城镇和美丽宜居村庄,完善乡村道路、休闲广场、环境绿化、垃圾处理等基础设施建设,满足村民群众生活需求。其中石空镇重点小城镇2023年项目已完成18个、开工3个,新堡镇南湾村、恩和镇沙滩村、白马乡白马村、喊叫水乡周马庄子村等四个美丽宜居村庄分别完成年度目标任务的47%、86%、95%、91%,加快推进余丁乡黄羊村传统村落保护项目,助力乡村旅游发展。根据《中宁县移民安置区基础设施建设三年攻坚行动实施方案》,2023年投入2990万元实施项目7个,逐步完善喊叫水乡周马庄子村等12个移民村基础设施建设。

【人居环境整治】 投入资金1200万元开展农村卫生保洁市场化运行,实行"户分类、第三方公司收集转运、县处理"工作模式,坚持因地制宜,不断完善垃圾分类治理新模式,推进农村人居环境整治提升。加快推进农村生活垃圾分类和资源化利用,2020年投资5976万元实施中宁县再生资源仓储及交易中心建设项目,累计出库各类资源回收物18181吨,实现农村生活垃圾治理率、无害化处理率、分类和资源化覆盖面分别达到100%、96%、30%,巩固全区农村生活垃圾分类和资源化利用一级示范县成果,获得自治区奖补资金40万元,投入1700万元实施中宁县城乡生活垃圾治理环卫设施提升改造项目,在新堡镇、石空镇等5个乡镇各新建1座垃圾压缩中转站,已建成3座,项目建成运行后,全县农村生活垃圾资源化利用率将达到35%以上。加快推进12个乡镇56896户农房清洁取暖工作,2023年,投资1.54亿元完成14164户农村地区群众热源侧清洁化改造。

【危旧房抗震宜居农房改造】 2023年,完成低收入群体危房、抗震宜居农房改造151户。持续加大城乡自建房安全专项整治和农村D级危房整治,排查全县自建房135675栋,消除安全隐患360户,整改率99.2%,专项整治工作取得阶段性成效。

【城市管理】 改善基础环境。完成9条市政道路约14.3公里雨污分流管网改造,实施2023年绿化提档升级工程,盛世花园等3处小游园投入使用,新建、改造公共卫生间8座。丰富城市功能。小团结路特色街区项目投用并发挥经济效益,在殷庄大社区、丰安南街建设便民市场2处,打造小团结路、解放南街等严管示范街3条,施画停车位4180个,逐步缓解“停车难”。提升城市形象。统筹实施中央大道等景观亮化提升改造项目,维修更换灯具3788盏,处理电缆故障201处,城市亮灯率达98%;维修破损路面9091平方米,更换修理检查井、雨水箅子427座。结合创建全国文明城市、卫生县城复审等工作,推进市容市貌整治,累计清理城市生活垃圾112吨,清理占道经营、流动摊贩14380起,清除城市“牛皮癣”3000张,挪移违规停放车辆2890辆。回应城市管理各类诉求,办理信访件1090件,办结率100%。

【房地产管理】 全县有28家物业服务企业,其中一级资质3家(深圳东部物业管理有限公司、长城物业管理有限公司、银川建发物业服务有限公司),二级资质1家(宁夏中瀛泰富物业公司)。自住建部2018年3月取消二级以下物业企业资质审批后,物业服务企业走向市场化服务,从事住宅小区物业服务人员约1100人。全县有居住小区284个,建筑面积约520万平方米,有物业公司服务的住宅小区64个,建筑面积约430万平方米,占全县建成住宅小区的80%,物业覆盖率达到80%左右;业主自治管理和无人管理的小区220个,建筑面积约90万平方米。推进28家物业服务企业标准化建设,开展“双监督双考核”评定工作,累计监督检查下发限期整改通知书15份,协调办理群众关心关切的物业服务、房屋质量信访投诉720件,办结720件,办结率100%。房地产市场运行情况。全面落实“稳定需求,规范供给,严格监管,活跃市场”的房地产市场平稳健康发展思路,加快助力经济回升向好,全年新建(续建)房地产开发项目7个(新建2个、续建5个),房地产市场完成开发投资1.2亿元,新建商品房完成销售面积10.4万平方米,同比增长 50%，销售金额完成 4.62 亿元，同比增长 38%；持续规范房地产市场秩序，对 4 家开发企业下发整改通知书责令限期整改。截至 12 月底：新建商品房网签备案 19.2 万平方米1593 套，同比上涨 31.5%，其中住宅 14.4 万平方米 1290 套，同比上涨 29.4%；新建住宅销售均价为 4630 元 / 米 ^{2}，同比增长 4%。存量房备案 22 万平方米 1941 套，住宅销售均价为 3631 元，同比下降 4.9%；收缴专项维修资金 476.4 万元 2312 套；提取预售款监管资金 2.25 亿元（其中重点资金 7844.2 万元，非点资金 1.47 亿元）；配合执法部门及乡镇出具查档单 5476 份；可售面积 16.34 万平方米同比下降 36.08%，去库存消化周期 10.6 月；其中住宅可售面积 13.2 万平方米，同比下降 26.58%，去库存消化周期 11.4 月。保障房分配管理情况。落实保障性住房准入、退出和年审制度，对提交的公共租赁住房申请资料进行严格审核并办理入住手续，2023 年办理配租（续租）手续 2395 套、退房手续230 套，收取租金 781 万元；严格整治公租房转借、转租、空置、长期拖欠租金等违法违规行为，促进公租房规范化管理，下小区检查 55 次，查处违规转租（转借、违规享受）公租房 25 户、长期欠缴租金 12 户，张贴缴费通知 785 份，收回公租房 278 套，其中县城 204 套，石空一、四标段 74 套。做好公租房各类设施设备管道维修管理工作。对群众反映公租房各类设施设备管道无法正常使用问题进行登记，针对保障户反映的问题，及时安排专业维修人员进行维修，保证群众正常生活。

（姚丽媛）

生态环境保护

【概况】 中卫市生态环境局中宁县分局为中卫市生态环境局下属正科级派出机构，有在编在岗干部职工 31 人。局机关核定行政编制 9 名，其中，核定局长 1 名（正科级）、副局长 2 名（副科级），在编在岗 8 人。设立中宁县生态环境监测站，核定全额事业编制 14 名，在编在岗 14 人，核定站长 1 名（正科级）、副站长 2 名（副科级）。设立中宁县生态环境综合执法大队，核定全额事业编制 6 名、聘用编制 4 人，在编在岗 9 人。局机关内设党政办公室、行政审批与法制办公室、大气环境监管办公室、水环境监管办公室、土壤环境监管办公室、财务室共 6 个科室。

【环境宣教】 在国际生物多样性日、“6·5”世界环境日、全国低碳日等重要时间节点，开展环保知识法规广场宣传，发放宣传手册、环保袋等 1000 余份；组织“建设人与自然和谐共生的现代化”文艺专场演出活动，举办“6·5”世界环境日环境保护知识竞赛。按照创城及爱国卫生等相关要求，开展志愿服务活动 42 次，组织人员到包保社区开展反诈宣传 6 次。

【污染减排】 2023 年，自治区下达中宁县大气污染防治项目 2 个，为宁夏瀛海天祥建材有限公司日产 2500 吨水泥熟料生产线烟气超低排放改造项目和宁夏天元建材有限公司日产4500 吨水泥熟料生产线超低排放改造项目。完成氮氧化物削减任务 509.41 吨，完成率 100%。

【大气污染防治】 召开空气质量问题分析及

大气污染防治攻坚推进会4次，向相关部门、乡镇发送工作提醒函和督办函34份，发布大气污染防治攻坚调度指令116次。督促白桥村棚户区等19个开复工施工工地严格落实“6个百分百”管控措施，苫盖区控站点周边5公里范围内20余处城市裸露空地19万平方米。组织开展排污权交易，完成排污权交易5笔、交易额336227.15元。2023年，优良天数比例78.7%，可吸入颗粒物PM_{10}平均浓度为72微克/米^3，与上年同期（72微克/米^3）相比持平；细颗粒物$PM_{2.5}$平均浓度为30微克/米^3，与上年同期（34微克/米^3）相比下降11.8%。

【水污染防治】 完成17条黄河支流、重点排水沟沿线排污口全面排查，累计排查排污口1451个，完成90个排污口清理取缔和标识牌设置。强化饮用水水源地巡查，督促舟塔乡、宁安镇、渠口农场清理水源地保护区内建筑垃圾、生活垃圾和农业废弃物20处24余吨。2023年，国控黄河金沙湾断面、清水河泉眼山断面水质（扣除氟化物本底值影响）达到国控断面考核目标；区控红柳沟、北河子沟、南河子沟、中卫一排等4条重点水体5个断面水质均达到自治区考核目标。康滩水源地水质稳定保持在Ⅲ类（扣除本底值）。

【土壤污染防治】 突出抓好固危废污染源头管控，加强涉重涉危企业监管，联合相关职能部门开展生活垃圾、建筑垃圾、农业固废、汽修行业、畜禽养殖、医疗废物管理等专项检查20余次，整改问题120个。谋划实施3个农村污水处理项目，承办2023年全区农村生活污水处理现场观摩会，大战场镇、恩和镇农村生活污水处理站获宁夏农村生活污水治理“最美污水处理站”，全县农村生活污水治理率44.77%。

【环境监测】 有序推进中宁县2023年国家重点生态功能区县域生态环境质量监测与评价考核工作，按时完成中宁县6个饮用水水源地、16条重点河湖、5条农田灌溉渠、3个乡镇农村空气环境、5个污水处理站、3处黑臭水体、3个方面声环境的环境质量监测、7个农业面源污染断面、2个人工湿地以及49家企业的监督性监测。

【环境监察执法】 落实“谁污染、谁治理，谁破坏、谁恢复”机制，加大随机抽查力度，进一步巩固全县环境质量基础。出动执法人员1269人次，检查污染源423家（次），下达督办函50份；立案查处13起，下达行政处罚决定书10份，处理化解环境信访矛盾纠纷57件，办结率100%。

【环评审批】 严把审批关口，进一步简化、优化行政审批流程，提高审批办理效率。累计审批环境影响评价报告表39个、环境影响评价登记表122个、应急预案备案表27个，完成排污许可简化管理首次核发3家。

【督察反馈问题整改】 截至2023年12月底，第二轮中央环保督察由中宁县牵头整改销号的5项个性问题中，完成整改4项、正在整改1项。区、市生态环境“四防”督察反馈问题172个，完成整改169个，正在整改3个。

【社会定点帮扶】 协调爱心企业向大战场镇宁原村捐赠价值5000元垃圾桶50个，助力农村人居环境整治工作更上新台阶。

（张开元）

城乡供水

【概况】 宁夏水投中宁水务有限公司成立于2012年5月，注册资金7500万元。公司设综合管理部、党群工作部、财务管理部、运营管理部、工程管理部、安全生产监督管理部等6个机关部门，以及客户服务中心、制水分公司、管网检修分公司、污水处理分公司等4个基层生产运营单位。公司有职工144人，其中，研究生1人，本科学历35人，专科学历82人，高级职称2人。主要从事工业和城乡供排水、污水处理等工程的投资、建设、经营和管理，项目区水利工程有关旅游资源的开发利用，自来水、直饮水生产、供应，自来水厂、污水处理厂及供排水管道工程的投资、建设，污水处理及其再生利用，节水产品的推广应用，水质检测检验服务，房屋租赁、代理服务、城市水域治理服务、城市排水设施管理服务、城市污水设施管理服务，绿化工程投资建设与养护等业务。

【主要经济指标】 全年售水量3275万吨。其中，工业售水1663万吨，农村人饮售水858万吨，城市售水754万吨。全年累计处理污水770万吨，全部达标排放。其中，第一污水处理厂处理污水666万吨，中水产量658.75万吨，再生水回用246.58万吨，回用率37.43%。

【项目建设】 公司紧盯国家1万亿元国债项目，主动争取项目资金。第一、第三污水处理厂再生水及城区再生水管道联通工程项目概算总投资3274万元，顺利申报国家污水资源化利用专项资金。中宁县公共供水管网漏损治理工程通过多次对接，争取国家专项资金支持比例由原60%增加至80%。通过与自治区发改委对接，争取中宁县喊叫水中型灌区二泵站及管线提升改造、中宁县南北山生态绿化供水工程的项目储备和申报。实施中宁县公共供水管网漏损工程和中宁县城区再生水管网建设项目——第一、第三污水处理厂再生水及城区再生水管道联通工程两个项目。

【供水保障】 投入资金对二水厂原加氯系统和制水工艺进行改造升级，确保水质安全。制订调度运行管理方案，科学合理调配水量，适时平衡管网压力，确保县域水量足、水质好、水压稳，满足用户用水需求。对兴仁喊叫水节灌水泵机组进行技改，在确保管网压力安全运行的基础上最大程度发挥机组运行效率，提升高峰期节灌供水水量，确保用水充足。开展城市、工业、农饮管网大普查，全面覆盖摸排总表和用水大户，建设DMA分区计量45处，检漏分区小区15个，第一时间进行供水管网测漏检查及修复，挽回漏失水量18.1万立方米，实现漏损可控。公司工业供水管网漏损控制在2%以内、城市供水管网漏损率控制在10%以内、农村供水管网漏损率控制在21.9%以内。全年组织抢维修547次，维修大小供水、供电设备273台(套)。

【污水处理】 通过细化工作措施、量化考核目标等方式，确保目标任务高效传递至每个班组、每位职工。定期邀请专家召开技术研讨会和污水处理业务技能培训会，提升污水处理厂运行人员业务能力水平。优化污水处理加药方式，合理调控电气设备设施，全年为公司节省药剂费66.7万元、电费10.6万元。投用新型板框机，减少污泥含水量和拉运频次，节约拉运及填埋费用4.6万元。与相关部门、企业沟通协调，拓宽再生水利用途径，2023年公司再生水回用246.58万吨，较上年同期增加57.91万吨，回用率37.43%。

【开拓市场】 公司通过多方对接，争取落实撒不拉滩、喊叫水1.3万亩节灌及徐套喊叫水4万亩硒砂瓜灌溉用水业务。新增喊叫水周马庄子1万亩农业节灌供水业务。与宁安镇、新堡镇签订农业灌溉运行管理协议，镇域所辖农业灌溉从支渠到斗口（用户端）整体委托由中宁水务公司运营管理。持续跟进石空镇、鸣沙镇、余丁乡等川区乡镇农业灌溉市场委托运营工作。在拓展农业灌溉项目的基础上，持续加大跟踪其他农业市场项目。

【民生服务】 持续优化96669服务热线客户咨询、线上缴费、线下服务等工作，明确办理标准，严格办理时限，确保用户诉求最短时间内解决。年内受理来电13899件，派单处理1538件，热线解释12361件，综合处理执行率99.15%，客服满意度达95%。增加抢修工作人员数量，对用水户提出的问题明确措施和解决时限。对于用户反映的冬季水管上冻及抢修慢的问题，公司结合实际制定防冻应急预案，增加抢维修人员数量，确保第一时间进行抢修，最短时间恢复供水。

【安全生产】 修订完善公司安全生产制度汇编、操作规程及应急预案等制度，确保安全生产管理工作更加规范化和科学化。组织开展各类安全教育培训12期，提升员工安全意识和安全素质，全年有126人取得各类安全资格证书，持证上岗率100%。建立完善隐患排查治理"一张网"信息化管理系统，全年组织安全综合大检查和专项安全检查26次，累计发现问题、隐患风险423项（次），全部进行整改，持续推动安全生产治理模式向事前预防型转型。将专项培训与应急演练紧密结合，组织开展各类应急演练12次。

【国企改革和创新】 以深化国企改革为契机，研究制订公司"双百行动"实施方案，成立工作领导小组，明确5项重点任务和17项工作台账，集中精力破解发展难题。持续在水质提升、技术创新等方面下功夫，全年成功申报"一种净水工艺次氯酸钠输送装置""一种污水处理工艺段悬浮物自洁过滤器"等6项实用新型专利；中宁县城乡水质提升工程项目获"自治区城乡供水标准化管理工程"；公司一水厂过滤池自动化改造项目荣获集团公司第四届"五小"创新三等奖。

（甘晓瑞　徐丽华）

工业与园区建设

工业经济管理

【概况】 始终坚持稳中求进工作总基调，牢牢把握新型工业强县战略不动摇，以项目建设为抓手，补短板、强弱项、固底板、扬优势，聚焦优势产业提档升级和重点企业提规扩面，打造锰基、铝基2个百亿级产业集群，培育自治区"链主"企业1家、行业领先示范企业4家、"专精特新"企业22家，新增规上企业5家。2023年，全县规模以上工业增加值同比增长28%，沿黄六市县排名第一，全区排名第二；工业技改投资同比增长127.6%；规模以上单位工业增加值能耗同比下降3.8%。

【争项目争资金争示范】 推动和光年产2GW单晶硅棒和200GW方硅芯等项目签约，到位招商引资资金5亿元。组织指导天元锰业等30多家企业申报自治区新型工业化、优质中小企业等项目，争取到各类奖补资金10079万元。强化中小企业梯度培育，成功培育宁创科技为自治区重点产业链"链主"企业，铭岛、中晶2家企业为自治区绿色工厂，祥鑫隆工贸为自治区"专精特新"中小企业，早康、全通、中农艾森为服务型制造示范企业（平台），北星精工等20家企业为自治区创新型中小企业，新增和光新材料等5家规模以上工业企业。

【抢抓项目建设】 2023年，全县33个重点工业项目已完成投资30亿元，铭岛20万吨再生铝等14个项目建成投产，锦腾炭素煅烧工段达产增效等19个项目建设。谋划储备2024年重点工业项目75个，计划完成投资140亿元，其中，实施项目39个，储备项目36个。

【持续绿色低碳发展】 实施天元建材水泥熟料生产线节能和环保技改等项目10个，推动企业绿色发展；严把项目节能审查关，遏制"两高"项目盲目发展，推动落后、低端低效产能应退尽退，过剩产能有效压减，腾退能耗2万吨标准煤；强化资源综合利用，推动元泰50万吨锰渣脱硫烟气制酸等4个项目满负荷生产。一般工业固废综合利用率达50.36%。

【培育优质中小企业】 贯彻自治区、市、县促进民营经济高质量发展会议精神，坚持政策先行，及时增补专项措施，实施市场主体梯度培育行动计划，优化创新协调服务，发挥助企发展联络机制作用，为和光、伟力得等30多家企业协调解决各类问题50余项，凝聚企业服务工作合力。强化政策宣传引导，举办政策解读和项目申报培训会10余次，指导宁创、中晶等20多家企业全力争取产业转型、“链主” 企业等自治区新型工业化项目资金，享受惠企政策红利，促进中小微企业创新提质、健康发展、拔节生长。

【政策驱动】 印发《中宁县2024年加快推进工业经济高质量发展工作方案》《中宁县市场主体梯度培育提质升级行动计划》。

【信息化建设】 结合企业生产实际需求，鼓励企业“设备换芯”“生产换线”“机器换人”，开展“上云用数赋智”行动，促进传统企业“智改数转”，全力推动数字化转型发展，协调推动爱特云翔智慧科技产业园一期项目建设，实施铭岛熔铸数字化工厂等项目6个，数字化车间4家；实施城市“双千兆”建设，拓展5G应用新业态新模式，累计建设5G基站509座，实现主城区和乡镇重点区域5G和千兆光纤全覆盖。

（王维新）

园区建设

【概况】 2006年8月，经自治区人民政府批准成立中宁县工业（物流）园区。2019年6月，中宁县工业（物流）园区正式更名为宁夏中宁工业园区。园区设置管理委员会，为中宁县人民政府副处级派出机构，负责实施园区发展规划、安全生产、环境保护、招商引资、管理服务等，管委会下设办公室、经济发展和投资促进局、规划建设局、综合事务管理局、安全生产和生态环境局5个正科级机构，有各类编制34名。园区调整后规划建设面积49.47平方公里，已开发利用22.25平方公里，分为南北两区，先后被国家发展改革委和财政部确定为“国家级循环化改造示范试点园区”，被工业和信息化部确定为“国家新型工业化产业示范基地”，被国家发展改革委评为“大宗固体废弃物综合利用基地”，是自治区“十大特色园区”之一。2023年，园区规上企业产值315.5亿元，占全县79.9%，同比增长16.9%。固定资产投资完成29.3亿元，同比增长20.5%。

【项目建设】 园区27个重点建设项目中万隆30万吨锰锭熔炼、铭岛20万吨再生铝、宁创5万吨铝板带箔、今飞200万件汽车轮毂涂装线、顺元堂出口枸杞杀菌及包装生产线、铭岛熔炼炉保温炉及燃烧系统技改、锦腾碳素增效技改、天元建材水泥熟料生产线节能和环保技改等项目已建成投产；大唐储能电站、宁化片区35千伏输变电工程、万宁100万吨高纯硫酸锰（一期30万吨）、明阳智慧能源产业园、明阳智慧能源产业园基础设施配套等项目按计划推进。

【招商引资】 全年外出招商20余次，接待客商200余人次，围绕园区主导产业集群发展方向，引进杭州锦江集团30万吨电解铝及铝基产业链、宁夏钰滔环保50万吨电解铝固体废弃物综合利用、今飞轮毂二期、和光2GW单晶硅棒200GW方硅芯生产线、上储共享储能、中国水电四局中宁县能源装备制造等产业关联度高、带动性强的重点项目。

【产业结构】 围绕锰基、铝基新材料主导产业,实施万宁100万吨高纯硫酸锰(一期30万吨)、铭岛20万吨再生铝等延链补链强链项目;围绕新能源装备制造产业,引进明阳风电叶片制造、大唐共享储能电站等重点项目落户园区;围绕传统产业改造升级,推促铭岛熔炼炉保温炉及燃烧系统技改、锦腾碳素增效技改、天元建材水泥熟料生产线节能和环保技改、仓满制桶氦气检漏等技术改造项目投产达效,产业结构"量质提升"初见成效。

【安全环保】 全年园区未发生较大及以上安全生产事故。围绕"1+37+8"文件落实,园区管委会召开安委会4次,召开党工委会和主任会研究安全生产工作10次,制发安全生产相关文件26件,组织各层次安全生产培训13场次。开展工贸企业专家指导服务、危化企业设备带病运行、"大起底、大排查、大整治"专项行动等8项专项检查。全年排查企业448家(次),排查问题隐患1986项,全部整改完成。2023年,自治区党委、中卫市委"四防"督察组督查企业33家(次),查出隐患问题156项,已整改148项。按照区市县统一安排部署,开展燃气领域专项整治行动,排查商户、企业248家(次),整改问题隐患522项;按照自治区工信厅统一安排部署,着重开展工业领域安全生产生态环保"大排查、大整治、大提升"百日攻坚行动,排查企业30家(次),整改安全生产问题隐患93项。开展春夏两季森林防火应急演练,组织指导兴尔泰化工集团、华夏特钢等企业开展生产事故及消防应急演练。强化在建项目管理,对园区15个在建项目开展联合巡查2次,专项检查2次,累计巡查152家(次),下发整改通知29份,停工通知书22份,检查记录单40份,排查安全隐患387条,已整改329条。加强自建房排查整改,拆除35间危房及存在安全隐患的商铺,对63间存在安全隐患的仓库、门面房采取关闭商铺,督促人员撤离,设置围挡硬隔离并悬挂危险警示标识,协调供电公司、燃气公司断电、停气等措施,确保人员安全。全年园区未发生环境污染事件。贯彻自治区党委十三届五次全会精神及"1+4"系列文件要求,开展水污染、土壤污染、固废污染防治和危废规范化管理。督导检查企业生态环境171家(次),整改问题隐患117项,督促企业完成自治区、市委"四防"督查组反馈14家企业24项问题整改销号。完成2018年以来中央、自治区环保督察反馈各项问题"回头看"及第二轮中央生态环境保护督察第26项问题整改销号工作。开展生态环境监测数据专项治理。成立专项治理工作领导小组,制定印发《关于开展生态环境监测数据造假专项治理的通知》,采取企业自查自纠和园区排查同步进行方式,对园区21家大气环境重点排污单位、5家水环境重点排污单位在线监测设施验收情况、设备运行情况、管理台账填写情况等进行拉网式排查治理。加强重点区域环境治理。全面清查园区规划范围高铁沿线两侧500米内固废非法倾倒、堆存和填埋等环境违法行为,对高铁沿线两侧乐家物流、中澳伟辉及汽车城等存在问题进行集中整治。完成园区42个排污口核查整治及建档工作。

【科技创新】 中宁工业园区获批自治区“绿电园区”创建试点；争取工信厅低成本化改造资金1281万元；宁华科技、北星精工、天元锰业等5家企业成功申报国家高新技术企业；天元锰材料研究院、杞福源商贸等5家企业成功申报创新型中小企业；铭岛铝业、中晶半导体申报获批自治区绿色工厂，宁创科技成功获自治区重点产业十大“链主”企业；早康枸杞获批服务型制造示范企业；佰仕兴工、宁创科技、铭岛铝业、天元锰业等5家企业打造铸牢中华民族共同体意识示范企业。

【营商环境】 实行“点对点、一对一”服务机制和“周督导、月通报”工作机制，建立重大项目服务绿色通道，在手续办理方面实行指导帮办和领办服务。2023年，为27家企业办理项目备案45份，办理项目施工许可证9份。领办嘉里物流（宁夏）陆港项目、今飞轮毂二期能评、环评、安评等前期手续11项。帮助指导企业申报国家高新技术企业、创新型中小企业、自治区“链主”企业、自治区绿色工厂。聘请第三方完成中宁工业园区水资源论证区域评估，进一步降低企业生产经营成本。召开政银企座谈会，协调行业部门解决企业“融资难、融资贵”问题；聚焦宁创、铭岛再生铝生产线原料短缺问题，成功搭建铝水原料供应桥梁，为铝基产业持续发展提供原料保障；联合高速、公安等部门协调解决明阳智慧能源产业园项目超限设备运输进厂难题，保障项目早日投产达效；召开多部门协调推进会，推促北星碳化硅精密传动装置硅陶瓷粉项目顺利备案；帮助北星精工、天元锰业、宁创科技、铭岛铝业等企业申报贷款贴息、转型升级、融资租赁等自治区新型工业化项目，累计贷款3.6亿元；筹措资金200余万元解决今飞轮毂自动化涂装车间项目用水及用电问题、兴尔泰新型材料碳化硅项目电力接入问题、明阳智慧能源产业园（一期）及大唐储能项目临水临电问题；联合人社局召开5场招聘会，累计为宁创科技、天元锰业等用工企业招引各类人才2500余人，缓解企业“用工难”问题。投入2000余万元低成本化改造资金实施宁华片区生活污水管网配套建设项目、明阳智慧能源产业园项目（一期）基础配套设施项目及10千伏供电工程、宁华片区35千伏输变电站工程、天元锰业十二料场西侧张裕沟支沟排水管道工程、大唐中宁200兆瓦/800兆瓦时共享储能项目供水管网及供电项目。2023年，争取低成本化改造资金，谋划实施工业园区污水管网改造、黄河水替代工业用水、园区危化停车场项目。全面整治道路安全隐患，补画道路标线，维修故障路灯，安装波形护栏。盘活园区低效闲置土地，引入长安铝业50万吨电解铝固体废弃物综合利用示范项目盘活宏岩矿业444亩低效土地，提高土地利用率；与自治区相关厅局对接上报园区规划范围调整相关事宜，持续提高园区亩均投资强度和亩均产出强度，提升园区土地集约节约利用水平。

【综合治理】 会同园区派出所，依托反诈宣传，开展各类普法活动7次，受益职工达1.3万余人。化解处理各类信访转办件及矛盾纠纷隐患237件，协调化解拖欠农民工工资案件149起，协助讨要农民工工资2800.91万元。持续关注天元锰业欠薪职工、农业资源商会集资群众等易爆发信访群体，做好矛盾风险排查化解和信访服务保障工作。促成源林生物发电厂与宁夏中赢正源发电有限公司破产重整，督促重整方转入第一笔群众集资款兑付资金650万元。帮助恒兴果汁逐步恢复生产，兑付第一批果农欠款、工人工资社保372万元，第二批65万元资金兑付工作已展开。落实河湖长制主体责任，对石空沟、罗家沟等5条沟道以及闲置厂区巡查，加大对滥采滥挖、乱堆乱倒治理力度，主动靠前协调解决天元锰业铁路专用线影响行洪事宜，保证汛期沟道行洪畅通。落细林长制主体责任，持续进行园区森林苗木绿化养护，补植补栽各类苗木15133棵、种植景观花卉50亩。开展园区土地巡查，全年对园区南、北区土地巡查20次，监督企业完成问题整改落实。督促天元锰业、兴尔泰化工集团等企业对53处违法图斑进行整改销号，销号41处。

（纪春莲）

电力建设

【概况】 2023年，国网中宁县供电公司有职工81人，其中党员30人。下辖13个乡镇供电所，有供电服务工189人，其中党员28人。辖区有10千伏配电线路84条，总长2286.24公里，0.4千伏线路总长3057.11公里。有台区4516台，容量1240.499兆伏安。台区线损总体达标率98.74%，综合线损率3.35%，供电可靠率99.9063%，综合电压合格率99.756%。5个月入选国网同期线损管理“百强县公司”，3个供电所入选国网同期线损管理“百强供电所”。累计完成售电量74.96亿千瓦时，实收电费32.88亿元，电费回收率100%。

【主题教育】 围绕相关主题开展专题研讨6次，重点调研推动各级安全生产主体责任高效落实、中宁电网清洁取暖负荷接入及改造情况等五项课题，与社会发展相融合，“破难题、促发展”，针对制约公司高质量发展问题制定4项工作任务，11项工作举措，形成调研报告7篇。梳理营销服务、工程管理等方面问题16项。

【安全保供】 党委会研究决策安全相关议题5个。开展全员安全教育，利用安全风险管控平台组织850人次安规考试、148名“三种人”考试、182人次参加省市级抽考，考试合格率100%。“安全日”活动12次，班子成员定向对口参加各供电所安全日活动，与员工面对面进行安全生产交流。组织开展春安大检查、百日安全攻坚、“1+37+8”专项行动、重大事故隐患排查治理、“学规程、守规程”、安全知识竞赛等专项活动，375条一般隐患得到治理，安全基础管理进一步提升。执行“四不两直”，现场安全稽查354次，远程督查4416次，查处违章68处，违章记分164分。落实“两票”在现场的规范执行，两票合格率100%。完成“宁电入湘”直流工程开工仪式、国际枸杞博览会等重要活动保电79次，实现长周期安全运行9403天。

【电网发展】 2023年，下达各类配网项目243项，完成电网基建投资1.46亿元，新增变压器164台，轮换变压器74台，保障1.51万户“煤改电”负荷有序接入。完成“宁电入湘”前期手续办理，协助完成施工电源接入，确保施工进度。一项工程获评宁夏公司2023年度配电网优质示范工程，施工转型升级三年行动专项工作顺利通过宁夏公司验收。分布式光伏接入并网267户，新增负荷26.53兆瓦。推进“自愈”配电网建设，累计调试自愈开关215台、配变融合终端190台，实现32条10千伏主干线“一键遥控转负荷”预制功能，中宁地区自动化覆盖率由86.19%提升至100%，终端设备在线率由94.13%提升至98.37%。舟塔供电所顺利通过数字化供电所建设验收。

【经营业绩】 全年累计完成售电量74.96亿千瓦时，实现售电收入32.88亿元，电费回收率100%，连续14个月承兑汇票“零收取”。天元锰业实现本地费控模式，210户低压及小型专变用户完成费控开关改造，103户专变用户接入负荷回路控制，电费回收风险有效压降。年内完成业扩报装6115户，新增负荷152.02兆伏安，其中低压新增5992户，接入负荷98.64兆伏安，高压新增123户，接入负荷53.38兆伏安。着力线损治理，累计压降高负损台区26台，查处窃电及违约用电15户，追补电费及违约金26.41万元，更换09版电能表3.6万块，综合线损率2.62%，5个月入选国网同期线损管理“百强县”，3个供电所4次入选“百强供电所”。1项QC成果获宁夏电力行业优秀质量管理小组三等奖，职工获实用新型专利3项。

【供电服务】 全面落实优化营商环境29项措施，投入4830万元业扩配套资金，5992户低压用户实现办电“零投资”，促成政府出台国办函129号文投资延伸实施细则，完成5个小区资产移交、207户分界设备资产回购，客户服务满意度完成98.5%目标。持续推进城区网格化低压营配业务融合，开展网格化经理“大走访”共18.06万户，属地服务建设成效达到48.85%，95598工单同比压降38.1%。“e起节电”累计完成推广3.64万户，节电达标率33.76%，新增充电桩2台，完成2024年充电桩项目储备58台。规范高危及重要用户用电检查工作，完成10千伏及以上专变用户全量走访，下发隐患整改通知书63份。

【人文环境】 改善供电所基础设施，13个供电所新装45台空调，更换3台大容量冰箱、13台洗衣机，舟塔供电所新建蔬菜温棚。响应职工需求，协调配置台球桌两张、咖啡机一台、快递柜一组。优化职工生产生活环境，全心全力为职工谋福利，更换食堂设备和办公桌椅，配发靠枕腰垫，粘贴防蓝光电脑膜，降低职业病风险，做优做细对职工的关爱关怀。实施“青年成长计划”，成立11个青工社团，组织开展足球赛、健步走、青年交友等活动，累计参与360人次，通过五个系列工程对青年职工进行全方位、多层次的培养锻炼，为公司发展储备人才。获中卫公司首届“卫电杯”职工足球联赛第三名。

（马丽丽）

商业贸易

商贸服务

【概况】 中宁县商务和投资促进局有行政编制7名。其中局长1名，副局长2名，一般干部4名。内设综合办公室、商务办公室、经济合作室和电子商务室。2022年设立中宁县电子商务服务中心，为县商务和投资促进局不定级别的事业单位。中宁县电子商务服务中心为公益一类财政全额预算事业单位，核定全额预算事业编制3名，其中配备主任1名。2023年，实有在职在编人员3名。

【招商引资】 制订印发《中宁县2023年招商引资工作实施方案》，将全县100亿元招商引资目标任务分解下达至各乡镇、县直各部门（单位）。优化调整中宁县招商引资工作领导小组，围绕工业和能源、枸杞、草畜、绿色食品、商贸服务和现代物流、文化和旅游产业，明确县委、县政府牵头领导和牵头部门，成立6个招商小组，全面加强产业链招商力量。精心组织“走出去”招商活动。县委、政府主要领导亲自带队赴北京、上海、浙江、江苏、山东等地招商，推介招商环境和比较优势，争取优质项目落户县区。全年开展“走出去”招商引资活动47批次，企业78家，洽谈项目50多个。开展“请进来”考察活动。全年开展“请进来”招商引资活动55批次，对接企业74家，先后邀请浙江晶源光电科技有限公司、西安通用航空科技集团有限公司、中国水电四局（兰州）机械装备有限公司、青岛泰岳电气等企业负责人到中宁县考察洽谈项目合作事宜。注重拓展招商区域，不断丰富招商方式，参加上海、浙江、江苏·宁夏经贸合作暨企业家恳谈会，宁夏品质中国行等活动，奔赴京津冀、长三角、粤港澳大湾区等发达地区的开发区、工业园区等，主动叩门招商，围绕自治区“六新六特六优”产业和中宁县铝基、锰基、新材料、枸杞等优势特色产业，开展洽谈交流，寻找合作方向，达成合作共识。紧盯大唐共享储能、泰源储能电站等项目基础设施完善，助推落地项目顺利实施，加快建成投产。督促和光年产2GW单晶硅片和200GW方硅芯加快项目建设进度，积极协调，帮助企业办理项目前期手续。推进自治区党政代表团赴江浙沪学习考察期间中宁签约的8个项目，按照行业职责分工，明确责任单位，督促各部门主动加强跟踪协调，靠前服务，开工建设项目5个，开工率达62.5%，到位资金10.1亿元。兑现宁夏中晶半导体材料有限公司年产1000吨单晶硅棒项目招商引资扶持奖励资金202万元。2023年，全县实施招商引资项目71个，实际到位资金80.4亿元，同比增长46%，完成自治区下达中宁县75亿元目标任务的107.2%，位列全区22县（区）第7位。

【第六届枸杞产业博览会】 6月22—24日，第六届枸杞产业博览会在中宁县杞乡体育中心召开。博览会3天时间内，签约招商引资及采购商项目51个，签约额达106.46亿元。其中招商引资签订框架合作协议22个，签约金额达91.46亿元，涉及枸杞、新型材料、装备制造等多个领域；促成购销协议29个，签约金额15.8亿元，招商引资、签约采购均创历史新高。700余位采购商观展考察，近5万人次进馆参观。

【市场消费】 2023年以来，组织开展"悦享消费·乐购中宁"消费季、"盛夏有礼·惠聚中宁"政府促消费活动、"惠享金秋·乐购中宁"消费季、"爱尚杞乡·惠享生活" 消费促进月、"促进消费·改善民生"第二期等政府消费券投放活动5次，组织爱家、百隆、小红楼、天景豪斯等60余家商超、餐饮、住宿企业参加活动。累计核销消费券10.2万单，使用补贴资金455万元，带动消费2800万元。五一假期期间，在小团结路美食街举办"惠享生活·品味杞乡"活动，组织沿街76家商户，外招50个摊位及流动餐车参加促销活动，吸引人流量达9万余人，实现消费320万元。中秋、十一期间，举办"智能换新·普惠中宁"家电下乡活动和2023"杞乡丰收·乐享生活"房·车·家电博览会，销售各类家电128台、各类车辆109辆，销售额达742万元。组织县内企业参加"浪宁夏·品味道"2023宁夏美食文化节，中宁县清炖土鸡获评"宁夏十大头牌菜"，中宁枸杞上榜"宁夏十大好食材"名单，中宁县鸿福楼新堡店、舒乐苑餐饮等9家店上榜"宁夏味道100家餐饮体验店"，7人获评宁夏金牌厨师，7人获评宁夏金牌服务员，中宁县菜根香饭店的鲜枸杞酿虾仁等6种菜入选"宁夏枸杞宴菜单"，组织"老纪清炖土鸡"申报"中华老字号"称号。2023年，全县实现社会消费品零售总额42.16亿元，同比下降3.4%，增速低于全国10.8个百分点、全区4.6个百分点，位居沿黄河六县（区）第4位。其中，限额以上单位消费品零售额9.32亿元，同比下降8.7%，占比22.1%；限额以下单位消费品零售额32.84亿元，同比下降1.8%，占比77.9%。

【电子商务】 制订印发《中宁县加快电子商务产业高质量发展实施方案》，加强产业规划、政策引导、环境优化。发挥云上杞乡、华宝杞滋堂2个自治区级电商直播示范基地引领作用，以县域电商公共服务中心为载体，构建公共服务、培育孵化、网货打造、直播共享等一站式电商服务体系，入驻直播电商业态7家，传统电商业态5家，跨境电商业态4家。指导培育宁夏华宝枸杞产业有限公司获评国家级电子商务示范企业及2023年度自治区数字商务企业。建成15个乡村电商直播中心，服务周边群众，因地制宜以电商赋能农村经济发展。在大战场、恩和、石空等乡镇开展直播、跨境等各类电商培训16场次，培训785人次。开展网上年货节、双品网购节、杞博会直播带货大赛、第五届直播溯源节等电商节会4期，销售金额累计达1.18亿元。直播交易额达6.18亿元，同比增长102.69%，直播观看人次累计8716万人次，同比增长202.22%。全县网商总数4249家，电商带动就业人数达1.29万人。中宁县获评"2022年度自治区电子商务产业效能目标考核优秀县"称号。2023年1—12月，中宁县实现电子商务交易额133.09亿元，同比增长5.84%，网络零售额56.72亿元，同比增长12.36%，占全市的74.33%，增速高于全市0.09个百分点，农产品网络零售额46.95亿元，同比增长16.04%。

【电商直播节暨产销对接会】 6月8—22日，举办以"全民助力，唱响乡村振兴，为宁夏好枸杞打call"为主题的第六届枸杞产业博览会"杞动力 新活力"直播带货大赛，招募、选拔131名优秀主播参与比赛，发挥直播电商"强互动，多产品，快节奏"的特点，以推动宁夏枸杞、中宁枸杞品牌塑造和枸杞相关产业的发展为目标，融合互联网直播电商，充分吸引流量、聚集热度。邀请宁夏本地知名网红"小李飞叨·李洋"来到博览会现场，分享对枸杞产品的体验和对"枸杞+直播带货"发展前景的看法，与现场观众就直播领域知识亲切互动交流。通过25家媒体平台全网发布大赛宣传海报及视频、新闻通稿等内容进行造势，开通抖音话题"第六届枸杞产业博览会""杞动力新活力直播带货大赛"，累计曝光量超3500万人次。经过层层选拔，最终评选出3名"第六届枸杞产业博览会宁夏(中宁)枸杞推荐官"和7名"第六届枸杞产业博览会杞动力新活力直播带货达人"，大赛整体销售总额达6564.3万元，在赛程较上年缩短一半的基础上，销售额增长933万元。

【宁夏青年枸杞产业联盟成立暨宁夏青年电商产业联盟巡播活动】 6月23日，第六届枸杞产业博览会宁夏青年枸杞产业联盟成立仪式在中宁县国际枸杞交易中心举办。宁夏青年枸杞产业联盟、宁夏青年电商产业联盟及签约单位190余人参加，并举行"联盟聚力，合创共赢"枸杞产业发展签约仪式。邀请宁夏青年电商产业联盟30余名电商达人先后到中宁县黄羊古落旅游度假区、宁夏宁创新材料科技有限公司、杞滋堂(宁夏)健康产业有限公司、中宁县丰安屯旅游度假区等中宁县特色旅游及枸杞产业龙头企业、新材料企业，进行巡播推介及探访，开启直播3场次，围观群众1万余人，发布短视频5条，获得点赞2万次。

【现代物流体系建设】 探索"商贸+互联网+物流"融合发展模式，增强物流协同服务能力。紧抓农村消费需求提升和电子商务快速发展有利时机，以补齐县域商业基础设施短板、完善县乡村三级物流配送体系为目标，以项目建设为抓手，深入推进物流体系和市场体系建设。争取自治区县域商业体系建设专项资金1050万元，组织爱家、金森等商贸企业到农村建设乡镇商贸中心。截至2023年底，建成徐套乡、大战场镇等8个乡镇商贸中心。建设中宁县城乡商贸物流配送体系建设项目，以中宁县爱家商贸有限公司为主体，整合娃哈哈、康师傅、王老吉、盼盼、海天等20余家知名品牌供货商，涵盖各主要商贸物流仓储企业，自有配送车辆20余辆，配送商品种类超100余种，末端配送网点超200个，可配送至县城和各乡、镇、村，商品配送从县到村、从村到县不超过48小时。激发商流、物流、信息流“三流合一”资源优势，优化整合顺丰、邮政等9家快递企业，快件时效提升0.5天，物流成本降低90%。华夏物流铁路专用线项目通车运营、嘉里宁夏陆港（中宁大宗商品物流交易中心）项目签约落地、西安通用航空产业项目稳步洽谈、天元物流中国锰产业链高效协同国际多式联运示范工程项目成功申报。永寿堂中药饮片公司争取2023年自治区现代物流发展专项资金250万元，发展壮大物流市场主体。2023年，中宁县快递上行量达863.42万件，下行量1577.91万件，上、下行比例为1∶1.83，快递业务收入5561.15万元。

【对外贸易】 组织早康、玺赞等89家企业参加日本东京国际食品与饮料展、第六届中国国际进口博览会等23个国内外展示展览活动。争取自治区外经贸发展专项补助资金1455万元，支持各类外贸主体，大力拓展海外市场。2023年1—12月，全县有进出口实际企业32家，进出口总额11.31亿元（进口额2.2亿元，出口额9.11亿元），占全区进出口总额比重5.5%，占全市进出口总额比重62.5%，同比下降60.8%。全县有枸杞及农产品进出口实绩企业27家，累计出口额2.18亿元，占全县出口额比重24%（见下表）。

2023年1—12月中宁县外贸进出口情况统计表

序号	企业名称	进出口总值		出口总值		进口总值	
		人民币（万元）	同比（%）	人民币（万元）	同比（%）	人民币（万元）	同比（%）
1	宁夏天元锰业集团有限公司	72833.7365	–33.3094	66780.6604	–35.0381	6053.0761	–5.591
2	宁夏晶隆石英有限公司	12064.1987	214.9862	0	–	12064.1987	214.9862
3	宁夏顺元堂汉方生物科技有限公司	8133.4055	–21.0197	8133.4055	–21.0197	0	–
4	宁夏华夏特钢有限公司	3554.6959	–27.8442	0	–	3554.6959	–27.8442
5	宁夏和光新材料有限公司	2342.5581	–	2202.2042	–	140.3539	–
6	宁夏好康好物贸易有限公司	2115.3662	14.7263	2115.3662	14.7263	0	–
7	宁夏百事恒兴食品科技有限公司	1917.5541	43.4904	1917.5541	43.4904	0	–
8	宁夏优品贸易有限公司	1845.3828	13.7549	1845.3828	13.7549	0	–
9	宁夏百杞瑞生物科技有限公司	1473.2966	55.9077	1473.2966	55.9077	0	–
10	宁夏弘耘行生物科技有限公司	1162.5964	–21.7472	1162.5964	–21.7472	0	–
11	吉草汉方（宁夏）农业发展有限公司	863.7402	–73.7383	863.7402	–73.7383	0	–
12	宁夏杞乡生物食品工程有限公司	776.6581	11.8318	776.6581	11.8318	0	–
13	宁夏红果东方生物食品有限公司	721.6177	–21.9266	721.6177	–21.9266	0	–

续表

序号	企业名称	进出口总值		出口总值		进口总值	
		人民币（万元）	同比（%）	人民币（万元）	同比（%）	人民币（万元）	同比（%）
14	宁夏杞先生食品有限公司	614.8399	-41.1497	614.8399	-41.1497	0	-
15	宁夏宏普生物科技有限公司	540.356	121.5194	540.356	121.5194	0	-
16	宁夏中晶半导体材料有限公司	487.9502	106.7962	285.1607	139.648	202.7895	73.3753
17	早康枸杞股份有限公司	350.2816	675.3882	350.2816	675.3882	0	-
18	宁夏圣世杞乡生物科技开发有限公司	254.1	-45.2783	254.1	-45.2783	0	-
19	宁夏中宁枸杞产业发展股份有限公司	246.0076	35.4119	246.0076	35.4119	0	-
20	杞滋堂（宁夏）健康产业有限公司	147.711	-	147.711	-	0	-
21	宁夏中宁县春杞枸杞科技有限公司	133.5636	15.4986	133.5636	15.4986	0	-
22	宁夏红枸杞商贸有限公司	115.6407	-	115.6407	-	0	-
23	宁夏伟仁果品有限公司	99.0077	87.5899	99.0077	87.5899	0	-
24	宁夏中宁县金河枸杞开发有限公司	96.3288	-55.4007	96.3288	-55.4007	0	-
25	中宁县吉鼎生物科技开发有限公司	57.0394	184.3596	57.0394	184.3596	0	-
26	宁夏全通枸杞供应链管理股份有限公司	56.5688	-71.9165	56.5688	-71.9165	0	-
27	宁夏杞肽科技有限公司	32.8253	48.2885	32.8253	48.2885	0	-
28	宁夏中宁县骨杞草枸杞开发有限公司	30.9527	-65.9671	30.9527	-65.9671	0	-
29	宁夏早康生物科技有限公司	15.9829	-88.4615	15.9829	-88.4615	0	-
30	宁夏华宝枸杞产业有限公司	10.1198	-95.4492	9.9987	-95.5037	0.1211	-
31	宁夏天仁枸杞生物科技股份有限公司	3	-	3	-	0	-
32	宁夏杞鑫源生物科技有限公司	2.0504	-	2.0504	-	0	-
合计		113099.1332	-60.77	91083.898	-29.37	22015.2352	-86.28

（白伟东）

供销合作

【概况】 2023年，中宁县供销合作系统完成营业总收入（含参股企业、开放办社企业）57908.94万元，较上年增长10.6%。中宁县供销合作社社有企业利润总额1075.77万元，与上年持平；社有企业资产总额20204.96万元，较上年增加了4.25%，社有企业所有者权益15781.95万元，与上年持平。

【“数字供销”建设】 将“数字供销”建设纳入县政府2023年重点工作任务，争取自治区供销社和政府专项资金168.8万元，建成“数字供销”县级运营中心，恩和、舟塔、余丁等10个乡镇服务站和南湾、三道湖、车路新村等13个村级服务网点完成基础设施建设和设备采购安装，其他乡镇及村级站点建设有序推进。与宁夏普田永惠集团通过招商引资和联合合作的方式，建成全区首家数字庄稼医院，与西安林海网络科技有限公司签订战略合作框架协议，打造“中宁县数字供销大数据管理运营平台”。

【基层体系建设】 2023年，恩和、余丁、白马、鸣沙、新堡、太阳梁6个乡镇完成首届乡镇级供销社社员代表大会召开，选举领导班子，制定“三会”制度、确定运行模式，总结出一套规范的基层社建设标准。

【深化改革】 探索开展“生产+供销+信用”三位一体合作新模式，争取将恩和镇1.58亩闲置土地挂牌出让恩和供销社，完成4200平方米农资库扩建，依托青银村镇银行的“致富贷”和宁夏银行的“红火贷”、中国工商银行的“种植e贷”等信贷产品，创新金融服务模式，提供便民惠民授信贷款业务。

【县域流通建设】 中宁县入选中华全国供销总社“县域流通服务网络强县”培育榜单，被县委、政府纳入中宁县商贸流通提质增效行动计划，并于8月份召开全区供销合作社县域流通服务网络体系建设现场会。开放办社企业宁夏乐家物流发展有限公司建成9799.24平方米县级冷链仓储配送中心，结合商贸流通提质增效行动计划打造建设宁安镇、恩和镇、石空镇乡镇级综合超市3个，建成大战场镇石喇叭村农村综合服务社1个，全县累计建成各类市场17个（枸杞、活体牛羊、再生资源交易的专业市场3个，城市标准化菜市场2个，县城综合市场1个，乡镇集贸市场11个），乡镇快递物流中转中心14个；有乡镇商贸中心8个，大型（连锁）超市12家，超市门店41家，村级商店1800余家，实现全县133个行政村村村有商店，形成高低搭配、衔接互补、乡村联动的商业网点布局。

【优化农资服务建设】 落实绿色农资升级行动方案，承担自治区淡储任务1万吨，销售区集团公司4款配方肥18吨，全力做好全县化肥储备、调运、供应工作。县社控股企业中宁县广聚源供销有限公司及参股企业中宁县百谷肥供销社有限公司在舟塔乡、恩和镇、太阳梁乡等乡镇托管土地面积9000亩；全系统年销售化肥达38560吨、农药销售达23吨、无人机植保面积超4万亩。全系统有大型喷防机械16台（套），无人机13台（套），旋耕施肥机械9台（套），除草机6台（套），枝条破碎机4台（套），测土配肥机1台（套）。太阳梁乡基层供销社注册公司中宁县瑞丰农资经销部开展农药包装废弃物回收，全年累计回收农药废弃包装物15吨，获农业农村局奖励5000元。

（丁小姣）

盐业公司

【概况】 2023年，中盐宁夏盐业有限公司中卫分公司销售各类盐3390吨。其中销售小包装食用盐2851.6吨，完成年度计划2600吨的109.7%，销售工业盐271吨，完成年度计划650吨的41.7%；销售畜牧盐117.5吨，完成年度计划200吨的58.8%；实现营业收入总额约679.67万元，完成年度预算665万元的102.22%，利润总额-197.595万元。

【盐品营销】 聚焦主责主业，食用盐经营如期完成目标任务，大包装食用盐销售完成目标任务，“BC”店实现增店扩量“三项”工作实现新突破。食用盐经营如期完成目标任务。按照《中盐宁夏盐业有限公司2023年营销策划方案》要求,分公司领导班子分工包抓中宁、莫楼、海原各配送站各项工作,与各配送站负责人签订目标责任书,层层分解任务,逐级压实责任。加大盐业市场走访调研频次和力度,及时掌握市场变化,适时调整营销策略,营造全员营销氛围,开展基础盐品促销活动,制定阶梯价格,实施销售返利等活动,年度小包装食用盐如期完成目标任务。"一企一策",大包装食用盐销售完成目标任务。结合市场实际需求,通过交流沟通、精准营销、强化售后服务等方式,持续拓展并挖掘大包装食用盐市场份额,与内蒙古腾格里水投公司、红寺堡奴尔麦食品有限公司沟通协调签订购销合同,大包装食用盐销售81吨,完成计划任务162%。"BC"店实现增店扩量。将"BC"店的建立与维护工作分解到人,建立"人人头上有指标、人人肩上有责任"中高端盐品全员营销机制,"BC"店实现增店扩量。截至2023年底,累计建立商超陈列和"BC"店140家,完成年度目标120家的117%。完善营销举措,持续提升主营业务盈利能力。盐品结构调整上持续发力。以低钠盐、绿色盐销售为突破口,在上年绩效考核的基础上,不断完善、优化分公司绩效考核办法,精心测算各类中高端盐品及礼盒销售奖励比例,科学制定奖励方案,激励和调动全员销售积极性,低钠盐、绿色盐等中高端盐品销量不断提升。

【食盐安全管理】 落实盐产品质量管控和储备食盐的管理工作。执行食盐每日购、销、存、运各个环节的质量管控工作,加强食盐碘含量检测,各配送站由专人负责执行"先检后销"规定,确保食盐质量安全。做好政府储备盐的足额储备,发挥央企食盐储备社会责任,在应对8月份食盐抢购中确保食盐保质、保量、安全供应,8月25—28日共计出库(含订单)销售各类小包装食盐近400吨。

【辅助服务】 发挥市场主导作用,规范食盐市场秩序。与市场监管、卫生防疫等相关部门协调,1—9月,利用部分食盐辅助服务人员长期在市场监管部门坐班的有利条件,开展消除碘缺乏病知识和合格食盐安全常识宣传工作。定期对集贸市场、超市、便利店、食品加工小作坊、餐饮业、学校食堂开展监督巡查,确保合格食盐市场占有率保持在正常水平。

(唐彩玲)

石油供应

【概况】 中国石油天然气股份有限公司宁夏中卫销售分公司(简称中卫销售分公司),隶属于中国石油宁夏销售公司,在中卫市两县一区(即沙坡头区、中宁县和海原县)有加油(气)站53座。中卫销售分公司2023年有员工390人,其中领导班子5人,机关人员33人,操作岗位352人,机关设"三部一室",即综合办公室、业务经营部、财务部和投资质量安全部。党工团组织健全,设立党委1个,党支部4个,党小组13个,党员示范岗4个,党员责任区8个,有党员112人,其中预备党员2人;设立工会委员会1个,工会分会4个;设立团委1

个，团支部4个，35岁以下青年占员工总数的80%，被宁夏销售公司评为“青年文明号”加油站2座。

【市场环境】 2023年，中卫市有加油站138座，其中，中国石油宁夏中卫销售分公司53座，中国石化中卫石油分公司23座，民营加油站62座；加气站32座，其中，中国石油宁夏中卫销售分公司9座，中国石化中卫石油分公司14座，民营加气站9座。

【经营效益】 2023年，成品油销售23.74万吨，同比增长36.98%；LNG销售10.24万吨，同比增长70.31%；CNG销售174.33万立方米，同比增长170.53%；实现非油品业务销售9367.07万元，同比增长24.5%；实现毛利1424.96万元，同比减少6.2%。

（訾　瑞）

交通　邮政　通信

交通运输

【概况】 2023年，全县公路通车里程2355.3公里。其中，国道344.88公里，省道82.904公里，县道39.433公里，乡道751.698公里，村道1046.502公里，专用道路83.824公里。高速公路210.111公里，一级公路52.026公里，二级公路430.758公里，三级公路217.531公里，四级公路1438.815公里。公路密度54.55公里/百平方公里。全县六乡六镇133个建制村，通硬化路率100%，通客车率100%。

【公路建设】 2023年，自治区交通运输厅下达中宁县农村公路建设项目3批，新改建农村公路50.8公里，危桥改造工程2座，安全生命防护提升工程3个，争取到位项目资金10039万元，完成固定资产12779万元。完成农村公路改造提升项目187.544公里。全县基本形成以包兰铁路、宝中铁路、太中银铁路、银川至中卫城际铁路、京藏高速、定武高速、福银高速、乌玛高速为骨架，G338（海天线）、G109（京拉线）、S308（盐中线）、S310（同喊线）四条普通国省干线公路为支撑，县乡公路为基础，南通北畅、东进西出、外通内连、覆盖城乡的综合交通基础设施网络。

【公路养护】 全县管养干线公路、农村公路和专用公路1921.457公里。构建符合实际的农村公路管理体制与机制。起草《中宁县农村公路养护管理办法》《中宁县全面推进农村公路路长制实施方案》，进一步明确农村公路养护管理责任主体、实施主体和配合主体工作职责。对全县农村公路重点路口、路侧险要路段以及急弯陡坡、临水临崖、事故多发等路段进行全面排查，建立农村公路安全隐患治理台账，对排查出的48处安全隐患完成整改，修复路面隐患坑槽977.59平方米，完成灌缝36008延米，修剪清理遮挡标识标牌的枯树628棵。

截至2023年底，农村公路MQI优良中等路率达到77.64%。

【道路运输】 全县建有二级、三级汽车站各1个，农村客运招呼站69座，公交中途站85座，乡镇客运站10个，公交场站3处3.8万平方米。客运企业8家，其中，城市公交车、农村客运企业5家，出租车租赁公司3家。全县开通城市公交线路11条140.4公里，城市公交车68辆；开通农村客运班线9条521.6公里，农村客运车辆63辆；开通长途客运线路29条4762公里，拥有车辆50辆；开通中宁至中卫定制客运线1条，4辆车。在中宁县汽车运输公司试点建设营运电子平台，采取自筹30%，补贴70%模式，投资512万元，投放34座新能源公交车3辆，7座新能源定制微公交11辆，充电桩3处，实现县城至徐套、喊叫水2个乡镇点对点服务。拥有道路货运企业118家，其中，普通货物运输企业104家，危货运输企业14家。4.5吨以上普通货车4555辆，危险货物运输车182辆。汽车维修企业379家，其中一类（整车）汽车维修企业1家，二类（整车）汽车维修企业11家，个体维修经营业户367家。机动车综合性能检测站3家、机动车驾驶员培训学校2家（兴宁驾驶员培训学校、红宝驾驶员培训学校）、货运源头企业8家（政府公示）。

【路政管理】 建立路政站专管、公路站兼管、社会监督举报“三位一体”联动管理模式，遏制违章建筑，保护路产，维护路权。对重点路段路域环境、马路市场等进行巡查。定期对8家源头企业进行监督检查，落实货车“一超四罚”制度，开展联合执法17次，检查车辆32辆，查处超限超载车辆11辆（次），卸载车辆11辆（次），查处“百吨王”4辆、锁定超限超载车辆营运证231辆、解锁车辆79辆，记入黑名单79人，驾驶员资格证计分79名，对1家超载企业责令进行停业整顿。与各源头企业签订治理超限超载安全生产目标责任书、源头治超承诺书和货运车辆驾驶员超限超载个人承诺书，严格落实“一超四罚”制度。

【交通安全监管】 全面落实自治区“1+37+8”、交通运输厅“1+12+1”系列文件工作要求，深刻汲取银川“6·21”事故教训，开展重大事故隐患排查整治和重大风险防范化解2023专项行动、“两客一危一货一面”道路交通安全专项整治和道路运输安全生产突出问题集中整治“百日行动”，加大对涉燃气营运车辆检查力度，全面彻底排查交通运输行业安全风险隐患，坚持“隐患清零”目标，动态管控安全风险，保障交通运输市场安全稳定。对全县临水临崖、急弯陡坡、高落差（大于3米）等危险路段进行摸排，争取自治区补助资金1067万（交通运输厅231万元，财政厅836万元）和县级配套资金700万元，安装护栏136.109公里。利用车辆动态监控等高科技手段，摸排客运企业车载终端监控系统，改造59辆农村客运车辆由2G升级为4G设备，实时消除客运车辆运行中安全隐患问题。紧盯危货运输企业和重型普通货车，监督企业从车辆人员资质、车辆智能动态监控记录运行情况、燃料气瓶检测情况等方面开展排查治理。组织14家危货运输企业安全管理人员进行安全生产法律法规知识专题培训，对存在安全生产问题的8家危货运输企业和3家普货运输企业进行约谈；对14家危货运输企业资质、车辆资质、从业人员资质进行排查，清理不在岗人员 6 人。

【交通运输行政执法】 以交通运输综合执法领域突出问题专项整治和执法队伍素质能力提升三年行动为抓手，排查整改在执法不文明、执法假作为、执法慢作为、执法不作为等方面存在突出问题，开展执法人员体能训练、业务培训、以案释法和案卷评审活动。坚持重大案件法制审核、行政执法公示及执法全过程记录制度，运用宁夏交通运输行政执法综合管理信息系统网上制作案卷，进一步规范行政执法行为。全年办理行政处罚案件 44 件，其中简易程序案件 28 件，普通程序案件 12 件，治超案件 4 件，执行到位 44 件。每季度开展案卷评审 1 次。

（莫　媛）

邮　政

【概况】 2023 年，中国邮政集团公司宁夏回族自治区中宁县分公司有在岗职工 85 人，其中，党员 15 人，团员 14 人。公司设立综合部 1 个，邮务中心 1 个，寄递中心 1 个，金融中心 1 个，储蓄营业网点 6 个，邮政支局所 5 个，邮政代办点 9 个。

【普遍服务】 开展普遍服务邮件报刊投递质量提升专项整治，落实建制村通邮标准。巩固“六项禁止类服务问题”专项治理成果，全县服务质量指标较上年明显提高。网点签到、签退率、县以上城市党政机关党报党刊妥投率 100%。机要通信连续 19 年安全运行。

【代理金融业务】 代理金融转型发展理念进一步深化，高效中间业务由趸交向做大期缴规模发展，金融转型取得成效。走出适合中宁地方经济发展的金融 + 寄递 + 邮务协同发展之路，联动抓农村特色经济揽收，2023 年全县邮政储蓄余额净增 1.9 亿，余额规模达到 9.55 亿元。

【寄递业务】 细化完善“路长制”时限管控体系，狠抓寄递时限、服务质量管控。瞄准发展差距，聚焦政务、商企、生鲜、农村、消费等重点市场，全力抢收追收，全面压降成本，寄递业务发展质效凸显。联动金融、邮务，围绕保单配送、账单、文件等，拓展新的寄递收入增长点。推动“极速鲜”项目，全年实现收入300.67 万元。

【协同发展】 服务乡村振兴工作稳步推进。成立服务乡村振兴工作组，以“双千示范工程”增强企社深度合作，完成 1 个信用村建设目标，成立 2 家乡村振兴工作室，累计发放融资 E 贷款 2136.2 万元，完成目标的 130.9%。

（马慧芬）

电　信

【概况】 2023 年，中国电信股份有限公司中宁分公司（简称为中宁电信公司）有员工 53 名，其中党员 24 名。内设综合部、客户服务部、业务部、云网中心、智家装维中心，营业厅及 4 个营服中心。

【网络建设】 2023 年，在中宁县固定资产投资达 5600 余万元。全县新建基站 33 个，对中宁县大战场镇综合业务区出局光缆整治改造主要建设布放24芯光缆10.505公里，48芯光缆25.83公里，72芯光缆3.15公里，96芯光缆4.37公里，新立288芯光缆交接箱（满配）3台，ODF 机架（满配）1架等配套设施。客户接入光缆共计布放4芯光缆17.862公里，12芯光缆27.792公里，24芯光缆12.257 公里，48芯光缆2.092公里；新装16路分纤箱45套、32路分纤箱1套；1∶4分光器66台、1∶8分光器1台；新建8米油木杆28根，10米油木电杆1根等配套设施。中宁县太阳梁枸杞基地光缆接入共计布放4芯光缆1.047公里，12芯光缆4.247公里，24芯光缆6.442公里，安装16路分纤箱3套，144芯落地式光交接箱1台，安装1×8光分路器13台，1×4光分路器4台，新栽8米油木电杆26根，安防监控系统1套等配套设施。FTTH建设工程新建4芯光缆22.151公里，12芯光缆23.915公里，24芯光缆1.543公里，48芯光缆0.580公里，新立8米油木杆40根，新立10米油木杆1根，安装16路分纤箱7只及配套设施。

【客户服务】 落实为民服务，建立以“客户服务＋安装维护”入户服务队伍；加强厅店服务人员业务培训、服务技能培训，完善厅店“适老化”服务，规范市场竞争秩序，严禁各类不正当竞争情况发生，加强投诉日常管理，加强“三大纪律，五项禁令”宣传。明确安装维护服务标准，保障客户障碍查修及时性，提高网络安全畅通保障工作，优化服务规范、施工技能、施工规范、交付规范实景培训。同步解决鸣沙机房噪音扰民事件等问题。联合乡镇、派出所、村委会进行通信诈骗防范宣讲会17场次。

【通信保障】 2023年，优化基站65座、新建基站33座、疏忙10个区域，布放光缆49.5千兆，开通电路16条，保障视频会议106余场次，安装监控311路，顺利完成全国两会、中阿博览会、大运会、中宁县中高考通信保障、第六届枸杞产业博览会、夏日村晚及各节日重要通信保障工作；完成重要客户电路安全加固；进行一二干护线宣传，联合驻军部队与当地政府协调，完成国防光缆护线宣传与通信网络保障。

【社会责任】 落实数字化赋能经济社会发展，适度超前部署以千兆光网和5G为代表的“双千兆”网络，实现“千兆到户，万兆入企，T级园区”能力规模化覆盖和进一步完善，赋能产业发展，先后为天元锰业、中宁县医院、中宁太阳梁枸杞基地等单位提供大数据、云计算、AI分析、北斗定位等数字化服务，助力各企业节能降耗，提升效益。以数字社区、平安乡村平台推动便民服务及乡村振兴。完善乡村振兴的电信业务优化工作，推广信息化应用“看家”业务和“智能致富包”业务。落实多项国务院重大决策部署提速降费、助残优享、适老服务、个人信息保护、“断卡行动3.0”等，配合公安、社区共同打击防诈涉诈。

（黄卫东）

移　动

【概况】 中国移动通信集团宁夏有限公司中宁分公司（简称中宁移动公司）于1999年8月9日成立，内设政企客户班、营业厅、网络支局、小微攻坚班、杞城北网格、杞城南网格、大战场网格7个班组，党、政、工、团组织健全。

2023年，公司有员工45人，党员8人，团员5人。

【网络强国】 截至2023年末，中宁移动公司累计开通4G基站742个，5G基站196个（2.6G宏站117个，700 M宏站79个），用户通话质量明显提高，满足了人们通话及上网需求。在宽带建设方面，推进网络光纤建设及改造工程，完成全县数百个小区、商铺、及农村地区光纤覆盖工作，覆盖中宁县各乡镇自然村285个，覆盖中宁县城小区、街道、商铺等聚类地区共计368处，覆盖用户数达到15.06万户，总投资达8200万元。为原有老用户统一免费升级为300 M光纤宽带，将移动光宽带打造为以300 M起步、千兆极速的家庭宽带服务。完成中宁县2023年各项重大活动现场网络保障工作。完成第六届枸杞博览会网络保障工作。中宁移动公司及时响应4个会场的各项网络需求，开通应急通信车1辆，新开通5G基站3处，新开通4G基站2处，完成直播专线开通2条，完成原有专线提速2条。保障期间出动应急保障人员105人次，车辆7辆，共投入52万元应急设备物资及人工费用成功完成各项保障工作。完成四国篮球邀请赛直播现场保障。开通直播专线1条，完成场馆内专线提速；开通4G应急基站1台，开通5G基站1台，对体育馆内及体育馆周边基站提前进行扩容；保障期间专线峰值带宽利用率13%，直播过程视频流畅，未发生卡顿及掉帧问题。完成宁电入湘施工启动仪式保障。提前制定保障方案，现场开通专线一条，开通应急基站1台。保障期间网络运行平稳。现场测试信号强度优于 -80 dbm，投入3万元应急设备物资及人工费现场保障，现场通话及数据业务体验优良。完成丰安屯音乐节网络保障。提前进行天线角度调整及扩容，高空蹦极新增4G、5G基站2台。保障期间网络运行平稳。20:00—22:00现场设备运行稳定，最大利用率为26.69%，RRC最大连接用户数221个，周边宏站平均利用率为19.38%，总流量为21.61 GB。保障期间无网络拥塞，投入15万元应急设备物资及人工费成功完成保障任务。配合中宁县工业和信息化局，开展老旧小区及城市蜘蛛网改造。在不影响居民正常工作生活的情况下，通过梳理捆扎、沿墙固定等方式对四家运营商线缆、分纤箱进行整改，对主要交通道路悬空线缆实施上改下，对废弃线箱和杆路进行拆除。截至2023年12月31日，中宁移动公司共计摸排110个小区并完成整改，整治捆扎线路174处合计5.2公里，拆除废旧线缆2.8公里，迁改光缆线路5.1公里，拆除隐患木杆19根，整治分纤箱302个，更换破损井盖8个，累计投资38.6万元。

【诚信经营】 落实“客户为根，服务为本”服务理念，坚持以人民为中心发展理念，深化全方位、全过程、全员“三全”服务体系建设，打造客户“10分”满意消费体验，进一步提升营业厅服务能力和品质，完善关爱老年人服务举措，落实服务质量提升“领先工程”“阳光行动”“削峰行动”，狠抓各项制度规范执行落地，保护客户权益“阳光行动”取得实效，达成目标，推动行风建设和纠风工作深入开展，努力提升公司服务水平，维护客户合法权益，树立行业服务形象，促进公司服务能力持续提升，为客户营造放心的通信消费环境。

【提速降费】 中国移动流量资费不断下调，

5G手机终端的品种不断丰富，机型已有千余款，价位分布更加广泛，千余元便可购得1台5G手机，响应自治区商务厅关于振兴市场经济总体要求，打造以“泛全联盟”为主导营销活动，真正做到让老百姓“用得起，用得好”。在宽带方面，为客户提供1000M、500M、300M等不同带宽的宽带满足客户需求，并且搭配FTTR等设备不断提升用户感知，在资费方面推出神州行、芒果卡、全球通等产品线。组织业务人员走进千家万户进行“平安乡村”“智慧社区”宣传，不断推进“宽带+智家产品”建设，让广大用户能尽早地享受到国家信息网络宽带补贴优惠的同时，提升群众的安全感和满意度。

【智慧中宁】 电子政务外网工程覆盖所有机关部门、单位、乡镇及部分行政村、学校等，为全县政务办公一体化、高效化奠定基础；社会治理无人机项目为全县各部门的信息采集及执法监管提供有效手段；承建中宁县公安局机房升级改造项目，助力城市“安全大脑”建设；致力于做优枸杞视频彩铃项目，推广中宁红色名片，增强中宁枸杞品牌市场竞争力；承建“互联网+教育”项目，发挥资源和技术优势，主动融入教育数字化转型工作，持续改善县域互联网信息化教学环境。

【社会责任】 开展“平安乡村”大数据平台建设推进乡村振兴、开展“中国移动爱心行动，先心病儿童救助计划资助”活动、开展“节能减耗，倡导绿色环保中国”等活动；开展“3·5”学雷锋纪念日、五四青年节、“5·17”电信日等系列活动；八一建军节前夕开展拥军慰问活动。

（樊晓锦）

联　通

【概况】 中国联合网络通信有限公司中宁县分公司（简称中宁联通）县分设中宁城区网格、中宁乡镇南网格、中宁乡镇北网格三个划小经营单元。公司有员工40人，其中党员7人。

【网络建设】 2023年，贯彻落实电联《全面深化共建共享战略合作》要求，持续深化4G网络共建共享，加快实现4G中频/室分一张网，促进双方4G网络减量、提质、增效。截至2023年年底，联通中频共享率达到96.36%；电信中频共享率达到95.36%。实现4G中频逻辑站增加一倍，与电信形成保护，避免因传输、电源中断引起用户投诉；2023年，对标行业最好覆盖水平，持续完善900M打底网，基本实现城区连续打底，应用新技术，采用低成本建网方式，开通900M基站37个，开通5G基站38个，优化网络覆盖，提升网络质量。全力做好2023年枸杞博览会期间通信服务保障工作，组建通信保障工作组，提前对开幕式主会场和分会场逐个进行网络覆盖测试及优化调整，对开幕式主会场及中宁枸杞交易中心、丰安屯旅游度假区等分会场网络进行专项保障。在主会场杞乡黄河体育中心开通应急通信车1辆，并对周边基站、场馆内室分进行扩容，现场测试开幕式主会场室内5G平均RSRP-60 dbm，下载950 M，上传130 M；4G RSRP-78 dbm，下载114 M，上传73 M，开幕式期间网络畅通。

【乡村振兴】 与恩和镇签订“沐党恩·共和美”党建共同体战略协议，从组织联建、产业联结、服务联享、治理联动等多个维度助力恩和镇乡村振兴工作。发挥党建共同体“孵化器”作用,中宁分公司通过与中宁枸杞产业集团、恩和镇一起打造“6·16”枸杞鲜果采摘节活动,邀请直播人员走进田间地头,通过直播带货为中宁枸杞宣传造势。承建恩和镇劳务驿站项目,解决外来枸杞采摘务工人员住宿难问题。为全镇10个村打造农民权益积分管理中心,以小积分撬动乡村移风易俗、环境治理,改善农村风貌,相关工作得到《宁夏日报》、中卫市融媒体中心等媒体大力宣传。

【数字中宁】 依托政府项目,为中宁县建设红绿灯、电子警察强化等设备,解决监管盲区让群众行车更安全;打造民间借贷领域“职业放贷人”法律监督模型,借助大数据、人工智能技术守好群众钱袋子;通过改造农业用水渠道闸门,实现用水自动化控制精准测量,助力中宁县农业高质量发展。

【社会责任】 根据县政府的工作部署,启动“蜘蛛网”专项整治工作。中宁联通进行实地勘察,现场制定解决方案。对于城区老旧小区光缆、网线交叉及分光箱破旧问题进行整治。响应社会责任,聚焦新型诈骗类型,开展升级反诈宣传服务。配合县公安局、县网信办在富康广场和金牛广场开展“远离电信网络诈骗 网络安全为人民”宣传活动。

(杨丽萍)

科技　卫生

科技服务

【概况】 中宁县科学技术局(地震局)为政府职能组成部门,核定行政编制 9 名,设局长 1 名(兼任地震局局长),副局长 2 名(1 名兼任地震局副局长),机关工勤工作人员编制 1 名。内设综合办、科技办、地震办 3 个科室。2020 年 4 月 30 日设立中宁县科技创新服务中心,隶属中宁县科学技术局,属不定级别的事业单位,核定事业编制 6 人。2023 年末在职人数 16 人。

【科技服务】 举办线上线下企业家创新精神培训班 18 期,培训人员达 1300 余人次。建立干部包抓联系服务企业责任制,将全县 44 家有研发活动的规模以上工业企业及 21 家重点科技型企业划分包抓到个人,督促干部加强与企业沟通联系,帮助制订科技发展规划、指导归集研发费用、宣传科技惠企政策 150 余次。

【科技投入】 深入企业调查摸底,详细了解掌握企业研发投入情况,聘请第三方服务机构上门一对一指导,确保研发费用“应报尽报,应统尽统”。2022 年全社会研究与试验发展(R&D)经费投入 2.51 亿元,同比增长 132.4%,增速位列全区第三、沿黄六市县第一;R&D 经费投入强度 1.18%,较上年提高 0.58 个百分点,增幅位列全区第二、沿黄六市县第一。有研发活动的规上工业企业增加 4 家,有研发活动的规上工业企业占比从 34.3%提高至 39.1%。

【科技合作】 聚焦中宁县枸杞、锰基、铝基等特色优势产业,建立以“政府引导,企业主导,专家指导”产业发展模式,帮助企业牵线搭桥,推动宁夏红、全通、天元锰业等 27 家企业与区内外 42 所高等院校、科研院所建立科技合作关系,共同开展科技攻关,突破关键技术瓶颈。先后 7 次邀请江南大学耿燕、西北农林科技大学袁亚宏、宁夏农科院闫亚美、宁夏大学陈焕铭、王振平等专家教授团队到中宁进行现场教学，就枸杞深加工、铝基延链补链、葡萄精细化栽培等方面为企业问诊把脉，难题一对一解惑，借助专家、教授专业技术力量，助推县域特色产业提质增效。2023年，组织企业申报各类科技项目155项，争取项目资金3360.86万元，华宝枸杞公司的枸杞子防治慢性肝病作用机制及其功能产品开发等项目获自治区科技厅立项支持，产业核心竞争力不断提高。

【创新主体】 持续优化科技型企业梯次培育体系，聚焦国家和自治区重点支持产业和高新技术领域，在全县范围内遴选有基础、有潜力、有条件的企业进行重点培育和跟踪指导，新认定国家高新技术企业6家，全县累计达到17家；新增自治区科技型中小企业19家、国家科技型中小企业18家，自治区"雏鹰企业"5家、自治区"瞪羚企业"1家，全县各类科技型企业总数达到185家。发挥"宁科贷"金融杠杆撬动作用，为29家科技型企业发放"宁科贷"8975万元，缓解科技型企业在科研投入、成果转化等方面融资难融资贵等问题。

【科研平台】 围绕产业链布局创新链，以打造科技创新高地为目标，聚焦县域特色优势产业，着力打造一批创新资源配置优、联合创新能力强、开放服务水平高的科技创新平台。新备案自治区技术创新中心11家，批建自治区工程技术研究中心1家、备案自治区临床医学研究中心诊疗技术实践基地2家、认定自治区科技企业孵化器1家，实现多项零的突破。创建首批自治区创新型县和自治区枸杞产业（中宁）农业科技园区。

【科技成果转化】 年内登记科技成果18个，登记技术合同149项，完成技术合同成交额5705.51万元。深挖枸杞精深价值，研究枸杞提取物防治慢性肝病、改善抑郁症以及对退行性眼科疾病作用，先后推出枸杞明目胶囊、特膳、酵素等新产品20余种。全通公司的应用生物发酵技术制造枸杞护肝功能性食品和春杞公司的高价值枸杞新产品成果转化及产业化等2项重点科技成果转化项目、天利生态、杞鑫苗木等企业的6项县域科技成果引进示范推广项目获得自治区科技厅立项支持，获批支持资金595万元。

【科技人才】 坚持以人才为核心、项目为抓手、科创平台为载体，引导企业进行"菜单式"招引，靶向引进阳极渣清洁化综合利用、枸杞功能性食品等方向创新团队11个，高端人才61人。充分发挥葡萄领域西北首席专家王振平等高端人才作用，建立果树修剪、田间管理、牛羊饲养等组团式服务小分队8个。发挥科技特派员在乡村振兴中的示范引领作用，首次引进高校专家充实科技特派员队伍，新选派科技特派员56名，实施科技特派员创业服务项目20项。组织企业选派人才团队积极参加各类创新创业大赛，华宝枸杞荣获第十二届中国创新创业大赛（宁夏赛区）优胜奖，获"最佳人气奖"。

（姚　雯）

气象服务

【概况】 中宁县气象局内设办公室，直属事业单位有中宁县气象台。截至2023年，中宁县气象局参照公务员法管理编制3名，国家气象系统事业编制6名；劳务派遣人员4名。

【基本气候概况】 2023年，平均气温为11.9℃，比历年平均气温偏高2.0℃。年极端最高气温为37.4℃，出现在7月9日；年极端最低气温为-19.8℃，出现在1月24日。全年12个月中除4月平均气温比历年同期平均值偏低0.3℃外，其余各月均偏高。其中2月、8月偏高2.7℃，3月偏高4.1℃，9月偏高3.4℃，1月、5—7月、10—12月偏高在0.6~2.4℃之间。年总降水量为166.6毫米，比历年平均降水量偏少25.7毫米。其中，10月偏多14.6毫米，2月、4—5月、7月、12月偏多在0.2~8.6毫米之间；6月偏少25.1毫米，8月偏少23.2毫米，1月、3月、9月、11月偏少在1.5~4.2毫米之间。年日照时数为2556.9小时，比历年平均日照时数偏少442.1小时。

【基础业务】 2023年，中宁县主汛期出现5次暴雨天气过程，高温日数长达20天，较常年同期偏多13.8天。中宁县气象局对标"监测精密，预报精准，服务精细"要求，发挥气象防灾减灾第一道防线作用，制作气象信息专报87期，林火监测专报79期，农用天气预报14期、十六运气象专报61期，中宁秋粮丰收气象保障服务专报5期，中宁县重大活动气象保障专题天气预报20期，4期获得领导批示肯定。

【枸杞特色气象服务】 发挥宁夏枸杞气象服务中心业务示范引领作用，编制起草《枸杞"一业一策"气象服务方案》《枸杞育苗精细化气象服务方案》，针对中宁县六小产区14家重点种植企业开展气象服务调研，保障第六届枸杞产业博览会开展。年内针对宁夏枸杞开展全生育期、种产销全产业链的气象服务，制作发布第六届枸杞产业博览会专题13期，宁夏枸杞气象服务专报3期，中宁枸杞气象服务信息专报31期，获自治区林草厅领导批示肯定2次，县委书记批示1次。

【社会行政管理职责】 将人工影响天气和防雷安全管理、气象灾害监测预报预警服务、系留气球施放活动监督检查、气象防灾减灾科普知识宣传等工作纳入安委会成员单位考核，与教体局建立高级别突发气象灾害预警条件停课机制，联合印发《关于在暴雨、暴雪、沙尘暴突发气象灾害预警条件下实行停课措施的通知》《关于做好校园雷电灾害安全防御工作的通知》，开展校园防雷安全检查。联合应急、消防、市监等部门开展乡镇防灾减灾、防雷安全、氢气球施放安全检查。年内检查防雷安全重点单位47家。

（马莉荣）

卫生健康

【概况】 2023年，中宁县卫生健康局机关设有办公室、规划信息与财务审计室、疾病防控与基层卫生办公室（卫生应急办公室）、医政管理与体制改革室（中医药管理室）、法制法规与综合监督室（行政审批办公室）、妇幼老龄与健康促进室6个内设机构，核定行政编制16名，设置局长1名、副局长3名。全县设置各级各类医疗卫生机构225个，医院11个，其中，公立医院2个（中宁县人民医院、中宁县中医医院），民营医院6个，专业公共卫生机构3个（疾病预防控制中心、妇幼保健计划生育服务中心、社区卫生服务中心),乡镇卫生院14个,社区卫生服务站5个,村卫生室154所,门诊及诊所41个。全县有卫生技术人员2126人,实有床位数1283张,百万元以上设备40台。

【疫情防控】 截至2023年底,中宁县传染病自动预警系统发出预警信号87次,经核实均已排除疑似事件;报告新冠病毒感染病例2682例,报告发病率为762.77/10万,无重症或死亡病例报告;“愿检尽检”43138人,阳性检出4250人,平均检阳率9.85%。持续推进新冠病毒疫苗接种。截至12月底,全县3岁以上人群累计完成接种819847剂次。60—79岁累计接种120119剂次,接种任务超额完成;80岁以上人群累计接种9836剂次;神州重组四价新冠疫苗接种64剂次。强化重点人群健康管理及随访服务。制订《中宁县新冠重点人群健康服务工作方案》,全县共摸底和动态管理65岁及以上老年人合并慢性疾病及免疫缺陷等人群32684人,严格按照“红、黄、绿”三色分级进行健康随访和动态管理,重点人群健康随访累计达到22万人次。

【公共卫生服务】 全县建立居民电子健康档案33.48万份,电子建档率98.86%;儿童预防接种6.32万剂次,接种率99.29%;管理0—6岁儿童25063人,健康管理率83.05%;管理产妇1813人,产后访视率99.01%;管理65岁及以上老年人35477人,健康管理26413人,体检28769人,健康管理率74.45%,体检率81.09%;高血压已管理31186人,规范管理28222人,规范管理率90.50%;已管理糖尿病8069人,规范管理7443人,规范管理率92.24%;严重精神障碍患者累计在册病人1576人,报告患病率为4.73‰,规范管理1487人,规范管理率94.35%,面访973人,面访率92.83%。持续推进疾病防控工作落实落地。报告法定传染病3083例,报告发病率876.82/10万;采集流感样病例样718份,实验室检测718份;开展各类人群艾滋病监测筛查844人次,其中自愿咨询检测(VCT)844人次;发现活动性肺结核病人123例,其中病原学阳性患者72例,病原学阳性率58.5%;包虫病患病总数102例,登记管理病人102例,登记管理率100%;报告布病确诊患者210人,报告发病率62.5/10万。家庭医生签约工作稳步推进。全县组建家庭医生签约服务团队113个,常住人口电子签约207826人,全人群签约率62%;重点人群签约93053人,签约率82%。落实“先住院后付费”和“一站式”结算机制。脱贫人口和三类监测人群家庭医生签约22843人,签约率100%,慢病签约服务1924人,签约服务率100%。

【全民健康水平提升行动】 统筹推进健康中宁“16项行动”暨健康水平提升行动“十大工程”29项任务落实落细。承办全区健康素养促进项目观摩培训班,通过自治区健康水平提升行动健康县评估验收。健康水平持续提升,采取“线上+线下”形式,组织开展健康知识“六进”主题巡讲,举办健康教育讲座187场次、健康咨询活动225场次,制作播放《健康中宁》专题栏目11期、发布健康宣教短视频39期156条,推荐健康中宁宣讲员32名;全县居民健康素养水平提升至27.56%。社区戒烟综合干预工作有序推进,青少年烟草流行监测稳步实施,全县15岁以上人群吸烟率14.73%,无烟党政机关、无烟医疗卫生机构、无烟学校建成比例达100%,人均预期寿命提升至77.31岁。健康细胞创建有序,紧盯健康细胞创建目标,2023年申报创建健康细胞示范点68个,其中39个已通过自治区评估验收。县人民医院通过自治区健康促进医院复审,石空镇卫生院等11家医疗卫生单位通过市级健康促进医院评审。

【公立医院改革】 实施公立医院改革与高质量发展示范项目,投入资金1.0002亿元,采购1.5T核磁、128排CT、血液透析机等医疗设备651台(件),建设重症监护室、血液透析室、DSA介入导管室以及心内重症监护室(CCU)等重点专科,弥补公立医院由于资金不足导致重点专科发展缓慢、专业人才不足的问题,填补多项治疗技术空白。

【"互联网+医疗健康"信息化建设】 加快县级医疗卫生机构信息化建设,依托自助机和微信公众号推广使用电子健康码,依托人脸识别设备推广医保码。全县县级医疗卫生机构电子健康码门诊使用码率达71.5%,预约诊疗率达70.3%,预约诊疗时间精准在30分钟以内。持续运行远程影像、心电中心、加快建设远程B超中心、推广远程会诊中心。远程影像诊断中心进行远程诊断11950例,远程心电诊断中心进行远程诊断30330例,完成远程B超中心建设。14家乡镇卫生院检验系统全部入网,11家乡镇卫生院新增加的影像设备全部入网并接入远程影像中心。

【医政监管】 开展优质服务基层行工作。宁安镇、舟塔乡、长山头、太阳梁乡、余丁乡卫生院严格按照《乡镇卫生院服务能力标准(2022年版)》对标对表,开展优质服务基层行建设活动。各参评单位顺利通过县级、市级评审。有序推进县域医疗分中心建设。制订《中宁县医疗健康总院成立石空等四个区域医疗卫生分中心实施方案》,加强石空等四个区域医疗服务体系结构性改革,进一步完善优质医疗资源配置,推动乡镇区域医疗机构高质量发展,提升诊疗服务能力。实施二级医疗机构帮扶基层医疗机构工作。落实县人民医院定点帮扶大战场镇、鸣沙镇、喊叫水乡卫生院,中医院帮扶石空镇、太阳梁乡卫生院工作,帮助基层打造特色科室、提升基层医疗机构管理水平和医疗服务能力。加强基层设施建设。2023年,实施项目3个,分别为县人民医院救治能力提升及10千伏高低压配电工程项目、新堡社区卫生服务中心建设项目、标准化村卫生室建设项目。县人民医院救治能力提升及10千伏高低压配电工程项目全部完工。新堡社区卫生服务中心改扩建项目主体完成。标准化村卫生室改造建设项目已全部完成投入使用。加强财务制度建设。配合完成2022年度预算执行及其他财政收支情况审计工作,健全完善各项财务制度规定,加强对各类专项资金的管理使用,严格资金支出报批程序。2023年的完成争示范争项目资金1.2亿元,显著增强财务服务效果。

【人才队伍建设】 落实"两个允许"要求,核定公立医院2023年绩效工资总量,新增恩和镇卫生院。完成公立医院编外人员过渡登记及分流消化工作,过渡登记252人,分流消化38人。落实职称评聘"凡晋必下""千名医师下基层"制度,派出49名卫生专业技术人员下沉到基层服务。落实宁夏医科大学总医院、厦门医学院附属第二医院与县人民医院“组团式帮扶”，心血管内科、神经内科、骨科等10名专家驻院帮扶提升县域医疗卫生技术与水平。实施乡村振兴人才支持计划，安置农村订单定向医学生2名，乡村医生基层服务专项计划5名。自主招聘4名硕士研究生，公开招聘33名卫生专业人员，为临床、中医、护理、公共卫生等学科补充后备力量。推荐公立医院7名同志分别参加“基层之星”“智创卫(未)来”等人才培养计划。参加中宁县第一届人才项目大赛，县人民医院“依托标准版胸痛中心建设 推进高层次人才培养项目”荣获一等奖。

【行风建设】 聚焦医疗行业乱象，开展中宁县医药领域腐败问题集中整治工作，7—12月，先后7次召开专题会议及工作推进会进行研究部署，聚焦6类30项突出问题、100条负面清单，聚集行政许可、日常监督、行政执法等权限的“关键少数”，重点排查、整治以权寻租腐败问题。各单位及下属单位自查问题128个，部门检查发现的腐败风险隐患3个，均已整改。谈心谈话1470人，承诺书签订1861人，各医疗卫生单位完善各项制度数31个。

（李　楠）

教育　文化

教育体育

【概况】 2023年，中宁县教育体育局内设党政办公室、基础教育办公室、综合规划办公室、人事办公室、体育工作办公室、财务办公室6个内设机构科室和教学研究室、考试中心、体育中心3个下属事业单位。有中小学66所（其中普通高中2所、职业技术学校1所、初级中学7所、九年制学校7所、完全小学48所、特殊教育学校1所），幼儿园61所（其中，公办幼儿园37所、民办幼儿园24所），在校学生52689人，其中高中8024人、中职2072人、初中13277人、小学29135人、特殊教育学生181人。在园幼儿10598人。全县有教职工5286人，其中在编教师3391人，特岗教师128人，幼儿园教职工1675人（公办园1034人、民办园641人）。

【学前教育】 实施“十四五”学前教育发展提升行动计划，招聘“基层服务专项计划”学前教师47人，召开学前教育教研工作研讨会，开展“学前教育宣传月”活动，保育教育质量全面提升。开展普惠性民办幼儿园评估认定，对全县21所幼儿园进行办园行为第二轮督导评估，中宁一幼通过区级示范园复验，大战场中心幼儿园被确定为全区创新素养领航幼儿园。全县普惠性幼儿园在园幼儿占比87.2%，学前三年毛入园率超过93%。

【义务教育】 全面推进集团化办学，下发《关于深入推进中小学教育集团化（第五批）办学的实施方案》，优化调整教育教学互助联盟8个，中宁九小被评为全区优质教育集团。推进习近平新时代中国特色社会主义思想“三进”工作，突出德育实效，深化体教融合，强化美育熏陶，注重劳动实践，加强心理健康教育，开展读书行动。用好《中小学德育学堂》节目，体教融合经验做法在《宁夏改革动态》刊登。培育区级美育社团1个，创建市级劳动教育示范校5所、劳动教育示范基地1个。

【高中教育】 坚持普通高中多样化特色化发展，稳步推进高考综合改革，举办全县新高考综合改革暨生涯规划培训7场，2所高中班子成员、高一年级教师178人参加培训。组织高中校长、骨干教师到衡水中学等学校学习1次，邀请银川一中学科专家开展高考备考“同课异构”暨交流研讨活动，指导高三年级教师精准备考，力促高考质量提升。全县高考二本以上上线率较去年提高0.88个百分点。

【职业教育】 深化产教融合、校企合作，引进福建沐雨祥和有限公司建设汽车维修中心，县职业技术学校在中宁一幼等10所幼儿园建立实习实训基地。加强“双师型”教师队伍和实训基地建设，建立校企人员双向交流协作共同体、双向流动相互兼职常态运行机制，着力培养高素质劳动者和技术技能人才。

【师资队伍建设】 加强师德师风建设，持续优化教师资源配置，推进“县管校聘”改革，招聘中小学教师137人，调整学校领导班子62人，交流轮岗教师132人。分层分类开展党组织书记、校（园）长和教师理论大测试，组织164名骨干教师到区内外培训研修。开展班主任基本功大赛，分学段开展“四课”比赛，867名教师在区市县比赛中获奖。

【基础建设】 建成中宁县第十一幼儿园、中宁一小，新建中宁六小、中宁十二小、中宁五中、中宁十小教学楼，采购课桌凳6500套，配置电脑625台，中小学办学条件有效改善。

【教育质量提升行动】 实施教育质量提升行动，全面落实卫银教育合作，300余名教师到银川北塔中学等学校跟岗实践。严格落实教研员“五包”责任制，常态化开展教学视导，抓实课堂教学和教研活动，全年听评课1100余节，开展教研活动90余场次。加快推进教育数字化转型，建设全县教育专网，建成教师智能研修中心，宽口井九年制学校代表自治区通过教育部“互联网＋教育”成果评估验收，打造大战场中学全区数字化试点学校、中宁二中“四星级”智慧校园。

【文体工作】 新建社区多功能运动场2个，对21个行政村“康乐角”体育场地提档升级，维修改造南河子公园、体育馆体育设施。承办全国U21男子篮球决赛、四国男子篮球俱乐部邀请赛、自治区十六运部分项目赛事，参加自治区十六运各项比赛，获得金银铜牌48块。参加自治区首届残特奥运动会，获得金银铜牌36块。举办全民健身活动35项，代表宁夏参加2023年全国妇女广场舞（健身操舞）大赛总决赛，获得自选项目一等奖和规定项目二等奖。县业余体校被国家体育总局命名为“国家体育后备人才基地”。

（冯向红）

文化事业

【概况】 中宁县文化旅游广电局为中宁县政府组成部门，辖中宁县文化馆、中宁县图书馆、中宁县文物管理所、文化市场综合执法大队4个全额拨款事业单位。内设机构4个：局机关办公室、文化事业办公室、文物旅游办公室、广播电视事业办公室。核定行政编制9名，设局长1名（兼任文物局局长、文化市场综合执法大队队长），副局长3名。

【公共文化服务】 开展模特走秀、戏曲、小品、快板培训、“钱鞭声声 畅享新时代”黄羊钱鞭广场舞、中宁蒿子面制作技艺培训等62期，受众群众8600余人次；开展寒暑期少儿书画、架子鼓、口才、电钢琴、快板等培训45期，受众学生3200余人次；文艺团队培训12期，培训4800人次；戏曲进校园4期，培训190人次；摄影培训1期，培训80人次。中宁县5名文化指导员和4个群众文艺志愿团队入选“大地欢歌”文化指导员、群众文艺志愿服务团队“百人百团”招募活动名单，中宁县文化馆荣获“全区文化和旅游工作先进集体”称号。累计投资300余万元，实施长山头社区文化长廊、余丁乡黄羊村、恩和镇沙滩村等文化阵地文化氛围提升项目。在全县12个乡镇分别组建农民合唱团，安排文艺骨干定期下乡辅导培训。2023年，各合唱团参加杞乡农民合唱团文艺展演、区、市、县级农民丰收节演出等文艺活动，大战场镇红宝村农民合唱团参加自治区第十六届运动会开幕式演出，授予突出贡献证书；在全区首届乡村振兴农民合唱艺术节，来自全区22个市县选送的16支优秀农民合唱团参加比赛，大战场镇红宝村农民合唱团荣获一等奖；在《山水间的家》《远方的家》央视栏目中，中宁县农民合唱团向全国人民展现乡村振兴中新时代农民的新气象；中宁县大战场镇农民合唱活动入选2023年全区乡村文化惠民示范项目。

【群众文化活动】 举办2023年“两节”系列文化惠民活动30余项；开展送戏下乡50场，文化大篷车200场，广场文化演出56场。策划组织“惠享生活·品味杞乡”2023中宁美食大集活动、2023年“5·18”国际博物馆日、宁夏长城保护宣传日、中国旅游日活动等系列主题活动，举办“枸杞姑娘”中宁文旅形象大使评选活动、“杞程中宁”首届房车露营文化节、“电音之夜·音你而美”中宁电音节、“枸杞之夜·魅力杞乡”专场演唱会、“中华杞乡·康养中宁”第三届枸杞文化旅游节、2023年“庆中秋·迎国庆”专场文艺晚会及枸杞文化一条街亮灯、全区首届乡村振兴农民合唱艺术节、“乡村振兴梦 魅力中宁红”2023大地欢歌冬季村晚等系列群众文化活动。

【非物质文化遗产保护】 组织召开中宁县国家级非遗项目中长期保护规划评审会，建立健全项目保护传承体系；推动非遗进景区、进校园活动，在丰安屯旅游度假区举办2023年“非遗过大年”年俗系列活动，组织国家级非遗代表性项目“黄羊钱鞭”和”传统戏曲（秦腔）”等项目在景区展演；在中宁县五小、二小开展戏曲进校园活动；结合“乡村振兴＋非遗传承”发展模式，利用总分馆线上线下开展“钱鞭声声 畅享新时代”黄羊钱鞭广场舞培训班、中宁蒿子面制作技艺培训班等5期；为蒿子面、黄羊钱鞭非遗传承人购置传承用具、服装服饰等，壮大传承队伍，弘扬优秀传统文化。杞绣魂剪纸、刺绣保护传承基地、中宁县第二中学剪纸保护传承基地获批自治区级第八批非物质文化遗产传承基地。

【文艺作品创作】 以弘扬“红枸杞”文化，打造“红枸杞”文艺精品为核心，采取音乐、舞蹈等艺术形式，打造文艺精品。组织创排戏曲歌舞

《人面桃花》、秦腔小戏《红心向党》、舞蹈《丰收乐》、快板《文旅开出幸福花》、原创广场舞《钱鞭声声幸福来》、模特走秀《人间烟火》、舞蹈《领航新时代》、原创舞蹈《黄河岸边枸杞红》、舞蹈《中华家园》、表演唱《乡村振兴创辉煌》、舞蹈《盛世花开》、音乐快板《宣传二十大　奋进新征程》、情景剧《这盛世如您所愿》、歌伴舞《唱开花儿等你来》、小品《游中宁》、舞蹈《筑梦新时代》、独舞《芳春行》、舞蹈《美丽心情》、舞蹈《金鞭飞舞》等文艺精品；创作原创歌曲《逐梦大战场》《红彤彤的日子》等歌曲；根据中宁县大战场镇红宝村农民合唱团的真人真事创作现代秦腔小戏《好日子　唱起来》，获得“欢乐中卫”群众文艺会演创作奖一等奖。

【文化执法】　开展互联网上网服务营业场所日常检查90多家（次），利用重要节日及暑期开学期间开展专项执法检查4次，联合执法检查3次，重点整治互联网上网服务经营场所违法违规经营行为，抵制低俗暴力内容在互联网上网服务营业场所传播。加强歌舞娱乐场所管理，对全县41家KTV、2家游艺场所开展全面摸排检查，累计出动执法人员430余人次，检查歌舞娱乐场所500多家（次），未发现违法违规经营行为。年内检查26家艺术类校外培训机构，累计检查250家（次）。采取“互联网＋监管”和节假日专项检查工作相结合方式，全年检查旅行社20家（次），开展跨部门“双随机、一公开”联合执法检查4家（次）。加强A级旅游景区服务质量专项整治。督促景区景点加强制度建设，规范管理流程，提升管理服务水平。全年出动执法人员100人次，检查旅游企业数量139家（次）。开展校园周边环境专项整治。与县委宣传部、县教育体育局联合开展“扫黄打非·护苗”专项行动；组织执法人员4次集中对校园周边网吧、娱乐场所、出版物市场开展重点整治。年内检查书店、新闻出版销售单位12家，校园周边2元店和商店40余家，现场依法收缴超范围经营书籍33本。做实做细大起底大排查大整治工作，保障安全生产工作全领域覆盖、全链条管控，专项行动排查安全隐患73条，完成整改73条。监督各娱乐场所开设消防救援窗口80多个，年内文化市场安全平稳。

【旅游发展】　以创建全域旅游示范县为目标，重点实施黄羊古落文化旅游项目、全通枸杞酒庄＋枸杞康养体验项目、黄河枸杞康养旅游度假区公共基础配套设施项目，全力打造核心景区。制订《加快推进中宁县文旅产业发展实施方案（2023—2025年）》，借势第六届枸杞产业博览会，推出黄河生态民俗体验游、枸杞康养休闲度假游、枸杞工业研学观光游、杞乡生态庄园休闲游精品线路4条，举办大西北旅游联盟高峰会暨中宁县枸杞康养旅游高质量发展论坛。实施乡村旅游标识标牌项目；制作“中宁文旅”宣传手册、“杞程中宁”系列文创产品植入全县民营经济大会、第六届枸杞产业博览会、第三届枸杞文化旅游节，优化乡村旅游发展环境，助力乡村振兴发展。丰安屯旅游度假区被自治区文化和旅游厅评定为自治区级文明旅游示范单位，年内黄羊古落旅游项目88号公路建设完成；建成老南街枸杞文化一条街。

（徐　瑞）

图书馆

【图书馆藏】 截至2023年末，中宁县图书馆馆藏图书23.2万册，其中纸质图书17.4万册，电子图书5.8万册。2023年，图书借阅量达79743册(次)，读者流通量达201876人次，新发展读者500人，新增图书18462册，征订期刊154种，报纸11类。

【全民阅读活动】 在微信公众号推出红色故事绘252期、绘声绘色·童沐书香——晓素姐姐讲故事10期、小志愿者说节气23期、小志愿者说节日3期、好书推荐130期、线上展览71期、线上阅读活动53期、文化进万家51期、知识视界34期、书香中宁30期、科普42期。举办“4·23”“书香中宁 全民阅读”活动启动仪式；在杞乡书吧、学校开展“礼赞二十大，启航新征程”新春朗诵会等阅读活动50余场；指导各乡镇分馆、农家书屋开展“我的书屋·我的梦”农村少年儿童阅读活动、“守护黄河根脉 讲好黄河故事”特色阅读活动。组织困难儿童、未成年儿童开展“寻历史印记 赴公益之约”阳光公益行等9场主题活动；组织80余名残疾人开展“黑眼睛看未来”残疾人公益阅读活动。为12个乡镇图书馆分馆配送图书8500册；在柳青社区观园世家小区党群驿站、为民商圈党群服务驿站、丰安屯旅游度假区、中宁水投公司各建成一个城市阅读岛，配送图书3000余册；为恩和红色教育基地配送图书756册；在黄羊古落分馆和丰安屯阅读岛各配置1台电子书借阅机；与水投公司联合开展“送书进企业，文化润人心”活动，配送图书300余册。在全国公共图书馆第七次评估定级工作中，中宁县图书馆被评为县级国家一级图书馆。

（丁佳慧）

文物管理

【概况】 中宁县文物管理所是1984年6月20日经县政府第十七次办公会议研究成立的文化事业单位(股级)，核编为6人。承担着中宁县辖区186处文物点、双龙山石窟文物陈列馆及馆藏文物的管理工作。中宁县辖区有不可移动文物点186处。其中被公布为文物保护单位的有33处，其中国家级2处，区级5处，市县级26处。有馆藏文物(可移动文物)达574件(套)，主要是通过民间文物征集、考古发掘、民众主动捐赠等方式取得。文物藏品逐年增加，包括陶瓷类、青铜类、书画类、玉石类、古钱币及革命文物等。

【项目建设】 推进中宁县双龙山(石空寺)石窟危岩体抢险加固工程项目。截至年末，完成工程量80%以上，涉考古发掘清理工作有序稳步推进，经向国家文物局申请已获取考古发掘牌照。编制石窟寺文物保护规划，聘请第三方对双龙山石窟及周边文物进行文物保护规划设计，规划主要分为文物保护规划和展示利用概念规划2本。胜金关复合廊道项目涉中宁县双龙山(石空寺)石窟文化广场、山体观光栈道、游客观光标识牌等建设项目已全部完成。2023年，成功申报落地文物保护项目6个：明长城胜金关及1号烽火台保护修缮项目、双龙山石窟安防项目、华严塔防雷项目、双龙山石窟保护规划编制项目、中宁县双龙山石窟九间无梁洞塑像保护前期勘查研究项目、明长城太阳梁乡渠口农场段保护修缮项目。

【免费开放服务】 重新粉饰双龙山石窟牌楼形象，以文物为元素，采取手绘的方式，以图文并茂的形式，挖掘文化魅力，展示余丁早春、石空灯火、丝路驿站等文化魅力，对双龙山石窟牌楼进行美化亮化提升工程。提升双龙山石窟文物陈列馆免费开放服务质量，规范设置安全警示提示牌，排查整治双龙山石窟文物陈列馆文物消防安全工作，增设更换灭火器。全年接待游客5万余人次，未发生游客投诉事件。

【文物安全】 文物安全实行属地管理，与各乡镇部门签订文物安全承诺书和文物安全责任书14份，更换46块文物安全责任公示牌，增设10块文物安全责任公示牌。全年开展文物安全巡视巡查80余次，对文物点进行安全隐患及环境卫生整治6处，规避文物安全隐患。

【普法宣传】 深挖杞乡历史文化内涵，开辟《“魅力杞乡·我的家”文旅局长话文旅》《学法知法事事讲法　守法用法人人普法》等系列文旅宣传栏目。结合宁夏长城保护宣传日、“5·18”博物馆日、“5·19”中国旅游日，举办“魅力杞乡·我的家”文物普法演出；开展县域文物保护单位明长城、岩画、石窟等为题材的“久远的记忆——长城、岩画摄影书画展”；布展历史文化物质遗存——老物件、岩画拓片等实物；开设以全县重点文旅企业文创产品集中展示和推介，展现文化旅游形象，激发文化和旅游消费潜力的“中国旅游日·中国礼物”旅游商品推介专区等系列文物普法宣传活动。

（张婷婷）

有线数字电视

【概况】 中国广电宁夏网络有限公司中宁县分公司是经历2011年全区网络整合、2021年全国一网整合2次网络整合后，从原文广局剥离隶属于中国广电宁夏网络有限公司管理的市县级分公司。2022年6月27日，广电5G192号码全面放号进入试运营，实现从单一的有线电视宽带到有线+5G全业务融合发展新局面。分公司内设综合办公室、市场营销部、工程建设部、运营维护部、营业部5个部室，有职工38人。主要承担着全县有线电视网络规划、建设、改造和广播电视信号的传输，是服务社会各行业的数字文化传播网、数字经济的基础网、国家战略资源网、具有红色基因的党网政网。

【项目建设】 创建自治区广电文化惠民促进乡村振兴示范县工作方案落地实施。由分公司提交的《中宁县创建广电文化惠民促进乡村振兴示范县工作方案》经县委常委会审议通过，由两办印发实施。该方案将政府购买有线电视服务的3个广电惠民项目有效整合，通过深化六盘云平台中宁分平台服务功能、节目内容、服务质量、进一步扩大覆盖面等措施，促进政府延长购买有线电视服务期限至2025年。中宁县智慧应急管理、智慧环保、智慧食安一体化综合监管平台项目运营良好。按照应急指挥一张图十个功能板块，对平台整个系统软件进行优化升级，对重点板块功能布局进行合理调整，并对功能区内容进行收集录入、整理归档。投资10万余元，对平台网络安全设备进行升级改造，对平台进行等级保护测评，使平台功能更趋完善、运行更安全。全年处理安全生产事故报警665起，督促企业整改事项57项。中标中宁县教育专网建设项目，中标金额1096万元。基础网络建设稳步推进。完成嘉润雅居、温和花园、观园隆府、翡翠天辰二期4个小区光缆铺设和1620户信号开通工作，完成白桥棚户区C区室外管网铺设。完成红宝平安家园、新苑小区等40个小区“蜘蛛网”专项清理整治。全年处理农户因平田要求标明光缆深度、走向的问题探缆20余次，降缆6处，补栽标识桩12根，制作标识牌5块，确保国干线路安全传输。

【用户服务】 分公司继续把强服务、树形象作为企业发展根基，定期开展故障问题大排查、大整治，服务质量大提升、大改进活动，不断提升服务质量。通过电话回访、上门走访、加强监督检查等形式，加大运维安装人员业务受理时限、服务质量、用户满意度客户回访监督考核，运维工作效率和满意率大幅提高。全年受理用户事故报修12097个，处理率达100%，客户满意率达到96%。针对用户反映的广电网络频繁掉线、断网、用户体验差等问题，分公司大胆尝试，采用GPON技术代替EPON技术，将信号传输不稳定，报单率高的宁安古镇机房作为试点机房。自购6个上联万兆模块，将机房EPON OLT设备所覆盖3个小区近1000户用户的联千兆模块更换为万兆模块。通过测试，宁安古镇机房所带用户网络质量和用户体验明显提升，故障报修率明显下降。吸取“6·21”银川市兴庆区富洋烧烤店燃气爆炸事故教训，按照集团公司2023年安全生产月活动相关部署和安全播出自查表，对标对表，从防范措施、应急预案到安播管理，从机房到小区，以及日常管理，电力保障、工程施工等对分公司安全生产各个环节逐一进行排查，对危及广播电视设施安全，可能影响安全播出和安全生产的不安定因素、安全隐患进行彻底整改，坚决杜绝安全隐患发生，全年无重大安全播出和安全生产事故发生。

（黄建东）

社会事务管理

人力资源管理

【事业单位人员管理】 深化职称制度改革，推进实施县以下事业单位管理岗位职员等级晋升制度，优化事业单位人员聘用、岗位管理、考核奖惩制度管理，扩大机关事业单位引才用才自主权。开通职称申报“绿色通道”，建立“定向评价、定向使用”的职称评审机制，审核上报职称评审人数824名。建立岗位能上能下、待遇能高能低的动态管理机制，对1354名事业单位工作人员进行岗位聘用晋级。对全县4865名专业技术人员进行网络培训。加大事业单位岗位余缺调剂力度，为事业单位增补专业技术人才206名，全职引进高层次急需紧缺人才11名。

【人才工作】 推荐申报各类人才评选28人，入选2023年自治区青年拔尖人才培养工程人员1名。加大人才载体建设，获批专业技术人才知识更新工程培训项目1个、专家服务基层活动项目1个、自治区特聘专家2人。邀请自治区10位专家，赴中宁县开展枸杞产业提质增效服务活动，达成中长期合作意向4个，指导培训基层技术骨干120人。

【工资福利】 实施事业单位管理岗位职员工资正常增长机制，落实艰苦边远地方津贴，发放干部职工工资及补贴72852万元，调整4805名事业人员艰苦边远地区津贴，人均月增资38.5元。对年度考核结果为合格及以上等次的5597人晋升薪级工资，月增资额47万元。审核审批教育系统、卫生系统及其他事业单位5766人，核定绩效工资总量每月1826.46万元；审批教育系统校长、班主任、幼儿园园长津贴合计1012.08万元。

【劳动保障监察】 按照“属地管理”的原则，开展多部门联合执法，行业主管部门监管，对农民工工资实行归口办理，将排查出的欠薪线索，采取分批交办、定期汇报、领导包案、一案一策、挂牌督办等多种措施推促欠薪问题化解，拿出“真招、实招”，化解转办线索。全年处理举报投诉案件 487 件，为 1523 名劳动者追回劳动报酬 1160.59 万元。

【劳动人事争议仲裁】 2023 年，受理劳动争议申诉案件 240 件，结案 237 件，中止 3 件，调解率 75.1%，仲裁结案率 98.75%，涉及 296 人 977.36 万元。

（刘璐瑶）

就业创业

【就业帮扶】 推进“就业创业促进年”活动，开展“公共就业服务进校园”活动和“1311”就业服务，举办高校毕业生专场网络招聘会和高校毕业生网络直播带岗活动，促进高校毕业生等青年就业，全县离校未就业高校毕业生就业帮扶率达 95.8%。扩大有组织劳务输出规模，培育经纪人 183 名，实现农村劳动力转移就业 73082 人，劳务收入 11.68 亿元。强化失业人员就业帮扶，落实失业保险待遇，保障失业人员基本生活。2023 年，失业人员再就业 1958 人，发放失业保险金、失业补助金 1670 人、1057.87 万元，缴纳医疗补助金 967 人、183.06 万元。加强困难群体就业援助，安置城乡公益性岗位 505 人，发放就业困难人员社会保险补贴 1787 人 811.71 万元。

【稳岗减负】 实施减负稳岗扩就业各项措施，发放企业职工岗位技能提升补贴 26.6 万元、扩岗补助 6.45 万元，为 339 家企业发放稳岗补贴 330.16 万元，稳定就业岗位 7509 个。通过社保补贴、培训补贴等支持，调动企业吸纳就业重点群体就业，发放企业吸纳就业补贴 36 家 139.1 万元。主动对接企业，开展“就业援助月”“民营企业招聘周”“春风行动”等线上线下招聘活动 25 场次，为 74 家企业补充就业岗位 5642 个。

【创业带动】 实施“创业宁夏”行动，对自主创业的高校毕业生、返乡入乡农民工、就业困难人员、退役军人、农村妇女等重点群体，给予创业担保贷款、税费减免、创业培训补贴、创业房租补贴、一次性求职创业补贴等政策扶持。2023 年，发放创业担保贷款 5538 万元，为 6 名自主创业的退役军人减免税费 19.85 万元。鼓励群众就近就地发展小饭馆、小百货、网店等三产服务业，加强科技孵化器、众创空间、星创天地、创业孵化基地等“双创”服务平台建设。开展创业培训 11 期330 人，培育创业实体 598 家，创造新就业岗位 1015 个，创业带动就业 3473人。

【劳务品牌】 依托宁夏枸杞核心产区独特优势，加大政策扶持力度，精心打造“中宁枸杞技工”全国劳务品牌，引导枸杞产业园区、种植大户、中小微企业等就业载体吸纳就业，拓宽群众就业增收渠道。10 月 18 日，中宁枸杞技工劳务品牌亮相全国劳务协作暨劳务品牌发展大会，被《人民日报》专题报道，枸杞技工朱金忠入选 2023 年度新星劳务品牌形象代言人，直接带动本县及周边市县农村劳动力和下岗失业人员 20 余万人实现就业创业。2023 年，全县枸杞采摘劳务用工累计达到 7 万人，群众务工收入达 2.1 亿元。

（刘璐瑶）

社会保障

【社会保险参保】 2023年，全县城乡居民基本养老保险参保124916人，城镇职工基本养老保险参保78905人，机关事业单位养老保险参保10628人，失业保险参保36376人，工伤保险参保49218人，各项社会保险参保人数超额完成目标任务。

【落实惠民政策】 落实养老金调资政策，先后3次调增城乡居民养老金255元/(人·月)至270元/(人·月)，全县3.06万老年人享受政策。为1.94万名企业退休人员和3555名机关退休人员调增养老金，平均每人每月分别增加122.85元和186.6元。全年发放各类社保待遇近10亿元。

【社保基金监管】 采取实地稽核与书面稽核相结合方式，瞄准“企业选择性参保、未全员参保”等关键问题进行实地稽核企业13家，涉及职工3489人。运用人社一体化系统，提前摸清参保单位底数，联合税务、劳动监察等部门书面稽核企业14家，涉及职工4625人，开展数据共享对比23次，上传数据30万余条，追缴死亡冒领养老保险待遇56人25.05万元，维护社保基金安全。

（刘璐瑶）

医疗保障

【概况】 中宁县医疗保障局于2019年1月28日挂牌成立，为县人民政府组成部门，核定行政编制5名(领导职数一正二副)工作人员2名。下设中宁县医疗保障服务中心为副科级事业单位，核定编制19名，设主任1名，具体负责辖区内城镇职工、城乡居民基本医疗保险经办等工作。

【参保扩面】 聚焦医保应保尽保目标任务，通过政策引导、监督指导、电视广播、自媒体、拍摄微电影、发放宣传品等方式，加大医保参保扩面征缴力度和宣传力度，2023年中宁县参保目标人数327706人，截至2023年12月31日，全县基本医疗保险参保缴费人数329097人，完成目标任务100.42%(其中脱贫不稳定人员、边缘易致贫人员、突发严重困难人员、已脱贫人员参保率均为100%)。

【待遇保障】 制订印发《中宁县基本医疗保险支付方式改革实施方案(试行)》和考核评价细则，2023年打包给县医疗健康总院城镇职工医保资金2524万元，城乡居民医保资金10169万元，合计12693万元。按照医疗保障待遇政策，落实好居民基本医保、大病保险、医疗救助三重保障，城乡居民门诊统筹待遇保障983571人次，享受医保基金2223.17万元；门诊大病待遇保障89088人次，享受医保基金2397.24万元；普通住院待遇保障52674人次，享受医保基金20693.52万元。

【基金安全运行】 2023年职工基本医疗保险征缴收入26146.21万元，2023年职工基本医疗保险基金支出11133.13万元；2023年城乡居民基本医疗保险基金收入27785.34万元，2023年城乡居民基本医疗保险基金支出27340.22万元。

【基金监管】 开展打击欺诈骗保集中宣传月活动，完成全县各定点医药机构2023年医保服务协议签订工作；加强基金监管队伍建设，定期对“两定”机构医保工作人员开展轮训，减少违规行为发生；组织开展日常监督全覆盖检查、飞行检查、“百日专项整治行动”、区内飞检交叉互查工作，查处违规定点医疗机构98家，追回违规医保基金272.28万元，行政处罚31.83万元；完成全县22家定点医疗机构事前事中医保智能监控信息化接口改造工作，通过医保智能监控系统审核并追回违规医保基金4.62万元；解除定点零售药店医保服务协议3家。

【特色亮点工作】 打造“杞小保”医保品牌。上线智能客服服务项目，打造“杞小保”在身边党建品牌，提供“24小时不打烊”医保服务。打造“15分钟医保服务圈”。推进构建“五级医保经办服务体系”，15项医保服务下沉乡镇，9项医保服务下沉村、社区，高血压、糖尿病门诊慢特病审批办理权限下沉乡镇卫生院；全面推行医保经办服务窗口“综合柜员制”，实现55项医保经办服务事项前台不分险种、不分事项、一窗受理、一站式服务，后台分办联办快办，申报材料总份数减少65%，办理时限缩减了20%，提升办事效率。制订《中宁县医保电子凭证激活应用推广工作推进方案》，每月通报乡镇医保码激活情况和定点医药机构医保码结算使用情况，拍摄宣传视频3期，引导群众使用医保码；推进定点医疗机构接入医保移动支付，全县投放127台应用刷脸支付终端，实现从“卡结算”到“码结算”、再到“刷脸结算”。

（麦晓彤）

民　政

【概况】 中宁县民政局内设婚姻登记、社会救助、养老服务、儿童福利和社会事务、基层政权建设和社区治理、社会组织、区划地名和殡葬管理、综合办公室8个科室。核定编制人员25人，其中行政编制10人，事业编制14人，工勤人员1人。

【城乡低保】 研究制定《关于推进社会大救助体系建设的实施方案》《中宁县保障困难群众基本生活12条措施》等，建立社会救助工作协作联动机制，提高农村低保救助标准，提标后全县城乡低保保障水平分别提高24.78%和56.09%。将符合条件的3318人纳入城乡低保保障范围，全县城乡低保对象较上年同比增长18.46%。融入“杞乡清风”大数据平台，进行超前化资格预审，严把社会救助纳入关口，2023年取消低保1028人。公布社会救助服务热线2部，受理困难群众诉求1000余人次。截至2023年12月底，全县有低保对象16271人，发放资金77203450元。其中，城市低保对象2471人，累计发放资金14444900元，农村低保对象13800人，累计发放资金62758550元。

【特困供养】 开展巩固特困供养保障政策落实情况大排查，摸清分散供养特困人员生活现状，找准问题症结和短板弱项，压实照料服务责任，实现四方照料护理服务协议签订率100%。建立由县民政局负责回访监督、各乡镇定期走访监督、村（居）委会配合监督三级监督体系，确保监护服务工作落实落细，提高分散供养特困人员的生活质量。累计为 331 名特困老人发放供养补贴 259.75 万元。

【社会救助】 2023 年,发挥临时救助"兜底中的兜底"作用,执行乡镇临时救助备用金制度,简化审核审批程序,事后按规定补齐手续。实施临时救助 3311 人次,发放临时救助资金 456.42 万元,同比增长 35.77%,人均救助水平达到 1378.50 元。拨付乡镇临时救助金 316 万元,全县救助困难群众 3516 人次,发放临时救助资金 4962630 元,县本级临时救助 38 人,发放救助资金 536549.14 元。

【送温暖活动】 开展"访千家万户 兜牢民生底线"专项活动。争取市级临时救助资金 100 万元,上报市临时救助人员 469 人。制定印发《关于做好困难群众生活保障及安全渡冬的工作提示》,及时为全县 12900 户 16271 人城乡低保对象、313 名分散供养人员发放取暖补贴 190.27 万元,发放饺子费 99.61 万元。推行"救助 + 物资"模式,为全县 316 户 331 名农村分散供养特困对象发放价值 57 万余元燃煤和冬衣;举行中宁县困难群众温暖过冬物资集中发放仪式,筹集 175 万元,购置棉衣、棉被、煤炭和米面油等爱心物资,惠及全县 816 户困难群众,保障困难群众冬季过冬"不降温"。

【残疾人补贴】 2023 年,享受残疾人生活补贴 6558 人,护理补贴 5843 人,发放生活补贴 830.32 万元,护理补贴 837.63 万元。

【养老服务】 制订《中宁县养老服务体系建设"十四五"规划》《关于推进基本养老服务体系建设的实施方案》《中宁县公办养老服务机构改革试点实施方案》等涉老惠老政策性文件。发放高龄津贴 3659 人 1166.34 万元,投入 80 万元为"孤寡、残疾、低保等特殊困难家庭老年人开展政府购买养老服务,筹措资金 86 万元为全县 60 岁以上的低保等 29521 老人购买意外伤害保险 36109 份;投入 225 万元建成红梧日间照料中心,投入 25 万元新建喊叫水乡康湾新村农村老饭桌,投入 100 万元实施 316 户特困供养、低保、高龄、残疾老年人"私人定制"居家适老化改造,投入 16.5 万元在南苑、红苑、丰安等社区实施"塞上乐龄大学"项目。以社区居家养老服务为试点,打造宁华社区养老服务站,探索尝试"免费 + 低收费"服务模式,累计服务 6782 次。新增护理型床位 103 个,占比 45%。举办"我们的节日——重阳中宁县首届'孝行天下·康养中宁'活动"。

【未成年人保护】 召开未成年人保护工作领导小组联席会议 2 次。申报中宁县未成年人救助保护中心建设项目,12 个乡镇全覆盖建成未保工作站。开展儿童督导员(主任)全员能力培训班 1 期。发放 404 名孤儿津贴 408.3 万元,签订监护责任书 12 份、委托监护责任书 66 份、防溺水承诺书 1000 份。新增事实无人抚养儿童 36 人,困境先心病儿童筛查 29 名,落实 9 名"明天计划"康复儿童住院服务费,解决 4 名私自收养子女户口问题,解除收养关系 1 人。中宁县民政局获评"全区未成年人保护工作先进集体"。

【基层政权建设和社区治理】 完成 1041 个网格的优化调整编号赋码,清理牌匾制度 2306 块,清理证明事项 79 项,整合资金 173 万元开展 13 个志愿社会服务项目,申报 14 个"思源·云图书馆"项目。举办乡、村(社区)工作人员培训班 3 期,打造市级社区治理特色品牌社区 5

个，全区基层治理创新典型案例1个、全区第一批议事协商示范村(社区)3个，全区优秀村规民约(居民公约)3个、全区创建规范化标准化示范社区7个。统筹整合资金318万元实施为老为小等23个服务项目。

【社会组织管理】 严把登记关口，新增登记社会组织1家。联合市场监督管理局、各业务主管单位通过年度检查、日常抽查、“双随机，一公开”等方式开展执法检查，社会组织年检56家，打击整治非法社会组织和社会组织非法活动2次，清理僵尸型社会组织3家，劝散非法社会组织1家。坚持以服务项目化带动人才专业化，培育带动社会组织承接项目，统筹整合各类政府购买服务资金318万元，实施服务项目23个。在全区率先实现乡镇社会工作服务站全覆盖，开展社会工作者职业水平考试培训服务837人次，取得社会工作者初级证书136人，中级证书28人，培养社工人才400余人，服务城乡低保、特困人员、困境儿童等10类困难群体。中宁县弘扬社工服务中心获全区第六届宁夏志愿服务大赛项目优秀奖，成立中宁县慈善总会。

【社会事务】 开展“杞程520·情定丰安屯”集体婚礼，办理婚姻登记2719对，补办1057对，改造升级管理信息系统，开展历史数据去重纠错工作，补办452对。投入190万元实施殡仪馆扩建提升项目，持续深化殡葬领域行政执法检查，统筹做好祭扫工作，引导群众文明祭祀。高质量完成中宁—红寺堡界线联检，打造沙滩村“红色地名”，更新国家地名数据库词5567条，完成中宁县标准地名图、录、典、志初稿编纂，精神障碍康复项目服务520余人次。救助流浪乞讨54人，具体做法被《中国社会报》采编发布。

（高金学）

退役军人服务保障

【概况】 中宁县退役军人事务局内设文秘党政综合岗位、双拥综合岗位、优抚安置岗位，核定行政编制6人。下属事业单位中宁县退役军人服务中心，核定事业编制4人，2023年9月退休1人；中宁县民兵武器装备中心，核定事业编制4人。

【政策落实】 全年累计发放各类抚恤金、补助补贴、家庭优待金2121.28万元。完成62名60周岁农村籍退役士兵生活补助申报。为残疾军人、自主择业军转干部缴纳医保27.62万元。组织9名优抚对象开展短期疗养、195名优抚对象进行健康体检，为45名听力障碍退役军人配备助听器。邀请专家为10名患精神疾病残疾军人巡诊并完善基本信息。为24名生活困难退役军人争取区市情暖老兵关爱基金会救助金87000元。全县292家“崇军行动”合作单位为优抚对象提供优惠优待项目。连续第四年为全县5000余名退役军人、军烈属购买人身意外伤害保险。

【思政引领】 打造退役军人思想政治教育基地。结合中宁县烈士陵园打造退役军人思想政治教育基地。2023年，分批次集中组织全县12个乡镇560名退役军人前往中宁县恩和镇张子华生平纪事馆接受思政教育，将张子华生平纪事馆列为退役军人适应性培训班第一站。遴选退役军人代表28人建立政治教(指)导员队伍。组建12个“宁夏老兵志愿服务中队”,注册志愿者270名,开展志愿服务活动50余次。组织全县50余名“兵支书、兵主任、兵委员”开展集中培训,引导退役军人在基层有所作为。为119名入伍新兵举行欢送仪式,开展一堂思政教育课。号召全县退役军人奉献爱心,向河北涿州捐赠饮用水和硒砂瓜等物资。

【就业创业】 2023年度完成2名退役士兵安置工作,1人安置到中宁县发展和改革局,1人因个人原因选择自谋职业,发放自谋职业一次性经济补助35.0859万元。缴纳待安置期养老、医疗保险0.88万元。完成春、秋两季140名自主就业退役士兵档案接收报到工作。开展适应性培训2期、创业培训1期。组织50名自主就业退役士兵参加技能培训,支出费用23.84万元。完成退役大学生士兵免试专升本、退役士兵高职分类招生考试补报13人。帮助34名退役士兵办理学费减免手续。组织线上线下招聘会10余场,为县内企业推荐优秀退役军人20余名。动员200余名退役军人登录注册“宁小兵就业服务超市”,提供就业扶持。落实税收优惠18.05万元。发放贴息贷款50万元、“崇军贷”1288.6万元。

【褒扬激励】 举办“时代双拥路 杞乡崇军情”暨纪念延安双拥运动80周年专场文艺演出。依托烈士陵园和南河子公园烈士纪念碑,举行“2023·崇尚·清明祭英烈”线上线下祭扫活动,上万人次参加活动。为26名立功受奖军人家庭发放奖励金2.6万元。上报2023年度全区“戎耀之星”“创业明星企业”“就业合作示范单位”各1个。办好《老兵风采录》电视访谈栏目7期。推荐“最美拥军人物”“最美军嫂”5名,评选出自治区“最美军嫂”1名,在《宁夏日报》、各级微信公众号等新兴媒体宣传报道。完成中宁县烈士陵园提质改造和纪念馆布展工作。建成中宁县云展馆并由专人更新维护,实现中宁县烈士信息化管理及网上祭扫,举行“9·30”烈士纪念日向人民英雄敬献花篮仪式。将烈士陵园打造为少先队校外实践教育基地,迎接社会各界近千人参观学习,发挥烈士陵园爱国主义教育和国防教育主阵地作用。

【信访稳定维护】 领导班子分组到各乡镇、社区对全县所有涉军信访问题进行全面排查,全面摸底、掌握退役军人动态。每月开展大排查大走访大化解大整治专项行动。采取重点人员实行领导挂牌包干、相关责任人一抓到底的工作责任机制,及时掌握其动态、了解其动向,有的放矢,确保稳定。紧盯解决问题、化解矛盾、维护退役军人和其他优抚对象合法权益、全年接待来访退役军人100批次120人次,依规依法办理转办、交办的5件信访件,化解率100%,确保不发生规模赴区进京集访、不发生极端事件。

【军地共建】 梳理军地互提需求、互办实事“双清单”事项44项。春节、八一期间走访慰问8个驻地部队、中宁集训民兵、510名优抚对象、边海防官兵家属及困难退役军人,送去慰问金及慰问品82.16万元。县审批服务管理局通过组织开展“六个一”活动向最可爱的人致敬;县公安局拍摄《从“咱当兵人”到“人民公安向前进”》宣传视频彰显中宁公安群体中退役军人奋战在一线“退役不退志,退伍不褪色”的优秀本色;县税务局召开庆祝建军96周年退役老兵座谈会，鼓励退役军人永葆军人本色再立新功；县农业农村局走访驻地部队并送去西瓜等慰问品；县交通运输局落实优抚对象免费乘坐城市公交政策，为驻地部队送去防暑慰问品并开展丰富多彩的军民共建活动。县教体局开展国防教育绘画、书法、工艺品征集大赛，征集国防及双拥类作品千余幅在各个学校展出。协调推动中宁县人民医院、中医院与驻地某部队签订医疗保障协议，保障官兵健康。制定印发《中宁县激励大学毕业生参军入伍十条措施（试行）》，受到退役军人事务部推广转发。驻地部队自觉服从和服务于中宁建设大局，完成教育训练、战备执勤等各项任务，支援全县重点工程、农田水利、植树造林及社会公益事业等建设。某部队为对口帮扶村投资33.5万元帮扶资金；县人武部为长流水完全小学捐赠电脑、书籍、校服和学生用品，慰问空巢老人；某部队定期为周边的孤寡老人送温暖；武警中卫支队中宁中队开展学雷锋活动，整治周边环境卫生，常态化资助贫困学生。县人武部与中宁十小建立共建关系，资助中宁十小20万元，打造“战斗英雄李吉武少年军校”，支持地方发展。

（苏晓霞）

审批服务管理

【概况】 中宁县审批服务管理局于2019年1月挂牌成立，为县人民政府组成部门，有在编干部12名，其中党员8名。所辖政务服务中心是集行政审批和公共服务为一体的综合性服务平台，占地7500平方米，进驻行政审批部门61家，设置窗口137个，有干部职工182人，每天接待办事群众1500余人次，年办件80万件以上。先后获“全国节约型公共机构示范单位”“自治区文明单位”“全区民族团结进步创建示范机关”“全区民族团结进步模范集体”等荣誉称号。

【一门式服务】 推进政务服务标准化规范化便利化建设，县乡村三级政务服务体系全面建成，标准化建设率达100%。编制并公布《中宁县行政许可事项清单（2023年版）》，推动全县232项许可事项同要素管理、无差别受理、同标准办理，实现“一张清单管到底，清单之外无审批”。实现1461项政务服务事项进驻县政务服务大厅，165项事项下沉乡镇，13项事项下放园区，54项便民事项在村（社区）就近办理。

【线上服务】 加快全区政务服务“一张网”深度应用，全县网上可办事项增加到1304项，网上可办率达89%。加快统一电子证照互认共享，全县累计入库电子证照126类23万余件。推动75项事项“零材料办”、72项事项“一证（照）通办”，累计办件23万余件。扩容升级“我的宁夏—杞乡中宁”智慧服务专区，高频政务、水电气暖缴费等更多本地特色服务事项实现“掌上办、指尖办”，累计掌上可查事项3000余项，掌上可办600余项。

【便民服务】 拓展“跨省通办”范围和深度，实现237项事项“跨省通办”、448项事项“区内通办”、42项高频事项“乡乡通办”，“跨域通办”朋友圈不断扩大。2023年，“跨省通办” 办件3000余件，“县内通办”办件1500余件。深化集成服务改革，覆盖民生、企业、项目、产业等多个领域的"一件事一次办"事项由64项增加至22类107项，办理时限平均压缩63%，累计办件量达1600件。

【利企服务】 依托企业开办服务专区，推行证照分离、一业一证、一照多址、简易注销等多项商事制度改革，实现企业开办全流程最快3小时办结，当日办结率达100%。持续深化工程建设项目审批制度改革，采取"人盯项目""一项目一专班"模式，对全县159个重点项目进行"保姆式"帮办代办，确保项目建设审批特事特办、急事快办，繁事简办、一次办好。

【热线服务】 将12345政务服务热线工作纳入一把手工程，成立12345政务服务热线工作领导小组，完善接诉即办工作机制，按照疑难工单"一事一议"制度，定期梳理群众反映的问题及历史遗留、职能交叉、客观原因短期无法解决等工单，化解"疑难杂症"。对全县35个部门（单位）的政策知识库进行扩充、规范、更新、完善，收集规范完善485条知识库信息。2023年，12345政务服务热线受理群众诉求11546件，办结率达100%，根据中卫市12345政务服务热线回访反馈情况，满意率为97.4%。

【大厅管理】 2023年，召开12次安全生产工作专题会，每季度党组会听取安全生产专项报告，严格执行"日巡查、周排查、月整改"机制和24小时值班制，及时发现安全隐患，形成16份巡查日志，排查出34条安全隐患问题，并且已全部整改。联合县红十字会，消防大队，逆行者救援队，电梯、消防维保公司，物业公司等，不定期组织开展心肺复苏（CPR+AED）应急救援演练、防火演练、地震演练、防暴演练、电梯演练等，增强干部职工安全意识。印发《中宁县审批服务管理局关于开展"改作风、树形象、提质效暨大练兵、大比武"活动方案》，2023年，开展2期"大练兵、大比武"活动。创新推出"红黑榜"评比制度，发布5期窗口管理"红黑榜"通报，涉及纪律作风"红榜"21家单位的48名工作人员，纪律作风"黑榜"10家单位的23名工作人员，评选出12个红旗窗口，28名服务标兵。制作"帮帮您"志愿服务服以及窗口工牌，要求各进驻单位为窗口工作人员配备统一的工作服。2023年，开展延时服务100余次，窗口收到群众、企业赠与的表扬信32封，锦旗19面。

【典型经验】 2023年2月15日，在宁夏法治报发表题为《中宁县：彰显民生发展"温度" 打造政府服务新生态》的政务服务信息；2月16日，在《宁夏日报》发表题为《把黄金时间留给施工现场 中宁县重点项目"快进式"审批再提速》的政务服务信息；2月20日，在《宁夏日报》发表题为《中宁县出入境窗口迎来办证高峰 启动延时服务》的政务服务信息；2月22日，在宁夏政务服务网发表题为《中宁县：重点项目"快进式"审批再提速》的政务服务信息；3月29日，在宁夏政务服务网发表题为《中宁县：打造高效快捷审批服务环境 全力支持民营经济实现新突破》的政务服务信息；5月25日，在《宁夏日报》发表题为《中宁县发出首张行业综合许可证，向"一证准营"新时代迈进》的政务服务信息；7月7日，在宁夏政务服务网发表题为《中宁县："五到位"认真做好行政许可事项要素网上录入工作》的政务服务信息；7月14日，在宁夏政务服务网发表题为

《中宁县:政务服务“就近办”改革便企利民惠民生》的政务服务信息;7月19日,在宁夏政务服务网发表题为《中宁县实现“乡镇一窗”系统应用全覆盖》的政务服务信息;7月20日,在《宁夏日报》发表题为《群众有事,“喊就到”!》的政务服务信息;7月31日,在宁夏政务服务网发表题为《中宁县:提升营商环境 夯实民营经济发展》的政务服务信息;8月4日,在宁夏政务服务网发表题为《中卫市:电子证照互认共享让群众办事更便利》的政务服务信息;9月6日,在宁夏政务服务网发表题为《中宁县:核酸小亭“再上岗”“政务微站”暖民心》的政务服务信息;10月26日,在宁夏政务服务网发表题为《中宁县:加速政务服务“适老化”!让老年人办事更省心》的政务服务信息;11月8日,在宁夏政务服务网发表题为《中宁县:深化“一件事一次办”集成服务改革 当好便民利企“店小二”》的政务服务信息。

(刘 佳)

机关事务服务

【概况】 中宁县机关事务服务中心为县政府直属正科级公益一类财政全额预算拨款事业单位,内设党政办公室(接待办)、综合保障办公室、节能与办公用房管理办公室、公车服务办公室。有干部职工9人,其中事业编8人,县聘编1人。

【公共机构节能】 汇总审核全县170个机关事业单位2022年全年公共机构能源消费系统。2022年中宁县公共机构能耗较2021年人均能耗下降率为1.4%,单位建筑面积能耗下降率为6.05%,公共机构人均用水下降率为11.46%,完成公共机构人均能耗、单位面积能耗、公共机构用水下降目标。制定下发《关于开展机关食堂反食品浪费成效评估和通报工作的通知》,对全县5个单位的机关食堂进行成效评估。机关事务服务中心“反食品浪费”工作在全市年底考核通报中排名全市第一名。以两办下发《中宁县深入推进节约型机关创建成效评估实施方案》。结合“中国水周、世界水日”开展节能宣传活动,向公职人员发送节能短信9万余条。截至年底,中宁县节约型机关创建比例达93%,远超全区下达的75%的创建任务。被国家机关事务管理局、中央直属机关事务管理局、国家发展和改革委员会、财政部联合授予“节约型机关”称号;被自治区人力资源和社会保障厅、自治区机关事务管理局联合授予“全区机关事务工作先进集体”称号。

【办公用房集约节约管理】 对全县66个党政机关发放中宁县党政机关办公用房使用权证,加快推进党政机关办公用房权属统一登记。已登记在机关事务服务中心名下的办公用房使用权证有1个,其他单位有序登记过户。制订印发《中宁县推进解决党政机关办公用房闲置问题实施方案》,建立全县办公用房基础台账,经清查,中宁县党政机关66个部门(单位),办公用房有办公用房面积93587.05平方米,集中的闲置办公用房单位有5个,其中超标和闲置面积4612.6平方米,地下车库952.7平方米,企业用房2657.8平方米。

【干部职业素质提升】 围绕机关事务工作主

要内容，开展岗位知识讲座、财务管理、综合礼仪、技能比武、观摩交流等内容的学习培训活动。4月21日，区机关事务管理局对机关事务服务中心进行调研；4月22日，组织人员到固原市参加宁夏青年职业技能竞赛暨机关食堂烹饪及餐厅服务技能竞赛；4月下旬到6月初，先后接受惠农区、中卫市等机关事务服务中心的观摩调研3次，组织干部到吴忠市、红寺堡区机关事务服务中心观摩学习2次。

【机关事务信息化建设】 通过实施行政中心消防设施维修改造，智能交互式无纸化会议系统和网络机房及设施设备改造升级等信息化建设项目，推动机关事务信息化平台建设，借助现代信息技术，将信息化手段运用到机关事务服务、管理、保障各项工作。

【闲置资产盘活利用和公物仓建设】 举办全县公物仓建设培训会，加大对公物仓建设的意义、目的和重要性的宣传力度，引导各单位把有使用价值的资产纳入公物仓，实现闲置国有资产的共享共用。机关事务服务中心被自治区机关事务管理局确定为公物仓创新试点建设单位。截至年底，在行政中心打造公物实体仓(公共服务办公室)3个，全县各单位完成资产清查清单报送，公物仓正处于建设阶段。

【公务用车管理】 通过“互联网+公车管理+公务出行”信息化技术，对56辆公务车辆进行平台化管理，统一加装北斗定位系统、车辆标识牌等，执行“一车一档”内控管理模式以及定点停车、定点加油、定点保险、定点维修“四定”车辆管理模式，实现全流程监管。及时更新公务用车6辆，报废公务用车1辆，处置7辆。全年组织开展车辆安全检查12次、车辆卫生综合检查12次，安全隐患排查5次，调度车辆8771次，安全行驶108余万公里，为各部门(单位)日常公务出行提供保障。

【后勤服务保障】 对行政中心办公楼的门窗、水、电、暖进行巡查，定期开展安保、保洁、反恐、消防等业务培训及演练，加强重点区域管理及巡检。优化行政中心和公寓楼基础设施设备，开展消防检查和火灾隐患排查，维修消防设施；维修会务中心及公寓楼屋面防水；完成行政中心大院植绿增绿及绿化工作；实施行政中心开水器净水系统第三方维保；填充行政中心大楼灭火器399具；实施行政中心卫生间改造项目等。截至年底，开展日常维修维护224次。

【公务接待】 落实中宁县行政中心机关餐厅接待管理制度，公务接待聚焦用餐和住宿关键环节，细化工作流程管理。结合杞乡地方特色，开展餐厅从业人员烹饪技能服务大赛，研发枸杞系列菜品80余道、面点30余道，展现中宁风采。截至2023年底，完成各类公务接待140批次近1805人次。

（任　佳）

应急管理

【概况】 中宁县应急管理局负责安全生产综合监督管理，煤矿、危险化学品和工矿商贸行业安全生产监督管理；负责安全生产类、自然灾害类应对和综合防灾减灾救灾工作；承担安全监管、执法监察、森林草原火灾及地质灾害防治、防汛抗旱等应急管理职能职责。内设5个职能室:办公室、安全生产基础室、危险化学品安全监管室、矿山安全监管室、综合协调室。下设2个下属事业单位,分别为综合行政执法大队、应急救援指挥中心。设局长1人,副局长3人,副科级主任1人;核定行政编制13人、事业编制17人。

【事故指标控制】 2023年,全县发生5起生产安全事故,死亡6人,事故数量同比持平,直接经济损失459.5万元,未发生较大以上事故,安全生产形势持续稳定。

【安全生产】 2023年,县应急局全面学习贯彻落实党的二十大精神以及自治区十三届四次、五次全会部署要求,以防范化解重大安全风险为主线,以本质安全为目标,以责任落实为根本,全面开展重大事故隐患专项排查整治2023行动、安全生产大起底大排查大整治工作,抽查检查企业185家,发现重大事故隐患23条。持续开展危化品、烟花爆竹、工贸领域三轮安全生产专家指导服务,检查企业102家次,整改隐患1188项。坚持将做好对自治区党委"四防"督查及各级、各类巡查督查发现问题隐患问题整改作为提高全县安全生产整体水平的有利契机,集中开展"回头看"60余次。自治区党委"四防"督查组及各类暗访督查反馈危化、矿山、工贸等领域安全生产问题隐患108项,整改率100%。发挥多部门联合执法优势,联合自然资源、水务、环保等部门对县域22家危化、工贸企业进行执法检查,查处安全生产违法行为案件10件,累计处罚58.35万元。对3家生产经营单位及5名安全生产违法人员进行行政处罚,累计罚款84.55万元。

【防灾减灾】 购置486万元应急救灾物资,储备应急救灾物资30余种5万余件,累计向受灾乡镇调拨救灾资金111.15万元。先后对全县12个乡镇开展基层应急管理能力和防灾减灾"百场培训",在中宁一中、中宁中学、中宁六中、中宁九小等中小学针对校园安全进行专项培训,累计培训32场次,培训1200余人次,全面提高社会应急管理意识和防灾减灾避险能力。组织气象、水务、住建等部门开展会商研判20余次,发布风险研判信息8期,防范应对"6·24""7·23""7·26"3次极端性强降雨天气。组织各乡镇、有关部门开展汛前风险隐患排查和汛期风险隐患专项整治工作,上报重点隐患问题28项,开展督查检查7次,下发督办通知12份。

【应急救援】 制订并印发《自治区应急预案体系建设试点中宁县工作实施方案》,先后修订中宁县突发事件总体应急等13部预案,行业部门应急预案60部。与人民武装部、武警中队、中宁县逆行者救援中心等单位签订应急协议,组建47支应急救援队伍。通过实战演练、桌面推演等多种方式,完成防汛、防火、山洪灾害防御、地震、煤气泄漏、安全生产等应急演练40余场次。

【宣传教育】 对照自治区党委十三届四次全会提出的各项要求和目标任务,制定"一台账三清单"统筹16个牵头部门职责动态落实,对全县干部开展12天24个安全生产专题以及40家企业163场次35591人的全员安全培训。2023年,宣传贯彻"一法两条例",持续开展防灾减灾周、安全生产月等活动,发放各类宣传品6万余份，落实举报奖励制度，兑现首例生产安全事故隐患举报奖励和强化“五类”监督机制工作得到自治区党委主要领导肯定，《中国应急管理报》《宁夏日报》等相继转发推广。

（董延安）

消　防

【概况】　2023年，全县消防出警631次，抢救和疏散被困人员91人，抢救财产价值329.78万元。其中，火灾448起，直接财产损失472.84万元，死亡2人，伤1人。

【队伍建设】　消防大队有监督人员7人，其中，大队长1名，政治教导员1名，副大队长1名，消防指战员4名，消防文员12名；消防救援站共有队员65人，其中，干部7名，指战员27名，专职消防员31名。

【政治工作】　与杞苑社区、住建局、农业农村局、交通运输局、中宁一中、中宁五小签订共驻共建协议书和基层社区治理服务需求清单，积极推动党建与业务工作深度融合；以“3·5”学雷锋活动为契机，到中宁县特殊教育学校开展“传承雷锋精神，关爱折翼天使，展蓝焰风采”主题党日活动，为107名学生捐赠400余件慰问品；组织开展“缅怀革命先烈，汲取奋进力量”主题党日活动，邀请对越自卫反击战老兵、一等功臣牛志远来消防队做事迹报告会；到张子华生生平记事馆开展“重温峥嵘岁月，赓续红色血脉，谱写蓝焰新篇”主题党日活动。

【消防监督】　全年检查各类单位1229家，督促整改火灾隐患或违法行为601处，行政处罚30起，临时查封15家，清理广告牌、障碍物940余处，公共娱乐场所增设救援窗口66家，火灾起数同比下降16%，消防治理体系更趋完善。大队建立健全隐患风险双重防范化解机制，紧盯高风险场所和不托底区域，以自主开展、联合开展和配合开展三种形式，联合应急、住建、商务、市场监管、交通运输等部门成立联合检查组，在全县范围内开展冬春火灾防控、消防安全重大隐患整治行动和“九小场所”火灾隐患排查整治专项行动，推进打通生命通道、高层建筑、自建房、燃气、重大危险源、商业综合体、储能电站等场所消防安全专项整治，消除一大批火灾隐患，确保辖区消防安全形势持续平安稳定。把握不同场所、不同区域火灾防范特点，巧借“千人万场”活动开展消防培训演练，先后走进辖区内的企业、学校、村居及物业小区等单位开展消防安全宣传培训活动，累计开展40余场，受教育群众6000余人。

【执勤训练】　编制大跨度大空间厂房火灾扑救规程；结合辖区高速公路救援多的灾害特点，研发远程遥控多功能警戒装置；根据辖区内自建房较多的实际，利用“蓝图绘”APP对辖区192处自建楼进行实景、定位标注，完成228处市政消火栓的普查定位工作，利用数字化战训平台制作辖区重点单位三维预案5份，修订完善化工、地震、高层、水域、地下、森林草原、洪涝灾害、雨雪冰冻8个专业队的力量编成，全年开展“六熟悉演练”120余次，实战救援能力稳步提高。成功处置“2·21”天元锰业集团脱硫塔火灾、“3·9”石空镇工业园区宁化科技有限公司厂房火灾、“9·7”喊叫水乡五丰台硫酸泄漏事故、“11·18”黄河水域救援和“11·26”中宁县新世纪冶炼公司2号电石车间火灾等急难险重任务；正大路站四级消防战士胡锦博获全国“火焰蓝”比武竞赛5000米跑项目第11名、全区“火焰蓝”实战化比武竞赛5000千米跑项目第1名，实现新的突破。

【后勤保障】 争取政策和资金促成大站场消防站开工建设，先后完成石空站信息化和智能接处警平台、大队营区窗户、窗帘、护墙板和智慧黑板更换安装工作，建成深夜补给站、室外篮球场建设、“学雷锋”活动小广场、便民服务站和石空站楼内相关功能库室建设工作。

（王　昭）

乡　镇

宁安镇

【概况】 宁安镇地处县境中部，行政区域面积7089.3公顷，下辖13个行政村，58个村民小组，14个社区居委会，常住人口138220人。境内交通四通八达，109国道、109复线贯通南北，中鸣、宁舟、宁华公路从宁安镇扩展延伸，交通便利。镇党委下设48个党组织，其中，社区党委1个，党总支3个，党支部24个，机关党支部1个，村党支部13个，非公企业和社会组织党支部6个，有党员1645名。内设党政机构和事业单位9个。其中党政机构5个，分别为综合办公室、党建工作办公室、经济发展办公室、社会事务管理办公室（卫生健康促进办公室、社区管理办公室）、综合执法办公室（应急管理办公室）。事业单位4个，分别为民生服务中心（退役军人服务站）、农业综合服务中心、综治中心、财经服务中心。有在职人员74人，其中，行政编制人员33人，事业编制人员41人。社区干部136人，村干部65人。2023年，全镇农民人均可支配收入20245.5元，同比增长7.7%。

【组织建设】 组织开展主题教育，集中学习均达26次，为民办实事140件，检视整改问题96件。研究部署意识形态工作3次，开展宣讲活动90余次。抓党建促乡村振兴和社区治理观摩评促4次。创建宁新社区四级“网格＋管家”、东华村“雁聚东华”等3个市级党建示范点。南苑社区离退休党支部获评“全区离退休干部示范党支部”。成功创建古城村、黄滨村为全国、区级民族团结进步示范村，打造东华、营盘滩村、宁新、仁和社区等铸牢中华民族共同体意识示范点。

【产业发展】 超额完成种植小麦、玉米、大豆等25844亩。新植枸杞650亩，枸杞育苗500亩。种植小番茄80亩、甜叶菊200亩、朝天椒

210 亩,发展设施蔬菜 400 亩,全镇蔬菜面积稳定在 7000 亩以上。新建综合养殖场 2 家。推进 2 个全县重点项目建设,其中青银村镇银行综合楼项目已完工。多方落实资金 1410 万元,实施农村公益事业财政奖补项目、水库移民后期扶持项目等 11 个。拆除宁丰路两侧、亲水街南延伸段等房屋 86 户,全力保障城市道路提升、十一幼、十二小、东华村胡庄路道路改造等全县重点项目建设。多举措发展村集体经济,莫嘴村实行农业生产托管服务项目,试点开展新建村集体建设用地入市,全镇村集体经济收入 977.6 万元。

【社会民生】 纳入监测对象 2 户,入户核实解除预警 188 户。新增城乡低保 464 户 747 人,给临时生活救助 97 户 160 人发放救助资金 36.5 万元。举办招聘会、技能培训 19 场(期),签订就业协议 2000 余人,完成培训 370 人,新培育劳务经纪人 27 人,农村劳动转移就业 3000 人。申办红苑、南苑社区老年大学。红苑社区未成年人保护工作迎接全区观摩,1 人被评为"全区未成年人保护先进个人"。配合完成老旧小区改造 41 个。振兴、宁华、南苑评为自治区健康细胞示范社区, 古城、洼路等 6 个村评为"自治区健康村",3 户家庭被评为"自治区健康家庭"。

【城乡建设】 打造黄滨村人居环境整治示范村,营盘滩、南桥村人居环境整治提升村。新建卫生厕所 101 户。修复治理矿山 3 处,耕地保护巡查 90 余次,整改违法图斑 145 个。巡河 1704 次,清理河道垃圾 37.3 吨。林长巡护 420 次,新植苗木 15977 棵,打造绿化示范点 3 处。改造清洁取暖 605 户。查处破坏环境违法行为 10 起。关停废旧物品收购站 3 家。清理水源地保护区垃圾 13 吨。

【基层治理】 挖掘宁新四级"网格 + 管家"服务体系、红苑物业党建联建、丰宁党建引领放心消费示范商圈等经验做法,多次迎接观摩,并在市县相关会议上交流推广。黄滨村和宁新社区获全区第一批议事协商示范村(社区)。打造"一核六联五治融合"的"宁安安宁"平安建设品牌,办理信访件 303 件,排查化解各类矛盾纠纷 1404 件。深化反诈"晚霞"行动,发案数、财损数分别下降 18.46%、4.78%。排查辖区住户和各类场所 45897 家安全隐患 5131 条,整改率 99.9%;安装"三件套"41389 户。整改区市县"四防"督导反馈问题 139 条。打造古城村自治区消防科普教育基地。

(赵　婷)

石空镇

【概况】 石空镇位于中宁县城以北,东接渠口农场,南临黄河,西靠余丁乡,北依内蒙古,镇域面积 347 平方公里,东西长 26 公里,南北宽 13.1 公里。辖 15 个行政村,104 个村民小组,1 个社区居委会,户籍人口 27412 人,耕地面积 5.4 万亩。镇党委下设 19 个基层党支部,有党员 861 名。内设综合办公室、党建工作办公室、综合执法办公室、经济发展办公室、社会事务管理办公室 5 个副科级行政机构,农业综合服务中心、民生服务中心、综治中心、财经服务中心 4 个副科级事业单位。2023 年,农民人均可支配收入 20032.0 元,同比增长 7.4%。先后获第四次全国经济普查先进集体、全国文明村镇、自治区精神文明建设工作先进集体、自治区乡村治理示范镇、自治区乡村振兴示范镇、自治区未成年人保护工作先进集体等多项荣誉。

【产业发展】 坚持按照“一村一品，融合发展”思路，因地制宜发展特色果蔬、优质饲草、文化旅游等优势产业，形成张台村、王营村、白马湖村3个原粮种植功能区，打造红枣、麒麟瓜、西蓝花、葡萄为重点特色优势产业。推动王营村、枣一村、童庄村打造精品果蔬生产基地，新渠稍村、白马湖村打造优质牧草生产基地，张台村打造优质原粮储备基地，倪丁村、太平村打造集红色教育、旅游、休闲、餐饮、文化为一体的乡村文化旅游区等。童庄村等8个村实施“跨村联建”项目建成拱棚48座，联合种植精品葡萄，配套建成预冷库、保鲜库、包装间等基础设施。枣一村、枣二村利用自治区库区移民项目资金建成大棚25座，种植精品葡萄、育苗西蓝花等。全镇肉牛、奶牛、肉羊饲养量分别达到2134头、6691头、3.3万只。累计培育县级农民专业合作社10家，二星级示范家庭农场6家，发展一星级社会化托管服务组织1个，开展种、防、管、收托管服务1万余亩，逐步促进合作社及家庭农场高质量发展。

【村集体经济发展】 采取“党组织+龙头企业+农户+土地入股+风险补偿金”模式，联合15个村集体经济合作社成立中宁县益联农业发展有限公司，引导村集体和农户入股公司，以固定分红、效益分红等方式稳定增收，群众参与土地入股10241亩，资金入股300万元，提供保底分红870万元、效益分红153万元，2023年度各村集体经济收入达到700余万元，其中，村集体经济收入达百万的村2个，50万元的村8个，30万元以上的村5个。在中大路两侧形成“一轴两翼”空间布局瓜菜基地，种植西蓝花2200亩、麒麟瓜3739亩、精品葡萄200亩、饲草1210亩，全镇农业特色产业收入达3000万元，带动本地群众务工收入达到1200万元。

【重点项目建设】 2023年，投资4589.62万元，实施火车站广场东路改造项目、农村综合改革项目（第一批、第二批）、富民创业便民市场建设项目、白马湖“出户入园”养殖基地项目等在内的10个建设项目。新建镇区道路2条、富民便民创业市场1个、养殖场1座、饲料压片厂1个，硬化7个村队巷道，砌护农渠16672米，改造提升综治中心、高山寺红枣市场、308向西北侧街道路面。

【人居环境整治】 坚持以人居环境整治为抓手，投资硬化枣一、太平等7个村队巷道27条6200米，砌护农渠33条16672米。利用镇域闲置地、边角地，分类分批实施增绿补绿、见缝插绿，栽植生态林乔木17922株、经果林13970株、花灌木8400株，成活率达82%，打造乡村绿化示范点2个，城镇面貌、人居环境、出行环境持续改善，形成人居环境整治“石空样板”和团结一致、集中力量办大事的“石空经验”。

【民生服务】 突出“稳就业，保民生”工作主线，持续推进就业、民生领域协调共进，组织开展劳务培训及专场招聘会4场次，带动全镇500余人有效就业；针对“三类人员”，为101名灵活就业人员开展就业困难“4050”社会保险补贴办理，为5名外出务工人员申报外出务工补贴和一次性交通补贴1万元。及时核查全镇311户重度残疾未享受低保人员家庭，为117户122人办理最低生活保障。结合健康中宁16项行动，在丰安社区3次开展健康知识讲座。常态化开展爱国卫生运动，成功创建为市级卫生乡镇。持续做好村(居)民医保及养老保险工作，及时为群众做好宣传，城乡居民基本医疗保险参保率达94.62%。

【政务服务】 创新实施“一厅式集中办理”，设置15个专业窗口和5个综合窗口，让群众“进一扇门，办一揽子事，不跑冤枉路”，结合网上办事服务，建成镇、村(社区)、组(小区)三级网络体系。深化基层政务“一网通办”，所辖区全面推进一窗“综合受理”，实现80%以上的事项网上办理。进一步织密“镇村联办，村村通办”便民服务网，实现45项便民服务事项“不出村办理”。打造“红色零跑”服务，为辖区内老弱病残等群众配备“一键呼叫”设备，提供“保姆式”服务，累计提供上门服务1000余次。

【综合治理】 践行新时代“枫桥经验”，探索社会治理新思路，打造“1+6”功能调解区，发挥全镇17个调解委员会，1个民间调解组织“喜庚”评理室作用，对群众合理诉求进行“一站式接收、一揽子调处、全链条解决”，接待来访群众147批182人次，办结“12345”政务热线转办件210件、信访系统转办件22件，排查化解各类矛盾纠纷110件。常态化开展扫黑除恶及防电信网络诈骗工作，集中宣传《反有组织犯罪法》4次、联合司法所、派出所、禁毒办开展宣传教育活动4次、发放各类宣传彩页(物品)4800余份。在丰安社区打造“五心服务·幸福丰安”品牌，协助困难群众申请低保30余人、临时救助20余人，慰问困难群众82人，开展义诊、义剪等志愿服务活动23场，惠及居民200余人。

【人居环境整治】 推进“六权”改革，坚持贯彻落实自治区党委第十三届五次全会精神，抓好“四尘”同治、“五水”共治、“六废”联治工作，全面落实河湖长制、林长制、田长制，落实镇村队三级联动和常态化巡查机制，结合“三区建设”，开展“贯彻黄河保护法 携手保护母亲河”专项行动，对辖区内13处直入河湖排污口及河流湖泊、重点入黄排水沟进行排查整治，下发督办通知3份，整改问题隐患9个，累计清理村(居)民生活垃圾7.5吨。对辖区北山、中小微企业、各村偷牧放牧、污水排放、秸秆焚烧等污染生态环境现象进行巡查110次，立案查处9起。现场核实取证“卫片”图斑1234个，备案设施用地4处，开展地质灾害隐患巡查48次。

【安全生产管理】 印发《石空镇2023年安全生产工作要点》《石空镇2023年安全生产重点工作任务和职责清单》《石空镇2023年安全生产及消防工作监管计划》，先后组织召开安委会(消委会)会议4次，开展大起底大排查，检查企业及各类场所100余家次，排查燃气安全领域隐患4182个，完成整改4182个；加装燃气“三件套”2098户。结合“5·12”防灾减灾救灾日、安全生产月等活动进一步加大宣传，联合辖区企事业单位到社区、学校通过发放宣传彩页、悬挂横幅、开展演练方式为群众开展安全生产宣传教育3次，发放各类宣传品2000余份，悬挂横幅4条，制作宣传栏16个。

（柳思源）

新堡镇

【概况】 新堡镇位于中宁县城南郊，东邻恩和镇，南靠工业(物流)园区，西与宁安镇接壤。镇域面积209.97平方公里，辖11个行政村93个村民小组、2个社区居民委员会。有居民8752户24117人，其中，非农业人口11679人，农业人口12438人。有学校、加油站、医院等区、县属企事业单位38家。109国道、101省道、石中高速公路、中太铁路、城际铁路穿境而过，中宁东站、高速路口南北呼应，交通便利。全镇农村居民人均可支配收入19795.9元，同比增长7.9%。2023年，新堡镇获国家级“节约型机关”，南湾村获“自治区级示范性农村集体经济组织”，创业村获“自治区乡村振兴示范村”，刘庄村、南湾村获“自治区健康细胞示范点”等荣誉称号，新堡镇农民合唱团获自治区首届乡村振兴农民合唱艺术节二等奖。

【特色产业】 建设千亩小番茄特色产业园，新建设施温棚51座，种植口味小番茄1000亩，露地蔬菜7079亩。刘营村采收小番茄2700吨，产值达到2700万元，带动周边群众务工7万余人次，务工增收840万元，培育劳务经理人8人、劳务服务队6支，产业技术人才240余人。各村通过农机服务经营、发展林下养殖等模式，不断发展壮大村集体经济，全镇11个村实现创收1000余万元，南湾村获区级“示范农村集体经济组织”。新堡镇创业村特色观光产业园运用产业联营、利益联结、跨村联建、资金融合的“三联一融”发展模式，培育发展草莓香瓜、葡萄等优质冷凉果蔬产业。举办新堡镇第二届休闲观光采摘节，通过举行启动仪式、文艺会演、直播带货和特色农产品展销等，先后吸引2万余名游客前来观光打卡，年产值达500万元，创业村获“自治区乡村振兴示范村”荣誉称号。

【农牧业】 完成小麦种植1651.5亩，麦豆1070亩，玉米17255亩，玉豆734.5亩。对粮食作物进行全覆盖飞防2次，3550.7亩，对豆粕和玉米统防5000亩。肉牛、羊、禽、猪饲养量分别达1338头、18672只、31626只(羽)、6973头，防疫密度达100%。常态化开展农产品质量安全检测50余次，采集抽样农产品103个，开展农资、农药、兽药经营网点及种植养殖合作社等场所监督检查10余次。

【环境整治与基础设施建设】 坚持以“点上示范，串点成线，连线成面”为思路，开展爱国卫生运动，持续巩固国家卫生县，新堡镇机关成功创建国家级“节约型机关”，刘庄村、南湾村获“自治区健康细胞示范点”。发挥“村规民约”“积分超市”“卫生评比”等激励作用，引导群众主动落实环境卫生主体责任，常态化开展环境整治，评选“美丽庭院”32户，打造人居环境整治示范村1个，提升村2个，新造林136亩13200株。实施建成新堡镇千亩小番茄产业园、物流集散中心，刘营村、创业村、盖湾村人居环境整治，宋营、盖湾污水管网等各类项目14个，累计投资3700余万元。完成“一村一年一事”项目11个，新建改造厕所250户，清洁取暖改造562户，外墙保温17000平方米，硬化巷道17000平方米，铺设面包砖8300平方米，安装路灯320盏，铺设污水管网29.4千米，检查井860座，基础设施短板逐步完善。

【社区治理】 探索“党建引领，网格连心，多元联动，共治共享”乡村治理模式，247名在职党员主动认领责任，开展环境卫生“净美”创城志愿服务活动90余次，清理“飞线”860余条，“僵尸车”300余辆，规划电动车停车位500余个，安装充电桩320余处。常态化开展道德模范、先锋模范评选等系列实践活动300余次，评选移风易俗示范、好婆媳等先进典型146户，评选市级“最美家庭”3户、县级“最美家庭”12户。安定社区打造红色“议”站，共同协商解决老旧小区改造、居民矛盾纠纷、环境卫生等方面难题。

【政务服务】 围绕推进服务质量标准化、服务方式便民化、服务过程人性化，服务内容多元化方面，大力推行“一件事一次办、一网通办”。积极发挥“小新帮办”在为民服务、基层治理、平安建设、安全生产、志愿服务等多领域示范带动作用，完成行政审批政务服务事项2万余件，为居民提供民政、社保等“一网式”政策咨询5265次，线下办件3639件，上门帮办代办1.3万余次。

【社会民生】 全面做好低保扩围增效工作，加强城乡低保对象动态管理，做到动态调整下的“应保尽保，应退则退，分类施保，精准施保”。全镇累计享受城乡低保待遇人员654户783人，新增纳入低保113户120人、特困供养9人、低保对象因生活困难升档提标45户53人，大病救助5人，发放救助金额57949.33元。急难型、支出型家庭给予临时救助42户，发放救助资金175575元。

【巩固脱贫攻坚成效】 开展防返贫动态监测排查，逐户上门核实分析返贫致贫风险，识别监测对象9户23人，对新增监测户及时配备帮扶干部，制定“一户一策”帮扶计划，主动落实公益岗、就业务工、金融帮扶等政策措施。通过一体化培训模式，开展高素质农民培训班、农机安全生产培训、葡萄种植技术种植等实用技术培训3次，参训人员270余人。通过金融扶持政策为脱贫户和监测户每户分红3000元，完成稳岗就业37人，劳动力转移就业奖补7户13000元。

【行政执法】 建立柔性执法“两轻一免”清单，完善执法程序，改进执法方式。重点围绕安全检查、违法图斑、秸秆禁烧等综合执法巡查检查300余次。依法处置填埋违规蓄水池45个，清理违法图斑201个，拆除南山驻扎羊圈11处，行政处罚立案办理7起，行政罚款9300元。

【安全生产】 召开安全生产排查整治工作推进会7次，安委会（扩大）会3次，联合多部门对辖区内“九小场所”开展安全检查800余次，覆盖经营主体600余家，发现问题1419个，整改1419个。排查燃气用户10659户，发现安全隐患8851个，完成整改8851个。逐条逐项跟踪整改落实区市县“四防”督导组反馈20批43个问题，持续推动安全生产大起底大排查大整治全过程、全领域、常态化。

【组织建设】 创建“四共”（组织建在共同体、产业兴在共同体、农民富在共同体、乡村美在共同体）党建共同体模式，建立完善联系指导、帮带提升、清单推进等工作机制，在全县党建工作评促会上交流打样。安定和柳青社区创建“安定家园”和“七彩享有·宜居柳青”党建品牌，打造示范点迎接中卫市城市基层党建引领基层治理观摩评促，被拟推荐为中卫市五星级和谐社区。刘营村“千番红·跃五优”党建示范点，推动农旅融合发展提质升级。全镇召开党建工作例会3次，申报争创五星级党组织2个，四星级党组织8个，培育农村致富带头人103名，储备村级后备力量55名，入党积极分子34名，发展预备党员12名。

【作风建设】 严格践行“严细深实勤俭廉＋快”工作作风，结合“改作风，谋发展，争先进”专项行动，以学风文风会风为切入口深化作风建设，开展重点工作评促会3次，颁发实干红旗9人次，警示黄旗9人次，“红黑榜”公示干部9人、行政村9个。围绕安全生产、反电信诈骗等重点工作开展监督检查29次，对工作落实不力的村（社区）集中约谈5次，个人提醒谈话30人次。

（吴晨欣）

鸣沙镇

【概况】 鸣沙镇位于中宁县境东部，距中宁县城21公里，东部与白马乡相连，南部与吴忠市红寺堡相连，西接恩和镇，北连黄河，总面积299平方公里，耕地面积7.2万亩。镇人民政府位于101省道与中鸣线交叉口东南240米。全镇辖鸣雁社区、黄营、薛营、鸣沙、二道渠、五道渠、长滩、李滩、长鸣9个村（居）委会，人口2.41万，由汉族、回族及满族等其他民族构成，是集物资流通、商业贸易、加工为一体的商贸型集镇。全镇土地肥沃、物产丰富，是全区优质水稻主产区。2023年，农民人均可支配收入19708.1元，同比增长7.5%。2023年，鸣沙镇人民政府评“国家级节约型机关”，薛营村获“全国民主法治示范村”“自治区文明村”“中宁县党建引领乡村治理示范村”，李滩村获评“自治区级示范性农村集体经济组织”荣誉称号。

【巩固拓展脱贫攻坚成果同乡村振兴有效衔接】 建立健全常态化防止返贫动态监测和帮扶机制，2023年新增监测对象5户16人；新增低保239人，退出45人，低保扩围增效完成率148%；申请公益性岗位25个，帮助脱贫户、监测对象务工增加收入，救助困难群众479名，发放救助金49.4万元；投入运营老饭桌4家，每月为老年人提供午餐1500余份，受益群众110余人。做好控辍保学工作，辖区适龄儿童入学率达到100%。完成小额信贷13户65万元，投入薛营村肉羊养殖场，落实6%分红。

【重点项目建设】 申报实施2023年农村公益事业财政奖补项目8个，新建混凝土道路9.8公里，砌护渠道3.6公里，打造小游园4处；实施2022年、2023年大中型水库移民后期扶持项目2个，硬化巷道20余条，翻建生产桥29座，翻建渠道800余米；申报实施中宁县鸣沙镇鸣沙村肉牛养殖场2023年以工代赈项目、中宁县鸣沙镇五道渠村枸杞综合加工服务中心建设项目、鸣沙镇长滩村鹅鱼雁养殖场建设项目，进一步完善产业项目设施建设。编制《黄营村、薛营村、二道渠村及五道渠村“多规合一”实用性村庄规划（2022—2035年）》；实施中宁县农村地区冬季清洁取暖项目，完成改造863户，完成率100%；实施农房建筑节能改造项目，完成100栋农房外墙面节能改造（11076

平方米)。实施完成8个村2023年“一村一年一事”项目。

【美丽乡村建设】 制订《鸣沙镇2023年农村人居环境整治工作方案》,高质量打造人居环境整治示范村薛营村,提升村二道渠村、五道渠村,巩固村长鸣村、李滩村;动用机械560台次,人工3600余人次,清理巷道125余条、“三堆”356余处,拆除烂圈棚11个,拆除危房1户。推进厕所改造工作,完成2023年厕所改造任务150户,开展农村厕所改造“回头看”专项整治行动,排查厕所2608户,发现问题厕所496户,完成整改149户。

【农田水利基本建设】 高质量完成秋冬季农田水利基本建设。动用各类机械923余台(次),发动群众8417余人次,完成渠道清淤387.5公里,培厚加固已砌护渠道476.9公里,整修各类道路191公里,硬化巷道20余条,翻建生产桥29座。强化秸秆禁烧网格化监管,完成打包秸秆0.37万吨,查处秸秆禁烧违法行为32起。推进封山禁牧网格化巡查30余次,查处违法放牧事件13起。

【产业发展】 夯实农业生产基础。全面落实2023年粮食生产任务,完成小麦种植6403.6亩、水稻3987.5亩、籽粒玉米47454.1亩、大豆玉米带状复种1349.3亩;大力发展畜牧业,实现肉牛、肉羊、肉猪存栏0.2万头、1.7万只、0.7万头。持续打造红柳沟、小盐池高标准枸杞种植带和彭家大疙瘩规模化枸杞种植带,新植枸杞2453.3余亩。

【村集体经济发展】 长鸣村、二道渠村打造“双千亩”精品麒麟瓜种植基地,实现集体增收与群众致富双赢;李滩村打造规模化原粮复种基地,发展复耕复种,提升亩均效益;薛营村打造“产业链+共享链+收入链”强链补链模式,搭建“三种”利益联结机制,实现群众土地流转收益、务工收益、分红收益倍增;长滩村发展鱼鹅雁生态共育,带动就业30余人,每人增收2000~5000元;五道渠村发展反季节辣椒产业,不断发展壮大村集体经济,拓宽群众增收渠道。2023年,全镇8个村村集体经济收入均超过20万元。

【基层组织建设】 实施“三大三强”行动和“两个带头人”工程,接收预备党员7名,确定发展对象1名,入党积极分子20名,储备村党组织书记带头人8人,后备力量39人,致富带头人118人。教育引导各党支部继续完善党建品牌,形成鸣雁社区“五微融治”等成熟党建品牌5个。开展“一抓两整”,创建五星级党组织1个、四星级党组织8个、三星级党组织3个。建设鸣沙镇党委基层党校阵地,开展“基层党组织书记抓党建促乡村振兴擂台比武”活动。贯彻落实意识形态工作责任制,召开意识形态风险隐患分析研判会4次。

【安全生产管理】 深入学习贯彻自治区党委十三届四次全会精神和“1+37+8”系列文件要求,开展安全生产学习培训21次,参与人数1330人次,发放宣传彩页11000余张,发放应急手册1200余份;全面落实“防、查、改、教、强、技、制、督、调、究”重点任务,开展安全生产大起底大排查大整治专项行动,对辖区内所有领域问题隐患进行地毯式排查。排查各类风险问题隐患1600余处,全部完成整改。

【社会维稳】 进一步完善源头治理、事中控制、末端处置三步工作体系,每月定期召开综治例会，分析研判全镇社会治安、矛盾纠纷和信访等方面存在的突出问题。全年排查化解矛盾纠纷132余件，办结上级转办及交办信访件62件，12345热线办理156件，办结率98%。常态化开展扫黑除恶斗争，开展国家安全、反邪教、禁种铲毒宣传活动7次。

（李刚　尤丹）

恩和镇

【概况】 恩和镇位于中宁县城东部，西与新堡镇毗邻、东与鸣沙镇接壤，308线横穿东西，恩红公路纵贯南北，是中宁县到青铜峡市、红寺堡区的重要交通枢纽，历来都是中宁枸杞的核心产区之一。全镇辖10个行政村和双井子地区，国土面积183.91平方公里，耕地面积9.3万亩，户籍人口7631户23657人、常住人口3534户11802人。全镇有党支部15个，党员706人。全镇农村居民人均可支配收入19945.4元，同比增长8.3%。沙滩村成功创建自治区乡村振兴示范村、自治区民主法治示范村，曹桥村成功获评自治区文明村。

【基层组织建设】 开展基层党组织建设提质增效工程，大力实施农村基层党组织强能增力行动，持续推进农村“两个带头人”广进优备行动，培育致富带头人101名，入党积极分子13名，组织开展“书记擂台赛”4期。开展“改作风，谋发展，争先进”专项行动，查摆问题18个，制定措施18条，完成整改18个，整改完成率100%。精心组织各村开展“一村一品”党建品牌创建，高质量打造“胡同党校”“金牌讲解团”等党建品牌10个。牢牢把握主题教育目标任务要求，全面开展主题教育。镇党委理论学习中心组学习3次，党员大会学习28次，包村领导、村支部书记讲党课20余次，通过“三会一课”、主题党日等开展集中学习110余次。

【巩固拓展脱贫攻坚成果同乡村振兴有效衔接】 抓好巩固拓展脱贫攻坚成果同乡村振兴有效衔接工作，中央和区市县考核检查反馈问题全部完成整改。开展“四查四补”，排查问题59个，整改58个，完成率98.3%。及时预警增速异常63户监测对象和118脱贫户，“一对一”精准帮扶，防止发生返贫致贫风险。巩固优化红梧村肉羊“联合托管”模式，打造“兜底＋输血＋造血＋扶困＋扶志”联农带农富农新模式，为困难群众发放品种肉羊125只，52户移民群众受益。全面宣传和落实各类惠民政策，为45名学生成功申报2023年“雨露计划”，新纳入最低生活保障对象217人，提档142人，办理医疗救助35人，新申请办理残疾证52人，铁杆庄稼保收缴1609人，“4050”劳动就业申请补贴人员109人，乡村公益岗申请13人。城乡养老金、城乡居民最低生活保障金、临时救助、耕地地力保护补贴等惠民资金应发尽发。全心全意做好为民服务，受理办理医疗保障、就业创业、退役军人和残联工作等事项2.5万件，均高质量办结，群众好评率达95%。

【社会民生】 持续巩固用好利益联结机制，通过托管养殖、“积分兑羊”等模式，为困难群众分红共计140万元，引导困难群众小额贷224.9万元，兑付到户资金16.4万元，群众收入稳步提升。全镇脱贫户人均收入14243.6元，同比增长16.6%。建成红梧村、朱台村2个零工驿站，吸纳入驻劳务2000余人，带动务工人员人均增收1.2万元，劳务服务成效明显；全面完成农村劳动力转移就业任务，农村劳动力转移就业6681人，就业形势总体稳定；发放低保、医保、临时救助等各类惠民资金625.1万元；开展教育关怀，全镇义务教育阶段适龄儿童入学率100%，为45名学生成功申报“雨露计划”，协调社会组织捐赠校服、棉外罩等600余件，教育服务能力不断提升；开展爱国卫生运动，开展健康义诊8次，受益人群3000余人；食品安全监督实现常态化，乡村两级督导率100%，群众安全感进一步增强；有序推进乡风文明培育，11个新时代文明实践站（所）作用凸显，引导签订移风易俗承诺书2000余份，选树“好婆婆好媳妇”“最美家庭”等先进典型44户，文明新风尚逐步形成。

【基层治理】 深入推进平安建设，践行“枫桥经验”，建成恩和镇乡村治理中心，示范打造沙滩村全县首个农民权益积分中心，建立完善“四治四联四化”治理模式和“三包一联”网格化管理机制，推动多样化、精准化、高效化矛盾纠纷排查化解。共化解信访矛盾348件。常态化开展扫黑除恶斗争，深化禁毒、反诈人民战争，刑事案件发案数同比下降45.4%，反诈立案数同比下降63.6%。持续优化完善便民服务工作，打造“红小二 和悦办”服务品牌，组建“子华”志愿者服务队，开展政策宣传、为民代办等服务，受理办理各类事项2.5万件，好评率达98%。抓好安全生产工作，贯彻落实自治区党委十三届四次全会精神，开展安全生产风险隐患排查整治，排查燃气、道路交通、“九小”场所、消防、水域等重点领域问题隐患2703个，全部完成整改，整改率100%；区市县“四防”督导组反馈问题全部完成整改；为辖区燃气用户免费安装“三件套”1069套，全镇全年未发生较大安全生产事故。打造微型消防站10个，建设消防队伍10支，安全形势稳定向好。

【安全生产管理】 紧抓安全生产工作，累计召开安委会、安全生产工作部署会、培训专题会议60余次，围绕燃气、自建房、水域、道路交通安全等重点领域，开展安全生产“大起底大排查大整治”专项行动，排查各类问题2703个，全部完成整改，整改率100%。围绕学习贯彻自治区党委十三届四次、五次全会精神和自治区“1+37+8”“1+4”系列文件开展培训教育60余场，发放宣传资料3万余份，制作条幅650余条，警示标志420余个，全镇全年未发生较大安全生产和环保事故，干部群众安全环保意识显著提升。依法依规开展柔性执法，依托“地空一体联合巡察”，重点加强对防火禁牧、非法占用耕地、环境污染等方面的巡察整治，共劝导教育轻微行政违法人员270余人次，整治各类违法图斑26个。

【产业发展】 科学调整农业结构，优化产业布局，2023年，种植粮食作物7.13万亩，实现总收入1.07亿元，超额完成县委、政府下达的种植任务。严守耕地红线，新建华寺、朱台等村高标准农田1.03万亩，整治撂荒地153亩。稳定发展草畜产业，制作青储饲料8.6万吨，实现“小黑麦＋玉豆套种”两年三收种植500亩。推进枸杞产业发展，新植枸杞2400亩，全镇枸杞种植达到2万亩，建成红梧村枸杞加工仓库与红梧村、沙滩村仓储保鲜冷库，对接枸杞“订单”6000余亩，枸杞产业链条持续补强。大力发展壮大村集体经济，扶持培育特色产业，打造特色养殖、特色种植基地10个。全镇3个村集体经济收入达到100万元，肉羊、家禽、黄粉虫饲养量分别达到4万只、3.7万只、1万盘，种植冷凉蔬菜、硒甜瓜、甜叶菊等2.4万亩。文旅产业破题开局，依托沙滩村红色美丽村庄，探索“红色教育+传统文化+休闲体验+旅游”发展模式，建设沙滩村文化大舞台，成功举办恩和镇首届乡村文化旅游节，吸引游客2万余名，创收近10万元，协助举办全县农民丰收节，农文旅融合发展格局成形见效。

【重点项目建设】 坚持规划先行，10个村“多规合一”实用性村庄规划实现全覆盖。推进重点项目建设，红梧村2000亩特色种植基地、红梧村2023年村庄道路维修、双井子地区道路硬化、沙滩村高质量美丽宜居村庄建设等18个项目均高标准完成，硬化道路29公里，白改黑18公里，全镇基础设施、产业设施逐步完善。全力以赴推进招商引资工作，先后3次赴山东、江苏、天津等地招商引资，与青白等公司洽谈合作事宜，对接特色种植养殖基地、清洁能源发电等固定投资4600万元，超额完成招商引资任务；争取自治区发改委、住建厅、乡村振兴局等部门各类资金1800万元，实施沙滩村污水管网改造、红梧村枸杞加工仓库等项目。深挖红色资源，因地制宜推动沙滩村红色美丽村庄建设，整合各类资金3140万元，围绕“一馆一廊一中心”，建成张子华生平纪事馆、红色文化长廊、红色教育体验中心及红色剧社，不断丰富红色教育载体，开展红色教育，先后接待各级党组织参观120余批，教育党员群众8000余人。

【农田水利建设及人居环境整治】 推动农田水利建设，建设华寺村、朱台村等村高标准农田1.03万亩。开展爱国卫生运动，整治人居环境，完成改厕200户，清理残垣断壁1万米，清淤沟渠120公里，生活建筑垃圾5万立方米。加快推进生态环境建设，落实自治区党委第十三届五次全会精神，打好蓝天、碧水、净土保卫战，深化落实河长制和林长制，突出抓好水环境和山林资源监管，千方百计从源头上减少对生态环境的污染和破坏。改造清洁取暖777户，实现秸秆还田1.6万亩、秋施肥0.4万亩、涂红刷白5.5万株，化石燃料消耗大幅减少，秸秆焚烧有效遏制，空气质量持续改善。持续推动人居环境提升，建立完善“流动红黄旗”评促制度，开展人居环境整治和农田水利建设评促，新改造厕所200户，清理残垣断壁1万米、生活建筑垃圾6万立方米，清理加固沟渠628公里，整修田间道路125公里，打造人居环境整治示范村1个，提升村2个。统筹开展植绿增绿工作，规划种植各类树木7万余株，建设刘桥、河滩、朱台等村小游园4个。

【亮点工作】 打造党建共同体“聚合力”。创新打造“沐党恩，共和美”党建共同体。按照“以强带弱，以企带村，以大带小，组团发展”的理念，与30家企业开展联建共建，达成产业发展、人才培育、项目建设等合作24项，整合资金1400余万，产生效益50余万元。健全多项机制“聚民心”。打造全县首个农民积分权益中心，优化积分兑换制度，细化量化计分标准，在原有“以分换物”基础上探索“权益兑换”模式，群众可以“1分换1元”的方式自主抵扣医保、社保等待缴费用，预计帮助群众人均节省100元。创新“四治四联四化”乡村治理模式，推动自治强基，镇村联调品牌化、乡土化；德治教化，镇村联育特色化模范化；法治保障，镇村联防立体化实体化；智治支撑，镇村联网格化智能化。打通乡村治理最后一米，让矛盾摆明说、心结一起解、诉求有人听、难事众人帮，全镇信访矛盾化解率达98%以上，“小事不出村”在恩和成为常态。建立“三包一联”网格化管理机制，通过镇领导包村、干部包片、网格员包网格，党员联系群众的模式，结合“驻村工作周”，全面覆盖入户走访、包抓联系，解决群众诉求、破解发展难题，不断提升群众满意度。打造“流动红黄旗评促”制度，每月对各村人居环境整治、农田水利建设等工作开展评促，根据排名发放“流动红黄旗”和奖金，倒逼各村主动作为，开展评促3期，发放奖金9万元。推动文旅融合“添活力”。锚定农文旅融合发展路径。依托红色美丽村庄项目，探索培育“互联网＋红色教育＋传统文化＋休闲体验＋旅游＋销售”发展新模式，将邻近乡村振兴体验中心的5栋闲置民房改造为竹编、陶艺、剪纸等非遗文化。成功举办“6·22”恩和镇首届乡村文化旅游节，吸引游客2万余名，创收近10万元，农文旅融合发展格局成形见效。打造劳务驿站“惠民生”。联合联通公司在红梧村、朱台村建设2个劳务驿站，整合盘活闲置农房70余间、闲置学校一所，推动“以房增收，以房增值，以房增技，以房增产”，真正实现零工“小驿站”服务就业“大民生”，2023年，入住劳务2000余人，人均增收2万余元。推动文旅融合“添活力”。锚定农文旅融合发展路径。依托红色美丽村庄项目，培育“互联网＋红色教育＋传统文化＋休闲体验＋旅游＋销售”发展新模式，成功举办恩和镇首届乡村文化旅游节，协助举办中宁县农民丰收节。打造劳务驿站“惠民生”。联合联通公司在红梧村、朱台村建设2个劳务驿站，整合盘活闲置农房70余间、闲置学校1所，推动“以房增收，以房增值，以房增技，以房增产”，真正实现零工“小驿站”服务就业“大民生”。

（马亚辰）

舟塔乡

【概况】 舟塔乡位于中宁县城西郊，东邻宁安镇，南接清水河，西靠泉眼山，北依黄河，行政区划面积53.85平方公里，耕地面积4.29万亩。全乡辖10个行政村，100个村民小组，户籍人口9475户29478人，常住人口3589户8054人。2023年，全乡农村居民人均可支配收入20051元，同比增长8.4%，增速全县川区乡镇第一。

【农业种植】 严格执行粮食安全党政同责，压实粮食种植责任。2023年，全乡种植籽粒玉米3.04万亩，小麦0.22万亩，玉豆复种0.11178万亩，复种露地蔬菜2502.49亩。持续落实耕地地力保护补贴政策，全乡7497户涉及耕地地力保护补贴面积43698.73亩，发放补贴资金3277404.75元。

【畜牧业】 有序引导群众大力发展规模养殖，科学实施动物防疫，全乡生猪饲养量2.8万头，牛饲养量达0.28万头，羊饲养量1.78万只，家禽饲养量达10.6万只。

【枸杞产业】 大力推广“良种+良方+良农”枸杞发展模式，科学运用篱架栽培、两季采收、机械修剪、智能水肥一体化等管理技术，新植枸杞908亩，建设标准化种植示范园700余亩，茨枝整形修剪1.2万亩，统防统治1.1万亩。改造提升标准化基地1000亩，新建现代节能环保型枸杞烘干厂房1500平方米，全乡年鲜果烘干达2000吨。

【美丽乡村建设】 依托农村公益事业财政奖补项目、大中型水库移民后期扶持项目、“一村一年一事”行动及衔接资金等项目，在上桥村、长桥村、康滩村、舟塔村及铁渠村5个村分别新建烘干能力为6~10吨的村集体枸杞烘干加工车间，新建潘营村预制菜产业融合发展示范村加工车间1座；砌护渠道10500米，配备水利设施580余套；建设检查井619座，安装化粪池6座；完成辖区大滩渠、康滩渠渠道环境综合整治工程；完成农房建筑节能改造5000平方米，翻建危旧房15户，完成厕所改造151户，创建舟塔乡乡村振兴数字乡村平台一套等。栽植生态林、经济林1.1万株，树木修枝及涂红刷白6000余株，机深翻0.72万亩，玉米捡拾打捆3000吨。

【社会民生】 全面落实困难群体生活保障制度，新增低保208人、高龄津贴新增75人；为4人申请辅助器具，新办残疾人证36人；新增五保3人，高龄55人，孤儿2人；急救难1人8000元；临时救助69户共133人，发放临时救助资金360150元；分散特困供养金21.2万元。

【社会综合治理】 健全信访矛盾纠纷排查、预警研判、防控化解机制，排查化解矛盾纠纷202件，处理12345政务服务热线173件。推进反诈工作，召开工作会议12次、开展宣传活动12次，入户指导群众注册国家反诈中心APP，开展微信“杞乡反诈”小程序信息录入工作。组织开展安全生产检查30次，出动检查人员240余人次，检查企业150余家(次)，排查安全隐患47处，全部整改到位。

【基础设施建设】 争取农村公益事业财政奖补、中型水库移民后期扶持等项目资金1499.6万元，硬化巷道26900平方米，铺设道牙1802米、面包砖2563平方米，安装太阳能路灯541盏，铺设污水管网22.53千米，建设检查井619座，提升改造宁舟路、郭孔路等乡域主干道路8.5千米。

【巩固拓展脱贫攻坚成果同乡村振兴有效衔接】 成立防止返贫监测帮扶集中排查工作领导小组，组建入户排查专班10个，摸排群众2871户，识别纳入监测对象7户18人，发放“富民贷”23户115万元、劳动力转移就业奖励补贴2.1万元、到户扶持政策2.43万元、社会帮扶3.4万元、兜底安置户补助资金7.4万元，开展就业培训5次，培育发展劳务经纪人28人，引导脱贫劳动力、边缘易致贫劳动力，外出务工就业175人，防止规模性返贫事件的发生。

（马雪怡）

余丁乡

【概况】 余丁乡位于中宁县西北部，东邻石空镇，西接中卫市沙坡头区镇罗镇，南临黄河，北接阿左旗，乡域面积306平方公里。余丁乡交通便捷，S201省道、滨河大道、太中银铁路、包兰铁路贯穿全境，距京藏高速中宁出口22公里。全乡辖6个行政村，62个村民小组，5280户15485人，常住人口3625人。2023年，农民人均可支配收入达19893.8元，同比增长8.0%。黄羊村被评为“第三批全国乡村治理示范村”“全区乡村治理示范村”，余丁村被评为“全区乡村治理示范村”“全区民主法治示范村”，石空村被评为“全区议事协商示范村”，余丁乡、金沙村自治区文明村镇复验成功。

【项目建设】 实施金沙村“出户入园”养殖场建设项目，平整场地229430平方米，铺设室外给水管网4546米，架设10千伏高压线1220米，道路硬化面积3810平方米；实施金沙村道路改造项目，改造道路1850米；实施公厕建设项目，在永兴村、金沙村、石空村、余丁村新建公共厕所4座；实施枸杞产业加工车间建设项目，带动周边50余名老年群众就业；实施农村公益事业财政奖补项目，累计硬化道路13500平方米，铺设道路11500平方米，硬化文化广场1000平方米，安装路灯50盏。

【产业发展】 2023年，全乡粮食作物种植面积2.19万亩，其中小麦3723亩，水稻570亩，玉米1.75万亩，单种大豆109亩，打造千亩原粮种植基地；围绕“三轴三区”产业发展布局，高标准种植紫花苜蓿、小黑麦、青贮玉米等饲草4432亩；麒麟瓜、白菜等特色产业4177亩；种植富硒菊花220亩。肉牛、滩羊饲养量分别达0.5万头、1.8万只。创建有机肥替代化肥示范区1852.2亩，病虫害绿色防控示范区8910.8亩。立足休闲特色旅游小镇定位，发展乡村旅游产业，重点加强非物质文化遗产传承和文物保护工作，联合县文广局开展蒿子面、黄羊钱鞭等非遗文化传承发展活动10余次，对黄羊湾岩画、84座传统建筑进行保护加固，协助推进双龙山石窟修复保护、宁夏中卫市长城国家文化公园沙坡头胜金关段文化旅游复合廊道建设。

【人居环境整治】 按照“因地制宜，适地适树”原则和“应绿尽绿，见缝插绿”思路，种植苗木2.6万余株。其中，在农田林网等重点片区集中栽植白蜡、香花槐等乔木5000余株，栽植紫叶矮樱、枯水玫瑰等花灌木2万余株。组织人居环境整治观摩评促2次，清理农村生活垃圾500吨，清理水塘、沟渠152口，清理残垣断壁、乱堆乱建18处，完成新建户厕改造50户，完成率达100%。结合区域党建共同体建设、铸牢中华民族共同体意识示范创建等持续优化石空老街、时庄老学校升级改造。

【民生事宜】 紧盯关键环节，持续做好35户90人脱贫户、监测对象动态监测，累计落实劳动力奖补等产业到户政策21600元，脱贫户、监测户年人均收入增幅分别达16.98%、16.02%，完成劳动力转移就业4014人。加强困难群体救助保障，新增低保66户93人，给58户145人发放临时救助、247550元，给9人发放医疗救助、91603.4元，安置公益岗3名。全面落实强农惠农政策，给3560户农民一次性发放实际种粮补贴、9.76万元，给4156户农民发放耕地地力补贴、197万元，完成政策性农业保险7657.15亩、3.39万元。

【生态环保】 落实河长制，整改“四乱”问题13处，落实黄河干流余丁段入河排污口监测溯源，封堵生活污水排污口3个，设置雨水排污口和农田排污口分类标识牌16个。落实林长制，设立乡村林长制公示牌7个，签订森林草原防火、林业有害生物、野生动物疫源疫病测报员责任书18份。加大封山禁牧力度,开展执法巡查370余次,办理行政处罚案件13起,发放《余丁乡秸秆禁烧倡议书》1200余份。加大矿山生态保护力度,开展矿山资源保护巡查251次,查处违法开采矿山资源案2起。实施清洁取暖改造项目,为380户居民安装清洁能源。

【社会治理】 优化完善防汛抗旱、火灾事故、安全生产事故等应急预案,开展各类安全生产检查100余次,排查整改涉及燃气安全领域各类隐患2996条,加装燃气“三件套”938户,增设安全警示牌50个,安装生命安全防护栏23公里,整改区市县“四防”督导反馈问题36个,整改率100%。建立健全领导信访接待制度和重大矛盾纠纷分析研判机制,召开信访矛盾纠纷分析研判会议8次,办理12345市长热线99件,办结信访件17件,乡、村两级调委会排查各类矛盾纠纷102件,调处成功102件。打造“余快办”政务服务品牌,办理事项1522件。总结推广余丁村“1153”议事协商模式,落实“小事简商,急事快商,难事众商,大事共商”机制,打造议事协商点17个,开展议事协商会105次,解决群众急难愁盼问题70余件。

（王金龙）

白马乡

【概况】 白马乡位于中宁县东北部,东与青铜峡接壤,南与红寺堡毗邻,北靠黄河,西南与鸣沙镇为邻,距离县城32公里,全乡南北长约19公里,东西宽约6公里,面积44.1平方公里。境内交通便利,京藏高速公路、308省道、滨河路三大路网贯穿全乡,东可通往吴忠、银川等地,西可直达县城。行政区划面积10089公顷,辖7个行政村,54个村民小组,户籍人口4070户12979人,常住人口4548人,耕地面积37897亩。乡党委下辖8个基层党支部,381名党员,其中农村党员354名。白马乡2023年人均可支配收入19969.8元,同比增长8.2%。白马乡获“节约型机关”“全区民族团结进步示范乡”,白马乡跃进村获“全区民主法治示范村”等荣誉称号。

【党建共同体】 按照统一规划、以强带弱、互补发展思路,将乡域内的村企和金融银行联合组建党建引领产业发展共同体,创新形成“1531”闭环工作法,即组建1个农村区域党建联合党委,设立5个农业发展工作部门,织密3张乡村治理网络,形成1个绿色循环农业发展模式,构建养殖园区、种植主体紧密衔接绿色种养循环农业发展模式,形成“养殖+粪污+有机肥+农作物+饲料”闭合绿色种养区域循环链,探索全乡农业产业绿色低碳循环发展,实现党建强、产业兴、群众富的农村区域党建共同体融合成效。

【项目建设】 提速“一年一村一事”落实步伐,推动白马村生产路硬化项目、朱路村污水管网建设项目、白路村道路硬化项目、彰恩村小游园打造项目、新田村道路硬化项目、三道湖村文化广场建设项目、跃进村路面拓宽及硬化项目完成实施。利用后期扶持资金移民项目在彰恩村新建休闲文化广场1座,对白马村村部进行改造,建设党群活动中心1座。实施乡村公厕建设项目，新建公厕3座。继续实施2022年受疫情影响未开工建设的2个道路硬化项目，争取到白路村9队至三道湖养殖场道路硬化项目、白马村8队主干道路及湖羊养殖场道路硬化项目等5个道路硬化项目。落实白马村美丽宜居村庄建设及污水管网建设项目，提质改造白马村整村居民巷道、人居环境，同时对朱路村七、八队、白马村七、九队进行污水管网铺设，建设集中式化粪池。申请衔接资金改造白马村闲置校舍，建成车间3座，总面积740平方米，依托改造厂房，引进枸杞高端精品包装企业，延长枸杞产业链，增加产业附加值，同时带动群众就业。引进绿源畜禽养殖有限公司，发展畜禽养殖、有机肥加工、农副产品销售、生态观光农业为一体的全产业链农业综合体。

【产业发展】 保障粮食安全。高质量完成县委、政府下达粮食种植任务，大豆玉米带状复合种植1516.4亩，完成率101.1%；小麦套种大豆2945亩，完成率101.5%；单种大豆101.3亩，完成率101.3%；小麦原粮3247.7亩，完成率101.5%；水稻原粮建设3211亩，完成率107%。发展枸杞特色产业。抢抓压砂地退出有利契机，努力调整种植结构，采取“党支部+企业+农户+基地”模式，全乡共计栽植枸杞11962亩，2023年新植枸杞1800亩，完成率180%，超额完成枸杞种植任务，实现枸杞种植规模化。加快推进草畜产业发展。加快发展“多村一品”“连村成片”“跨村成带”“集群成链”，建设标准化育肥羊养殖场3个，建设圈棚33栋，羊只存栏量6000余只。打造果蔬示范基地。运用水库移民后期扶持资金700万余元，采取“支部+合作社+党员+大户”的运行模式，利用村集体大棚种植麒麟瓜、甘蓝等果蔬51栋。种植大地西瓜15000余亩，各类蔬菜3000余亩，带动全乡7000余人次进行务工就业。成立农机服务公司。依托三道湖农机服务队，吸纳各村农机成立农机服务公司，村集体经济合作社年收益达20万元左右，降低群众生产投入30%以上。创新土地流转产业。成立合作社，探索农户出土地、劳动力，合作社统一支配，双方协商分红的合作模式，实现流转土地生“租金”、村民务工赚“薪金”、股份合作分“股金”的“一地生三金”模式，集体流转土地4524.8亩，实现集体经济收入76.94万元。

【巩固拓展脱贫攻坚成果同乡村振兴有效衔接】 开展“四查四补”工作，聚焦41户脱贫户监测对象，精准落实产业到户、劳动力转移奖补、庭院经济扶持、乡村公益岗、雨露计划等系列扶持政策。持续监测压砂地退出群众增收，全乡压砂瓜退出群众741户，全部完成压砂地退出补偿金兑付。针对2023年反馈问题整改，制定《中宁县白马乡关于国家乡村振兴局暗访反馈问题整改方案》《中宁县白马乡关于国家乡村振兴局暗访反馈问题整改方案》等，做到问题及时整改，按期全面销号，督导7个村及时完成整改台账建立更新，同时收集相应整改印证资料。全力落实惠民政策，新增低保137人，全乡低保共计694户838人，享受高龄津贴人员23人，特困人员28人，集中供养12人，分散供养16人，享受孤儿津贴儿童12人。扩大新型合作医疗保险、养老保险覆盖面，新型合作医疗参保率和城乡养老保险参保率分别达到100%和85%以上，发放临时救助95人次，救助金额245900元，大病救助4人，救助金额32746元，申领“4050”灵活就业28人，发放补助资金109984元，慰问退伍军人6人次，慰问金额6000元，新办残疾证25人，享受困难残疾人生活补贴304人，发放金额3.344万元/月，享受重度残疾人护理补贴245人，发放金额2.94万元/月。组织实施就业技能，培训130人，培训合格率达到90%。升级打造现代化农业农村服务中心、乡村治理中心。利用跃进村废旧教室，打造集原粮种植、土地整治、粮食出售等为一体的现代化农业农村服务中心，提升农业生产水平，创建现代化农业示范基地。依托白马乡综合治理中心基础，升级打造集综合治理、信访调解、民生服务等为一体的现代化乡村治理中心，聚焦“党建引领”的组织核心和工作主线作为乡村治理的“制胜法宝”，全力创建群众诉求汇集地、多元解纷主渠道、社会治理共同体。

【“用水权、山林权”改革】 用水权方面，持续推进河湖清“四乱”常态化、规范化，落实河长主体责任，进一步压实乡村河长职责，严格履职尽责，乡级河长每月完成2次巡河、村级河长每月4次，按照“总量控制，以水定植，以水定需”为原则进行各斗口水指标的合理分配，坚决保障原粮基地、新植枸杞基地等重点项目用水需要。山林权方面，建立以乡、村、护林员三级党政主要领导为责任主体、以乡村队为基本组织单元、以常态化巡山护林为主要内容的“林长制”工作机制，设立林长16名，其中，乡级林长9名，村级林长7名，护林员3名，形成在总林长领导下的各村协同、齐抓共管工作格局，全面开展林长制工作，完成乡级林长每月1次巡林巡草，村级林长每月5次巡林巡草。

【村容村貌整治】 实施农村人居环境整治提升五年行动。全乡累计完成厕所改造2400余户，2023年全乡完成厕所改造51户，超额完成任务，着力打造农村人居环境整治示范村1个、提升村2个。抓好植绿增绿工作。完成植绿增绿栽植22100株（新植苗木17100株，国槐6026株，刺槐620株，山桃3458株，山杏4186株），补植苗木5000株。

【社会维稳】 提升基层社会治理。推行“55124”工作模式，即以“五步工作法”为统揽夯实制度基础，以“五联记录表”规范会议程序和记录，以“一份议事清单”规范议决内容，以“乡村两级监督”确保工作合法合规，以“四级联动督导”推动工作落实。深化“八五”普法活动，开展“法律进乡村”活动，培育法律明白人，累计开展“法律八进”20余次，“法律明白人”暨人民调解员培训班2场次。全面做好群众来访接待登记、矛盾纠纷调解和“12345”政务服务热线办理等工作，“12345”事项91件，信访平台19件，巡视组交办3件，办结率100%。调动群众自治积极性。聚焦党建引领、一网三联、全员共治基层治理原则，推行“1751”网格化治理模式，即坚持以习近平新时代中国特色社会主义思想为指导，围绕党建引领1条主线，通过实施7项行动，健全完善5项工作机制，努力实现乡村振兴（产业兴旺、生态宜居、乡风文明、治理有效、生活富裕）1个总目标。实行网格化管理机制，成立网格52个，56名网格员化零为整。创建“老周说和”“老石夜话”工作室，打造老百姓信任的调解品牌，发挥“第一道防线”关键作用，累计化解矛盾纠纷100余个。筑牢安全生产防线。成立白马乡开展安全生产大起底大排查大整治专项行动工作领导小组，针对全乡煤气安全、矿山资源安全等10个领域进行全面系统排查。建立健全应急救援体系，实现应急救援统一指挥，提高应急救援能力和事故灾害风险评估、监测、应急处置能力，组织开展防汛应急演练，进一步提高防汛抗洪救灾实战水平和应急处置能力。

（陈　渊）

大战场镇

【概况】　大战场镇地处中宁县城西南，东临石炭沟，西望米钵山，南接同心，北至清水河，总面积约350平方公里，有耕地面积20余万亩，下辖14个行政村，2个社区，总人口97306人。农民人均可支配收入18003.4元，同比增长10.5%。

【民生保障】　全年新增低保450户482人，新增残疾人两项补贴90人，给89户发放临时救助27.56万元，给6户办理救急难8.9万元，给9户办理大病医疗救助11.94万元。加大自建房隐患排查力度，排查在建房屋89栋，其中一层在建房屋44栋，二层以上在建房屋45栋，对达不到建设要求的89栋在建房下发停工通知，待整改完成后再进行建设。摸排发现疑似危房数量232栋，其中存在重大安全隐患的房屋28栋，采取风险告知、上锁管控措施21户，严防住房安全事故发生。脱贫户和监测对象基本医疗保险参保率和家庭医生签约率均达到100%。

【动态检测】　落实“红黄蓝”三色预警和“一键预警”监测机制，新识别纳入防返贫动态监测对象六批次19户87人，消除风险6户22人，上报标注清退监测对象1户4人，经动态调整脱贫户和监测对象新增90人，减少78人。开展防止返贫动态监测帮扶集中排查工作，完成954户脱贫户和171户“三类人员”的收入采集、信息核对、风险排查等工作。

【产业发展】　做强传统产业，推广大豆玉米16580亩、小麦6503亩、麦豆套种1943亩、单种大豆463亩、新植枸杞2200亩，累计建成百瑞源、早康和中杞等5个枸杞产业发展基地，枸杞面积达3.5万亩。做大特色产业，在长山湖村实施黄粉虫特色养殖项目，补栏达6万盘，在东盛村养殖3000盘；在花豹湾村实施节水灌溉项目，流转2500余亩土地种植洋葱、辣椒，实现村集体经济和村民致富增收双赢目标。通过金融扶持，大战场镇办理移民致富提升贷款524户4845万元，2023年为宁原、杞海和长山湖参与托管养殖移民群众分红387.6万元；办理托管养殖贷182户895万元，分红89.5万元，加大政策宣传力度，2023年新参与托管养殖贷款332户3190万元，持续助力移民群众发展产业，增加收入。建成规模以上养殖场（户）达76家，牛、羊、生猪饲养量分别6.6万头、16.4万只、5万头，形成了马莲梁、兴业、元丰3个乡村振兴产业标准化养殖示范村，大战场镇乡村振兴产业标准化养殖示范乡镇。在长山湖村建设设施蔬菜大棚11座，带动群众发展产业。

【移民就业】　促进富余劳动力就业增收，实现户均务工人员1名。强化龙头企业带动，充分利用镇域范围内中杞集团、早康、百瑞源、美德、宁夏红等枸杞基地和禹尧番茄基地、花豹湾蔬菜基地，带动8200余名群众就近务工，人均增收1.2万元。加大培育经纪人队伍力度，拉动劳务产业，拓宽群众增收渠道，有劳务经纪人218名，组织劳务输出1.01万人次，带动增加劳务收入超过2亿元。为脱贫户、监测对象申报公益性岗位63个。

【经营主体】 以宽口井枸杞、番茄基地为依托，打造“特色产业＋休闲农业＋乡村旅游”三位一体农业综合产业园，年接待游客3000余人。培育专业合作社，大战场镇现有各类专业合作社228家，其中，当年新培育8家，养殖专业合作社76家，枸杞专业合作社63家，农机专业合作社5家，其他专业合作社76家。

【示范创建】 高标准打造长山头村村史馆、铸牢中华民族共同体意识主题广场各1处，打造石喇叭、长山湖两个铸牢中华民族共同体意识示范村，打造清河村荣誉馆1座，宽口井文化活动中心1处，班子成员访村干部入户全覆盖2次，民族团结敲门志愿服务10场次，覆盖人员达2.5万余人。红宝村农民合唱团先后参加2023年全区业务骨干合唱指挥培训班汇报演出、自治区第十六届运动会开幕式、CCTV4《远方的家》拍摄等多项活动。

【基层治理】 对照任务清单，组建“包村干部＋村‘两委’＋网格员”入户排查队伍，严格落实“责任到人，人员到户，问题到底”的任务要求。完成排查17709户，入户完成率100%，排查矛盾纠纷202起，其中婚恋家庭矛盾106起，邻里纠纷57起，山林土地纠纷15起，债权债务纠纷15起；房屋宅基地纠纷3起；损害赔偿纠纷3起，环境污染纠纷1起，其他纠纷2起。累计开展安全检查8次，检查宾馆10家，娱乐场所8家，台球室13家，快递公司14家，加油站点10家，发现安全隐患87起，现场整改75起，下发安全隐患整改通知书12份，责令停业整顿1家。对27座蓄水池及3条干渠重点地段进行安全检查，针对排查出隐患的蓄水池破损的防护网进行维修和更换。与交通运输局、大战场交警中队联合对109国道、迎大线道路安全隐患进行清理整顿。

【项目建设】 谋划实施重点项目9个，总投资6946万元，完工项目4个（大战场镇长山湖村特色养殖项目、2022年以工代赈示范项目村庄道路硬化工程、大战场镇花豹湾村蔬菜基地配套设施建设项目一期、大战场镇乡村治理中心），总投资2094万元；跨年续建项目5个（大战场镇长山湖村盐碱地改造提升工程、花豹湾村设施蔬菜大棚2023年以工代赈示范项目、大战场镇花豹湾村蔬菜基地配套设施建设项目二期、大战场镇小型消防站建设项目、农房建筑节能改造项目），总投资4852万元。

【深化改革】 结合用水权改革，成立中宁县灏川农业灌溉服务专业合作社，制定灌溉管理制度12项，不断提高管水用水精细化水平。完成辖区农业灌溉水权确权基础信息和生态及水产养殖用水面积的调查，调查农业灌溉用水面积23.4万亩、生态用水3.78万亩，颁发用水权证16册，颁证率100%。

【人居环境整治】 制定大战场镇2023年人居环境整治提升行动工作方案和积分考核办法，累计清理“三堆”约3000吨，清理巷道垃圾100余条130.3公里，清理渠道淤泥33条64公里，签订房前屋后“三包”责任书1.4万余份。组织开展人居环境卫生整治观摩评比活5次动，参与群众达8000余人。实施河湖沟道清洁治理行动，清理河道、沟道25公里，清运垃圾40吨。实施户厕改造工程，年内完成107户群众厕所进行改造。围绕宽口井、花豹湾、迎大线以点带面进行植绿增绿，新植庭院经济林2750株、生态林3200株。

（李永梅）

喊叫水乡

【概况】 喊叫水乡位于中宁县西南部72公里处，处于宁夏中部干旱带之上，自然条件十分恶劣，是自治区确定的“五县一片区”深度贫困地区。全乡区域面积549.2平方公里，下辖19个行政村，均为贫困村，其中深度贫困村5个。全乡有耕地面积17.1584万亩，其中水浇地44763亩，旱地12.6821万亩。全乡户籍人口6194户22991人，现有常住户4274户15310人，其中脱贫户963户3791人，现有监测对象98户392人。2023年实现农民人均可支配收14943.9元，同比增长10.2%。

【产业发展】 全力推进移民致富提升行动。拓宽增收渠道，采取“党组织+集体经济联合社+村集体经济合作社+国营公司+农户+金融机构”利益联结合作模式，为4个移民村646户农户贷款9690万元，进行肉牛托管养殖，年户均分红1.2万元，稳固移民增收致富渠道。持续优化产业结构。构建以硒砂瓜、枸杞、辣椒、金银花、牛羊养殖为主导，黄花、羊肚菌、大棚蔬菜等特色产业为补充的产业发展格局，全面推动地域优势特色产业规模化、标准化发展，实施高标准农田建设1.56万亩，完成种植硒砂瓜28000余亩、大豆套种玉米9700亩、玉米28000余亩，盘活移民村闲置庭院种植羊肚菌2棚，牛存栏13500头、羊存栏153000只。配套建成马塘移民区5000头肉牛育肥场、黄花晾晒场、金银花烘干房等。谋划实施马塘移民区庭院食用菌及瓜菜种植项目、康湾新村快递包装生产车间建设项目等8个项目，完成项目建设4个。持续壮大集体经济。以打造区域党建共同体为契机，采取“党支部+村集体合作社+企业+农户”的管理运营模式，引导各村集体种植辣椒1700亩、麒麟瓜520亩、黄花菜1400亩，配套建成辣椒晾晒加工厂房和黄花菜烘干厂房，吸纳带动周边800余群众就近就地务工就业，务工收入达到627.45万元。

【巩固拓展脱贫攻坚成果与乡村振兴有效衔接】 筑牢防返贫底线。持续巩固提升“三保障”和饮水安全保障，建立健全防止返贫动态监测和帮扶机制，常态化开展“四查四补”，新纳入监测户17户77人，累计监测对象98户392人，为46户198人未消除风险监测对象，精准落实产业、就业、综合保障等帮扶措施200余条。巩固拓展脱贫攻坚成果。持续巩固“两不愁三保障”及饮水安全，常态化开展“四查四补”，开展防返贫动态监测帮扶集中排查，新纳入监测对象9户43人，消除风险监测对象4户16人。开展问题整改。坚持问题导向、结果导向，举一反三，主动认领4次督查反馈问题71个，落实落细各项整改任务，注重标本兼治，完成整改 54 个。金融扶持持续发力。为 597 户脱贫户和监测户贷款 2975 万元，4 个移民村 646 户农户贷款 9090 万元，为 665 户脱贫户和监测户落实政府贴息脱贫人口小额贷款 3295.28 万元用于发展种养殖产业。2023 年，全乡办理富民贷 134 户，申请脱贫群众到户扶持政策项目 680 户 197.064 万元，全乡脱贫人口人均纯收入 14584.47 元，同比增长 17.15%；监测户人均纯收入 12766.12 元，同比增长 18.01%。

【乡风民风建设】 多形式、多渠道做好宣传工作，先后在“学习强国”学习平台、新华网、《宁夏日报》、《中卫日报》、县融媒体中心等发表宣传稿件 50 余篇，开展移风易俗宣传教育 20 余次，受众群众达 2000 人次，发放移风易俗宣传品 4000 余份；推进新时代文明实践所和 19 个实践站工作开展，采取“讲、帮、乐、树、行”五种实践形式，常态化开展志愿服务活动。推行“爱心超市”文明实践积分制管理，以 19 个村的“积分超市”为抓手，通过积分奖励的方式引导更多的人参与到移风易俗等志愿服务活动中，用小积分兑换出志愿服务新风尚，19 个村成功进行积分兑换 1~2 次。加强志愿者注册服务工作，全乡共有“老贺说事”“移风易俗”等志愿服务队 60 支，累计注册志愿者 2501 人，引导群众参与文明实践工作，开展关爱帮扶、环境保护、健康教育等志愿服务活动 300 余次。

【社会综合治理】 开通综治维稳信息矛盾纠纷排查调处系统，全乡排查化解重大风险隐患 5 个，摸排办结重点信访案件 23 件，办结率 100%。受理答复市长热线、县长热线的信访件 266 件，满意率 96.32%。开展涉水等重点领域安全生产知识培训 10 余次，参训人数 1100 余人次。加大安全生产宣传，印发《安全生产手册》、宣传单 1 万余份，发放山洪灾害防御“明白卡”800 张，开展防灾减灾演练 1 次。银川市兴庆区富洋烧烤店燃气爆炸事故发生后，先后召开 3 次党委会、2 次党委（扩大）会议、10 次专题会议，研究部署燃气等领域安全生产大起底大排查大整治工作，安排部署涉水、用电、道路交通等各领域安全生产工作，累计排查餐饮用户 21 户，全覆盖免费入户检查 3915 户，排查整改问题隐患 659 条。对全乡 114 家“九小”场所、沿街门店开展安全检查 350 次，排查整改安全隐患 219 条，停用大口井 13 个，回填大口井 25 个，回填王家庄石膏矿和临时蓄水池45 个，坚决杜绝乡域内发生较大安全事故。制定完善《2023 年喊叫水乡扫黑除恶斗争工作方案》，对 2023 年以来问题线索进行深入排查，向 19 个村发放排查表 380 余份，未排查出扫黑除恶斗争问题线索。全面整改《关于印发〈中宁县落实全国扫黑办第三批特派督导反馈问题整改任务清单〉的通知》文件反馈 6 个方面问题。未发现邪教和非法宗教活动。组织乡村两级干部在全乡范围内进行禁种铲毒排查活动，经乡村两级排查，没有发现大麻种植。管控在册吸毒人员共计 68 人，其中社区康复 2 人，正在执行社区康复 2 人，执行率 100%。

【环境污染防治】 实施生态文明战略，持续整治人居环境。围绕“四美”目标，进村入户宣传 125 场次，发放宣传资料 3800 份、张贴宣传标语 330 条、发动群众投工投劳 2700 人次，清理三堆及河渠沟道各类垃圾 2000 吨，清除户外广告 9 处，打造环境整治示范村 1 个，提升村 2 个，整治村 16 个。开展植绿增绿。累计种植国槐、香花槐、馒头柳、高干金叶榆、沙枣、山桃、山杏、桃树等树种27280株，持续加强树木管护。全面落实林、河长制，采取日常巡查和定期督查的方式，对各河道、林地、草原开展巡逻检查100余次。严厉打击乱采、乱挖、偷牧等违法行为，开展非煤矿山盗采滥挖和禁牧封育巡查50余次，处理违法放牧案件40件，罚款13100元。

【民生保障】 持续推进"一窗受理""县内通办"专窗和"一件事一次办"，"一证(照)通办"，打造推行"喊就到"便民服务模式，主动上门服务群众，累计办件5830件。全面落实民生保障工作。加强低保规范化管理，进一步优化低保纳入审核和临时救助发放，新增城乡低保207人，累计向194户困难群众发放临时救助金54.27万元。进一步加大弱势群体关爱，73名困境、事实无抚养人儿童和284名高龄老人享受津贴，51户61人享受特困供养。全面促进稳岗就业。组织开展枸杞种植技术和病虫害防治等培训班10场次合计35天，累计培训750人次。邀请7家县域企业举办专项招聘会1场次，提供800多个岗位，初步达成就业协议37人。充分发挥85名劳务经纪人作用，带动就业6000余人，640户完成劳务奖补申报170万元。举办群众文化活动。组织参加"喜迎十六运""贯彻二十大建功新时代"广场舞大赛、乡村振兴农民合唱团艺术展演和职工运动会。带领乡农民合唱团参加区、市、县展演3场，配合县局文化下乡演出19场。举办"油画添新意，多彩绘春天""紧握驻村小课堂，助力振兴加速度""持阳光心态，创美好生活""三八妇女节活动"等各类文化活动20余场次，举办喊叫水乡"乡村振兴，体育赋能"第一届运动会，不断丰富群众文化生活。

（马百玉）

徐套乡

【概况】 徐套乡位于中宁县最南部，地处宁夏中部干旱带上，距中卫市区110公里、中宁县城80公里，东邻中宁县喊叫水乡，南接海原县关桥乡，西靠沙坡头区兴仁镇，北壤沙坡头区香山乡。全乡地域面积682.5平方公里，京藏高速公路和109国道东西贯穿全境。全乡辖13个行政村56个自然社(移民村6个、非移民村7个)，全乡有户籍人口6004户21240人，常住人口3891户13128人，脱贫户1079户3808人，脱贫不享受政策91户305人，监测对象89户354人(已消除风险37户155人、未消除风险52户199人)。享受农村低保1329户1692人、城市低保11户14人，残疾人631人(其中一、二级残疾合计355人)、大病患者70人、孤儿52人、"五保"户(含集中供养1户1人)68户71人。2023年度劳务输出5997人，全乡脱贫人口年人均可支配收入15278元，增长13.2%。确权耕地面积33.36万亩(压砂地面积12.34万亩)，饲养羊10万余只、肉牛7300余头。

【产业发展】 认真落实"以水定产"原则，发展培育特色产业，拓宽群众增收渠道，种植硒砂瓜12.76万亩，玉米1万亩，小麦0.4万亩，大豆复合种植0.5万亩，马铃薯0.37万亩，小杂粮2.57万亩。完成清砂片区土地流转，种植玉米套种大豆、食葵、覆膜西瓜、南瓜1.34万亩。

高标准建设肉牛养殖场1个、“出户入园”羊场1个，全乡牛存栏7300余头、羊存栏10万余只。第三产业年度产值达1亿元，依托109国道创业园吸引经营主体投资入驻，有银行商业网点2处、商务宾馆1家，各类餐饮、商超、汽修等30余家，衍生就业岗位500个，每年带动经济2500万元；鼓励发展特色汽车运输产业，全乡从事汽车运输有516人484辆，衍生带动收入5000万元。引进投资主体计划实施徐套乡移民致富创业就业基地项目。

【巩固拓展脱贫攻坚成果同乡村振兴有效衔接】 推进巩固拓展脱贫攻坚成果同乡村振兴有效衔接，加强防返贫动态监测，通过“四查四补”、行业部分预警反馈、基层干部摸排、第一轮“大排查”、自主申报等方式纳入监测户42户157人，消除风险37户155人。兑付各类惠农补助资金1412.19万元，落实产业奖补资金317.22万元。发放富民贷款3210.47万元、妇女创业贷款8558.8万元。培育劳务经济人21人，劳务输出5997人，增加群众收入8000余万元。针对国家乡村振兴局暗访反馈4个方面问题，制定整改措施8条，整改3个，整改率75%；针对2022年度巩固拓展脱贫攻坚成果同乡村振兴有效衔接考核发现的四方面九类32个问题，徐套乡举一反三细化认领39个问题，制定整改措施90条，整改完成36个，整改率92.3%；国家乡村振兴杂志社反馈六方面8个问题，制定13条整改措施，完成四方面7个问题，整改率87.5%；自治区巩固拓展脱贫攻坚成果同乡村振兴有效衔接重点工作督导调研反馈十三方面26个问题，制定整改措施45条，整改完成22个，整改率84.6%。

【人居环境整治】 深入开展人居环境整治提升行动，实施5万亩高效节水示范项目、徐套乡基础设施建设以工代赈示范项目、红柳村及撒不拉滩绿化提升项目，整治村庄点5个，铺设路缘石24724.4米、面包砖27405.49平方米，硬化巷道51170.42平方米、农村道路7.5公里，植绿增绿3万株，改厕87户，残膜回收300吨。

【民生保障】 开展城乡低保扩围增效工作，2023年新纳入低保285人，发放临时救助182户51.38万元，新增28名高龄老人享受津贴，申报二孩补贴41人，三孩补贴35人。

【乡风民风建设】 依托14个新时代文明实践所（站），设立农村公益岗位并常态化开展创城志愿服务活动60余场次。推行积分制，评选“美丽庭院”30户、“最美家庭”10户、“好婆婆”2名、“好媳妇”3名，开展移风易俗、禁毒禁赌主题活动10余次，对辖区13个村村规民约进行修订完善，充分发挥村规民约、红白理事会作用，劝导村民丧事简办、喜事新办20余户。配合组织农民大合唱、广场舞比赛、篮球比赛等娱乐活动，完成送戏下乡2场。

【社会维稳】 结合自治区党委十三届四次全会精神，落实“1+37+8”政策文件，常态化开展安全生产隐患大排查大起底大整治专项行动，召开安全生产工作部署会20次，开展应急预案演练4次，对燃气、蓄水池、“九小”场所、交通道路、消防等重点领域排查安全隐患561处。践行新时代“枫桥经验”，全面调处化解各类信访矛盾纠纷15件，探索乡村治理新模式，打造乡村治理中心。落实意识形态工作责任制，依法治理民族宗教事务，徐套村市级示范点创建已通过验收，4个县级示范村创建工作有序推进。

【基层组织建设】 发挥党委主体责任，形成一级抓一级、层层抓党建的工作格局，研究制定《2023年徐套乡基层党组织建设提质增效实施方案》及任务清单，召开2023年党建重点工作安排部署会3次，开展“一抓两整”示范乡创建行动，培养农村致富带头人64名，村级后备力量65名，吸收入党积极分子24名，接收预备党员10人。开展学习贯彻习近平新时代中国特色社会主义思想主题教育，加大软弱涣散村党组织整顿力度，新庄子村党支部组织力得到有效提升。开展“改作风，谋发展，争先进”专项行动，争取各类资金3300余万元。坚持“服务发展大局，服务基层组织，服务党员群众”工作理念，把党校建在家门口，实现党员进党校一步到位，开展各类培训5期。执行廉政建设“一岗双责”，落实“两个责任”，开展警示教育周活动，巩固作风建设常态化，开展监督检查11次，责任约谈2人，提醒谈话5人。开展纠治形式主义、官僚主义专项整治活动，自查出九方面18项问题并提出整改措施，全部完成整改。推进乡村振兴领域腐败和作风问题专项治理工作，紧盯重点内容，查摆五方面18条问题，针对性制定整改措施18条，全部整改到位。

【村集体经济发展壮大】 2023年，红柳村、李士村、徐套村统筹发展壮大村集体资金合计500万元撬动银行贷款5000万元用于托管养殖，年获得分红250万元；下流水村通过流转村集体土地、发展汽车运输，年村集体经济收入达100万元；徐套村、白套村、原套村、小湾村、上流水村5个村利用扶持壮大村集体经济项目资金100万元，发展湖羊养殖，每村可新增收益10万元；白圈子村、新庄子村、大滩川村等8个村利用扶持壮大村集体经济100万元，以投资分红的方式入股企业，每村年获得分红6万元。按照“党建引领，区域统筹，资源整合，共建共享”原则，打造“1+3+3+13”区域党建共同体组织体系架构，形成村村联建、产业联育、资源联享、优势互补、抱团发展的乡村振兴新格局，全乡13个村集体经济收益达559.686万元，同比增长9.5%。

（田　莎）

太阳梁乡

【概况】 太阳梁乡是宁夏回族自治区“十一五”和“十二五”期间批复的易地搬迁移民安置区，于2016年7月5日移交中宁县管理。2017年2月14日，自治区人民政府批准设立太阳梁乡，同年11月16日挂牌成立。辖区面积140平方公里，耕地面积4.4亩，形成以草畜、枸杞、劳务输出为主的产业体系。2023年，农民人均可支配收入11199元，同比增长14.8%。先后荣获第二届全国乡村振兴品牌节“乡村振兴赋能计划组织振兴典型案例”、自治区就业创业工作先进集体。

【特色产业】 2023年，春播小麦1248.4亩，大豆单种218亩，麦豆套种732.8亩，玉米大豆套种2482.8亩。累计建成集约化、标准化枸杞基地6000亩，跨村联建兴杞航农业发展有限公司，打造“太鲜”枸杞品牌和枸杞产业发展云平台，推广枸杞树二维码应用，推进枸杞产业数字化发展。建成规模养殖场5家，存栏肉牛5826头、奶牛29172头，采取“党支部＋村集体经济＋金融机构＋农户”利益联结模式，带动群众托管养殖3240户增收2640万元，带动7个村集体经济合作社增收86万元。依托隆原村设施农业基地，引进中宁县博汇林果蔬专业合作社，采取“1+2+N”经营模式，种植温棚小番茄15棚、大地小番茄300余亩。依托太阳梁乡正果桃基地，于2023年4月14—16日，举办中宁县首届桃花节。盘活农垦集团在新海村82套营业房，支持渠口商贸城招商引资，动员33户群众自主创业，在渠口商贸城设立农贸市场及牛、羊交易三、六、九集市，繁荣太阳梁乡商贸物流业。

【基础设施建设】 聚焦产业发展基础、公共基础设施、人居环境整治等重点，洽谈确定招商引资项目2个，争取项目5个，落实项目建设资金2663.26万元。实施新海村设施农业基地（一期）建设项目、南塘村设施农业基础设施2023年以工代赈示范项目、隆原村4000平方米通体暖棚项目，新建温棚47座。完成隆原村文化活动广场、新海村休闲小公园、兴渠社区农贸市场小游园建设。

【社会保障】 全面落实教育帮扶各项政策，建立健全乡、村、学校、家庭信息联动“控辍保学”责任制，实现所有义务教育阶段适龄儿童有学上、上得起学，无因贫失学辍学。落实中高职在校学生“雨露计划”补助政策，兑付春秋两季补助641人次111.7万元。健全落实家庭医生签约服务和基本医疗保险、大病保险、医疗救助相互支撑、相互补充的医疗保障制度，实现常住人口家庭医生签约服务全覆盖，完成1775户脱贫户和监测对象“乡村振兴保”参保100%，2023年度基本医疗保险参保率达到97.51%.

【基层治理】 践行新时代“枫桥经验”，推进落实“信访＋人民调解＋仲裁”多元矛盾纠纷化解机制，全年排查化解各类矛盾纠纷28起，受理信访件75件，调处成功率100%。严格落实“管行业必须管安全，管业务必须管安全，管生产经营必须管安全”工作要求，聚焦燃气安全、道路交通安全、食品安全等13个重点领域，开展安全生产专项巡查检查90余次，排查“九小”等场所396家，整改隐患414处，紧盯各级督查检查反馈问题，组织乡村干部持续开展问题隐患排查整治“回头看”，将风险隐患查清整改彻底。组织乡村两级干部入户宣传，发放各类宣传册200册、海报1500张、宣传彩页20000余份，借助太阳梁乡人民政府公众号和微信群，广泛宣传普及安全知识，营造浓厚安全生产氛围，全乡安全生产形势平稳有序，无重特大安全事故发生。

【人居环境整治】 落实“村干部＋网格员＋公益岗＋保洁＋农户”人居环境整治管护机制，发动干部群众27582人次，动用机械690台次，整治巷道69.6公里，新建卫生厕所171户，推进问题卫生厕所整改224户，完成隆原村文化活动广场、新海村休闲小公园、兴渠社区农贸市场小游园建设，推进农村人居环境全面提升。严格落实河长制，乡村两级9名河长开展巡河332次，清理河道建筑垃圾141处166吨，疏通河道31公里。大力推进植绿增绿，完成春季新植补植91389株，全乡森林覆盖率达13%。严格落实林长制，乡村两级18名林长开展巡林

379 次。严厉打击非法占地和违法建设行为，依法依规拆除乱占耕地违法图斑 7 处，实地核查举证全市域动态监测图斑 5 批次 191 起，清理违法占用基本农田 1.8 亩。

【巩固拓展脱贫攻坚成果同乡村振兴有效衔接】 坚持“内稳外输”就业思路，发挥基层党支部引领作用，着力构建“1+8+N”就业推进体系，联系对接县内外用工企业，挖掘就业信息，召开现场招聘会、推促会 4 次，发布用工信息 165 条，采取“点对点、面对面”送政策、送岗位等方式，全力推促移民劳动力外出就业，全年劳动力转移就业 11083 人，占劳动力总数 92% 以上，稳定就业 5877 人。流转移民土地 3.727 万亩，每年为移民带来收益 1628.7048 万元。采取“党支部 + 村集体经济 + 金融机构 + 农户”利益联结模式，带动群众托管养殖 3240 户增收 2640 万元，吸纳群众在附近牛场稳定务工 500 余人，增加工资收入 1500 余万元。大力培育劳动密集型产业，建成标准化枸杞基地 6000 亩、精品桃基地 3000 亩，种植露地西瓜 2500 亩、水果玉米 800 亩，温棚小番茄 15 棚、大地小番茄 300 余亩，带动就近就业 2800 余人，增加工资性收入 2500 余万元。依托兴源村帮扶车间、德盛村醋厂，带动稳定就业 50 余人，增加工资性收入 120 万元。

（赵婷婷）

先进名录

2023 年度受国家级、省部级、厅局级、地市级表彰奖励的先进集体

一、国家级表彰奖励的先进集体

无。

二、省部级表彰奖励的先进集体

获奖单位	荣誉名称	授奖单位
法院	综合审判庭获全国维护妇女儿童权益先进集体	中华全国妇女联合会
	自治区文明单位	自治区精神文明指导委员会
	长山头法庭获全区法院先进集体	自治区高级人民法院
检察院	全国第三批节约型机关	国家机关事务管理局　中央直属机关事务管理局　国家发展改革委　财政部
	自治区人民检察院联合中宁县检察院拍摄的微视频《黄羊湾的春天》在第十八届全国法治动漫微视频作品征集活动中获优秀奖	全国普及法律常识办公室
	检察院就寄递个人信息保护问题向商务和投资促进局制发检察建议获评宁夏检察机关优秀社会治理检察建议(典型案例)	自治区人民检察院
公安局	交巡警大队获集体一等功	公安部
武装部	练兵备战先进单位	宁夏军区
县委宣传部	选送的微视频《中宁县大战场农民合唱团:〈宁夏人最念党的恩〉》被评为 2023 年度“优秀理论宣讲微视频”	中央宣传部办公厅
县委党校	节约型机关	国家机关事务管理局　中央直属机关事务管理局　国家发展改革委　财政部

续表

<table>
<tr><th colspan="2">获奖单位</th><th>荣誉名称</th><th>授奖单位</th></tr>
<tr><td rowspan="14">教育体育局</td><td>中宁县第二中学</td><td>全国中小学科学教育实验学校</td><td>教育部</td></tr>
<tr><td rowspan="2">中宁县第三中学</td><td>国家级非物质文化遗产代表性项目“黄羊钱鞭”传承基地</td><td>文化和旅游部</td></tr>
<tr><td>自治区文明校园</td><td>自治区精神文明建设指导委员会</td></tr>
<tr><td>中宁县第六中学</td><td>八7中队获2023年度全国红领巾中队</td><td>全国少工委</td></tr>
<tr><td>长山头初级中学</td><td>全国中小学科学教育实验学校</td><td>教育部</td></tr>
<tr><td>下流水九年制学校</td><td>国家级温馨校园</td><td>教育部</td></tr>
<tr><td>中宁一小学教育集团(本部)</td><td>国防教育示范学校</td><td>教育部　中央军委政治部</td></tr>
<tr><td>中宁三小教育集团(本部)</td><td>民族团结进步示范学校</td><td>自治区党委统战工作领导小组</td></tr>
<tr><td>中宁县第五小学</td><td>全国中小学科学教育实验学校</td><td>教育部</td></tr>
<tr><td rowspan="2">中宁县第十小学</td><td>全国健康示范学校</td><td>教育部</td></tr>
<tr><td>全国红十字模范单位</td><td>中国红十字会总会</td></tr>
<tr><td>西沙梁完小</td><td>全国优秀红领巾中队集体</td><td>中国少年先锋队全国工作委员会</td></tr>
<tr><td>北滩完小</td><td>全国健康示范校</td><td>教育部</td></tr>
<tr><td colspan="2" rowspan="2">农业农村局</td><td>农业技术推广服务中心获全国巾帼文明岗称号</td><td>全国妇联</td></tr>
<tr><td>乡村振兴服务中心获实施乡村振兴战略先进集体三等奖、实施乡村振兴战略进位奖</td><td>自治区党委农村工作领导小组</td></tr>
<tr><td colspan="2">商务和投资促进局</td><td>宁夏华宝枸杞产业有限公司获国家级电子商务示范企业</td><td>商务部</td></tr>
<tr><td colspan="2">卫生健康局</td><td>第五次中国城乡老年人生活状况抽样调查工作中表现突出的单位</td><td>民政部　卫健委老龄健康司</td></tr>
<tr><td colspan="2">医疗保障局</td><td>节约型机关</td><td>国家机关事务管理局　中央直属机关事务管理局　国家发展改革委　财政部</td></tr>
<tr><td colspan="2">审批服务管理局</td><td>全区民族团结进步模范集体</td><td>自治区党委　自治区政府</td></tr>
<tr><td colspan="2" rowspan="4">枸杞产业发展服务中心</td><td>“中宁枸杞”被列入2023年全国“土特产”推介名单</td><td>农业农村部信息中心</td></tr>
<tr><td>中宁县被中国国家品牌网列为品牌产业园示范基地</td><td>中国国家品牌网</td></tr>
<tr><td>“中宁枸杞”入选农遗良品优选计划十佳品牌</td><td>农遗良品优选计划活动组委会</td></tr>
<tr><td>“中宁枸杞”地理标志品牌入选“品牌价值领跑者”</td><td>中国品牌建设促进会</td></tr>
<tr><td colspan="2">机关事务服务中心</td><td>全国第三批节约型机关</td><td>国家机关事务管理局　中央直属机关事务管理局　国家发展改革委　财政部</td></tr>
<tr><td colspan="2" rowspan="2">工商业联合会</td><td>全国“五好”县级工商联</td><td>全国工商业联合会</td></tr>
<tr><td>2023年度调查点工作先进基层单位</td><td>全国工商业联合会办公厅</td></tr>
<tr><td colspan="2">科学技术协会</td><td>2023年全国科普日活动优秀组织单位</td><td>中国科协办公厅</td></tr>
<tr><td colspan="2">社会经济调查队</td><td>2023年度业务工作考核先进单位</td><td>国家统计局　宁夏调查总队</td></tr>
<tr><td colspan="2" rowspan="2">国家税务总局中宁县税务局</td><td>全国文明单位(复验)</td><td>中央精神文明建设指导委员会</td></tr>
<tr><td>全国青年文明号</td><td>共青团中央</td></tr>
<tr><td colspan="2" rowspan="3">石空镇</td><td>节约型机关</td><td>国家机关事务管理局　中央直属机关事务管理局　国家发展改革委　财政部</td></tr>
<tr><td>中国美丽休闲乡村</td><td>国家乡村振兴局</td></tr>
<tr><td>乡村治理示范乡镇</td><td>自治区党委农村工作领导小组</td></tr>
</table>

续表

获奖单位	荣誉名称	授奖单位
新堡镇	节约型机关	国家机关事务管理局 中央直属机关事务管理局 国家发展改革委 财政部
鸣沙镇	节约型机关	国家机关事务管理局 中央直属机关事务管理局 国家发展改革委 财政部
白马乡	节约型机关	国家机关事务管理局 中央直属机关事务管理局 国家发展改革委 财政部
	全区民族团结进步示范乡	自治区党委统一战线工作领导小组
舟塔乡	首批国家农业产业强镇(乡)	农业农村部办公厅
太阳梁乡	节约型机关	国家机关事务管理局 中央直属机关事务管理局 国家发展改革委 财政部
	乡村振兴赋能计划组织振兴典型案例	农业农村部中国农业电影电视中心

三、厅局级、地市级表彰奖励的先进集体

获奖单位	荣誉名称	授奖单位
法院	刑事审判庭获2022年度全市法院先进集体	中卫市中级人民法院
检察院	“中宁枸杞”品牌行政公益诉讼案获评自治区2022年度知识产权保护典型案例	自治区市场监督管理厅(自治区知识产权局)
	全区未成年人保护工作先进集体	自治区未成年人保护工作委员会
	自治区健康机关(事业单位)示范点	自治区爱国卫生运动委员会办公室
	微视频《黄羊湾的春天》获得宁夏检察机关第一届微电影微视频微动漫征集展播活动微视频类二等奖	自治区人民检察院政治部
	办理的单某等人帮助信息网络犯罪活动罪不起诉行刑反向衔接案入选2023年度全区行政检察优秀案例	自治区人民检察院第五检察部
	2023年度全区检察机关民事行政检察部门优秀办案团队	
公安局	政工监督室获全区公安工作先进集体	自治区公安厅
	森林派出所获全区公安工作先进集体	自治区公安厅
	纪检监察室获通报表扬	自治区公安厅
	森林派出所获通报表扬	自治区公安厅
	治安大队获通报表扬	自治区公安厅
	经侦大队获通报表扬	自治区公安厅
县委组织部	电视片《永存的战地记忆 抗美援朝老兵魏天录》获全区第十届党员教育电视片观摩交流活动优秀奖	自治区党委组织部
	电视片《一棵老梨树》获全区第十届党员教育电视片观摩交流活动优秀奖	自治区党委组织部
	全区离退休干部学习贯彻习近平新时代中国特色社会主义思想知识竞赛优秀组织奖	自治区党委老干部局 自治区党委离退休干部工委
	全区关心下一代工作先进集体	自治区关心下一代工作委员会 自治区委员会老干部局 自治区精神文明建设指导委员会办公室
	全区关心下一代爱心单位	自治区关心下一代工作委员会 自治区关心下一代基金会

续表

获奖单位	荣誉名称	授奖单位
	关工委获全区青少年普法教育工作成绩突出集体	自治区关工委等16个部门
	全市人才工作考核优秀	中卫市委人才工作领导小组办公室
县委党校	自治区国家安全宣传教育示范点	自治区党委国安办　教育厅　自治区党委党校
	党的创新理论“进机关”示范点	自治区党委宣传部
	全区党校(行政学院)系统后勤服务技能大比武餐饮服务团体二等奖	自治区党委党校
发展和改革局	全区节能工作先进集体	自治区人力资源和社会保障厅　发展改革委
科学技术局	2023年度全区科技管理系统优秀集体	自治区科学技术厅
工业和信息化局	2023年度全区工业稳增长 技改投资突出贡献单位	宁夏制造强区建设领导小组
民政局	全区未成年人保护工作先进集体	自治区未成年人保护工作委员会
	获全区第一批议事协商示范村(社区)3个	自治区民政厅
	全区优秀村规民约(居民公约)3个	自治区民政厅
水务局	水旱灾害防御中心获全区水利工作先进集体	自治区人社厅　水利厅
农业农村局	农业机械化推广服务中心获全区农业农村工作先进集体	自治区农业农村厅　人力资源和社会保障厅　农村工作领导小组
商务和投资促进局	2022年度自治区电子商务产业效能目标考核优秀县	自治区电子商务产业高质量发展包抓工作机制办公室
	爱心单位	自治区关心下一代工作委员会自治区关心下一代基金会
	中宁枸杞获宁夏十大好食材	自治区商务厅
	中宁清炖土鸡获宁夏十大头牌菜	自治区商务厅
	宁洲宴餐饮服务中心、小红楼餐饮开元店等9家企业获宁夏味道100家餐饮体验店	自治区商务厅
	宁夏华宝枸杞产业有限公司获2023年度自治区首批数字商务企业	自治区商务厅
卫生健康局	2022年度爱国卫生先进集体	自治区爱卫办
	中医医院继续保留文明单位荣誉称号	自治区精神文明建设指导委员会
	中医医院获全区职业技能竞赛中药调剂竞赛决赛团体二等奖	自治区卫健委　总工会
	中宁县疾病预防控制中心获事业单位疫情防控工作记功集体	中卫市人社局
	中宁县疾病预防控制中心获中卫市现场流行病学调查职业技能竞赛优秀组织奖	中卫市卫健委　总工会
	中宁县人民医院获事业单位疫情防控工作记功集体	中卫市人社局
退役军人事务局	2022年度自治区健康细胞示范点	自治区健康水平提升行动领导小组办公室 爱卫办
	2022年度退役军人事务工作先进单位	自治区退役军人事务厅
	2022年度退役军人事务系统工作突出单位	自治区退役军人事务厅
市场监督管理局	2023年全区药品重点品种信息化追溯工作先进单位	自治区药品监督管理局
医疗保障局	全区医疗保障经办系统练兵比武大赛集体奖二等奖	自治区医疗保障局
审批服务管理局	全区2022年度深化“放管服”改革以奖代补考核三等奖	自治区推进政府职能转变和“放管服”改革协调小组
住房和城乡建设局	农村生活垃圾分类治理和资源化利用一级示范县	自治区财政厅
	2022年度全区住房保障工作目标责任奖	自治区推进新型城镇化工作领导小组办公室

续表

获奖单位	荣誉名称	授奖单位
中卫市生态环境局中宁分局	2022 年打击危险废物等环境违法犯罪表现突出集体	自治区生态环境厅　人民检察院　公安厅
枸杞产业发展服务中心	被授予“宁夏回族自治区中小企业公共服务示范平台”	自治区工业和信息化厅
	中宁县获第二届全区现代枸杞产业茨农技能大赛市县代表队一等奖	自治区现代枸杞产业高质量发展省级领导包抓机制办公室
	在中卫市“护网 2023”网络与数据安全实战攻防对抗演习中被授予“优秀防守单位”	中卫市公安局
机关事务服务中心	全区机关事务工作先进集体	自治区人力资源和社会保障厅　机关事务管理局
	中卫市 2023 年公共机构节水型达标单位	中卫市机关事务服务中心　住房和城乡建设局　水务局
科学技术协会	第 37 届中卫市青少年科技创新大赛优秀组织单位	中卫市科学技术协会　教育局　共青团中卫市委员会　妇女联合会
	第 9 届中卫市青少年机器人竞赛优秀组织单位	中卫市科学技术协会　教育局
红十字会	宁夏红十字会“人道博爱奉献”先进集体	自治区红十字会
	红十字会综合救援志愿服务队获全区第七届应急救护大赛团体三等奖	自治区红十字会　应急厅　总工会　卫生健康委员会　消防救援总队
	红十字会综合救援志愿服务队获宁夏红十字会“人道博爱奉献”先进集体	自治区红十字会
社会经济调查队	2023 年度效能目标管理考核“一等奖”	自治区统计局
国家税务总局中宁县税务分局	“青年志愿服务驿站”项目建设试点单位	国家税务总局宁夏回族自治区税务局
石空镇	自治区乡村振兴示范镇	自治区农业农村厅
	2023 年度全区退役军人事务工作先进单位	自治区退役军人事务厅
	太平村、倪丁村获自治区文明村	自治区精神文明建设指导委员会
	太平村股份经济合作社获自治区级示范性农村集体经济组织	自治区农业农村厅
	2023 年度“零发案村”	中卫市公安局
新堡镇	南湾村获自治区级示范性农村集体经济组织	自治区农业农村厅
	创业村获 2023 年度自治区乡村振兴示范村	自治区农业农村厅
	刘庄村、南湾村获 2023 年自治区健康细胞示范点	自治区爱卫办
	农民合唱团获全区首届乡村振兴农民合唱团艺术节二等奖	自治区文化和旅游厅
恩和镇	全区离退休干部示范党支部	自治区党委老干部局　离退休干部工委
	沙滩村获自治区乡村振兴示范村	自治区农业农村厅　乡村振兴局
	沙滩村获自治区民主法治示范村	自治区司法厅　民政厅
	曹桥村获自治区文明村荣誉称号	自治区精神文明建设指导委员会
鸣沙镇	薛营村获自治区文明村	自治区精神文明建设指导委员会
	李滩村获自治区级示范性农村集体经济组织	自治区农业农村厅
白马乡	跃进村获自治区民主法治示范村	自治区司法厅　民政厅
舟塔乡	2020—2023 年度自治区文明乡镇	自治区精神文明建设指导委员会
	全区水利工作先进集体	自治区水利厅
太阳梁乡	自治区就业创业工作先进集体	自治区就业工作领导小组
大战场镇	红宝村被评为党的创新理论“进城乡社区”示范点	自治区党委宣传部

2023年度受国家级、省部级、厅局级、地市级表彰奖励的先进个人

一、国家级表彰奖励的先进个人

姓 名	荣誉称号	所在单位	授奖单位
王俊艳	2022年打击治理洗钱违法犯罪工作成绩突出个人	检察院	中国人民银行 公安部 最高人民法院 最高人民检察院等10部门
朱晓鹏	被授予检察荣誉章	检察院	最高人民检察院
潘国铭	被授予检察荣誉章	检察院	最高人民检察院

二、省部级表彰奖励的先进个人

姓 名	荣誉称号	所在单位	授奖单位
顾学文	2022年度全区法院先进个人	法院	自治区高级人民法院
刘 鹏	2022年度全区法院先进个人	法院	自治区高级人民法院
张月玲 秦 红 勉 林	撰写的论文《检察履职视角下地方特色农产品品牌保护问题研究——以中宁枸杞品牌保护为例》获首届“全面履行法律监督职能 保障黄河保护法统一正确实施”主题检察理论研讨会优秀论文三等奖	检察院	自治区人民检察院
冶思涵	撰写的论文《黄河流域生态保护大数据法律监督模型社会治理成效和反思》获首届“全面履行法律监督职能 保障黄河保护法统一正确实施”主题检察理论研讨会优秀论文优秀奖	检察院	自治区人民检察院
李文博	撰写的论文《黄河流域生态行政执法与刑事检察现代化研究》获首届“全面履行法律监督职能 保障黄河保护法统一正确实施” 主题检察理论研讨会优秀论文优秀奖	检察院	自治区人民检察院
魏向红	基层人武部建设优秀个人	武装部	宁夏军区
李永彩	全国优秀中队辅导员	西沙梁完小	中国少年先锋队全国工作委员会
郭 洁	全国农业农村系统先进个人	农业农村局	农业农村部
张旭文	2023年(第九届)全国统计建模大赛三等奖	社会经济调查队	国家统计局
徐 晓	2023年度全区深化改革先进个人	住房和城乡建设局	自治区党委 自治区人民政府
李进兰	2022年度新闻宣传工作先进个人	财政局	中国财经报社

三、厅局级、地市级表彰奖励的先进个人

姓 名	荣誉称号	所在单位	授奖单位
李 玮	2022年度全市法院先进个人	法院	中卫市中级人民法院
马卫谦	2022年度全市法院先进个人	法院	中卫市中级人民法院
于 龙	2022年度全市法院办案标兵	法院	中卫市中级人民法院
张广平	三等功	法院	中卫市委 市人民政府
	嘉奖(2022年年度考核为优秀等次)	法院	中卫市委 市人民政府
王俊艳	宁夏2022年打击危险废物等环境违法犯罪表现突出个人	检察院	自治区生态环境厅 自治区检察院 自治区公安厅
	全区青少年普法教育工作成绩表现突出辅导员	检察院	自治区青少年普法教育活动办公室

续表

姓　名	荣誉称号	所在单位	授奖单位
马淑芳（民警吴锐母亲）	爱警母亲	太阳梁派出所	自治区公安厅政治部
朱明川	全区公安机关夏季治安打击整治行动成绩突出个人	公安局刑侦大队	自治区公安厅
张思亮	通报表扬	公安局交巡警大队	自治区公安厅
段兴宁	个人嘉奖	公安局纪检监察室	自治区公安厅
周　旭	全区公安工作先进个人	公安局政保大队	自治区公安厅
徐　浩	全区公安工作先进个人	公安局经侦大队	自治区公安厅
孟正军	全区公安工作先进个人	公安局恩和派出所	自治区公安厅
王维文	全区公安工作先进个人	公安局法制大队	自治区公安厅
李晓薇	全区公安工作先进个人	禁毒办	自治区公安厅
王彦斌	基层人武部建设优秀个人	武装部	中卫军分区
	服务保障嘉奖	武装部	中卫军分区
马少礼	基层人武部建设优秀个人	武装部	中卫军分区
	战备训练嘉奖	武装部	中卫军分区
王秉发	全区节能工作先进个人	发展和改革局	自治区人力资源和社会保障厅　发展改革委
杨伯仁	全区节能工作先进个人	工业园区管理委员会	自治区人力资源和社会保障厅　发展改革委
董进越	全区节能工作先进个人	工业和信息化局	自治区人力资源和社会保障厅　发展改革委
王吉军	全区水利工作先进个人	水务局	自治区人社厅　水利厅
苗　刚	全区水利工作先进个人	水务局	自治区人社厅　水利厅
袁旭东	全区农业农村工作先进个人	农业农村局	自治区农业农村厅　人力资源和社会保障厅　党委农村工作领导小组
张　帅	全区农业农村工作先进个人	农业农村局	自治区农业农村厅　人力资源和社会保障厅　党委农村工作领导小组
李　琼	全区文化和旅游工作先进个人	文化旅游广电局	自治区文化和旅游厅
马　玲	全区文化和旅游工作先进个人	文化旅游广电局	自治区文化和旅游厅
周　玲	全区文化和旅游工作先进个人	文化旅游广电局	自治区文化和旅游厅
石倩倩	全区文化和旅游工作先进个人	文化旅游广电局	自治区文化和旅游厅
黄滨鹏	全区文物工作先进个人	文化旅游广电局	自治区文化和旅游厅
陈文静	宁夏好护士	卫生健康局（中医医院）	自治区文明办　卫健委
梁学红	事业单位疫情防控工作记功个人	卫生健康局（中医医院）	中卫市人社局
吴海萍	最美家庭	卫生健康局（县疾病预防控制中心）	中卫市妇联
代　超	全区医疗保障经办系统练兵比武大赛个人奖二等奖	县医疗保障局	自治区医疗保障局
汤　凤	全区医疗保障经办系统练兵比武大赛个人奖二等奖	县医疗保障局	自治区医疗保障局
田　茹	全区医疗保障经办系统练兵比武大赛个人奖二等奖	县医疗保障局	自治区医疗保障局

续表

姓　名	荣誉称号	所在单位	授奖单位
王晓燕	生态环境保护执法大练兵实战竞赛比武二等奖	中卫市生态环境局中宁分局	自治区生态环境厅　人民检察院　公安厅
	2023 年全区生态环境执法人员知识竞赛一等奖	中卫市生态环境局中宁分局	自治区生态环境厅
	2023 年度生态环境系统环保先锋	中卫市生态环境局中宁分局	自治区生态环境厅党组
胡文琴	2022 年打击危险废物等环境违法犯罪表现突出个人	中卫市生态环境局中宁分局	自治区生态环境厅　人民检察院　公安厅
王瑞华	优秀测报工作组织者	枸杞产业发展服务中心	宁夏枸杞产业发展中心　宁夏农林科学院植保研究所 枸杞科学研究所
金富军	2023 年度全区退役军人服务中心(站)优秀主任(站长)	太阳梁乡	宁夏回族自治区退役军人事务厅办公室

2023年度机关事业单位优秀等次(档次)人员名单

(1379人)

一、领导干部129人

(一)部门(单位)86人

陈晓红 万瑷珲 韩少军 刘　通 王佳晶 刘凤娟 叶廷文 严立宁 何　彤 刘雪峰
闫　伟 杜　敏 魏向明 杜跃华 詹　佳 梁文涛 张智明 孙　晶 张　钧 万浩东
寇艳萍 苏　伟 李超云 方华胜 李文霞 张桂珍 马金虎 李大军 张海琴 张奋才
光云霁 马伟平 孔　刚 李冬梅 张世瑞 张　磊 杨　朔 张永福 吴菊萍 李志远
安　君 徐文波 杨贵军 殷玉鑫 杜国安 巫尚武 黄宝军 徐　浩 黄福鹏 王金宝
姜立国 马小兵 马　萌 王维文 李志阳 巫小宁 马家忠 马　军 汪　晨 陈　静
时金涛 田西林 梁登强 张明海 康凤玲 张志涛 马　艳 胡学银 雍　华 郭　洁
刘向东 袁旭东 汪志勇 王　铭 冯学忠 黄　波 孙文龙 吴长峰 李继光 张　涛
傅月珍 祁熙涛 闫永祥 范永红 刘晓辉 白齐新

(二)乡镇37人

张　琦 尹向奎 张红香 东志波 强　凯 张谨轩 杨小花 王学胜 胡学梅 岳全福
陆　翔 王世伟 岳　洋 陆文涛 江灵萍 张根民 马　宁 黄志云 姚对强 郝洪波
李晓燕 康鹏程 温　佳 袁　博 张　磊 白雁玲 蒋　欣 邢　燕 李广东 马占仁
马　龙 杨建军 樊　蓉 张正航 杨　凡 范小宁 何　洋

(三)法院、检察院2人

田　芳 秦　红

(四)挂职干部4人

朱海阳 王亚军 石晓山 陈生华

二、职级公务员(参公人员)156人

(一)部门(单位)108人

王　萌 何　洋 张学军 柳　芳 刘倩倩 马　敏 洪　阳 朱柏楠 田进琴 张艺川
胡桂兰 李兴国 孔天意 王　旭 常　青 蒋玥君 马慧萍 郭　瑾 杨　飞 袁佳军

马海佳　潘春玲　倪　芳　李　娜　张红梅　何　方　张嘉伟　牛广成　吴　帅　张彦珍
马　玥　田奋兰　于　翔　王佳慧　田庆子　石天雨　董建勇　王传勇　陈　佳　张　超
王金萍　田　野　吴天柱　高立峰　田红梅　康升华　李　冰　康援祖　王彦春　李永庆
王喜鹏　胡宇轩　张建斌　赵自成　丁海峰　徐　磊　李步宗　黑兴兵　王广巍　马　超
王子微　杨志荣　刘丽琴　马　迪　王　晶　王菊梅　蒋经芳　陈　敏　尹晨辉　金屹清
郝振平　刘璐瑶　杨　雷　田　琳　张　芸　罗芳军　宋学君　李　洋　林德相　沈伟国
白力文　田兆军　杨惠田　赵燕游　刘晓平　杨　敏　王国生　董延安　虎　娟　门帆玲
蒋继峰　任宁生　刘　洋　周美琦　周来强　王园园　徐文森　兰　雨　李　颖　朱万霞
马学琴　兰　田　陈　瑶　黄金秀　马鸿莲　廖金鑫　毕光华　马小波

(二)乡镇 25 人

赵　鹏　孙　鹏　杜惠珍　张文泽　黄彩花　李　娜　马志龙　胡成龙　马海霞　戴　磊
张亚军　康启迪　韩　柱　杨东昌　何　梅　崔志扬　贾伟华　王海霞　徐文强　高　鑫
辛佳宁　马清俊　周进雄　马海成　马　慧

(三)法院、检察院 23 人

汪春香　陈霞旻　李　娟　李振华　王虎刚　贺　丹　陆安琪　马晓瑜　马　倩　李　媛
田　龙　周小军　蒲剑锋　王和和　苗凯凯　冯显耀　贾利君　刘　祥　姬春月　史晓红
张慧文　马倩英　冶思涵

三、事业人员优秀档次 1094 人

(一)部门单位 170 人

周文彪　王　丹　胡　悦　黄　明　蒋婷婷　郑　茹　张袁银　白　微　樊　鑫　马俊贤
黄莉惠　宋学宏　马　芳　穆苗苗　田晓宇　田彦林　李　静　张　彬　纪春莲　马　骥
杨善林　王　鑫　陈泉灵　张本仁　张　圆　孟春燕　黄巧玲　王　静　饶　琦　赵淑梅
光　鹏　李晓霞　常学浩　刘海滨　王小波　汤　凤　路　瑾　李　勇　段雪君　张学兵
腊　芳　陈　涛　刘永宏　吕方润　左艳丽　张启明　王　珊　许　琮　张　斌　陈学军
陈学文　王永艳　李进兰　陈惠文　张素琴　周爱梅　吴丽萍　张立琴　郝吉珍　付增军
虢有军　周　玲　张婷婷　黄立仙　陈婷婷　尹春兰　白　婷　罗巧巧　张晓军　王世军
吴　岳　宋晓晶　严雪卉　孙亚南　陈　萍　刘　瑞　郭贵伟　卡文婷　刘嘉轩　杜梦飞
陈　瑞　冯　杰　范如洋　武瑞杰　马尚瑞　文毓麟　田　升　冯润霞　常鹏飞　黎　涛
王立龙　姚豆豆　谢孟媛　王　燕　马丽娜　陈思杰　刘　俊　蒋正武　李　伟　杨建波
何凤朝　田海宗　张　帅　马俊祥　张菊霞　赵　婷　马　力　莫　瑞　马天文　丁　勇
马金香　韩　蕊　马嘉乐　冯　楠　张　浩　刘　春　马玉仁　王　琴　杨　欢　陈海峰
李向东　李铁力　谢富海　朱　玲　麻文安　张　骞　高　毓　毛　波　沈　茹　张淑兰

刘　萍　叶光涛　魏　伟　田　帅　伏统渊　买廷俊　苗　刚　杜继兵　王　林　王　乐
马云玲　魏晓霞　宋嘉军　刘建忠　张　东　杜　斌　刘振文　郭卫春　杨　莹　吴少华
曾　乐　包晓燕　贺田甜　冯立荣　江　莉　万佩里　陈　飞　武　林　魏浩男　李　靖
尚　英　刘建琴　罗　鹏　韩海霞　雍明清　吴全忠　潘永宁　张吉云　沈庆宁　曹向东

(二)乡镇60人

温颜芳　刘秀英　魏燕娟　马　娟　杜丽君　马泽宝　张　萍　孔智贤　王伏华　聂　军
金玉磊　黄　海　罗会红　吴晨欣　董　婷　陆　琛　马小波　席　晋　马永嘉　杨金平
马学龙　王　佳　常振娜　任金龙　贺吉成　窦直明　李兴元　杜　鹏　马　军　赵　茹
田娇燕　剡　芳　李丹萍　马　岩　赵凌霄　王志伟　吴海涛　刘　茹　杨　洁　李永梅
李皓媛　马　忠　于晓云　孙伟刚　何哲宇　余　洁　杨　玲　田治军　勉　勇　马　信
张红英　周海燕　黑　桐　马　科　王耀忠　黄佐卿　施巧巧　曾　喜　郑子凡　刘承秀

(三)教育系统658人

胡旭东　陈凤红　康玉霞　李金霞　王　瑛　乔　娜　白　叶　李　燕　门燕群　陈立志
张　慧　周　丹　陆志琴　叶　芳　宋　乐　陈静彬　刘国强　张向华　李亚陆　郭小燕
李宏伟　蔡志芳　冯　艳　马秀丽　张学萍　胡文斌　任艳霞　陈文娟　刘　恒　马　艳
张少萍　叶　惠　杨　艳　黄晓亮　孔　秀　徐学强　陈兴军　罗廷军　马晓亮　康　倩
曹竣强　于慧娟　陈继卫　席志鹏　王　聪　蒋海鸥　贺　萍　韩治国　贺吉龙　马春燕
谢　娜　李　慧　李瑾一　陈伊博　刘　彦　蒋颖香　梁丽文　李　芳　李　霞　蔺文萍
徐珊珊　曹　芳　高进财　陆　微　张少荣　严文娟　宋占凤　郑国龙　徐　辉　王　辉
田晓霞　孙维茹　马　萍　金　跃　董　玉　李　莉　王　珊　王　娟　段东琳　麦文静
赵丽蓉　刘　玲　田　娇　王　婷　滕欢欢　李小军　马　红　万世全　王德俭　孟泽山
马文华　张　菊　齐宁娜　刘　慧　魏军霞　张　祎　姬秀玲　刘　东　王源君　李晓娟
高婷婷　员宏伟　陈　倩　王清霞　金雅娟　杨　旭　李翠玲　马蕾蕾　胡晓红　彭永琰
雷　莉　祝　亮　徐学娟　张　莉　詹　娜　白　洁　曾晓玲　杜艺梅　高晓亮　韩映苗
郝东婉　胡佳祥　黄　可　李万明　刘　静　施伟思　王　虎　王　亮　杨　霞　杨　旸
赵　芳　钟亚楼　朱振伟　白海燕　白玉红　陈晓春　褚海燕　丁妍文　房　瑾　郭　琴
金振军　雷永梅　李　达　李富成　李　惠　李　娟　李婷婷　李兴华　梁　慧　刘　丹
刘　静　刘丽华　马丽花　潘　睿　沈　洁　田玲欣　田　晓　王菊林　王　莉　吴婧雯
薛　昭　杨立强　张　芬　张立明　张瑞芬　张　婷　张文君　张燕芳　张芸芸　赵星豹
周　亮　朱志强　孔　丹　叶　娜　黎少阳　杨　健　冯秀玲　杨绍荣　党成龙　黄金成
来慧彬　张　军　张　萍　张　萍　尹金兰　季东芳　白金艳　陈　霞　高菊霞　白　丽
孙　超　孙　莹　张文倩　陆　秋　冯　辉　李海红　王　波　祝欣瑜　朱淑娣　康　乐

刘晓敏　严文丽　刘晓辉　冯桂琴　金晓欣　钟　湾　李永艳　胡文娟　陆学智　耿　丹
范　蕾　刘　敬　冯继有　高青青　王　芳　刘喜军　田永兴　曹伟涛　陆晓华　李志祥
龚立宁　杜会燕　陈月霞　薛慧闻　张　平　朱金霞　葸天春　白学诚　郭晶萍　叶丽莎
宋　敏　崔丹丹　徐美玲　陈凌云　王　静　刘睿瑞　刘宛萍　黄　蕾　魏小刚　王绍文
胡统邦　王　燕　李进才　李　鹏　李适荟　李晓芸　龙玉珍　马　花　马　兰　马　琴
牛象龙　任雅雅　宋丽娟　粟婷婷　谭建宏　田　涛　万佳丽　汪　锋　王秀珍　王雅琴
魏　超　吴丽萍　许露露　杨应歧　张学利　张应东　黄海山　黄俊禄　陈广军　李　青
李瑞兰　贾　富　康金成　王　华　吴国壁　张稷凡　王文娟　李少斌　敬彦彬　何玉山
陈润妍　赵宝财　韩冬梅　刘智慧　杨学松　郭　丽　马　娟　冯　翠　贺　婧　黄　明
李凯文　李　玲　李涛云　马西梅　孟佳丽　任　颖　万学军　王改艳　王慧玲　王炜明
姚学芳　张　帅　张　阳　陈占花　陈伟琴　马　雪　李婷平　秦建涛　高海龙　李珊珊
李晓玲　李　赟　丁咏梅　郭　莉　侯志才　吴鱼鱼　冯　超　毛安军　王振喜　吴晓瑞
窦允梓　张爱娟　杨　行　赵　亮　王世军　周亚康　代亚妮　田秀花　王　翠　马　腾
马晓琴　马小燕　王景丹　李小兰　石迎霞　金彩娇　裴元信　金　昊　罗永龙　虎学凤
赵巧娟　王辰天　卢晓慧　张永慧　马金明　任玉霞　张芳玲　马　珩　吴雪亮　马　颖
曹彦德　马　瑞　周风英　邵俊宁　宋昭君　万义军　安　惠　王　春　牛　卿　焦桂香
高　帆　陈婷婷　尹耐菊　张　萍　张　锐　曹丽娜　范　洁　李鹏利　张小文　朱学文
万玉君　杨晓波　唐学芳　李　娟　曾　媛　王凤霞　尤亚楠　李晓帆　刘立荣　赵媛媛
刘　莉　吴　辉　周　玲　王　乐　康改霞　陈江林　王　英　贺玉玲　杜会娟　张晓娟
宋菊霞　叶　萍　万　娜　张晓庆　毛　芳　彭　芳　徐　媛　马　瑛　杨冬梅　孙丽银
张　霞　刘晓庆　刘亚利　张树林　李银环　刘秀丽　雍小娟　徐　佳　李　虹　刘　霞
王　冲　万慧清　黄　思　刘学英　高　娟　吴　娜　严学艳　杨　莉　田小娟　李　丹
王莉敏　王　艳　严文惠　孙　丹　光旭晶　王　芳　刘　婷　杨玉婷　赵硕芳　高　川
孙海霞　张彦智　梁蕊秀　刘　慧　张　瑞　雍　雪　丁亚萍　宋文帆　陈晶晶　刘　思
常　娟　洪淑春　杨文娟　王　波　曹小莲　戴伟蓉　马小霞　安彩云　李　洁　聂永红
胡　芸　田　娜　吴　涛　刘秋瑾　全英华　郭　辉　陈娟丽　张文艳　何春奂　霍伟伟
万晓乐　赵丽霞　马晓艳　李　欣　王光辉　徐　鑫　屠　芳　高　洁　曹海鹏　毛　楠
刘旭红　李毓秀　胡淑霞　李学霞　于立芳　马伟燕　林　静　谭占彪　袁建财　韩　静
郭　婷　孙　佳　赵　斌　谭　娜　孙晓庆　郭　辉　田立军　冯志娟　王吉文　刘向英
郝　丽　马　瑛　张　迪　赵　敏　黄　瑞　郭立华　田　彪　刘志娟　刘　慧　张丽玲
张　利　杨　姗　李尚玲　贾晓慧　倪晓玲　王志平　陆　红　杜　芳　张　圆　李亚萍
李露娟　范绍伟　刘天余　张淑荣　马　吉　范占龙　秦秀娟　李　娟　雷玲娟　何金枝

孟玉萍　杨立喜　黎晓晶　贺吉祥　王永宽　孟素娟　安晓升　白妍丽　陈婷婷　李秀佳
孙　瑞　王雪琴　杨佳伟　赵艳丽　朱亮琴　王晓燕　马金艳　胡　芳　田金秀　李文彬
李海霞　关雪娇　韩　颖　王咏梅　马国兰　张叶玲　史　转　伏淑霞　赵　丹　赫晓荣
马莹慧　朱天贞　张淑梅　肖晶晶　刘宇凯　孔　慧　高　莉　程　伟　张宏梅　吴　杰
魏志成　梁　龙　王晓燕　马玉萍　白会宁　张　晶　王　悦　吴艳艳　尤俊丽　田俊慧
李东兰　张晓霞　张　瑞　张玉柱　王　清　白玉娟　呼　鹏　罗　军　寇金国　马　娟
郑万龙　万晓旭　李莲花　尉　瑞　王国义　童　珍　张兆富　马　瑞　康永芳　孙　兵
杨小静　李　平　张　莉　杨天燕　杨　祥　洪学玲　周俊文　罗彦娇　田晓琴　虎桂兰
贺维波　田　鹏　马国文　马　剑　杨　东　张　俊　马自儒　马　露　杨　茂　金陆鹏
马　宝　姜晓宁　李海花　张佳丽　郑　楠　杨彦平　邓　华　李　慧　马晓娜　李仁和
吴汇玲　杨　海　李　衡　万福俏　余　兰　邵俊鑫　张宗琳　贾　芳　段秀娟　张永萍
徐　萍　刘艳琳　崔　萍　张蒲玲　崔小梅　潘俊毅　张　雪　肖　荣　龚文欣　闫　慧
张富德　张学东　高小波　靳伟东　李旭宏　许　谦　李枭龙　冯学明　李宏伟　王　杰
王立军　马院生　段成芳　崔海媛　李鹏飞　陈彩彬　王学超　张治福

(四)卫生系统 206 人

朱红艳　王明祥　万淑萍　徐晓彦　侯　军　李凌杰　耿钰青　康文慧　赵寿桃　张　瑞
秦亚茹　时银祥　尤　萍　陆晓燕　夏　天　田应秀　杜　鑫　窦宏涓　马　惠　范永琴
党万辉　金　宏　田存艳　马　赛　雷晓敏　刘大志　戴　冬　张　彦　梁学芳　吴　瑛
苏媛媛　杨　霞　田玉贵　冯小燕　孙发安　母养彩　刘启灵　马晓红　田小燕　戚艳艳
张玉霞　徐　苏　田广瑞　万　静　马旭龙　马　琴　马　慧　马晓荣　李　虹　严存芳
王　娟　潘　菲　巫玉琴　徐佳胤　高学斌　杨　蓉　黑　琳　谢有明　周　莉　裴　莉
杨学琴　张　晶　康波平　徐佳丽　王银全　黄海燕　马黎娟　肖飞宇　邢桃桃　张　静
李　薇　杨志坚　马秀梅　钟文强　李建文　丁立军　马　惺　贺　艳　马宗林　杨雪芹
马中华　杨　晓　周庆红　赵　娜　王雨卉　高　鑫　叶　青　王少红　李金霞　赵生忠
张存芳　李素萍　王　忠　马静宁　田占国　丁永生　郝惠琴　杨建华　赵　婷　沈振宁
晁全斌　杨自立　田　芳　白丽华　沈　萍　李　骞　白　露　王　莉　孙　红　郑　惠
李　静　魏艳琼　温艳芬　夏秀兰　张银强　沈怀宝　李　锁　薛栓宁　黄翠香　万　磊
张　慧　刘　娟　万　鹏　李明娟　黄　姣　刘升兰　贾　辉　杨庆利　马国玲　芮　杨
刘　梅　王　佳　王竹丽　杨　引　詹学国　官文娟　张小娥　朱　静　李慧颖　尉存龙
毛　静　崔　丽　王娟娟　惠　芳　刘骐华　陈　瑨　洪　霞　张　迪　沈兴龙　龚　慧
张继存　邵福平　徐晓娟　白欢欢　朱彦蓉　杨小勇　刘　娣　金振兴　冯　瑞　王梦甜
宋春阳　马玉姣　朱小军　陈　萍　王　月　梁学红　李国武　朱永红　曹永福　肖清燕

陈文静	康玉娟	孙　明	韩生福	李嘉兴	田　燕	陈启亮	陈　惠	丁金涛	吴　鹏
马　丽	刘茹浩	尤金萍	袁玉福	廖　军	高　杰	麦文燕	王　伟	周　楠	姚　亮
黄　青	万亚琼	黎学武	王燕红	马秀琴	麦丽佳	乔奇凤	贺　帆	王　涛	叶彦钊
冯小艳	马志波	武学玲	何晓燕	马玉玲	屠晓婷				

2023年度市级及以上获奖文艺作品

所属协会（单位）	姓　名	获奖作品	授奖单位
作家协会	吕振宏	散文《杞园风雨》在2023年中卫市“记住乡愁”全市文学书法美术摄影大赛中荣获文学类二等奖	中卫市文联
	李文选	诗歌《花开南长滩》在2023年中卫市“记住乡愁”全市文学书法美术摄影大赛中荣获文学类三等奖	中卫市文联
	李海潮	散文《老家的燕窝》在2023年中卫市“记住乡愁”全市文学书法美术摄影大赛中荣获文学类优秀奖	中卫市文联
	白小山	散文《那遥远的酸菜味》在2023年中卫市“记住乡愁”全市文学书法美术摄影大赛中荣获文学类优秀奖	中卫市文联
	李俊英	散文《枸杞红了》在2023年中卫市“记住乡愁”全市文学书法美术摄影大赛中荣获文学类优秀奖	中卫市文联
	杨永成	散文《黄河纤夫》在2023年中卫市“记住乡愁”全市文学书法美术摄影大赛中荣获文学类优秀奖	中卫市文联
	李淑英	论文《浅谈非物质文化遗产进校园》荣获第三届非遗进校园师生剪纸展暨教学研讨教学大会优秀论文奖	南京大学文化与自然遗产研究所
书法家协会	李文选	书法作品《廉政警句摘抄》在2023年中卫市“翰墨倡廉洁，丹青扬正气”廉洁文化书画展中荣获书法类三等奖	市纪检委、市委宣传部、市文联
		书法作品《习近平主题讲话节录》入展全区“牢记嘱托，感恩奋进”黄河流域生态保护和高质量发展先行区基层书法作品展	宁夏文联、宁夏书法家协会
		书法作品《习近平讲话摘抄》在中卫市“民族团结一家人　中华民族一家亲”书法美术摄影作品展中荣获优秀奖	市委宣传部、市委统战部、市文联
		书法作品《黑山峡水利工程》在2023年中卫市“记住乡愁”全市文学书法美术摄影大赛中荣获书法类三等奖	中卫市文联
	童　昊	书法作品在宁夏第十五届书法篆刻临摹展（网络展）荣获优秀奖	宁夏书法家协会
		书法作品《初月楼随笔》在“中国梦、劳动美——贯彻二十大、建功新时代”第三届全市职工书画展中荣获书法类优秀奖	市委宣传部、市总工会、市文联
	陈继卫	书法作品入展宁夏第十五届书法篆刻临摹展（网络展）	宁夏书法家协会
		书法作品《诗词里的祖国山河》在中卫市“民族团结一家人　中华民族一家亲”书法美术摄影作品展中荣获优秀奖	市委宣传部、市委统战部、市文联
		书法作品《中卫赋选录》在2023年中卫市“记住乡愁”全市文学书法美术摄影大赛中荣获书法类二等奖	中卫市文联
		书法作品《廉洁诗歌节选》在中卫市“翰墨倡廉洁，丹青扬正气”廉洁文化书画展中荣获书法类一等奖	市纪检委、市委宣传部、市文联
	刘　钧	书法作品《习近平反腐金句》在中卫市“翰墨倡廉洁，丹青扬正气”廉洁文化书画展中荣获书法类优秀奖	市纪检委、市委宣传部、市文联
	毛新强	书法作品《经典古语》在中卫市“翰墨倡廉洁，丹青扬正气”廉洁文化书画展中荣获书法类优秀奖	市纪检委、市委宣传部、市文联

续表

所属协会（单位）	姓名	获奖作品	授奖单位
书法家协会	董建锐	书法作品《文心雕龙（风骨卷）》在“中国梦、劳动美——贯彻二十大、建功新时代”第三届全市职工书画展中荣获书法类二等奖	市委宣传部、市总工会、市文联
		书法作品《后汉书·羊续传》在中卫市“民族团结一家人 中华民族一家亲”书法美术摄影作品展中荣获优秀奖	市委宣传部、市委统战部、市文联
		书法作品《古人诗词》荣获“翰墨扬正气，丹青绘安全”全区廉洁及安全主题书法美术摄影创作大赛优秀奖	自治区应急管理厅、宁夏文联
		书法作品《后汉书·羊续传》在2023年中卫市“记住乡愁”全市文学书法美术摄影大赛中荣获书法类二等奖	中卫市文联
美术家协会	时平太	美术作品《黑山深古黄龙游东北》在2023年中卫市“记住乡愁”全市文学书法美术摄影大赛中荣获美术类二等奖	中卫市文联
		书法作品《习近平讲话摘抄》在中卫市“民族团结一家人 中华民族一家亲”书法美术摄影作品展中荣获优秀奖	市委宣传部、市委统战部、市文联
	赵闯	美术作品《清风不染尘》在中卫市“翰墨倡廉洁，丹青扬正气”廉洁文化书画展中荣获美术类二等奖	市纪检委、市委宣传部、市文联
		美术作品《杞乡六月》在“中国梦、劳动美——贯彻二十大、建功新时代”第三届全市职工书画展中荣获美术类一等奖	市委宣传部、市总工会、市文联
	宋保鸿	美术作品《秋实》在“中国梦、劳动美——贯彻二十大、建功新时代”第三届全市职工书画展中荣获美术类三等奖	市委宣传部、市总工会、市文联
	张亚龙	美术作品《大河缘》在“中国梦、劳动美——贯彻二十大、建功新时代”第三届全市职工书画展中荣获美术类三等奖	市委宣传部、市总工会、市文联
	朱莉	美术作品《记住乡愁》在2023年中卫市“记住乡愁”全市文学书法美术摄影大赛中荣获美术类优秀奖	中卫市文联
摄影家协会	刘庆	摄影作品《南长滩梨园》在2023年中卫市“记住乡愁”全市文学书法美术摄影大赛中荣获摄影类优秀奖	中卫市文联
	朱新良	摄影作品《治沙巾帼》入选宁夏第十一届摄影艺术展览	宁夏文联 宁夏摄影家协会
文艺评论家协会	张建萍	剧本《奇妙的复仇联盟》荣获“金画眉”优秀原创儿童剧本优秀剧本奖	中国戏剧出版社有限公司 中国儿童文学研究会儿童居委会

2023 年度在市级及以上刊物发表的文学作品

所属协会(单位)	作者姓名	发表作品	发表刊物
作家协会	吕振宏	散文《杞园风语》	《沙坡头》2023 年第 6 期
	俞雪峰	散文《和草木说话》	《金沙江文艺》2023 年第 6 期
		诗歌《河边一棵老榆树(外二首)》	《辽宁诗界》秋之卷第 45 期
	秦中全	小说《杞乡花开》	《沙坡头》2023 年第 3 期
	朱 敏	小说《河渡》	《朔方》2023 年第 7 期
		小说《过事》	《沙坡头》2023 年第 1 期
		小说《小贵的故事》	《骏马》2023 年第 3 期
		小说《老穆》	《延河》2023 年第 7 期
		小说《锁头记》	《朔方》2023 年第 11 期
		小说《劳务市场》	《沙坡头》2023 年第 6 期
	李海潮	散文《石空乡村咏叹调》	《沙坡头》2023 年第 3 期
	骆少卿	小说《荻花飞雪》	《沙坡头》2023 年第 2 期
		小说《幸福桥》	《沙坡头》2023 年第 6 期
	夏丽丽	散文《 一座城和一个时代》	《吴忠文学》2023 年第 3 期
	王学琴	散文《山里头的烟囱》	《沙坡头》2023 年第 3 期
		小说《往事不必再提》	《吴忠文学》2023 年第 2 期
	熊 轲	古诗词《春语(组诗)》	《诗刊》2023 年第 16 期
		古诗词《春月登山(组诗)》	《中华诗词》2023 年第 3 期
		古诗词《别乡》	《老年人》2023 年第 5 期
	金 东	诗歌《再见》(组诗)	《吴忠文学》2023 年第 2 期
	李文选	诗歌《无解》(外二首)	《沙坡头》2023 年第 3 期
		诗歌《人与自然》(外二首)	《吴忠文学》2023 年第 2 期
		诗歌《花开南长滩》(组诗)	《沙坡头》2023 年第 6 期
	李富成	小说《山地回忆》	《吴忠文学》2023 年第 2 期
	田 静	小说《守灯人》	《吴忠文学 2023 年》第 2 期

附　录

以高质量发展谱写中国式现代化中宁篇章

——在中共中宁县第十五届委员会第七次全体会议上的报告

（2023 年 12 月 14 日）

中宁县委书记　何建勃

同志们：

现在，我受县委常委会委托，向全会报告工作，请予审议。

2023 年工作回顾

即将过去的 2023 年，是三年新冠疫情防控转段后经济恢复发展的一年，也是中宁克难奋进、收获颇丰的一年。县委常委会坚持以习近平新时代中国特色社会主义思想为指导，认真学习贯彻党的二十大和习近平总书记视察宁夏重要讲话和重要指示批示精神，全面落实区、市党委部署要求，坚持稳中求进工作总基调，完整、准确、全面贯彻新发展理念，统筹发展和安全、发展和环保、发展和民生，真抓实干、锐意进取，扎实推进中国式现代化实践，加快建设“六个示范县”，经济社会稳步发展，较好地完成了年度目标任务。

一年来，我们旗帜鲜明讲政治、深思细悟学思想，党的建设全面加强。始终把政治建设摆在首位，扎实开展学习贯彻习近平新时代中国特色社会主义思想主题教育，实实在在抓好理论学习和调查研究，实实在在检视整改突出问题，实实在在办好惠民利民实事，用实干增进干群关系，用发展取信城乡百姓。充分发挥县委总揽全局、协调各方的作用，召开县委全会2次、常委会会议47次，力促党中央和区、市党委各项决策部署落地生根。深化“一抓两整”示范县乡创建，区域党建共同体、电商产业党建联盟等经验做法在全区推广。推行全过程人民民主，支持人大及其常委会依法履职、政协参政议政，加强党对群团工作的领导，青年发展型县域加快建设，安定团结的政治局面进一步巩固。加强领导干部权力制约和监督，建成一把手和领导班子数字化监督平台，扎实开展乡村振兴、“靠企吃企” 等领域专项整治，深入开展“改作风，谋发展，争先进”专项行动，党员干部作风改进，政治生态风清气正。自觉接受自治区党委第一巡视组政治体检，深入查找问题、突出立行立改，以巡促改、以巡促建、以巡促治取得新成效。

一年来，我们不遗余力抓改革、全力以赴保增长，经济发展增势强劲。大力推进“六权”改革，提升擦亮“六权”改革交易专区，实施国家、自治区和县级试点改革16项，天元发电纳入全国碳排放权交易市场，成功创建全国集体经营性建设用地入市改革试点县。倾力推进科技创新“四大工程”，新增国家高新技术企业6家、自治区“专精特新”和创新型企业18家，荣列首批自治区创新型县(区)。2022年全社会R&D经费投入2.5亿元，同比增长132.4%。全力开展争项目、争资金、争示范和招商引资、招才引智活动，完成固定资产投资68亿元，增长10%。出台市场主体梯度培育等“一揽子”政策，经济活力持续释放，主要指标大幅攀升，预计全年实现地区生产总值227亿元，增长10%；规上工业增加值、地方财政收入、社会消费品零售总额分别增长28%、3%、2%；城乡居民人均可支配收入分别达到35600元和17790元，增长6.0%和7.6%，经济发展实现由跟跑、并跑到领跑的亮丽转身。

一年来，我们因势利导调结构、千方百计促升级，产业发展明显加快。紧扣工业扩规升级，推进“四大改造”，实施重点工业项目33个、技改项目26个，和光方硅芯、铭岛再生铝等一批延链补链项目建成投产，宁电入湘、佳洋光伏等重点项目加快建设，宁创科技获评自治区“链主”企业，工业经济增长稳居全区第一方阵。狠抓农业提质增效，实施枸杞产业“六大工程”和“四大体系”建设，新植改造枸杞3.1万亩，综合产值达140亿元，区域公用品牌价值升至198亿元，入列自治区首批农业科技园，中宁枸杞成为杭州亚运会官方指定产品，作为国礼赠送访华外国领导人。严格落实“藏粮于地，藏粮于技”，新建高标准农田6.2万亩，粮食产量稳定在30万吨以上。顺利通过国家现代化农业产业园创建绩效中期评估，成功创建全区农业绿色发展先行区综合示范县。聚焦服务业扩容增量，华夏物流铁路专用线建成投运，打造自治区级电商直播示范基地2个，电商交易额突破百亿。做强“杞程中宁”文旅品牌，加快大漠拉生态旅游区等项目建设，石空镇太平村入选2023年中国美丽休闲乡村。

一年来，我们精准发力补短板、持之以恒惠民生，群众福祉持续增进。巩固拓展脱贫攻坚成果同乡村振兴有效衔接，健全完善防返贫监测帮扶机制，完成投资2.7亿元，实施衔接项目83个，脱贫地区基础设施不断完善、特色产业稳步发展，"三类对象"收入持续增长。扎实开展"六大提升行动"，新(改、扩)建中小学、幼儿园6所，宽口井九年制学校通过教育部"互联网+教育"评估验收，大战场中学跻身全区数字化试点学校。不断深化公立医院改革，新建重症监护室、血液透析室等重点专科，获评自治区全民健康水平提升健康县，顺利通过国家卫生县复审。全面发展文体事业，承办自治区十六运部分赛事，荣获金牌20块。《山水间的家》全景展示中宁枸杞系列产品，中华杞乡闪亮出镜，全网点击量首破8000万次。深入开展创城固卫行动，提升城市现代化治理水平，改造棚户区400套、老旧小区41个，铺设雨污分流管网14.3公里，新建改建农村公路238公里，城乡面貌明显改观。

一年来，我们同频共振防风险、凝心聚力保稳定，安全防线有效巩固。围绕自治区党委十三届四次全会"1+37+8"系列文件和"防、查、改、教、强、技、制、督、调、究"各项任务，细化防控措施，压茬推进落实，燃气安全三件套安装、电动车上牌、防护栏改建等重点任务全面完成。常态化开展党员干部和企业职工安全生产大学习、大培训，持续提升安全意识、应急能力和规范化操作水平。扎实开展重大事故隐患专项排查整治、安全生产大起底大排查大整治等专项行动，整治隐患2.1万余条，全县安全形势稳定向好。持续加强和改进信访工作，化解信访矛盾376件、信访积案27件；深入开展反诈宣传，立案数和财损数同比下降24.4%和10.8%；深化非法集资"清积攻坚"行动，侦办案件12起、兑付集资款额1.4亿元，余丁乡黄羊村入选第三批全国乡村治理示范村，平安中宁建设稳步推进。打造铸牢中华民族共同体意识示范点56个，创建全区民族团结进步示范区示范单位4个、模范集体2个，全国民族团结进步示范县创建持续巩固。

一年来，我们追本溯源强治理、奋楫争先优环境，生态面貌日益改善。聚焦自治区党委十三届五次全会"1+4"系列文件，查摆问题、压实责任、明确时限、加强督导，推动全会部署落地落实。坚持"四尘同治""五水共治""六废联治"，实施空气质量精细化监管、农村生活污水处理、再生水高效回用等重点项目，县域环境质量总体稳定。坚持山水林田湖草沙一体保护和系统治理，大力推进水系连通及水美乡村建设、清水河中宁段防洪治理、国省主干道绿化改造、中部防沙治沙等工程，完成国土绿化营造林3.4万亩，治理修复废弃矿山498处。坚决扛起督察整改政治责任，中央、自治区环保督察反馈问题有序整改。

艰难困苦、玉汝于成。一年来，全县上下积极应对各种风险挑战，勇于担当各项艰巨任务，广大党员干部心无旁骛干事业、意气风发争先进，黄河流域生态保护和高质量发展先行区建设阔步前行，"六个示范县"建设进展明显，全县经济社会在高质量发展征程上迈出了坚实步伐。这些成绩的取得，根本在于习近平新时代中国特色社会主义思想的正确指引。得益于区、市党委的坚强领导和县人大、政府、政协同心同德、和衷共济、躬身实践；得益于各级党组织、广大党员干部同甘共苦、履职尽责、勇毅拼搏；得益于全县人民群众同向同行、支持拥护、积极奉献；得益于各民主党派、群团组织和社会各界人士同频同步、广泛参与、开拓进取，凝聚了全县上下的智慧和力量，倾注了各行各业的心血和汗水。在此，我代表县委，向全县广大党员干部群众，向所有参与、支持和关心中宁发展进步的同志们、朋友们，表示衷心的感谢和崇高的敬意！

于高山之巅，方见大河奔涌；于险峰之上，更觉长风浩荡。回顾过去的一年，我们有爬坡过坎之难、闯关夺隘之艰，更有夙兴夜寐之勤、破浪扬帆之举。我们深切体会到：推动中宁经济社会高质量发展，必须永葆对党忠诚的政治本色，严守政治纪律、政治规矩，不折不扣贯彻落实党中央决策部署和区、市党委工作要求，不断提高政治判断力、政治领悟力、政治执行力。必须牢记为民服务的根本宗旨，竭尽全力解民忧办实事，竭尽所能守红线兜底线，让群众获得感更加充实、幸福感更可持续、安全感更有保障。必须树牢精诚团结的大局观念，坚持分工不分家、补位不缺位，持续落实重点产业、重点项目、重点工作包抓机制，形成一心一意谋发展、全心全意干事业的良好氛围。必须发扬真抓实干的奋斗精神，大力弘扬争先创优工作作风，在一线发现问题，在基层化解矛盾，以再出发的心态、冲锋者的姿态、加油干的状态，奋发有为，克难前行。必须胸怀敢为人先的创新理念，不断探索破解难题的新方法、推动发展的新举措、赶超跨越的新路径，打破思想藩篱，增强实干本领，准确识变、科学应变、主动求变，推动各项事业破题发展。

奋进新征程、走好赶考路，必须正视问题、克服困难。一是面对高质量发展要求，经济结构还不够优，产业规模还不够大，运行效益还不够高。二是面对群众美好期盼，基础设施功能还不够完善，公共服务还存有较多短板。三是面对现代化治理重任，基层干部治理能力和治理水平还需提升。对于这些矛盾和问题，我们必须高度重视，在今后工作中认真加以解决。

2024 年目标任务

2024 年是全面贯彻落实党的二十大精神的关键之年，是深入实施“十四五”规划的攻坚之年，更是全县乘势而上、夺取更大胜利的重要一年。做好各项工作，总的指导思想是：坚持以习近平新时代中国特色社会主义思想为指导，全面贯彻党的二十大和中央经济工作会议精神，深入落实习近平总书记考察宁夏重要讲话和重要指示批示精神，按照党中央决策部署和区、市党委工作要求，以铸牢中华民族共同体意识为主线，坚持稳中求进工作总基调，完整、准确、全面贯彻新发展理念，积极服务和融入新发展格局，紧紧围绕高质量发展首要任务，统筹扩大内需和深化供给侧结构性改革，统筹新型城镇化和乡村全面振兴，统筹高质量发展和高水平安全，统筹高质量发展和高颜值生态，统筹高质量发展和高品质生活，坚持改革创新，提振市场信心，加快形成新质生产力，科学策应和防范化解重大风险，推动经济运行实现质的有效提升和量的合理增长，奋力谱写中国式现代化发展中宁篇章。

主要预期目标是：地区生产总值增长 7%左右，规上工业增加值增长 10%以上，固定资产投资增长 10%左右，地方一般公共预算收入增长3%，社会消费品零售总额恢复增长，城乡居民收入分别增长7%和9%左右，严格节能减排治污，全力治荒植绿净水，持续改善环境质量。

当前，我县正处于结构转型的关键期、改革开放的加速期、高质量发展的换挡期，前有标兵全速前行，后有追兵提速追赶。区、市党委对中宁发展寄予厚望，全县人民对中宁发展满怀期望。激励我们乘风破浪、迎难而上，必须鼓足争先晋位的勇气、保持昂扬奋进的姿态、树牢真抓实干的作风、拿出务实管用的举措，锐意进取，奋楫争先，全面谱写中国式现代化发展中宁篇章。

（一）优化产业布局，以扩规提质支撑高质量发展。坚持走产业高端化、智能化、绿色化发展道路，改造提升传统产业、加快培育新兴产业、大力发展第三产业，做优存量、做大增量、培育新量，探索结构更优、质量更高、效益更好的产业发展新路径。

推动“六新”产业集群发展。围绕锰基、铝基、硅基等新材料产业，加快实施天元锰基锂电材料、宁创再生铝等项目建设，持续推动延链补链、强链壮链。加快实施“四大改造”，鼓励企业“智改数转”，支持华夏特钢碎锰重熔等技改项目建设，引导铭岛、玺赞等企业引进数智化生产系统，实现生产制造智能管控，进一步降本增效、提能升级。抢抓自治区创建国家新能源综合示范区机遇，引进培育新能源发电、储能设备生产等企业，加快宁电入湘换流站及大唐、三峡新能源发电项目建设，推动杞乡750千伏开关站、明阳智慧产业园建成投运，持续壮大新能源产业集群。紧扣新质生产力，积极培育未来产业，加快推动爱特云翔智慧园区投入使用，全面融入“云天中卫”产业布局。

助力“六特”产业提质增效。深入实施枸杞产业“六大工程”，新植改造枸杞2万亩，支持龙头企业加强与正山堂、东阿阿胶等知名企业合作，引导企业入驻枸杞高新技术示范园，实施枸杞红茶全产业链等精深加工项目，扩建产线、增加产能，推动创新发展。完善国家级中宁枸杞市场功能，实现现货挂牌、竞价交易、专场营销、产能预售。坚持精准营销，高质量举办枸杞产业博览会，高标准建设“中宁枸杞”一杞生活馆，持续提升“中宁枸杞”品牌影响力，力争综合产值突破150亿元。坚决扛起粮食安全责任，牢牢守住耕地红线，耕地保有量稳定在115万亩，粮食作物保持在53万亩，新建改造高标准农田4.3万亩以上。围绕构建现代农业“三大体系”，加快实施国家现代农业产业园、现代高效节水等18个农业项目建设，夯实农业发展基础。

加快“六优”产业提档升级。提升生产性和生活性服务水平，力促嘉里宁夏陆港建成运营，全力打造大宗商品仓储物流中心和宁夏中部快递物流分拨中心。开展县域商业体系建设行动，加快乡镇商贸中心建设改造，打造县城特色美食街区，开展促消费系列活动，提振消费信心，拉动消费增长。加快推进电商发展，探索“电商＋产业”融合发展新模式，大力培育农产品网货品牌，力争农产品网络零售额突破50亿元。以全域旅游示范县创建为抓手，加快推进永寿堂康养中心、黄羊古落大漠拉生态旅游区等项目建设，打造一批文旅新地标，擦亮“中华杞乡 康养中宁”城市品牌。支持家政企业品牌化、连锁化、平台化，积极融入智慧社区、养老托育等领域，催生新兴业态，做大做优现代服务业。

（二）坚持创新驱动，以全面开放推动高质量发展。坚持以改革增动力、以创新添活力、以开放聚魅力，不断探新路、破难题、增后劲，激活经济发展“一池春水”。

用好改革关键一招。深入开展“全面深化改革提升年”活动，探索首创性改革，推广示范性引领。在“六权”改革上持续发力，推动确权交易，拓展融资贷款，激发市场活力，加快要素价值发现和转化增值，推动以水换钱、以地换金、以污换财、以林换利、以碳换汇取得明显进展。在重点改革上创新突破，扶持壮大民营经济，提升国有企业经济效益，创新城市管理机制，深化农村和供销合作社综合改革，优化养老机构资源配置，提升基层治理水平，推动政务服务“就近办”，优化营商环境。在试点改革上奋勇争先，完成国家电子商务进农村综合示范项目，推广农村集体土地入市、农业社会化服务及生产、供销、信用“三位一体”综合改革创新试点经验，全面提升改革质效。

走好开放必由之路。打造开放层次更高、营商环境更优、辐射作用更强的对外开放新高地。扎实开展“争项目、争资金、争示范”和“招商引资，招才引智”活动，围绕枸杞、新材料、新能源等主导产业，聚焦重点区域意向投资企业，主动出击、积极对接，精心谋划、吸引投资。完善重点招商项目包抓机制，推动长安铝业固废处理、国富瑞算力中心等在谈项目尽快落地，力争招商引资到位资金突破75亿元。紧跟中央和自治区政策导向、投资趋向，谋划实施一批乡村振兴、民生改善、安全生产、生态环保、基层治理项目，落实上级资金50亿元。鼓励外贸进出口企业“走出去”，开拓市场，抢抓订单，扩大枸杞等大宗商品出口，外贸出口额增长8%以上。

激活创新第一动力。深入实施创新驱动发展战略，加强企业科研指导服务，加大科技型企业梯次培育，加快自治区创新型县和科技园区建设步伐，鼓励支持企业争创国家高新技术企业、自治区创新型示范企业，不断壮大科技型企业集群，全社会R&D经费投入稳定增长。围绕产业链布局创新链，鼓励今飞、杞滋堂等企业联合高校、科研院所组建创新联合体。围绕特色产业开展科研攻关，支持传统产业加快应用先进实用技术，积极创建自治区技术创新中心，塑造产业发展新优势。坚持自主育才、靶向引才，以“人才+产业”“人才+项目”推动创新链、产业链、人才链有效融合，为县域发展厚植创新根基。

激发民营经济活力。持续开展“问需于企，助企纾困”活动，动态梳理企业发展中的难点、痛点和堵点，开展涉企收费专项治理，点穴式解决制约发展的突出矛盾，清单式兑现支持民营经济的相关政策，营造亲商近商、安商稳商的发展环境，力争市场主体达到2.8万家。密切政银企关系，搭建投融资平台，鼓励金融机构创新金融产品、优化审批流程，引导金融资本向民营经济汇集，有效缓解企业资金短缺压力。加快实施“育龙计划”“小升规、个转企”行动，完善孵化培育、扶持壮大机制，年内新增10亿元级企业1家、亿元级企业3家，打造高质量发展新引擎。

（三）突出生态优先，以绿色环保助力高质量发展。牢固树立绿水青山就是金山银山理念，协同推进降碳、减污、扩绿、增长，让绿色成为中宁发展的鲜明底色。

加快绿色低碳转型。紧盯“双碳”“双控”目标，改造提升高耗低效产业，加快“绿电园区”创建步伐，实施瀛海天祥水泥熟料生产线置换、华夏特钢废渣制酸等技改项目，大力运用绿色高新技术，构建循环经济发展体系，发展节能降耗环保产业。严格落实“四水四定”原则，实施农业节水增效、工业节水减排、城镇节水降损，加快建设节水型社会。深入践行绿色生活方式，培育绿色消费，鼓励绿色出行，加快推进生活方式低碳化。

加大环境综合治理。持续打好“蓝天碧水净土”三大保卫战，严格落实环境信用评价制度，强化执法监管，严厉打击各类污染防治设施不正常运行、监测数据造假等违法行为。坚持“四尘同治”，实施重污染天气消除、臭氧污染防治行动，加大工业粉尘、建筑扬尘治理，确保空气优良天数比例达到79%。紧扣“五水共治”，大力实施美丽河湖建设、城镇污水处理提质增效等行动，实施第三污水处理厂技改、城区再生水管网联通项目，推动重点河湖水质持续改善。突出“六废联治”，实施土壤污染防治行动计划，加强化肥农药、畜禽养殖、危废固废等重点土壤污染源监管，切实保障土壤安全。

巩固生态保护屏障。坚持山水林田湖草沙系统治理，紧盯黄河、天湖等重点河湖湿地，接续实施堤岸建设、防洪治理、生态修复等工程，全力打造生态宜居宜业示范县。抢抓三北防护林工程六期建设机遇，坚持宜林则林、宜草则草、宜荒则荒，推进“几字弯”防沙治沙项目，植绿增绿4.4万亩。推广应用“光伏+”治沙模式，遏制土地沙化，防止水土流失，全力争创国家园林城市。加快中央环保督察反馈问题整改，加大废弃矿山治理修复力度，推动环境质量持续改善。

（四）聚焦城乡融合，以共建共享促进高质量发展。围绕建设宜居宜业示范县，加强基础设施建设和公共服务供给，推动城乡建设结构再优化、功能再完善、品质再提升。

全面推进乡村振兴。严格落实“四个不摘”要求，加强防返贫动态监测帮扶，切实守住不发生规模性返贫底线。学习运用“千万工程”经验，加快乡村振兴示范基地建设，因地制宜谋划实施一批联农带农、成效突出的产业项目，确保中央衔接资金用于产业发展占比达到65%。鼓励支持就业帮扶车间、大型种养基地广泛吸纳就业，扎实推进以工代赈，加大培育农村劳务经纪人，拓宽群众就业渠道。加快大战场镇、太阳梁乡移民致富提升示范乡镇建设，补齐基础设施短板，解决户口迁移、就学就医等问题，提升公共服务质量水平。

加快完善基础设施。推进以县城为重要载体的城镇化建设，加快雨污分流、老旧燃气管网改造和消防供水等项目建设，合理布局健身步道、停车充电等便民设施，不断提高城市承载能力和公共化服务水平。改造老旧小区11个，盘活公租房资源，满足市民住房需求。实施水系连通及水美乡村、农村生活污水治理等项目，新改建农村公路310公里，加快推进农村地区清洁取暖。创建自治区级人居环境整治示范县，争创示范乡镇3个、示范村5个。

着力提升城市品质。坚持城区、社区协同治理，推进道路疏堵提畅、管线改造升级、功能拓展延伸、环境亮化美化，打造共建共治、共享共融的亮丽杞乡。引导居民小区“拆墙合院，拆小并大”改造，推广居民自管、社区托管、物业代管模式，提升管理治理能力水平。优化生产、生活、生态布局，因地制宜建设小微公园、便民市场、特色商区、完整社区等，着力打造15分钟生活圈，提升便民化、宜居化、智能化、规范化水平，增强人民群众认同感、归属感、幸福感。

（五）增进民生福祉，以幸福指数彰显高质量发展。坚持人民至上，扎实开展“六大提升行动”，在幼有所育、学有所教、劳有所得、病有所医、老有所养、住有所居、弱有所扶上持续用力，不断提升群众幸福指数。

抓好就业第一民生。紧盯应届大学生、退役军人、农民工等重点群体，实施就业促进计划，确保全年新增城镇就业5000人以上，农村劳动力转移就业7万人以上。强化就业兜底保障，加大公益性岗位开发力度。开展养老、育儿、家政等各类职业技能培训，加快培养技能型人才。规范劳动用工管理，畅通群众诉求表达、权益保障渠道，坚决打击欠薪行为，构建和谐劳动关系。大力实施公共就业服务提升示范项目，常态化开展“就业援助月”等公共就业服务活动，带动就业2万人次以上。

推动教育优质均衡。深入开展教育质量提升行动，巩固拓展教育集团化办学模式，引导优质教育资源向薄弱学校倾斜，带动教学教研水平均衡提升。加快实施中宁四小综合楼、北滩完小教学楼等项目，持续改善办学条件，确保顺利通过国家义务教育优质均衡县评估验收。完善幼小衔接、协同育人机制，加强园长培训和指导，提升保育教育质量。深化职业教育产教融合、校企合作，因地制宜设置农产品加工、贮藏等特色专业，引入优势企业共建实训基地，提升职业教育水平，助力杞乡经济发展。

加快健康中宁建设。加快紧密型县域医共体改革步伐，统筹推进医药、医保、医疗“三医协同”，实施市级重点专科能力提升、疾控中心等项目，拓展基层医疗卫生机构服务功能，不断提升县域综合医疗卫生服务水平。健全县、乡、村三级中医药服务网络体系，推广中医药适宜技术，充分发挥中医独特优势。巩固国家卫生县创建成果，扎实推进健康中宁16项行动，持续提升居民健康素养。

提高社会保障水平。加快完善“1+N”梯度救助体系，积极争取社会救助资金，推动低保覆盖范围持续扩大。推进全民参保计划，实现应保尽保。推行公办养老服务机构改革，建成一批县级乡镇综合养老服务中心、社区养老服务站、乐龄大学和未成年人救助保护中心，着力提升“一老一小”民生保障品质。

提升全民文明素养。深入推进文明城市创建，大力弘扬社会主义核心价值观，深化爱国主义、集体主义、社会主义教育，全面推进社会公德、职业道德、家庭美德、个人品德建设。加快文化信息资源共享等重点惠民工程建设，规划建设文化长廊、非遗工坊、新型公共文化空间，推动文化服务向基层拓展。加强非遗文化传承和历史文物保护，深度挖掘双龙山石窟、明长城遗址、胜金关大捷等历史文化，以文物数字化、实景化展示讲好中宁文化故事。

推进民族团结进步。持续开展民族团结进步“八进”活动，不断推进中华民族共有精神家园建设。紧扣“555”创建思路，深化“铸牢中华民族共同体意识创建 +”模式，创建国家和自治区民族团结进步示范单位 5 个、各类示范点 60 个。依法治理民族事务，提升治理体系和治理能力现代化水平，推动各族群众共同团结奋斗、共同繁荣发展。

（六）巩固安全防线，以和谐稳定护航高质量发展。牢固树立安全发展理念，增强忧患意识、风险意识，有效防范化解重大风险，保持社会大局和谐稳定。

守住安全生产底线。按照自治区党委“深、准、狠”总要求，全面落实“十字任务”。纵深开展安全生产风险隐患专项排查整治，严格履行安全生产“四方责任”和“三管三必须”工作要求，全力加强防汛减灾、道路交通、燃气消防、建筑施工等重点领域隐患排查整治，坚决遏制重大事故发生。常态长效开展党员干部、企业职工、城乡居民安全宣传和教育培训，提高安全防范能力和操作技能，实现人人讲安全、个个会应急，维护安全生产形势稳定向好的局面。

防范化解重大风险。落实总体国家安全观，做到防范在先、发现在早、处置在小，坚决捍卫国家政治安全。科学防范化解财政风险，完善税收征管机制，盘活财政存量资金，突出开源节流，严格落实“一揽子”化债计划，切实化解存量债务，确保政府债务总量只减不增、风险可控。严厉打击非法金融活动，完善风险监测预警机制，加强公检法司协调联动，维护群众合法权益。

加快平安中宁建设。坚持和发展新时代“枫桥经验”，加大村居邻里、婚恋家庭、集资融资等领域矛盾纠纷排查化解，创造美丽和谐新生活。深入开展信访工作法治化试点，推动形成依法理性表达诉求、规范信访行为、维护合法权益、解决信访问题的良好局面。加强社会治安防控体系建设，重点单位“三防”建设视频覆盖率达到 100%。强化食品药品安全监管，加快创建国家食品安全示范城市。

全面加强党的建设

实现目标关键在党、核心在人。牢牢把握新时代党的建设总要求，坚持党要管党、全面从严治党，以过硬的政治素质、高强的成事本领、务实的责任担当，为实现各项目标任务提供坚强有力的组织保障。

加强政治建设，铸牢绝对忠诚的政治品格。巩固深化学习贯彻习近平新时代中国特色社会主义思想主题教育成果，深入开展党的二十大精神和习近平总书记视察宁夏重要讲话和重要指示批示精神“大学习、大讨论、大宣传、大实践”活动，不断增强“四个意识”，坚定“四个自信”，做到“两个维护”，以实际行动捍卫“两个确立”。加强党的全面领导，支持人大依法监督、政协参政议政，加强和改进党的群团工作，巩固和发展最广泛的爱国统一战线。扎实推进自治区党委巡视反馈问题整改，科学运用巡视整改成果，推进源头治理，促进标本兼治。

聚焦思想建设，坚定矢志不渝的理想信念。落实“第一议题”制度，深入学习贯彻习近平新时代中国特色社会主义思想和习近平总书记视察宁夏重要讲话和重要指示批示精神，做到“必读篇”一项不落、“宁夏篇”常学常新、“最新篇”及时跟进。认真贯彻习近平文化思想，全面加强和改进意识形态工作，发挥“杞乡发展论坛”作用，加强主流舆论引导，营造良好舆论环境。

强化组织建设，打造坚强有力的战斗堡垒。以“书记领办基层党建项目”为抓手，深入实施基层党组织建设提质增效工程，持续深化“一抓两整”示范县乡创建，着力构建“一社区一品牌一示范”工作格局，强化“五型”模范机关建设，加快推进新兴领域党建工作，实现党的工作全覆盖、党的领导再加强。推进青年发展型县域建设，让中宁对青年更友好、青年在中宁更有为。认真落实新时代好干部标准，统筹干部培育选用管理激励全链条，实施优秀年轻干部“铸魂、赋能、严纪、塑型”工程，着力建设堪当民族复兴重任的高素质干部队伍。

抓实作风建设，保持争先创优的奋进姿态。持续开展“改作风，谋发展，争先进”专项行动，坚决整治不担当、不作为、推脱绕、假大空等问题，根治形式主义、官僚主义等作风顽疾，引导广大党员干部持续改进作风，不折不扣抓落实、雷厉风行抓落实、求真务实抓落实、敢作善为抓落实。建立“红黑榜”，定期“晒比促”，鼓励各级干部争先晋位、提升效能，形成人人都在重实干、人人都是实干家的良好氛围。

深化廉政建设，营造风清气正的政治生态。一体推进“三不腐”，加大对一把手和领导班子及重点领域、重要岗位、关键环节监督，加强巡察审计监督，深化运用监督执纪“四种形态”，严肃查处违纪违法问题和群众身边的“微腐败”现象，加强党员干部日常监督管理，抓在日常、严在平常、管在经常。推进新时代廉洁文化建设，深化家庭家教家风建设，发挥“杞乡清风”展厅、廉洁文化广场等示范点作用，增强各级干部廉洁干事、廉洁用权、廉洁修身意识，不断厚植崇德尚廉的文化土壤。

同志们，只有干出的精彩，没有等来的辉煌。让我们更加紧密地团结在以习近平同志为核心的党中央周围，坚持以习近平新时代中国特色社会主义思想为指引，在区、市党委的坚强领导下，坚定信心、开拓奋进，奋力谱写中国式现代化发展中宁篇章！

中宁县人大常委会工作报告

——在中宁县第十八届人民代表大会第三次会议上

（2023 年 12 月 21 日）

中宁县人大常委会主任　巫　磊

各位代表：

我受县第十八届人民代表大会常务委员会的委托，向大会报告工作，请予审议，并请列席人员提出意见。

2023 年工作回顾

2023 年是全面贯彻党的二十大精神的开局之年，是实施“十四五”规划承上启下的关键一年。一年来，在县委的坚强领导下，县人大常委会坚持以习近平新时代中国特色社会主义思想为指导，坚决贯彻落实中央和区市县党委人大工作会议精神，聚焦经济高质量发展、聚力县域社会治理现代化、聚合全县人民对美好生活的向往，深入践行全过程人民民主，切实履行宪法法律赋予的职责，着力加强“四个机关”建设，圆满完成了年度各项目标任务。一年来，共举行常委会会议 7 次，召开主任会议 13 次，听取和审议“一府一委两院”专项工作报告 24 项，组织视察、调研、执法检查和工作评议活动 18 次，开展专题询问 1 次，做出决议决定 25 件，形成审议意见 7 份、评议意见 4 份、执法检查报告 3 份。

一、维护核心，在对党忠诚上坚定政治方向

常委会坚守政治机关的首要定位不动摇，坚持党的领导、党的理论、党的部署，把牢人大工作正确政治方向。

（一）持续加强理论武装，凝心铸魂更加自觉。坚持政治学习“第一议题”制度，把深学细悟笃行习近平新时代中国特色社会主义思想作为首要政治任务，把学习贯彻习近平法治思想、习近平总书记关于坚持和完善人民代表大会制度的重要思想作为“必修课”，对习近平总书记重要讲话和重要指示批示精神第一时间学习领会、中央重要会议精神第一时间传达贯彻、区市县党委重要决策部署第一时间研究落实，从根本上保证常委会工作始终沿着正确的政治方向前进。扎实开展学习贯彻习近平新时代中国特色社会主义思想主题教育，持续推进“大学习、大讨论、大宣传、大实践”活动，通过“书记讲、支部学、工委谈、青年说”等学习模式，开展各类学习 87 次，研讨交流 12 次，深刻领悟“两个确立”的决定性意义，坚决做到“两个维护”。

（二）自觉服从党的领导，对标对表更加主动。全面贯彻落实中央和区市县党委人大工作会议精神，协助县委出台《关于新时代坚持和完善人民代表大会制度 加强和改进人大工作的实施意见》，明确5个方面21项具体举措，为我县做好新时代人大工作提供了制度保障。坚持党的领导这一最高政治原则，严格执行请示报告制度，做到重大事项事前向县委请示、主动向县委汇报，积极争取县委支持，全年共向县委请示报告工作10次。坚持党管干部原则与人大依法任免有机统一，全面落实任前法律知识考试、供职承诺、宪法宣誓等制度，不断规范人事任免程序，全年共任免国家机关工作人员67人次。

（三）坚决贯彻县委决策，服务大局更加务实。坚持与县委工作同心同向，做到县委有部署人大有行动，在县委决策中有人大智慧，在高质量发展中有人大贡献。认真落实县级领导包抓乡镇、村（社区）和全县重点工作机制，积极参与乡村振兴、重点项目建设、安全生产、生态环境保护等中心工作，全力推动县委各项决策部署落地落实。常委会坚持统筹发展和安全，认真贯彻区市县党委全会精神，闻令而动、全力响应，三级人大联动，四级代表参与，组成7个执法检查组，分两个阶段，深入全县12个乡镇、27个村（社区）、56个重点生产经营单位、8个行业监管部门，对安全生产“一法两条例”进行执法检查，发现安全隐患问题166个，责任落实问题135个，督促34个部门（单位）依法整改。结合听取和审议安全生产执法检查报告，选取11个重点行业监管部门开展专题询问，为行业监管责任进一步落实奠定了坚实的基础。机关干部第一时间下沉社区，积极投身4个包抓小区开展安全隐患排查整治工作，查出各类隐患问题83个。各级人大代表坚守初心、竭诚为民，护佑安全、冲锋在前，在各自岗位、各条战线展现了代表风采，百余名人大代表主动报名，60名县乡人大代表被应急管理部门聘为安全生产义务监督员，以实际行动践行了人大代表为人民的庄严承诺。

二、围绕中心，在服务大局中彰显人大担当

常委会坚持发展兴县的第一要务不停步，紧跟黄河流域生态保护和高质量发展先行区建设，实行正确监督、有效监督、依法监督，助力经济社会高质量发展。

（一）紧扣经济平稳运行开展监督。听取和审议“十四五”规划纲要中期评估报告、国民经济和社会发展计划执行情况报告，调研全县重点项目建设情况，提出强化产业项目招引、推进重点领域改革等意见建议，稳住经济发展“大盘子”。加强人大预算审查监督，听取和审议预算执行和决算报告、审计工作报告，审查批准了县本级决算、地方政府债务限额、预算调整方案，督促政府统筹当前和中长期发展目标，管好人民的“钱袋子”。听取和审议行政事业性国有资产管理情况报告，促进提升国资管理效益、有效管控债务风险。助力营商环境优化，通过代表调研、评议县市场监督管理局工作等形式，推动解决了“市场经营主体事中事后监管不到位”等问题，提升营商环境“软实力”。

（二）紧扣乡村全面振兴开展监督。听取和审议乡村全面振兴工作情况报告，对县农业农村局工作开展评议，重点督办乡村振兴战略实施方面的代表意见建议，促进政府及有关部门以更大力度推进农业科技创新，更实举措做好粮食保供安全等工作，有力地助推农业高质高效、乡村宜居宜业、农民富裕富足。调研全县用水权改革工作，深入分析影响和制约用水权改革的因素，提出有针对性的意见建议，为破解乡村振兴用水之困注入了活力。

（三）紧扣增进民生福祉开展监督。聚焦教育质量提升，听取和审议全县义务教育优质均衡发展情况报告，推动全面落实教育优先发展战略。聚焦病有所医，听取和审议全县公立医院综合改革工作情况报告，强化财力保障，完善配套改革，提升群众就医服务水平。聚焦居有所安，调研全县社区治理和社会救助工作，加快推进我县社区治理体系和治理能力现代化，兜住、兜准、兜牢民生底线。聚焦民有所盼，对县十八届人大二次会议议案和2023年民生计划落实情况进行视察，并对评议工作中代表提出的“人才引进及就业扶持政策落实不力”等意见进行交办，跟踪监督落实，逐步补齐民生事业短板弱项。

（四）紧扣改善生态环境质量开展监督。听取和审议环境状况和环保目标完成情况报告，紧扣打赢蓝天、碧水、净土保卫战监督问效，促使减少“碳排量”、提升“含绿量”。认真贯彻落实自治区党委十三届五次全会精神，组织对固体废物防治“一法一条例”进行执法检查，通过审议意见交办、限期报告、跟踪督办、整改销号四项机制，形成闭环监督，促进政府及有关部门精准治污、科学治污、依法治污。开展全县矿产资源开发利用管控情况视察，就完善矿产资源规划、合理保护、有序开发等提出意见建议，厚植绿色发展生态底色，深入践行习近平生态文明思想。

（五）紧扣维护社会公平正义开展监督。围绕法治中宁、法治政府、法治社会一体建设，专题评议县司法局法治建设、人民调解等工作，组织对行政处罚法、行政执法监督条例贯彻执行情况进行执法检查。专题调研县人民检察院民事诉讼监督工作，听取和审议县人民法院基层法庭参与社会治理专项报告，持续推动“两院”全面落实司法责任制。听取和审议铸牢中华民族共同体意识示范县创建情况报告，扎实推进民族团结进步事业。听取和审议全县规范性文件备案审查情况报告，对7件规范性文件进行审查，有效维护国家法治统一。用心用情做好信访工作，受理来信来访20件（次），交办督办信访事项7件，常委会主任、副主任接访80批373人次。

三、紧贴民心，在汇聚民智中凸显代表力量

常委会坚持人民至上的立场宗旨不懈怠，紧跟践行全过程人民民主的新要求，全面强化代表意识、代表素质、代表作用，代表履职更接地气、更具实效。

（一）代表履职保障能力不断增强。以培训促提升，先后有410名各级人大代表参加了党的二十大精神、安全生产、环境保护知识专题培训，101名两级人大代表赴广州、厦门等代表培训基地参加履职培训。深入开展“双联”工作，组织开展联系走访代表活动，向代表通报常委会和“一府一委两院”工作情况，广泛听取意见建议。扩大代表对常委会工作的参与面，邀请170余名代表参加执法检查、工作调研等活动，在实践中提升履职能力。健全代表履职激励约束机制，组织评选表彰4个先进代表小组和15名优秀人大代表，不断提高代表履职积极性。

（二）代表履职平台创建成效显著。深入推进代表之家（室）标准化规范化建设，推动代表“月进站、季回家、年述职”，促进12个代表之家、102个代表工作室拓展功能、迭代升级。全县1092名四级人大代表借助“代表履职通”APP，拓展履职空间，让群众同代表沟通时找得到人、说得上话、议得成事。开展人大代表“护安全促发展”主题实践活动，各级代表利用自身优势，常态化走访联系群众，广泛倾听民声，推动化解安全风险和苗头隐患，收集意见建议134件，全部转交政府相关部门予以落实。

（三）代表议案建议办理质效双升。坚持“内容高质量，办理高质量”，“既要重结果，也要重过程”，建立代表议案多层次督办机制，组织开展代表议案建议视察、办理情况“回头看”，人大代表与办理部门负责人“面对面”交流，同步开展“实打实”评价，督促各承办单位既做好沟通办理的“前半篇文章”，又做好落地见效的“后半篇文章”，推动代表议案建议办结办成、办出实效。县十八届人大二次会议确定的1件议案、41件代表建议办结率达100%。

（四）乡镇人大工作指导精准到位。认真贯彻《乡镇人大工作条例》，坚持邀请乡镇人大主席列席常委会会议，参加“三查（察）”活动，开展乡镇人大主席团成员学习培训，不断提高乡镇人大主席团成员的履职能力。指导乡镇人大开展好届中代表补选工作。支持乡镇人大广泛开展视察调研、评议站所等活动，相互观摩交流，宣传推广经验，促进乡镇人大制度化、规范化建设，实现全过程人民民主向下扎根、基层人大工作向上提升。

四、不忘初心，在守正创新中站稳人民立场

常委会坚持从严从实的目标要求不放松，紧跟新时代人大工作需要，围绕政治过硬、能力过硬、作风过硬，持续加强自身建设。

（一）始终坚持党建引领，方向目标坚定坚决。全面贯彻落实新时代党的建设总要求，统筹推进三级党组织联动运行机制，扎实做好联系指导支部工作，把人大日常工作从机关、会议室拓展到安全生产、基层治理、乡村振兴、文明创建等工作一线，干部在实践锻炼中懂大局、长才干。严格执行“三会一课”和双重组织生活制度，扎实开展“立足岗位做贡献”等主题党日活动，实现机关党建工作与人大工作互融互促。认真履行全面从严治党主体责任，全力支持派驻机关纪检监察组开展工作，组织机关干部参观中卫市全面从严治党廉政警示教育基地，观看警示教育片，到恩和镇沙滩村红色教育基地开展党性锻炼，增强机关干部纪律规矩意识。

（二）始终坚持内强素质，能力建设高质高效。修订常委会、主任会规则和制度9项，完善机关管理制度38项，机关运行更加顺畅，干部活力显著提升。认真践行“四下基层”工作制度，大兴调查研究之风，聚焦经济高质量发展、社会高效能治理、人民高品质生活，精选调研课题，形成10篇重点调研文章，推进成果转化应用。探索开展专题询问监督方式，形成“专项审议＋专题询问＋满意度测评”的监督模式。持续深化“改作风，谋发展，争先进”专项行动，大力倡导“严细深实勤俭廉＋快”的工作作风，坚决纠治形式主义、官僚主义。落实精文减会和压缩“三公”经费要求，厉行勤俭节约，机关发文、会议、“三公”经费逐步压减。

（三）始终坚持外树形象，宣传工作有声有色。坚持党管宣传、党管意识形态不动摇，制订进一步加强人大宣传工作的方案，建立宣传考评机制。创办《中宁人大工作简讯》，借力《宁夏人大》杂志、代表履职网络等平台，刊发信息160余篇，其中《中宁人大：依法履职强监督，执法检查护安全》等10篇稿件在《宁夏人大》刊载。迎接外省市县（区）人大代表团考察枸杞特色产业9批120余人，提升杞乡“红色名片”知名度。常委会班子成员扎实开展习近平新时代中国特色社会主义思想和党的二十大精神主题宣讲，既注重讲好党言党语，又注重讲好法言法语，让党的创新理论“飞入寻常百姓家”。

各位代表！独木难为林，众志方成城。一年来，常委会各项工作取得的新成效，得益于县委的坚强领导，饱含着常委会组成人员和全体人大代表、人大工作者的辛勤付出，离不开“一府一委两院”的积极配合，源自全县人民以及社会各界的理解支持。在此，我谨代表县人大常委会，向大家表示崇高的敬意和衷心的感谢！

各位代表！征程启航，当怀“赶考”之思。对照新时代人大工作的目标任务，对照人民群众的期待期盼，常委会工作还存在一些不足：如监督工作的精度和刚性有待进一步加强；深入践行全过程人民民主的路径仍需进一步探索；发挥代表主体作用的深度和广度还需进一步拓展等。常委会将高度重视，采取有效措施加以解决。

2024年的工作任务

2024年是中华人民共和国成立75周年，也是人民代表大会制度建立70周年，在党和国家历史上具有里程碑意义。县人大常委会将坚持以习近平新时代中国特色社会主义思想为指导，全面贯彻落实党的二十大精神、中央和区市县党委人大工作会议精神，以铸牢中华民族共同体意识为主线，坚持党的领导、人民当家作主、依法治国有机统一，紧紧围绕县委十五届七次全会的决策部署，牢记“三个务必”，依法忠诚履职、勇于创新实践，为奋力谱写中国式现代化发展中宁篇章做出新的更大贡献！

一、高站位强化政治建设

紧密结合当前开展的主题教育，把学习贯彻习近平新时代中国特色社会主义思想作为人大常委会党组学习“第一议题”、代表培训“第一课程”，牢牢把握习近平新时代中国特色社会主义思想的世界观和方法论，更好地运用贯穿其中的立场观点方法谋划指导推进人大工作，将学习成效转化为做好新时代人大工作的强大动力和具体行动。全面贯彻落实县委人大工作会议决策部署，逐项做出具体安排，务求落地见效，推动人大工作与时俱进、守正创新。坚持在县委领导下依法履行职责、开展工作，主动站位全县发展大局谋划工作，推动县委各项决策部署走深走实。严格落实请示报告制度，把县委决策部署作为开展工作的首要依据，确保党的全面领导贯穿于人大工作各方面全过程。

二、高效能深化依法监督

坚持高质量发展是“新时代的硬道理”，统筹高质量发展和高水平安全，深化对国民经济计划、财政预决算的审查监督，听取和审议重点项目建设、国有资产、计划执行、审计查出问题整改等工作报告，强化政府债务管理等方面的监督，坚持稳中求进、以进促稳、先立后破，不断巩固和增强经济回升向好态势；围绕“四尘同治”“五水共治”“六废联治”，加强对生态环境保护方面法律法规贯彻执行情况的执法检查，加大对废弃矿山治理修复的监督，助力打造高颜值生态环境；开展食品安全“一法一条例一办法”执法检查，保障人民群众“舌尖上的安全”。在推动“六新六特六优”产业发展方面，重点开展枸杞产业“一条例一决定”的执法检查。在增进民生福祉方面，统筹推进就业、教育、医疗、养老等民生工作的监督，重点调研学前教育发展、医疗卫生机构服务能力提升等工作，检查老年人权益保障“一法一条例”落实情况，全过程监督民生计划推进和落实。在提升县域社会治理现代化方面，重点听取“八五”普法宣传教育工作情况报告，调研家事审判、司法救助等工作，依法做好规范性文件备案审查。在铸牢中华民族共同体意识方面，重点检查涉民族法律法规贯彻落实情况，推动各族群众共同团结奋斗、共同繁荣发展。认真履行法律监督职能，着力在提高监督实效上下功夫，综合运用工作评议、专题询问、满意度测评等方式，打好监督“组合拳”，加强对审议意见落实情况的督查问效，打通审议监督“最后一公里”。

三、高质量保障代表履职

支持和保障代表依法履职，组织开展代表学习培训，提升代表政治素质和依法履职能力。抓好“双联”制度落实，常态化开展四级代表混合编组、联动履职，畅通社情民意反映渠道，发挥“代表之家”“代表工作室”“代表履职通”APP 作用，把“根”深深扎在人民群众之中。实行代表议案建议“提、交、办、督、评”闭环管理，推动“办结评价”向“办中问效”前移，确保建议真落实、代表真满意、人民享实惠。健全代表履职激励约束机制，定期通报代表履职情况，探索建立人大代表履职负面清单和退出机制，推进代表履职档案规范化。抓好代表向原选区选民报告履职情况，促进代表积极履职、勤勉尽责。推进基层立法联系点内涵建设，健全完善联系制度，拓宽参与范围，让代表和群众有序参与立法活动。

四、高标准加强自身建设

深入贯彻落实新时代党的建设总要求，以政治建设为统领，努力建设政治机关、国家权力机关、工作机关、代表机关。始终保持“赶考”的坚定，持续整治形式主义、官僚主义，引导人大常委会机关党员干部驰而不息加强作风建设，不折不扣抓落实、雷厉风行抓落实、求真务实抓落实、敢作善为抓落实。坚持一线思维，保持一线状态，把工作重心放在发现问题、解决问题上，密切同人民群众的联系，更好地为人民用权、为人民履职、为人民服务。密切与乡镇人大的全方位联系，加强纵向工作指导与交流，深化上下协同联动，进一步放大全县人大工作“一盘棋”的整体效应。深化人大宣传工作，生动鲜活地讲好履职故事、展现代表风采，唱响人大“好声音”，推动中国特色社会主义民主和人民代表大会制度深入人心。

各位代表！数尽人生好光景，最是奋斗动人心。让我们更加紧密地团结在以习近平同志为核心的党中央周围，全面贯彻习近平新时代中国特色社会主义思想，在党的坚强领导下，以更加坚定的必胜信念、更加强大的前进动力、更加昂扬的奋斗精神，坚定信心，开拓奋进，在奋力谱写中国式现代化发展中宁篇章中扛起人大担当、彰显代表力量、不负人民期望！

政府工作报告

——2023年12月21日在中宁县第十八届人民代表大会第三次会议上

中宁县县长　周永根

各位代表：

现在，我代表县人民政府向大会报告工作，请予审议，并请各位政协委员和其他列席人员提出意见。

2023年工作回顾

2023年是全面贯彻党的二十大精神的开局之年，是中宁发展历程中砥砺奋进、勇毅前行的一年，也是中宁提速发展、收获颇丰的一年。面对错综复杂的外部环境和经济恢复发展的多重挑战，全县上下坚持以习近平新时代中国特色社会主义思想为指导，认真学习贯彻党的二十大和习近平总书记视察宁夏重要讲话和重要指示批示精神，全面落实区市党委、政府决策部署，在县委的坚强领导下，坚持稳中求进工作总基调，完整、准确、全面贯彻新发展理念，统筹发展和安全、发展和环保、发展和民生，真抓实干、锐意进取，扎实推进中国式现代化实践，全县经济社会稳步发展，民生福祉持续改善。预计地区生产总值达到227亿元，增长10%；完成固定资产投资68亿元，增长10%；地方一般公共预算收入、社会消费品零售总额分别增长3%、2%；城乡居民人均可支配收入达到35600元、17790元，分别增长6%和7.6%，较好地完成了全年各项目标任务。

奋楫争先抓增量，工业经济强势增长。紧扣工业扩规升级，深入推进“四大改造”，实施工业重点项目33个、技改项目26个。和光方硅芯、铭岛再生铝等一批延链补链项目建成投产，大唐储能、宁电入湘等项目加速建设，宁创铝板带箔、万隆锰锭熔炼等项目投产达效。新增规上工业企业5家，宁创公司获评自治区“链主”企业，规上工业增加值增长28%，工业经济增速稳居全区第一方阵。佳洋光伏、泰源储能等新能源项目建成，中晶半导体等2家企业获评自治区绿色工厂，中宁工业园区获批自治区“绿电园区”创建试点。持续优化营商环境，全力扩大有效投资，扎实开展“争项目、争资金、争示范”活动，向上争取项目资金41.4亿元，招商引资到位资金68.4亿元，发展后劲明显增强。

精准发力育特色，农业产业提质增效。深

入推进枸杞产业“六大工程”“四大体系”建设，新植改造枸杞3.1万亩，综合产值超140亿元，区域公用品牌价值达198亿元。枸杞主产区入列自治区首批枸杞农业科技园，舟塔乡跻身首批国家枸杞农业产业强镇名单，中宁枸杞入选杭州亚运会官方指定产品。守牢耕地保护红线，新建高标准农田6.2万亩，粮食产量稳定在30万吨以上。打造全产业链标准化示范基地3个、万头标准化肉牛养殖示范乡镇3个、万只标准化肉羊养殖示范村3个。奶牛存栏和肉牛、滩羊饲养量分别达到5.8万头和13.7万头、85.7万只，农林牧渔业总产值增长5%，农产品加工转化率持续攀升。顺利通过国家现代农业产业园中期评估，建成县乡村三级“数字供销”网络，成功创建全区农业绿色发展先行区综合示范县。

多措并举扩内需，商贸文旅繁荣发展。抢抓自治区建设内陆开放型经济试验区机遇，建成华夏物流铁路专用线。深化县域商业体系建设，建成商贸中心9个，新增升规上限服务类企业14家，培育国家级电子商务示范企业1家，电子商务交易额达到107.1亿元，增长7.2%。举办各类促销活动42场次，发放消费券421.5万元，拉动全民消费1.5亿元，消费市场逐步回暖。支持外贸经济发展，进出口总额达到8.3亿元，占全市进出口额的63%。唱响“杞程中宁”文旅品牌，推进大漠拉生态旅游区、“枸杞酒庄＋枸杞养生体验馆”等项目建设，全年接待游客168万人次，增长42.6%，实现旅游收入3.9亿元，增长33.7%。石空镇太平村入选中国美丽休闲乡村，“中华杞乡·康养中宁”影响力逐步彰显。

蹄疾步稳推改革，发展动力持续增强。坚持用好改革关键一招，着眼重点领域，聚焦“六权”改革，实施国家和自治区试点改革15项，政务服务“就近办”入选国务院办公厅“双十百千”工程典型案例，“一网通办”“跨省通办”水平稳步提升，天元发电纳入全国碳排放权交易市场，成功创建全国集体经营性建设用地入市改革试点县。2022年全社会R&D经费投入2.5亿元，同比增长132%。批建自治区工程技术研究中心、科技企业孵化器等创新平台13家，新增国家高新技术企业6家，获评自治区“专精特新”中小企业1家、创新型中小企业20家，入列首批自治区创新型县。深入推进青年发展型县域建设，健全完善人才引进机制，引进科技创新团队11个、高端专家61人，建成人才培养载体43个。

统筹兼顾促融合，城乡发展协调共进。大力推进城市更新行动，着力增强服务功能，改造棚户区400套、老旧小区41个，铺设雨污分流管网14.3公里，打造特色街区2处、小微公园3处，更换路灯6000余盏，新增停车位4000余个，安装充电桩200个，停车难、充电难等“城市病”逐步缓解。深入开展全国文明城市创建，顺利通过国家卫生县复审。扎实推进巩固拓展脱贫攻坚成果同乡村振兴有效衔接，实施特色产业扶持、基础设施建设等衔接项目83个，发放小额信贷7528万元，兑付到户资金673.7万元，脱贫人口、监测对象收入达到14869元、15140元，分别增长13.4%和27.1%，实现“两个高于”目标。加快推进和美乡村建设，新建农村公路238公里，改造农村危旧房151户，打造人居环境整治示范村12个、提升村24个。

夯基扩面补短板，民生福祉显著改善。全力推进“六大提升行动”，持续增强公共服务均衡性和普惠性，民生支出占比达到78.6%。新增城镇就业5120人、农村劳动力转移就业7.3万人，发放创业担保贷款5466万元，培训技能人才1.6万余人，城镇调查失业率控制在5.5%以内。建立社会救助“1+2+N”主动发现机制，发放救助补助资金1.3亿元，社会工作服务站和未成年人保护工作站实现全覆盖。新建、改扩中小学、幼儿园6所，顺利通过教育部“互联网+教育”评估验收，大战场中学跻身全区数字化试点学校。高水平承办自治区十六运部分赛事，摘得金牌20枚。实施公立医院改革与高质量发展示范项目，建成重症监护室、血液透析室等重点专科。深入开展爱国卫生运动，创建健康细胞示范点39个，居民健康素养水平提至27.6%，通过自治区健康县评估验收。央视《山水间的家》《远方的家》全景展示中宁枸杞独特魅力，中宁代表队荣获全国妇女广场舞大赛一等奖，县图书馆获评国家一级图书馆。

标本兼治守底线，安全环保巩固提升。认真落实自治区党委十三届四次、五次全会精神，深入开展安全生产重点领域风险隐患排查整治，消除重大事故隐患31条、一般隐患2.1万余条，加装燃气“三件套”6.2万户，安装生命安全防护栏136公里，安全生产形势稳定向好。实施水系连通及水美乡村建设等项目，植绿增绿3.4万亩，治理修复废弃矿山498处。坚持“四尘”同治、“五水”共治、“六废”联治，全年优良天数比例、工业固废综合利用率分别达到79.3%、50%，主要河湖断面水质稳定达标。中央、区市生态环保督察反馈问题有序整改。

上下齐心保稳定，基层治理全面提标。扎实开展平安中宁建设，学习“枫桥经验”，持续加强和改进信访工作，化解信访矛盾376件、信访积案27件。常态化开展扫黑除恶斗争，反诈防骗工作取得积极进展，立案数、财损数分别下降30.7%、40.4%。深化非法集资“清积攻坚”行动，侦办案件12起、兑付金额1.4亿元。创建平安村50个、平安小区33个、平安家庭107个，余丁乡黄羊村入选全国乡村治理示范村名单。持续巩固全国民族团结进步示范县创建，打造铸牢中华民族共同体意识示范点56个，创建全区民族团结进步示范单位4个、模范集体2个。

在加快推动经济社会发展的同时，我们高度重视政府自身建设。深入开展学习贯彻习近平新时代中国特色社会主义思想主题教育，常态化落实“第一议题”制度，认真学习“必读篇”，跟进学习“最新篇”，深入学习“宁夏篇”，坚定捍卫“两个确立”、坚决做到“两个维护”。纵深推进全面从严治党，严格执行中央八项规定及其实施细则精神，驰而不息纠治“四风”。扎实开展“改作风、谋发展、争先进”专项行动，发扬“严细深实勤俭廉快”工作作风，高质高效办理民生实事10项、人大代表意见建议41件、政协提案45件，区、市党委“四防”督查反馈问题有效整改。严格执行重大事项请示报告制度，提请县委研究重大事项130件。获评全区民主法治示范村3个，成功创建法治政府达标县。

国防动员、退役军人、统计审计、群团组织等各项社会事业全面进步。

各位代表！爬坡过坎、闯关夺隘的进取作风值得赞扬，不畏艰难、破立并举的拼搏精神必须坚持。全县经济社会发展取得的每一点成绩、每一项进步、每一分收获，都是我们大家夙兴夜寐、忘我奋斗的结果。这些成绩的取得，根本在于习近平新时代中国特色社会主义思想的正确指引，离不开区市党委、政府和县委的坚强领导，离不开县人大、政协的监督支持，离不开全县干部群众的团结奋斗，离不开社会各界的鼎力相助。在此，我谨代表县人民政府，向辛勤工作在各条战线上的广大干部群众，向关心、支持和参与中宁建设发展的人大代表、政协委员、企业家、老领导、老同志，向驻中宁人民解放军、武警官兵、消防指战员，向中央、自治区驻中宁各单位，向各民主党派、社会团体，向关心支持中宁发展的各界人士、各位朋友，致以崇高的敬意和衷心的感谢！

各位代表！成绩值得肯定，矛盾不能回避，问题不容忽视。全县经济社会发展还面临诸多困难和挑战：一是对标高质量发展要求，经济结构不够优，运行质量不够高，特色产业优势不够明显，转型升级还需加快。二是对标高品质美好生活，基础设施不够完善，教育医疗、养老托育等优质公共服务供给能力仍然较弱，社会服务水平还需提高。三是对照高效能社会治理，基层矛盾依然较多，部分领域风险隐患较为突出，化解处置能力较为薄弱，治理能力水平还需提升。这些矛盾和问题，我们将在今后的工作中高度重视，认真加以解决。

2024年主要工作

明年是全面贯彻党的二十大精神的关键之年，是深入实施“十四五”规划的攻坚之年，更是全县抢抓机遇、乘势而上的重要一年。做好各项工作，总的指导思想是：坚持以习近平新时代中国特色社会主义思想为指导，全面贯彻党的二十大和中央经济工作会议精神，深入落实习近平总书记视察宁夏重要讲话和重要指示批示精神，按照区市党委、政府决策部署和县委工作要求，以铸牢中华民族共同体意识为主线，坚持稳中求进工作总基调，完整、准确、全面贯彻新发展理念，积极服务和融入新发展格局，紧紧围绕高质量发展首要任务，统筹扩大内需和深化供给侧结构性改革，统筹新型城镇化和乡村全面振兴，统筹高质量发展和高水平安全，坚持改革创新，提振市场信心，加快形成新质生产力，科学策应和防范化解重大风险，推动经济运行实现质的有效提升和量的合理增长，奋力谱写中国式现代化发展中宁篇章。

主要预期目标是：地区生产总值增长7%左右，规上工业增加值增长10%以上，固定资产投资增长10%左右，地方一般公共预算收入增长3%，社会消费品零售总额恢复增长，城乡居民收入分别增长7%和9%左右，城镇调查失业率控制在5.5%以内。严格节能减排治污，全力治荒植绿净水，能耗排污等指标完成区、市下达任务。

当前，我县正处于结构转型的关键期、改革开放的加速期、高质量发展的换挡期，区市党委、政府对中宁发展寄予厚望，全县人民对中宁发展满怀期望。时代呼唤发展，使命催人奋进。我们要坚持党的全面领导，落实落细中央和区市县党委的决策部署，始终把稳增长放在突出位置，始终把保民生作为重中之重，始终把保安全作为根本保障，鼓足争先晋位的勇气，坚持真抓实干的作风，增补攻坚克难的举措，努力在自治区“三区”建设上走在前，“六个示范县”建设上出实招，高质量发展上勇作为，奋力谱写中国式现代化中宁篇章。

围绕全年目标任务，重点做好以下工作：

一、坚持产业夯基、扩规提质，集聚特色产业新优势

聚焦“六新六特六优”产业，优化存量、扩大增量、培育新量，探索结构更优、质量更高、效益更好的发展路径，全面提升经济运行的质量和效益。

做优“六新”产业。大力实施新型工业强县计划，深入推进传统产业“四大改造”，鼓励企业“智改数转”，实施宁创电解槽系统升级、华夏特钢碎锰重熔等技改项目20个，支持铭岛、玺赞等企业引进智能化系统，为企业赋能赋智、降本增效。扩大锰基、铝基等新材料产业优势，实施万宁锰基锂电材料、今飞汽车轮毂等延链补链项目10个，力争新材料产业产值增长10%以上。提速发展新能源产业，实施明阳分散式发电、伟力得储能设备生产等新能源项目6个，推动电源、电网协同发展，力争新能源产业产值增长10%以上。紧扣新质生产力，积极培育未来产业，支持完善数字基础设施，加快推动爱特云翔智慧园区投入使用，全面融入“云天中卫”产业布局。全力保障企业生产要素供应，助力企业提升效益，力争新增10亿元级企业1家、亿元级企业3家。

做强“六特”产业。锚定“百年枸杞，千亿产值”发展规划，大力实施“六大工程”，全力构建“四大体系”，聚力打造中国宁夏中宁枸杞产业生态示范园，力争综合产值突破150亿元。稳步扩增枸杞种植基地，新植改造枸杞2万亩，打造绿色丰产示范点3个。持续完善国家级中宁枸杞市场功能，加快推进枸杞小镇和枸杞产业大数据中心建设。支持企业增产线、扩产能，实施高端锁鲜枸杞、生态红茶、乳酸菌等重点项目11个。挖掘枸杞“药食两用”价值和文化内涵，加快枸杞籽油、十方膏等产品研发，推动枸杞制品全产业链提质升级。高标准建成“一杞生活馆”5家，持续扩大“中宁枸杞”品牌影响力。牢牢守住耕地保护红线，确保耕地面积保持在115万亩。夯实粮食安全根基，新建改造高标准农田4.3万亩，粮食种植面积稳定在53万亩。稳住传统农业良好态势，做好养殖业补栏出栏，奶牛存栏和肉牛、滩羊饲养量分别稳定在6.3万头和10.5万头、73万只。加快发展优质现代农业，实施国家现代农业产业园、现代农业高效节水项目18个，打造“四好”设施农业园4个、数字农业示范基地2个，创建区级农民合作社示范社和四星级家庭农场各3家。

做大“六优”产业。大力推动生产性服务业扩容增量、生活性服务业提质升级、新兴服务业发展壮大，力促服务业稳步增长。创新“电商+产业”融合发展模式，赋能乡村电商直播中心15个，培育农产品网货品牌，扩大“引流上线”规模，力争农产品网络销售额突破50亿元。实施国家级电子商务进农村综合示范项目，建设村级电商服务站40个，贯通县乡村三级电子商务配送体系。提速发展现代物流业，加快嘉里物流宁夏陆港建设步伐，推促华夏物流铁路专用线投入运营，全力打造大宗商品仓储物流中心和快递物流分拨中心。推进文化和旅游深度融合发展，实施双龙山石窟危岩体加固维修等工程，创作黄羊钱鞭舞台剧，促进文物保护和非遗传承。做强“枸杞+”文旅优势，打造全国枸杞观光旅游目的地，力争游客人数、旅游收入分别增长10%。加快推进黄羊古落大漠拉沿黄古韵生态旅游区、文化产业创意集聚区等项目建设，丰富现有“四条旅游线路”资源，开发枸杞系列文创产品，提升“杞程中宁”文旅品牌影响力，争创国家全域旅游示范县。

二、坚持扩大投资、蓄势聚能，培育经济增长新动力

紧盯国家和自治区政策导向、投资趋向，全力抓投资、扩消费、增动能，不断巩固和增强经济回升向好态势。

不遗余力狠抓项目建设。深入开展项目“五比”活动，谋划实施一批投资体量大、综合效益好、带动能力强的大项目、好项目，力求项目库数量保持在开工项目数量的3倍以上。不断优化投资结构，建设重点项目135个，加快实施和光方硅芯二期等产业项目40个、农村公路改造等基础设施项目48个、医疗薄弱专科能力提升等社会事业项目13个、农村清洁取暖等民生保障项目34个，完成投资91.3亿元，产业类项目投资占总投资的60%以上。配合做好牛首山二期、米钵山抽水蓄能电站等自治区重点项目筹建工作，积极谋划争取通用航空机场、黄河公路二桥建设项目，蓄积更多发展动能。提升项目服务保障水平，推行联审联办、集中会办等方式，提高项目开工率、竣工投产率。

凝心聚力促进招大引强。突出高质量导向，坚持全员全域招商，借势借力加快发展。围绕新型工业、特色农业、商贸文旅等重点产业，紧盯“中字头”“国字号”等头部企业，精准制定招商方案，针对性引进产业链配套企业，助力产业体系完善、产业链条延伸。遵循产业发展规律，保障投资企业合法权益，吸引更多社会资本、民间资金汇集中宁，推促发展提速、质效提标。落实招商引资激励机制，强化全周期要素服务保障，推动中国智能算力中心、中电建能源装备制造等30个项目尽快落地，力争招商引资到位资金突破75亿元。

激发潜力提振消费信心。坚持把恢复和扩大消费作为激发内部活力的重要抓手，培育新兴业态，促进消费加快回暖，力争社会消费品零售总额突破45亿元。提档升级消费市场，支持商贸基础设施建设，打造特色商业示范街1条，改造乡镇商贸中心2个，逐步完善县域商业体系。加快激活消费市场，重点做优会展消费、购物消费、假日消费，支持发展夜市经济、银发经济，满足体育休闲、养老托育、智能家居等新消费需求，着力释放更大消费潜力。整顿规范市场秩序，保障优质产品有效供给，营造安心、放心、舒心的消费环境。

靶向发力壮大民营经济。坚决落实“两个毫不动摇”，促进“两个健康”，大力实施市场主体倍增计划和梯度培育提质升级行动，力争市场主体增至3.2万家。全面实施市场准入负面清单制度，加强行政权力运行监督，不折不扣落实“减免缓退”各项税收优惠政策，着力打造公平竞争、保障有效的市场环境。发挥政银企合作机制作用，充分运用赋权赋能、融资担保等措施，着力解决企业资金短缺等现实问题。不断深化“放管服”改革，打通关节、简化流程、压缩时限，提高办事审批效率，营造支持民营经济发展的更优营商环境。

三、坚持生态优先、绿色发展，实现环境质量新提升

牢固树立和践行绿水青山就是金山银山理念，全面落实自治区党委十三届五次全会精神，坚持真抓生态、大抓生态、抓好生态，让美丽中宁景色更美、成色更足。

加大环境综合治理。坚持精准治污、科学治污、依法治污，纵深打好蓝天、碧水、净土“三大保卫战”。坚持“四尘”同治，强化源头管控，推进多污染物协同治理，加快锦腾炭素脱硫脱硝、裕隆原材料堆棚改造等项目建设，扩大农村冬季清洁取暖覆盖面，空气优良天数比例达到79%。坚持“五水”共治，持续开展美丽河湖建设，全力推进清水河防洪治理、第三污水处理厂技改等项目，突出抓好入黄排水沟溯源整治，确保河湖水质全部达标。坚持“六废”联治，大力实施土壤污染防治行动计划，加强化肥农药、畜禽养殖、固体废物等重点污染源监管，工业固废综合利用率、畜禽粪污综合利用率、农村生活垃圾无害化处理率、农用残膜回收率分别达到47%、90%、100%、90%。

加强生态屏障保护。坚持山水林田湖草沙一体化保护和系统治理，落实最严格的生态环境保护制度，强化生态环境领域风险隐患排查整治，治理修复废弃矿山点位144处，扎实开展禁牧封育、秸秆禁烧工作，全力做好各级环保督察反馈问题整改。坚持宜林则林、宜草则草、宜荒则荒，推广应用“光伏+”治沙模式，加快推进三北防护林六期项目建设，实施黄河“几字弯”防沙治沙国土绿化试点、黄河宁夏段综合治理等项目，植绿增绿4.4万亩，不断筑牢防沙防汛岸线，着力提升生态系统多样性、稳定性、持续性。坚持“四水四定”，实施工业节水减排、城镇节水降损、农业节水增效、区域节水开源四大行动，再生水利用率达到35%，城市管网漏损率控制在9%以内，农田灌溉用水利用率逐步提升，节水型社会建设取得明显成效。

加快绿色低碳转型。紧盯“双碳”“双控”目标，加快形成绿色发展方式，实施瀛海天祥水泥熟料生产线置换、华夏特钢废渣制酸等绿色改造项目，坚决淘汰高耗低效产业项目，持续推进“绿电园区”创建，着力构建资源消耗低、环境污染少的产业结构。深入践行绿色生活方式，加大节能降耗宣传力度，积极创建绿色机关，培育绿色消费，鼓励绿色出行，以绿色生活绘就美丽中宁底色。

四、坚持改革赋能、创新驱动，增强开放发展新活力

紧紧扭住改革、创新、开放三大动力因子，强力推动改革提效、创新提标、开放提质，不断增强发展牵引力、驱动力。

高质效深化改革。扎实开展“全面深化改革提升年”活动，推动改革向更深层次迈进。力促“六权”改革出特色，健全完善权属交易二级市场，推动确权交易，拓展融资贷款，激发市场活力，加快要素价值发现和转化增值，推动以水换钱、以地换金、以污换财、以林换利、以碳换汇取得明显进展。力促重点改革出样板，加快建立现代企业制度，提升国有企业经济效益；深化农村综合改革，增强农业发展后劲；优化养老机构资源配置，提升公共服务保障水平。力促试点改革出亮点，推广生产供销信用“三位一体”综合合作，扩大农村集体经营性建设用地入市交易规模，以高质量改革推动高质量发展。

高标准推动创新。深入实施创新驱动发展战略，支持传统产业加快先进技术应用，以科技创新推动产业转型升级。强化企业科技创新主体地位，优化“宁科贷”支持范围，实施天元锰离子高效提取、大唐储能耦合研究等科技项目20个，不断塑造产业发展新优势。围绕产业链布局创新链，建立“企业出题，高校解题，政府助题”技术攻关机制，鼓励今飞、杞滋堂等企业联合高校、科研院所组建创新联合体。鼓励企业争创区级技术创新中心3个，培育优质中小企业3家，搭建创新平台3家以上，壮大科技企业集群，全社会R&D经费投入持续增长，加快自治区创新型县建设。坚持自主育才、靶向引才，以“人才+产业”“人才+项目”为支撑，不断壮大创新人才队伍，持续推进青年发展型县域建设，厚植创新根基。

高水平扩大开放。坚持“走出去”“请进来”，打造开放层次更高、辐射作用更强的对外开放高地。加快现代交通物流体系建设，争取实施S308白马至新堡段改扩建工程，配合做好宝中、包兰铁路扩能改造前期工作，加大陆路口岸开放力度。大力发展外向型经济，鼓励外贸进出口企业内强素质、外树形象，积极参加广交会、进博会等重要展会，开拓市场、抢抓订单，扩大枸杞等商品出口额度，力争外贸出口额增长8%以上。立足县域实际，深化闽宁合作，聚焦新材料、新能源等主导产业，吸引更多外地企业投资置业。高质量办好第七届“枸杞产业博览会”，深度宣传中宁特色产品，扩大中华杞乡知名度和影响力。

五、坚持区域协同、建管并重，塑造城乡发展新面貌

围绕城乡融合、协调发展，一体推动新型城镇化建设和乡村全面振兴，打造设施更全、功能更优、农民更富、环境更美的亮丽杞乡。

丰富拓展城市功能。深入开展城市更新行动，实施双广路、正大路等市政道路改造工程，优化城市路网结构。加快更新城市“四类管线”，改造老旧燃气管网35公里，治理漏损供水管网6.8公里，提升城市承载能力。统筹实施老旧小区改造、小游园修建等一批“小而美”民生项目，持续扩增停车位、充电桩等公共设施。加快打造“完整社区”，升级“15分钟便民生活圈”，不断拓展城市服务功能。大力开展文明素养提升行动，重点整治乱停乱放、占道经营等不文明现象，着力规范红宝市场、建材商城经营行为，争创全国文明城市。加快提升县域绿色覆盖率，实施城区小微绿地及道路节点绿化项目，更新团结路、迎宾大道绿化景观，开放南河子公园、体育公园等绿地，争创国家园林城市。

全面推进乡村振兴。严格落实“四个不摘”要求，加强防返贫动态监测帮扶，切实守住不发生规模性返贫底线。优化到人到户扶持政策，新增小额信贷5000万元以上。不断拓宽农民增收渠道，积极培育专业合作社、家庭农场和农业产业化联合体，鼓励支持就业帮扶车间、大型种养基地广泛吸纳就业，提高工资性、财产性、经营性收入，力争脱贫人口人均纯收入同比增长14%以上。学习借鉴“千万工程”经验，大力发展乡村富民产业，加快乡村振兴示范基地建设，实施喊叫水乡设施农业、徐套乡拱棚西瓜等一批联农带农、成效突出的产业项目，打造区级易地搬迁移民致富示范乡镇2个、示范村6个。

大力建设和美乡村。扎实推进乡村建设行动，新改建农村公路112公里，加快建设水系连通及水美乡村、农村生活污水治理等项目，增强农村承载能力，提升农民生活质量。持续开展人居环境整治提升行动，高标准打造示范村12个、提升村27个，争创区级示范乡镇3个，加快创建农村人居环境整治示范县。深入实施移风易俗提质增效行动，充分发挥新时代文明实践中心阵地作用，全面推广乡风文明积分制，探索农村道德评议会、红白理事会、村规民约等机制融合新路径，加快培育文明乡风、良好家风、淳朴民风，打造区级乡村治理示范乡镇1个、示范村3个。

六、坚持人民至上、增进福祉，满足群众生活新期待

从群众最关心、最直接、最现实的诉求出发，大处着眼、小处着手，难处攻坚、痛处发力，不断实现群众对美好生活的向往。

让就业创业更充分灵活。更加突出就业优先导向，促进大学生、退役军人、农民工、特困家庭等重点群体充分就业，稳定扩大就业岗位2万个以上，新增城镇就业5000人以上，农村劳动力转移就业人数保持在7万人左右，实现劳务收入10亿元以上，确保全县就业形势总体稳定。实施就业促进计划，建设零工市场、零工驿站6个，开发城乡公益性岗位350个以上，开展“就业援助月”等10项活动，带动就业1万人次以上。开展“技能中宁”行动，培育壮大劳务经纪人队伍，完成职业技能培训6500人。支持新就业形态发展，加强电商从业者、快递小哥、外卖骑手等灵活就业人员劳动权益保障。发放创业担保贷款5000万元以上，培育创业实体600个以上，创业带动就业3000人以上，激发杞乡群众“想创业，能创业，会创业”的热情。

让人民教育更均衡优质。全面落实立德树人根本任务，加强未成年人思想道德建设，培育德育示范学校2所，创建劳动教育示范学校2所。完善幼小衔接、协同育人机制，巩固提升学前教育“5080”成果，普惠性幼儿园覆盖率稳定在87%以上。持续改善义务教育办学条件，加快推进四小综合楼、北滩完小教学楼等建设项目，打造教师数字素养示范学校3所，推动教育教学数字化转型。坚持普通高中多样化特色化发展，有序有力落实高中新课程改革。深化职业教育产教融合，引企入校共建实训基地，持续提升职业教育水平。强化师德师风建设，实施名校长、名师培养工程，推促教师素质能力整体提升。

让医疗服务更高效便捷。加快紧密型县域医共体建设，推进医药、医保、医疗“三医协同”，实施智慧医院建设、区域医疗分中心等项目，拓展基层医疗卫生机构服务功能，提高县域综合医疗卫生服务能力。强化公共卫生服务和重大疾病防控，推动疾控机构与县域医共体协同发展，加强心脑血管等慢性病筛查干预，创建自治区慢性病综合防治示范县。充分发挥中医独特优势，推广中医药适宜技术，健全县乡村三级中医药服务网络。扎实推进健康中宁16项行动，着力提升居民健康素养水平。常态化开展爱国卫生运动，持续巩固国家卫生县创建成果。

让社会保障更健全普惠。坚持把参保扩面作为健全多层次社保体系的托底工程，加快推进全民参保计划，实现应保尽保。加快完善社会大救助体系，积极争取救助资金，持续扩大低保覆盖范围，实现救助对象由“低保特困”向“低收入人口”普及。紧扣老有所养，改造提升中医康养中心，建成乡镇综合养老服务中心2个、社区养老服务驿站10个、社区食堂2个；聚焦幼有所育，创新“1+N”藤瓜式关爱救助模式，改造县级未成年人救助保护中心，布局救助点位85个，着力提升“一老一小”民生保障水平。

七、坚持安全第一、精进治理，开创和谐安定新局面

落实总体国家安全观，增强忧患意识，树牢底线思维，以“时时放心不下”的责任感，突出抓好重点领域安全，有效防范化解各种风险挑战，保持社会大局和谐稳定。

守牢安全生产底线。认真落实安全生产“1+37+8”政策文件，严格履行“四方责任”和“三管三必须”要求，切实维护人民群众生命财产安全。深入开展安全生产“治本攻坚三年行动”，深化矿山、危化、工贸、燃气等重点领域风险隐患排查整治，确保“六个逐年下降”，实现“三个不发生”。加强安全基础设施建设，实施道路生命安全防护、重点场所消防安全设施改造、农村安全基础设施提升等项目，不断提升本质安全水平。加强各类灾害预警监测，提升防灾减灾和应急保障能力。持续开展安全生产“十四进”活动，增强公众安全防范意识。

防范化解重大风险。科学防范化解财政风险，加强财政资金审计监督和绩效管理，严格落实“一揽子”化债计划，确保政府债务总量只减不增、风险可控。强化财税金融支撑，完善税收征管机制，做到应减尽减、应征尽征；严格落实“收支两条线”，坚决杜绝各类违规收费行为，实现非税收入应收尽收。习惯过紧日子，压减一般性、“三公”经费等支出，加大存量资产盘活力度，统筹整合用于民生等社会发展急需方面。依法打击非法集资行为，加强公检法司协调联动，维护群众合法权益。落实促进房地产健康发展政策措施，持续做好重点房地产项目风险化解，妥善解决房地产领域突出问题。

深化平安中宁建设。坚持和发展新时代“枫桥经验”，深入开展信访问题源头治理攻坚行动，加快推进信访法治化试点建设，提升信访矛盾化解水平。严厉打击盗抢骗、黄赌毒，加快推进智慧乡村、智慧社区建设，防范公共安全事件发生。常态化开展扫黑除恶斗争、反诈人民战争，加大案例警示教育，增强群众防范意识。加快建设基层社会治理群防群治示范点，推动县乡村综治中心实体化联动运行，深化“无毒社区”“平安家庭”等平安细胞创建，激活平安共建动力。深入推进“八五”普法，提升全民法治素养。坚决落实食品安全“两个责任”，强化食品药品安全监管，加快创建国家食品安全示范城市。

推进民族团结进步。以铸牢中华民族共同体意识为主线，按照“555”工作思路，持续开展民族团结进步“八进”活动，深化“铸牢中华民族共同体意识＋”模式，争创国家和自治区民族团结进步示范单位5个、各类示范点60个，加快创建铸牢中华民族共同体意识示范县。坚持我国宗教中国化方向，依法治理民族事务，持续提升治理体系和治理能力现代化水平，推动各族群众共同团结奋斗、共同繁荣发展。

切实加强政府自身建设

各位代表！面对新时代新征程的使命任务，我们将全面加强政府自身建设，全力做到“三个务必”，改进工作作风、提高服务水平，以实实在在的工作成效赢得杞乡人民的认可。

旗帜鲜明讲政治。坚持以政治建设为统领，把学习贯彻习近平新时代中国特色社会主义思想作为长期重大政治任务，巩固拓展主题教育成果，深入开展贯彻落实习近平总书记视察宁夏重要讲话和重要指示批示精神全面大起底、“回头看”活动，坚定捍卫“两个确立”，坚决做到“两个维护”。严守政治纪律和政治规矩，严格执行重大事项请示报告制度，扎实推进自治区党委巡视和“四防”督查反馈问题整改，确保政府各项工作始终沿着正确方向前进。

狠抓落实勇担当。进一步解放思想、咬定目标，以斗争精神迎接挑战，以实干苦干加巧干出彩出新。不折不扣抓落实，全程把握执行力“生命线”，确保中央和区市党委、政府决策部署和县委工作要求落实到位。雷厉风行抓落实，进一步调优状态、调快节奏，以等不起、跑起来的姿态去争资金、抢项目，让所有工作按下“快进键”。求真务实抓落实，更加关注人民群众“柴米油盐”的烦恼、“衣食住行”的需求、“酸甜苦辣”的倾诉，认真办好 10 个方面民生实事和一批“十小便民工程”，把实事办好、好事办实。敢作善为抓落实，坚决做到日常工作能尽责、困难问题敢负责、改革创新勇担责，花小钱办大事办要事，确保各项工作定必干、干必成、成必优。

依法行政提质效。深入学习贯彻习近平法治思想，带头尊法学法守法用法，推动法治政府建设走深走实，争创自治区法治政府建设示范县。坚持政府常务会议会前学法制度，严格履行重大行政决策法定程序和合法性审查机制，强化政府规范性文件制定。扎实开展提升行政执法质量三年行动，推进严格、规范、公正、文明执法，做好行政复议、行政应诉工作，努力提高依法行政能力。自觉接受人大依法监督、政协民主监督和社会舆论监督，全面强化审计监督，高质高效办好人大代表建议和政协委员提案。加大政务公开力度，深化重点领域信息公开，推动政务公开从“保障知情权”向“提高服务力”转变。

清正廉洁树新风。严格履行全面从严治党主体责任，以严的基调、严的措施、严的氛围，一体推进不敢腐、不能腐、不想腐。严格落实中央八项规定及其实施细则精神，驰而不息纠治“四风”，坚决整治形式主义、官僚主义，加强重点领域、重要部门、关键岗位廉政风险防控。持续深化干部职工家庭家教家风建设，厚植杞乡崇德尚廉、勤俭朴素的文化土壤，让干净干事蔚然成风。

各位代表！征程万里风正劲，重任千钧再出发。让我们更加紧密地团结在以习近平同志为核心的党中央周围，深入学习贯彻党的二十大和习近平总书记视察宁夏重要讲话和重要指示批示精神，在区市党委、政府和县委的坚强领导下，锚定县委十五届七次全会确定的各项目标任务，坚定信心、踔厉奋发，全面推动高质量发展，为奋力谱写中国式现代化发展中宁篇章而不懈奋斗！

名词解释

1.“三个务必”：务必不忘初心、牢记使命，务必谦虚谨慎、艰苦奋斗，务必敢于斗争、善于斗争。

2.三区建设：黄河流域生态保护和高质量发展先行区建设、乡村全面振兴样板区建设、铸牢中华民族共同体意识示范区建设。

3.“555”工作思路：构筑中华民族共有精神家园、推动各民族共同走向社会主义现代化、促进各民族交往交流交融、提升民族事务治理体系和治理能力现代化水平、坚决防范民族领域重大风险隐患“五项工作”；不断夯实铸牢中华民族共同体意识的思想基础、物质基础、社会基础、法治基础、治理基础“五个基础”；在促进民族关系和谐、维护民族团结和睦上作出示范，在构建“六共”格局、促进各民族交往交流交融上作出示范，在创建“5585”模式、推动共同体建设有形有感有效上作出示范，在探索创建工作评价标准、构建中华民族共同体指标体系上作出示范，在完善政策法规制度、建立常态化长效化机制上作出示范“五个示范”。

4.六个示范县：产业转型升级示范县、民生幸福示范县、乡村全面振兴示范县、改革开放示范县、生态宜居示范县、铸牢中华民族共同体意识示范县。

5.四大改造：结构改造、智能改造、技术改造、绿色改造。

6.六大工程：基地稳杞、龙头保杞、科技兴杞、质量立杞、品牌强杞、文化活杞。

7.四大体系：产业标准、绿色防控、检验检测、质量溯源。

8.“六权”：用水权、土地权、排污权、山林权、用能权、碳排放权。

9.“两个高于”：脱贫人口收入增速高于当地农民收入增速、脱贫地区农民收入增速高于全国、全区农民收入增速。

10.“六大提升行动”：城乡面貌提升行动、居民收入提升行动、移民致富提升行动、文明素养提升行动、教育质量提升行动、健康水平提升行动。

11.“四尘”：烟尘、煤尘、汽尘、扬尘。

12.“五水”：饮用水源、黑臭水体、工业废水、农田退水、城乡污水。

13.“六废”：建筑垃圾、生活垃圾、危险废物、畜禽粪便、工业固废、电子废弃物。

14.“六新”：新型材料、清洁能源、装备制造、数字信息、现代化工、轻工纺织。

15.“六特”：葡萄酒、枸杞、牛奶、肉牛、滩羊、冷凉蔬菜。

16.“六优”：文化旅游、现代物流、现代金融、健康养老、电子商务、会展博览。

17.项目“五比”活动：春比开工、夏比建设、秋比成果、冬比储备、全年比质效。

18.“四水四定”：以水定城、以水定地、以水定人、以水定产。

中国人民政治协商会议
中宁县第十三届委员会常务委员会工作报告

——在政协中宁县第十三届委员会第三次会议上

（2023 年 12 月 20 日）

中宁县政协副主席　张光旭

各位委员：

我代表政协中宁县第十三届委员会常务委员会，向大会报告十三届二次会议以来的工作，请予审议，并请列席会议的同志提出意见。

2023 年工作回顾

2023 年是全面贯彻中共二十大精神的开局之年，是三年新冠疫情防控转段后经济恢复发展的一年。在即将过去的一年里，全县上下勠力同心、克难奋进，推动县域经济社会高质量发展取得新成就，谱写了中国式现代化建设中宁发展新篇章。

一年来，在县委的坚强领导下，县政协常委会坚持以习近平新时代中国特色社会主义思想为指导，认真学习贯彻中共二十大和习近平总书记视察宁夏重要讲话和重要指示批示精神，充分发挥专门协商机构作用，围绕中心谏良言、紧扣大局谋实策、团结各界聚合力，为扎实推进中宁经济社会高质量发展做出了积极贡献。

一、提高政治能力，思想政治基础更加牢固

一年来，县政协常委会旗帜鲜明讲政治，坚持政治引领和党的建设一体推进，不断筑牢共同团结奋斗的思想政治基础。

（一）始终不渝坚持中国共产党的领导。把中国共产党对政协工作的全面领导作为必须恪守的最高政治原则，不断增强“四个意识”，坚定“四个自信”，做到“两个维护”，以实际行动捍卫“两个确立”，始终在政治立场、政治方向、政治原则、政治道路上同以习近平同志为核心的中共中央保持高度一致。严格落实重大事项请示报告制度，凡政协举办的重大活动、开展的重点工作、提出的重要建议都及时向县委请示报告，始终与县委在思想上同心、工作上同步、行动上同频，自觉把中共中央决策部署及区、市、县党委工作要求通过民主程序转化为协商实践，坚决扛起“落实下去”和“凝聚起来”的政治责任。

（二）持之以恒强化理论武装。始终坚持“第一议题”学习制度，充分发挥政协党组理论学习中心组示范带动作用，综合运用政协主席会议、常委会议、委员集中培训等多种形式，把学习贯彻习近平新时代中国特色社会主义思想主题教育同学习中共二十大精神、习近平总书记关于加强和改进人民政协工作的重要思想、区市县党代会以及历次全会精神等一体推进、一体融合、一体贯通，做到“必读篇”深学细悟、“宁夏篇”常学常新、“最新篇”及时跟进，在理论滋养中深化认识，在实践感悟中提升素质，不断提高政治判断力、政治领悟力和政治执行力。

（三）坚持不懈抓实党建引领。政协党组切实履行党要管党、全面从严治党政治责任，充分发挥在政协工作中的重要领导作用，把方向、谋全局、促落实。一年来，共召开党组会议10次，专题研究政协党的建设、意识形态、党风廉政建设等工作，专门听取机关党组、专委会功能型党支部工作情况汇报，以党建制度建设为抓手，健全完善党组工作规则等多项制度，每次开展专题调研、组织外出考察，都成立临时党支部，抓严抓实思想政治引领和纪律约束，把党的领导贯穿履行职能全过程，确保党的路线方针政策得到全面贯彻落实。

二、突出协商主责，建言资政成果更加丰硕

一年来，县政协常委会坚持围绕中心、服务大局，谋协商之举，尽建言之责，为推动中宁经济社会高质量发展献计出力。

（一）聚焦中心工作建言资政。认真贯彻县委十五届四次全委会议决策部署，充分发挥政协全委会议协商议政平台作用。在县政协十三届二次会议期间，组织全体委员围绕县委关于打造“六个示范县”部署，紧抓产业支撑、改革创新、生态建设、乡村振兴、改善民生、县域治理、创新和改进政协工作等重大重要事项，展开热烈协商讨论，共提出意见建议120余条，经整理归并为8个方面26条，为县委、政府及时了解民情、掌握民意、优化决策、推动工作提供了有益参考。

（二）紧扣重点任务调研献策。始终坚持“县委想什么，政协议什么”，“政府忙什么，政协帮什么”，围绕县委、政府年度工作安排，科学制订2023年协商民主计划。突出问题导向，大兴调查研究，把调研作为履行职能的“压舱石”和“拿手戏”，秉持“不学习就不调研，不调研就不协商”原则，坚持在每项调研之前，都先召集委员举办专题培训，诚邀被调研部门领导和专家，阐释国家法律法规和方针政策、介绍目前推进情况和存在问题，把知情明政的功课做深做足。改进调研方法，提高调研水平，变“大队伍”为“小分队”，变“坐会场”为“走现场”，真正走下去开展“沉浸式”“嵌入式”调研，力求掌握真情实况。一年来，县政协常委会先后就优化营商环境、深化土地经营权改革、文化体育设施运行管理、增加农民收入、提升社区治理能力开展专题调研5项，就水环境治理、重点提案办理落实情况开展专题视察2项，召开专题议政性常委会议和专题协商座谈会7次，撰写报送高质量协商报告7篇，提出意见建议63条，均得到县委、政府主要领导批示，为县委科学决策、政府推进落实提供了有益参考。

（三）围绕民生实事协商出力。紧抓涉及多个部门、关乎群众利益的急难愁盼问题，认真开展形式多样的微协商，丰富了协商格局，提高了协商实效。一年来，依托业已建成的界别委员工作室和委员联络小组，先后就“推进县级公立医院重点专科高质量发展”“加快县域紧密型医共体信息化建设”2件重点提案开展了界别协商；就“打造县城内精品文化墙”“为宣传文化中心安装电梯”等4件重点提案举行了提案办理协商；就“创新金融服务破解中小微企业融资难”和“将义务阶段中小学校基层工会经费纳入财政预算”2件重要提案举行了“有事好商量”协商。针对广大教师普遍关注的“重视中小学教师健康状况”的提案，召集教体、财政、工会等部门，通过“有事好商量”协商，并经县人民政府专题会议研究，想方设法，筹措资金，有序完成3911名教师健康体检工作，让广大教师的长久渴盼得到了满足。

三、树牢为民情怀，助力民生改善更加有力

一年来，县政协常委会把关注民生、纾解民困贯穿于履职各方面，做到献计出力解民忧、竭诚办事聚民心。

（一）拓展平台延伸协商议事触角。制订《中宁县政协委员联络小组工作实施方案》，依托安定、南苑、裕民、振兴4个社区，建成4个政协委员联络小组，健全医药、文化等6个界别委员工作室运行机制，指导建立雍跃文、张永生等6个委员会客室，常态化开展“六个一”活动，拓展了界别委员政治参与渠道，促进了政协协商与基层协商有效衔接。有效聚合政协人才优势和文艺专长，在余丁乡黄羊古落成功打造区市县三级政协委员实践基地和中宁县政协委员特色工作室，适时组织文艺、经济界别委员开展写生书法交流、社情民意征集等活动，以委员之长、政协之能为乡村文化振兴赋能助力。

（二）多措并举强化提案办理质量。切实加大提案督办力度，坚持县委、政府主要领导和县政协领导领衔督办重点提案制度，县委书记何建勃同志亲自领衔督办《关于营造重企、亲企、爱企、安企营商环境的提案》，多次深入企业、窗口单位调研，主持召开民营经济高质量发展座谈会、政银企座谈会，督促相关部门按期解决企业反映的难点堵点问题，推动了全县营商环境的优化和提升。县长周永根在领衔督办《关于加快我县公立医院重点专科高质量发展的提案》过程中，主持政府常务会议专题研究，全力推动提案办理落实。县政协领导从“提、立、办、督、评”等各环节全程跟踪，采取实地调研、现场察看、专题协商等形式加强督办。县政协各专委会分工督办对口领域提案，增强了督办提案的合力。县政协十三届二次会议审立的45件提案，已经办结41件，办结率91.1%，委员满意率98%。

（三）务实做好社情民意反映工作。召开社情民意信息工作座谈会，制定《县政协反映社情民意信息工作规则》，鼓励委员利用调研、视察、界别委员协商、委员联络小组活动等时机收集社情民意信息。一年来，收到委员报送的社情民意信息稿件40余件，经整理向县委呈报23件，县委、政府主要领导作出批示并转相关部门办理落实16件，向市政协报送21件，向自治区政协报送6件，被采用3件，其中“关于加快整合信息系统、破除营商环境堵点的建议”，被自治区政协采用后以“宁夏政协信息”的方式报送到全国政协；“关于恢复举办红枸杞原创音乐会的建议”被自治区政协采用，并转自治区文化和旅游厅向提议委员作出函复。政协社情民意上达党政领导、下联普通群众的“直通车”作用得到体现，在全区政协社情民意信息工作座谈会上做了经验交流发言。

（四）躬身实践增强履职为民成色。始终坚持党有所令、我有所应，认真贯彻落实区、市、县党委历次全会精神，在自治区党委十三届四次全会召开后，政协班子成员闻声而动、听令而行，认真学习贯彻“1+37+8”系列文件精神，深入包抓乡镇、企业、村组，对涉及领域安全隐患进行细致排查，56名县政协委员主动请缨兼任安全生产监督员，常态化开展安全生产监督检查。始终坚持民有所盼、我有所为，县政协班子成员把“四下基层”过程作为解民忧、纾民困的过程，不遗余力做好事、尽心竭力办实事，帮助恩和镇建成我县首个标准化劳务驿站。积极争取民建中央中华思源工程，为15所中小学校16个社区捐建共93万元的“云+图书馆”。联系发动市、县企业家和政协委员奉献爱心、慷慨捐资，资助15名家庭经济困难大学生圆梦大学教育。全力参与中宁县慈善总会筹建工作，鼓励委员和爱心企业扬善举、捐善款、济危困。联合自治区政协医药卫生界委员和县政协委员到喊叫水乡康湾新村，开展“为民服务”健康义诊活动，走访慰问生活困难家庭，送去慰问金和生活物资，躬身实践人民政协为人民的履职宗旨。

四、把握两大主题，团结民主氛围更加浓厚

一年来，县政协常委会始终坚持发扬民主和增进团结相互贯通，努力把团结力量、凝聚人心的工作做深做实，为中宁高质量发展汇聚向心力、增添正能量。

（一）增进合作共事汇聚发展合力。认真遵循“长期共存，互相监督，肝胆相照，荣辱与共”的方针，安排各界代表人士参加政协开展的调研视察、学习考察等活动，鼓励各民主党派、无党派人士利用政协平台发表意见和主张，为他们参政议政营造宽松的履职环境。县政协班子成员心为发展想、力为发展出，深入少数民族聚居乡村开展调研，帮助解决产业培育、道路修建、农产品销售等方面困难和问题，以实际行动促进铸牢中华民族共同体意识示范县建设。立足政协大团结、大联合的本质特征，坚持多交朋友、广交朋友，鼓励支持朱金忠、王方舟等委员外出招商，延链补链上项目、做大规模强实力，在建设中宁、发展中宁的壮阔实践中凸显企业家委员的时代风采。

（二）创新载体路径凝聚发展共识。认真贯彻习近平总书记关于“健全委员联系界别群众制度机制”指示要求，严格落实政协党组成员联系民主党派成员、中共党员委员联系党外委员制度，各专委会通过谈心谈话、走访看望、座谈交流等方式，密切与委员联系，增进与委员沟通，走访联系委员100多人次。一年来，共举办功能型党支部学习座谈会13次、委员大讲堂4期、书香政协读书交流8次，把凝聚共识工作不断引向深入。县政协班子成员深入包抓乡镇（村）、企业、社区开展主题宣讲，用党的创新理论、中宁发展的鲜活实践引领各界群众一心一意跟党走、同心同德促发展。

（三）扩大联谊交流树好中宁形象。持续强化协作配合，推动纵向横向联动，配合区、市政协完成深化科技支宁东西部合作促进科技合作引领区建设、严格耕地资源保护夯实粮食安全根基、建设生态环境保护示范市等专题调研18次。组织专委会负责人前往银川市金凤区、兴庆区和吴忠市利通区参观学习黄河文化传承与保护、政协委员联络小组建设等方面经验和做法，热情接待了湖南湘西、广西东兴等区内外政协考察调研20余次，在相互交流中加强了对外宣传，树立了中宁形象。

五、坚持守正创新，政协自身建设更加有效

一年来，县政协常委会坚持委员和机关干部“两支队伍”一体建设，健全制度和改进作风协同发力，为政协事业发展注入新活力、提供硬支撑。

（一）提升履职能力，务求会协商、善议政。坚持发扬人民政协崇尚学习、坚持学习的优良传统，把加强学习培训作为提升履职能力的关键举措，组织班子成员参加区、市政协理论知识轮训，安排5名专委会负责人赴外参加提升履职能力专题培训。完善线上线下、分期轮训机制，组织全体委员集中培训4期，邀请自治区政协理论专家举办专题讲座，就全过程人民民主、提案撰写、社情民意反映、政协信息化建设等进行解读和阐释，为全体委员和机关干部发放《政协提案工作读本》等学习资料，按期编印下发《中宁政协》刊物，选登政协工作知识，构筑了全方位、立体化学习培训格局，为全面增强履职本领、深度践行协商民主奠定了坚实基础。

（二）健全制度机制，务求守纪律、讲规矩。修订完善《政协中宁县委员会委员履职考核办法》，健全委员履职保障、考核、退出等制度，根据委员履职表现，客观公正考核评分，及时通报考核结果，对履职不积极、建言成果少的16名委员进行约谈。利用全委会议时机对评选出的20名优秀委员进行通报表扬，激发了委员履职积极性和主动性。结合主题教育要求，本着查漏补缺的原则，进一步修订了《县政协常委会议事规则》等6项制度，同步修订完善机关公文办理和财务管理等方面内控制度13项，出台《政协机关干部职工日常行为管理规范》，形成以制度管人、靠制度管事的格局。

（三）改进纪律作风，务求做表率、树形象。锲而不舍贯彻落实中央八项规定及其实施细则，厉行节约、反对浪费，严控“三公”经费支出，坚持民主集中制和“三重一大”事项集体决策制度，坚决反对形式主义、官僚主义，精简会议文件，坚持实行周例会制度，各委办周初定计划、周末报进度，推进各项工作按预定计划落实到位。深入开展纠治形式主义、官僚主义专项整治，以“严细深实勤俭廉+快”的工作作风，努力打造信念坚定、素质过硬、服务优良的干部队伍，保障了政协事业持续稳步向前发展。

各位委员，一年来县政协工作取得的成绩，是县委正确领导的结果，是县人大常委会、县人民政府和各有关部门、乡镇鼎力支持的结果，是政协各参加单位和全体政协委员团结奋斗的结果。在此，我代表县政协常委会，向关心、支持政协工作的全县各级党政组织和社会各界人士，向政协各参加单位和广大政协委员表示衷心的感谢和诚挚的敬意！

在肯定成绩的同时，也清醒地认识到，与新时代人民政协工作的新要求相比，我们的工作还存在一些不足，主要是部分调研成果质量不高，协商建议前瞻性不强；政协协商与基层协商有效衔接制度机制还不够健全；一些委员发挥履职主体作用还不够充分；等等。对于这些问题，我们将在今后工作中高度重视并切实加以改进。

2024 年工作思路

2024 年是全面贯彻落实中共二十大精神的关键之年，是深入实施“十四五”规划的攻坚之年，也是中国人民政治协商会议成立 75 周年。县政协工作的总体要求是：以习近平新时代中国特色社会主义思想为指导，全面贯彻落实中共二十大精神，深入贯彻落实习近平总书记关于加强和改进人民政协工作重要思想、习近平总书记视察宁夏重要讲话和重要指示批示精神，以铸牢中华民族共同体意识为主线，坚持建言资政和凝聚共识双向发力，全面提升政治协商、民主监督、参政议政水平，更加广泛凝聚共识，为奋力谱写中国式现代化中宁篇章贡献政协智慧和力量。

一、把握政协之“政”，在强化政治引领上取得新成效

巩固深化学习贯彻习近平新时代中国特色社会主义思想主题教育成果，全面系统学习中国共产党的创新理论，引导广大政协委员准确把握中共二十大对人民政协工作的新部署新要求，始终做到在思想上政治上行动上同以习近平同志为核心的中共中央保持高度一致。自觉接受县委的全面领导，坚决执行重要工作和重大事项请示报告制度。充分发挥政协党组把方向、管大局、保落实的领导作用，全面推进县政协机关以及专委会功能型党支部党的建设工作，为推进协商民主事业高质量发展提供坚强政治保证。

二、把握协力之“协”，在服务高质量发展上做出新贡献

围绕建设“六个示范县”目标任务，主动担当作为，认真履职尽责。要聚焦大事，提升建言资政精准度。紧扣县委、政府中心工作，围绕“中宁枸杞”农产品地理标志保护等，精心组织开展协商议政调研，努力为县委、政府科学决策建真言、谋良策、出实招。围绕构建铸牢中华民族共同体意识示范县建设，对推动各民族交往交流交融、提升民族事务管理体系和治理能力现代化开展调研协商，积极建言献策，助力夯实聚同化异的思想、社会基础。要关注要事，增强民主监督实效性。围绕安全生产、生态保护、项目建设等重点领域改革、重大工作推进、重要决策部署落实，有计划开展“互联网 +”监督、视察监督等民主监督活动，以高质量的民主监督为高质量发展保驾护航。要紧盯实事，提高协商议事含金量。瞄准社会治理中的热点难点，以及群众普遍关切的空白点、薄弱点，发挥“有事好商量”“界别协商”“对口协商”、社区委员联络小组等协商议事平台作用，开展多层次、广角度的协商议事活动，凝聚各方智慧，找准制约因素，寻求破解良方，以高水平协商助推高质量发展。

三、把握协商之“责”，在改善民计民生上彰显新作为

树牢树深以人民为中心的履职思想，倾力增进民生福祉。要真情助推民生改善，围绕人民群众普遍关心的教育医疗、环境治理等重大民生问题，深入调查研究，提出对策建议，以实际行动增强人民群众的获得感、幸福感、安全感。要真诚反映群众关切，通过大会发言、提案、社情民意信息等形式，及时反映不同阶层、不同群体的意见和诉求，更好维护群众利益，协助县委、政府做好协调关系、理顺情绪、化解矛盾的工作。要真心关爱困难群体，广泛动员政协委员和社会各界力量，多谋民生之利，多解民生之忧。引导委员发挥专长优势，踊跃开展送医送教、法律援助、文艺下乡等志愿服务活动，让人民群众真切感受到人民政协离自己很近，政协委员就在身边。

四、把握引领之“要”，在广泛凝聚共识上谱写新篇章

丰富凝聚共识载体，延伸团结联谊触角，深化与民主党派、工商联和无党派人士的合作共事，加强与民族宗教界、非公经济和新的社会阶层人士的交流联系，广泛动员各参加单位和广大政协委员在全县各条战线、各项工作中主动担当、积极作为，努力让更多有志之士、有识之士、有为之士，瞄准靶心、同向发力，形成一批助力发展的金点子，聚集一股助力发展的正能量。与时俱进丰富《中宁政协》季刊板块和内容，传播中宁政协好声音。主动接受区市政协工作指导，密切对外交流合作，利用好媒体平台，更好地展示政协履职成果和委员风采。

五、把握履职之“基”，在加强自身建设上再树新形象

突出抓好常委队伍建设，发挥政协常委模范带头作用，打造引领政协履职的“领头雁”。着力提升机关效能，持续开展“改作风，谋发展，争先进”专项行动，修订完善相关工作制度和内控制度，深入推进“书香政协”建设，办好用好政协履职通 APP 中宁板块，切实增强委员和机关干部服务能力和水平。积极响应自治区政协争创一流的履职号召，认真落实各项任务分工，勤勉履职，争先晋位。严格执行《委员履职考核办法》，完善委员履职评价及激励机制。引导广大政协委员牢记履职为民使命，扛起实干担当职责，带头干事创业、遵法守纪、倡导新风，争当守纪律、讲规矩、重品行的表率。

各位委员、同志们，团结汇聚力量，奋斗成就辉煌。站在新的历史起点，让我们更加紧密地团结在以习近平同志为核心的中共中央周围，在县委的坚强领导下，以更高的政治站位、更强的使命担当、更实的方法举措、更优的工作成效，奋发有为、砥砺前行，努力开创政协工作新局面，为奋力谱写中国式现代化中宁篇章做出新的更大贡献！

坚决贯彻习近平总书记关于党的自我革命的重要思想 以高质量纪检监察工作保障中国式现代化发展中宁篇章

——在中宁县纪委第十五届四次全体会议上的工作报告

（2024 年 2 月 7 日）

黄宗浩

同志们：

我代表县纪委常委会向第四次全体会议作工作报告，请予审议。

这次全会的主要任务是：深入学习贯彻习近平新时代中国特色社会主义思想，全面贯彻党的二十大和二十届二中全会精神，认真落实二十届中央纪委三次全会、自治区第十三次党代会及历次全会、自治区纪委十三届三次全会、市第五次党代会及历次全会、市纪委五届四次全会和县委十五届历次全会安排部署，总结 2023 年纪检监察工作，部署 2024 年工作任务。一会儿，市人大常委会副主任、县委书记何建勃同志就深入学习贯彻习近平总书记关于党的自我革命的重要思想、以永远在路上的坚定执着把全面从严治党引向深入作出安排部署、提出具体要求，我们要认真学习领会、坚决抓好贯彻落实。

2023 年工作回顾

2023 年是全面贯彻落实党的二十大精神的开局之年，也是三年新冠疫情防控转段后经济恢复发展的一年。县委深入贯彻落实习近平总书记重要讲话和重要指示批示精神以及党中央重大决策部署，紧紧围绕铸牢中华民族共同体意识这条主线，坚持和加强党的全面领导，坚决履行管党治党政治责任，发扬彻底的自我革命精神，一刻不停推进全面从严治党，高效统筹发展和安全、环保、民生，全县经济社会在高质量发展新征程上迈出了坚实步伐。在上级纪委监委和县委的领导下，全县纪检监察组织以开展学习贯彻习近平新时代中国特色社会主义思想主题教育和纪检监察干部队伍教育整顿为先导，忠诚履行党章和宪法赋予的职责，坚定不移强化政治监督、正风肃纪反腐，从严从实加强自身建设，纪检监察工作高质量发展取得新进展新成效。县纪委监委被推荐为全国纪检监察系统先进集体。

一、扎实开展主题教育和教育整顿，坚定不移推进党的自我革命

凝心铸魂强根基。严格落实“第一议题”制度，跟进学习习近平总书记重要讲话和重要指示批示精神，扎实开展“四大”活动，深化运用“双随机”交流研讨机制，县纪委常委会、理论学习中心组集体学习35次，交流研讨200余人次，切实用习近平新时代中国特色社会主义思想武装头脑、指导实践、统领纪检监察一切工作。纪委常委会班子成员带头讲廉政党课、做廉政报告、领题调研，组织干部赴彭阳县接受革命传统教育，引导纪检监察干部在以学铸魂、以学增智、以学正风、以学促干方面取得实效。牵头推进全县主题教育整改整治工作，检视整改问题253个，以强烈的使命担当推动问题有效解决。

严管严治铸铁军。坚持严的标准和实的要求相统一，建立教育整顿边学习、边整改、边提升工作机制，严格落实“四必谈”制度，谈心谈话721人次，谈心谈话、责任约谈、同事帮谈等谈话方式得到区市督导组的肯定。督促全体纪检监察干部对照“六个是否”深入开展自查自纠4轮（次），整改问题360余个。扎实开展涉政网络言行、案件质量问题、违规办案行为等7个专项整治，修订完善纪检监察干部重要情况报告报备、打听干预案情处理等8项制度，推动严管严治常态长效。一体抓好中央和区市教育整顿督导组反馈意见整改落实，制定整改清单12份、整改措施131条，确保抓到底、改到位，我县教育整顿工作被评估为全区优秀等次。

自剜腐肉强肌体。坚持严字当头、一严到底，全面起底梳理党的十八大以来反映纪检监察干部的问题线索31件32人次，对3件反映集中、问题突出的问题线索进行复查复核。加快推进跟踪督办和移交线索办理，受理处置问题线索8件，立案1件，给予党纪政务处分1人，组织处理2人，清理出队伍2人，以最鲜明的态度、最有力的举措、最果断的行动坚决清理门户、纯洁组织，严防“灯下黑”。

二、突出抓好政治监督，坚决扛稳“两个维护”政治责任

聚焦重点推动监督具体化。始终把学习贯彻习近平新时代中国特色社会主义思想作为首要政治任务，综合运用专题辅导、党课宣讲、研讨交流等多种方式，深学细悟党的二十大精神、习近平总书记重要讲话和重要指示批示精神。紧紧围绕新时代新征程党的使命任务，坚决扛起“两个维护”政治责任，把加强对贯彻落实党的二十大战略部署情况、自治区党委决策部署落实情况、一把手和领导班子履行职责情况作为年度监督重点，紧盯自治区纪委监委确定的“3个加强，15个围绕，26个聚焦”政治监督工作重点，细化3个方面25项监督内容，处理处分37人，责任约谈33人，推动整改问题9类77项。确定“移民致富提升行动”为监督主题，发现问题线索14条，组织处理4人，推动解决压砂地退出后土地流转等6个问题。

纠治问题推动监督精准化。健全完善贯彻落实习近平总书记重要讲话和重要指示批示精神“回头看”机制，把政治监督融入全县改革发展稳定工作各环节，深入推进耕地保护领域突出问题整改整治，持续深化粮食购销领域腐败问题专项整治，配合开展医药、统计等领域专项治理，开展监督检查12次，发现问题11个，督促修订完善长效监管制度12项。聚焦重点领域安全隐患排查整治开展监督检查，下发督查通报2期，会同组织部门建立安全生产责任落实干部“调”“究”机制，对作风飘浮、推诿扯皮等问题问责处理13人。严肃查处北山非法采矿严重违纪违法案件，处理处分12人。

督促落实推动监督常态化。深刻把握政治监督的内在规律，综合运用督查督办、专项整治等方式，建立健全台账管理、动态跟踪、限期办结、督查问责、“回头看”等措施制度，确保监督责任不空转、工作推进不断档、整改整治有实效。严肃查处对重大决策部署不敬畏、不在乎，脱离实际、弄虚作假，不担当不作为、敷衍塞责等问题，问责处理履行安全生产责任不到位的党员干部18人。

三、同向发力一体推进“三不腐”，标本兼治提升治理效能

始终保持高压态势。坚持以雷霆之势反腐惩恶，持续加大案件查办力度。全县纪检监察组织共处置问题线索384件，立案51人，给予党纪政务处分55人，组织处理129人，留置2人，收缴违纪违法资金57.5万元，严肃查处杨斌、田浩等严重违纪违法案件，确保零容忍震慑常在、坚决惩治力量不减。

持续深化以案促改。聚焦重点领域腐败案件暴露出的深层次问题，制发纪检监察建议书13份，下发工作提示函16份，推动国企、粮食等领域职能部门健全防治腐败滋生蔓延的体制机制，实现从个案清除、重点惩治向系统整治、全域治理提升转变。

不断培树清风正气。坚持把廉洁文化与基层治理、行业治理、家风培养等结合起来，创新建立“1+1+2+3+N”廉洁文化新模式，实施廉洁文化建设“五大工程”，巩固提升“清廉剧社”廉洁文化品牌，建成“杞乡清风”展厅、廉洁文化广场、廉洁文化公交线路，打造舟塔乡新时代文明实践所展馆、新堡镇刘庄村特色小游园等廉洁文化阵地，推动形成廉洁文化无处不在、润物无声的浓厚氛围。扎实开展“廉政警示教育周”系列活动，通过召开廉政警示教育大会、组织观看警示教育片、开展集体廉政谈话等多种形式，不断增强党员干部拒腐防变免疫力。

四、持续纠治“四风”，促进新风正气在新时代不断充盈

驰而不息纠治“四风”顽疾。深化落实中央八项规定及其实施细则精神，严格执行自治区“八条禁令”，对反复性顽固性、改头换面、隐蔽性问题露头就打、决不姑息。加强对落实中央八项规定精神的监督检查，发现问题19个，处理处分27人。精准有力开展纠治形式主义、官僚主义专项整治，督促全县各级党组织自查整改问题1509个，查处问题线索5起，处理处分9人。同步核查党员和国家公职人员酒驾醉驾及背后的“四风”问题，处理处分11人。

推进重点领域专项治理。深入开展教育领域侵害群众利益不正之风专项治理，受理问题线索19件，处理处分11人，不断净化教书育人良好环境。开展国有企业“靠企吃企”专项治理，监督检查5次，发现问题25个，提出整改建议45条，督促各企业自查整改问题40个，推动国有企业保持健康有序发展势头。扎实推进乡村振兴领域腐败和作风问题专项治理，受理处置问题线索33件，处理处分14人，以正风肃纪新成效加快推进乡村振兴步伐越迈越稳。深化基层小微权力"监督一点通"服务平台应用，处理举报投诉12件，开展深化重复举报治理和业务范围外信访事项化解专项活动，化解重复举报典型案件4件，有效解决群众合理诉求。

持续优化营商环境。促进民营经济发展，组织81名民营企业负责人到中卫市全面从严治党教育基地接受警示教育、参观廉洁文化展、观看警示教育片，不断提升民营企业家守法经营意识。召开优化营商环境座谈会，选取10家民营企业作为监测点，实行班子成员与监测点企业项目"一对一"结对联系机制，跟踪惠企政策落实、"放管服"改革、监督执法等情况，督促解决问题2批54件，为全县营商环境提供坚强的纪律作风保障。

五、着力加强党的纪律建设，推动遵规守纪成为行动自觉

开展经常性纪律教育。把纪律建设摆在更加突出位置，推动全县各级党组织把党章党规党纪教育作为必修课，以多种方式加强党员干部纪律教育和廉政教育。常态化开展新任职干部廉政谈话，从严从实加强年轻干部纪法教育。做深做实案件查办"后半篇文章"，督促27个党组织召开违纪违法党员干部宣布处分决定会议，责成2个党组织召开民主生活会、组织生活会，指导9个党组织整改问题29个，推动建立健全制度4项。

增强纪律执行刚性约束。加强对党章党规党纪执行情况的监督检查，严肃查处违反和破坏党内法规制度行为。紧盯全面从严治党突出问题，综合运用政治生态分析研判、党风廉政建设责任制考核、一把手述责述廉等方式，压紧压实党委（党组）管党治党政治责任，做深做细对党员干部的经常性监督。严把党风廉政意见回复关，审慎回复党风廉政意见2830人次，提出暂缓或否定性意见8人次。坚持常态化案件评查，采取"专项抽查+集中评查"等方式，及时通报反馈案件评查发现的问题，督促整改落实，以案件质量提升推进纪检监察工作规范化、法治化、正规化。

精准规范运用"四种形态"。准确把握政策策略，运用监督执纪"四种形态"批评教育帮助和处理343人次，四种形态分别占比83.90%、13.18%、1.75%、1.17%，监督执纪由"惩治极少数"向"管住大多数"有效拓展。坚持激励约束并重、严管厚爱结合，严格落实"三个区分开来"，为4名受失实检举控告党员干部及时澄清正名，对68名受处理处分党员干部开展回访教育，以风清气正的政治生态激发干部干事创业内生动力。

六、巩固深化政治巡察，有力发挥巡察利剑作用

稳步推进政治巡察。全面贯彻巡视工作方针，修订县委巡察工作5年规划，制定完善组织领导、业务指导、队伍建设等10项制度，为充分发挥巡察利剑作用提供保障。围绕"四个聚焦"开展3轮对17个乡镇、部门（单位）的常规巡察，同步开展意识形态专项检查，共发现问题608个，移交问题线索5件，推动解决立行立改事项14件，向相关职能部门移交巡察整改建议16条，督促健全制度办法66项。

深化运用整改成果。认真落实自治区党委

关于加强巡察整改和成果运用的实施办法，压实被巡察党组织整改主体责任。联合县委组织部、县委巡察办对十五届县委巡察整改情况回访督查，督促整改问题545个，整改完成率90%。认真配合自治区党委第一巡视组巡视中宁工作，积极自查整改问题27个，办结移交信访件37件，办结率86.04%。工作成效得到自治区第一巡视组的充分肯定。

完善贯通协同机制。推进巡察与纪律、监察、派驻监督统筹衔接，建立完善与组织、财政、统计等部门协作机制，持续深化“纪巡审”“纪法巡”贯通协同联动。探索制定纪检监察监督巡察监督与审计监督贯通协同工作机制，推动各类监督贯通协同，形成常态长效监督合力。

七、深入推进体制改革，推动监督体系更加健全完善

深化纪检监察体制改革。深入落实《纪检监察机关派驻机构工作规则》，进一步优化调整派驻监督范围。加强乡镇纪委建设，制定乡镇纪检监察组织建设、村监会规范化实施办法。统筹监督力量，有效发挥“组组”协同监督、“室组”联动监督、“室组地”联合办案优势，协作区联合查办案件77件，立案8人，给予党纪政务处分6人，组织处理12人次。完成全县69名监察官等级首次确定工作。

数字赋能提升监督质效。加快推进数字纪检监察体系建设，深化运用“杞乡清风”智慧监督执纪大数据平台，更新基础数据7万余条，惠民资金数据80余万条，处理投诉举报16件，比对异常数据600余条，交办核查36人，追缴违规资金12万元。以大数据赋能监督执纪执法拓展延伸，建成一把手和领导班子数字化监督平台，警戒谈话2人，组织处理65人。深化运用大数据平台，数字赋能一把手和领导班子监督工作荣获全区纪检监察特色亮点工作优秀等次。

加强纪检监察制度建设。制定加强“四项监督”统筹衔接分工意见，推动各类监督在决策部署指挥、资源力量整合、措施手段运用上统筹更有力、衔接更顺畅。召开全县纪检监察机关执纪执法工作互查互评通报暨整改部署会、提升问题线索办理质效工作推进会、办案安全工作推进会，有力推动重点案件查办质效，修订完善案件质量评查、信访举报线索管理等8项制度，不断健全内容科学、程序严密、配套完备、运行有效的纪检监察制度体系。

八、全面强化自身建设，综合能力显著提升

加强党的政治建设。持续加强纪委常委会自身建设，认真贯彻常委会工作规则，推动常委会决策民主化、科学化、规范化。严格执行请示报告制度，及时主动向上级纪委监委和县委请示报告重大事项、重大案件、重要工作。从严从实落实意识形态工作责任制，确保意识形态领域绝对安全。坚持以党建引领纪检监察工作，严格落实“三强九严”工程，着力推进党建工作标准化规范化建设。

强化队伍教育管理。认真落实新时代纪检监察干部监督工作实施意见，认真执行重要情况报告报备、“十带头十严禁”行为规范等制度。深入开展“执纪执法形象”专项整治活动，动态更新纪检监察干部廉政档案，班子成员深入干部家中开展“廉政家访”，推进“八小时外”监管落地见效，着力把队伍建强、让干部过硬。

提升干部能力素质。深入开展“纪检监察工作规范化法治化正规化建设年”活动，组织业务培训17次，9名干部到上级部门跟班学习。鼓励干部“练笔写作”，50余篇信息被中国纪检监察报、宁夏纪检监察信息等采用，信息宣传工作位列全区22个县（区）第二，1人获全区“优秀审理人”称号。班子成员围绕21项课题开展调研，《关于加强乡镇纪检监察组织建设的对策研究》获评全区纪检监察系统优秀调研报告。

一年来，全县纪检监察组织和全体纪检监察干部踔厉奋发、锐意进取，纪检监察工作不断取得新成效、展现新作为。但我们也要清醒认识到，纪检监察工作和干部队伍建设还存在一些问题和不足，主要表现在：政治监督在具体化精准化常态化上仍需下功夫；案件查办的力度还不够大，震慑效应尚未完全彰显；派驻机构和乡镇纪委监督作用发挥不明显，工作质效还有待进一步提升；个别纪检监察干部的能力素质还不完全适应新形势新任务的要求等。这些问题，必须引起高度重视、切实加以解决。

2024年主要工作

2024年是中华人民共和国成立75周年，是实现“十四五”规划目标任务的关键一年，做好今年工作十分重要。习近平总书记在二十届中央纪委三次全会上的重要讲话，站在新征程党和国家事业发展战略全局的高度，深入分析当前面临的形势任务和风险挑战，深刻阐述党的自我革命重大理论和实践问题，明确提出“九个以”的实践要求，对持续发力、纵深推进反腐败斗争作出战略部署，为新征程更加自觉推进全面从严治党、以伟大自我革命引领伟大社会革命提供了根本指引。二十届中央纪委三次全会、自治区纪委十三届三次全会、市纪委五届四次全会工作报告，全面贯彻落实党的二十大和习近平总书记重要讲话精神，对今年党风廉政建设和反腐败工作作出安排部署，为我们纵深推进全面从严治党、党风廉政建设和反腐败工作明确了努力方向、提供了系统指导。全县纪检监察组织要深入学习领会、认真贯彻落实，深学细悟习近平总书记关于党的自我革命的重要思想，准确把握这一重要思想的精髓要义、实践要求，自觉贯彻到纪检监察工作全过程各方面，以更加彻底的自我革命精神应对“四大考验”、战胜“四种危险”，在维护党的领导、督促落实党的路线方针政策、捍卫党的先进性纯洁性上忠诚履职、担当尽责。要主动围绕中心、服务大局，坚持做到党中央决策部署到哪里，政治监督就跟进到哪里，找准找实服务保障经济社会高质量发展的切入点和着力点，确保党中央决策部署和区市县党委工作要求落到实处、见到实效。保持惩治腐败高压态势，把严的基调、严的措施、严的氛围长期坚持下去，坚决铲除腐败滋生的土壤和条件，努力营造干部清正、政府清廉、政治清明、社会清朗的政治生态。

今年纪检监察工作的总体要求是：坚持以习近平新时代中国特色社会主义思想为指导，全面贯彻党的二十大精神、二十届二中全会精神，认真落实二十届中央纪委三次全会部署要求，深入学习贯彻习近平总书记关于党的自我革命的重要思想，坚决落实全面从严治党战略方针，深刻领悟“两个确立”的决定性意义，自觉增强“四个意识”、坚定“四个自信”、做到“两个维护”，围绕自治区第十三次党代会及历次全会、自治区纪委十三届三次全会、市第五次党代会及历次全会、市纪委五届四次全会和县委十五届历次全会工作要求，坚持稳中求进工作总基调，以铸牢中华民族共同体意识为工作主线，巩固拓展主题教育和教育整顿成果，忠诚履行党章和宪法赋予的职责，推动健全全面从严治党体系，纵深推进正风肃纪反腐，以深入开展“政治监督深化年”“治理效能提升年”“铁军队伍锻造年”活动为重要抓手，争创数字纪检监察示范县，奋力推进新征程纪检监察工作高质量发展，为中国式现代化发展中宁篇章提供坚强保障。

一、聚焦深化拓展主题教育成果，持续深入用习近平新时代中国特色社会主义思想凝心铸魂

在深化上下功夫。坚持把学习贯彻习近平新时代中国特色社会主义思想作为必修课和基本功，常态化落实“第一议题”制度和“双随机”交流研讨机制，在学深学透、入脑入心、笃信笃行上持续用力，不断增进政治认同、思想认同、理论认同、情感认同，切实做到学思用贯通、知信行统一。组织全县纪检监察干部参加“习近平总书记关于党的自我革命的重要思想”专题研讨班，全方位、深层次、多角度宣传解读，切实增强学习的系统性、针对性、实效性。

在内化上再用力。严格落实“三会一课”、主题党日等制度，教育引导党员干部全面系统掌握习近平新时代中国特色社会主义思想的基本观点和科学体系，深入领会和运用好贯穿其中的道理学理哲理、立场观点方法，坚定理想信念，树牢宗旨意识，加强党性修养，锤炼过硬本领。

在转化上求突破。充分运用“四边工作法”，深入开展“四下基层”活动，班子成员深入基层开展调研，研究解决纪检监察工作开展过程中遇到的新问题、人民群众反映强烈的问题，各派驻纪检监察组每年确定监督主题，督促相关部门予以解决，不断把学习成果转化为正风肃纪反腐的实际成效。

二、聚焦“两个维护”，持续深入做实做细政治监督

严明政治纪律和政治规矩。坚定维护党的团结统一，及时发现、着力解决“七个有之”问题，旗帜鲜明树立起党中央权威不容亵渎、政治纪律不容挑战的鲜明导向。从政治上提高分析问题和解决问题的能力，严肃查处政策落实不力、不担当不作为背后潜藏的搞团团伙伙、拉帮结派等问题，坚决清除同党离心离德的“两面人”、阳奉阴违的“伪忠诚”，切实消除政治隐患、维护政治安全。

牢牢把握政治监督根本任务。聚焦铸牢中华民族共同体意识示范区建设，紧盯习近平总书记重要讲话和重要指示批示精神和党中央因时因势作出的重大战略部署，持续加强对贯彻落实党的二十大战略部署情况监督，以具体化精准化常态化政治监督推动“两个维护”成为高度自觉。紧紧围绕推进“三区建设”、落实“四新任务”、实施“五大战略”以及中卫“五个示范市”、中宁“六个示范县”目标任务，做深做细政治监督，确保党中央决策部署及区市县党委工作要求落到实处、见到实效。制定自治区党委巡视反馈问题整改落实监督方案，强化监督、严肃问责，推动问题整改落实。

做实做细“关键少数”监督。加强对一把手和领导班子监督，深化运用大数据对一把手和领导班子责任担当、履行职责等情况监督，压紧压实党委（党组）主体责任和一把手管党治党政治责任。加强常态化监督检查，综合运用平时观察、谈心谈话、明察暗访、信访举报等方式开展“政治扫描”，精准发现问题症结，督促推动整改落实，切实做到真管真严、敢管敢严、长管长严，构建清朗政治生态。

三、聚焦铲除腐败滋生的土壤和条件，持续深入一体推进不敢腐、不能腐、不想腐

坚持零容忍反腐惩恶。把严惩政商勾连的腐败问题作为重中之重。深化整治金融、国企、医药、基建工程和招投标等权力集中、资金密集、资源富集领域腐败，对政治问题与经济问题交织的腐败问题保持高度警觉，建立腐败预警惩治联动机制，加强廉洁风险隐患动态监测，加大对新型腐败、隐性腐败的甄别和查处力度，有效防范化解腐败风险及关联性经济社会风险。

拓展反腐败深度广度。紧盯违规决策、管理不善等问题，开展国有企业违规处置国有资产和投资损失专项治理，确保国有资产安全完整、保值增值。持续推进乡村振兴领域腐败和作风问题专项治理，坚决查处惠民资金、集体“三资”、乡村振兴项目等方面腐败案件。深化整治群众身边腐败问题，推进扫黑除恶“打伞破网”常态化机制化。严肃查处安全生产领域腐败和作风问题，牢牢守住安全生产红线、底线、生命线。做深做实案件查办“后半篇文章”，持续深化以案为鉴、以案促改、以案促治。精准制发纪检监察建议书，对近三年来发出的纪检监察建议落实情况开展“回头看”，杜绝“一发了之”，对那些虚假整改、纸面整改、拒不整改的严肃追责问责。

不断净化政治生态。加强政治生态常态化分析研判，健全完善分析评价机制，科学设置评价指标体系，不断提高政治生态建设质效。严厉打击政治骗子和政治掮客。严肃查处老是拉干部下水的行贿人，斩断“送钱之手”。创新警示教育方式，深刻剖析典型案例，不断夯实清正廉洁思想根基，增强干部拒腐防变能力。把新时代廉洁文化建设融入党的宣传思想文化工作，实施“廉洁文化启智润心工程”，巩固提升“清廉剧社”廉洁文化品牌，依托张子华生平纪事馆、“杞乡清风”展厅、廉洁文化广场等载体，打造具有杞乡特色的廉洁文化矩阵，营造崇廉拒腐的良好风尚。

四、聚焦严格落实中央八项规定精神，持续深入纠“四风”树新风

持之以恒纠治作风顽瘴痼疾。深入开展“四风”问题顽瘴痼疾专项整治，严查“吃公函”“吃食堂”“吃老板”“吃下级”等问题，着力纠治“酒局圈”、吃拿卡要、收送“雅礼”等作风顽疾，循线深挖党员和国家公职人员酒驾醉驾背后的“四风”以及搞“小圈子”、风腐一体、纵容包庇等问题。准确把握风腐同根同源性，既“由风查腐”，又“以腐纠风”，做到风腐同析、风腐同查、风腐同治。

重拳惩治形式主义官僚主义。紧盯贯彻党中央重大决策部署不担当、玩忽职守不作为、任性用权乱作为等问题，严惩对政策举措和工作部署片面理解、机械执行、野蛮操作以及权力观异化、政绩观扭曲、事业观偏差等行为，坚决纠治和防范“新形象工程”。持续为基层松绑减负，深入纠治文山会海、督查检查调研扎堆、工作过度留痕、任务层层加码和“指尖上的形式主义”。持续整治群众身边腐败和不正之风，严查啃噬侵害群众利益的“蝇贪蚁腐”，切实把执纪执法为民、纠风治乱为民落到实处。

推动构建亲清新型政商关系。紧盯影响高质量发展的不作为乱作为问题，深入整治任性决策、躺平甩锅、敷衍塞责、冷硬横推等破坏营商环境的作风顽疾。强化对营商环境的监督治理，选树依法诚信经营的“正面典型”企业，促进营商环境不断优化。

五、聚焦明方向、立规矩、正风气、强免疫，持续深入加强党的纪律建设

强化纪律教育。扎实开展党纪学习教育，深入学习习近平总书记关于党的纪律建设重要论述，认真落实《关于建立领导干部应知应会党内法规和国家法律清单制度的意见》，围绕处分规则、违纪情形、纪法衔接等重点内容加大对新修订的党纪处分条例宣传力度，教育引导广大党员干部知敬畏、存戒惧、守底线。坚持经常性纪律教育和集中性纪律教育相结合，扎实开展纪法教育月、教育周等活动，加大对年轻干部、新任职干部的纪律培训力度，着力解决对党规党纪不上心、不了解、不掌握等问题。

严格纪律执行。准确把握政策界限，把思想政治工作贯穿始终，统筹运用党性教育、政策感召、纪法威慑，做到纪法情理贯通融合。加强运用监督执纪“四种形态”，精准定性量纪执法，努力实现政治效果、纪法效果、社会效果有机统一。认真落实“三个区分开来”，加大容错纠错力度，激励干部敢于担当、主动作为。开展澄清正名工作，严厉打击诬告陷害、不遵守保密纪律等行为，常态化做好受处分处理干部跟踪回访激励工作，让愿担当、敢担当、善担当蔚然成风。

压实纪律责任。压紧压实党委（党组）履行全面从严治党主体责任、书记“第一责任人”责任和班子成员“一岗双责”，督促严于律己、严负其责、严管所辖。推动党委（党组）主体责任、纪检监察组织监督责任、职能部门监管责任同向发力，健全各负其责、统一协调的责任格局。坚持精准问责、规范问责，建立重点领域问题提级审核、问责案件专项评查制度，防止和纠正泛化简单化。

六、聚焦发现问题促进治理，持续深入推进政治巡察

坚守政治巡察定位。紧盯权力和责任，突出一把手和领导班子责任落实、履职用权、担当作为、廉洁自律等情况，深入查找政治偏差。开展十五届县委第七、八、九轮巡察，完成对不少于12个乡镇、部门（单位）党组织的巡察监督，配合区市巡视巡察机构开展联动巡察、专项巡察、交叉巡察，不断提高巡察发现问题的能力和水平。

抓好巡视工作条例贯彻落实。深入学习贯彻新修订的巡视工作条例，推动条例要求落到实处、取得实效。加强配套制度建设，对照中央和区、市党委关于巡视巡察工作新部署新要求，修订完善巡察工作制度，进一步提升巡察规范化法治化正规化水平。

健全完善巡察整改工作机制。建立覆盖巡察整改全周期的责任体系和制度流程，推动建立整改会商、整改评估、整改问责等机制。加强对巡察整改和成果运用情况的统筹协调、跟踪督促、汇总分析，对巡察反馈问题实行销号管理，对矛盾集中、问题突出单位采取整顿的方式抓整改，对重点问题整改情况集中开展监督检查，持续推动巡察整改和成果运用。

七、聚焦规范化、法治化、正规化建设，持续深入推进纪检监察体制改革

完善纪检监察工作体系。坚持和加强党的全面领导，严格落实重大事项请示报告制度，持续推动纪检监察工作双重领导具体化程序化制度化。认真贯彻《关于加强基层纪检监察的若干意见》，加强内部力量统筹，完善优化县乡两级纪检监察人员力量配备，加大对乡镇纪委工作的指导力度。全面落实查办案件以上级纪委监委领导为主的要求，加大办案力度，作实监督职责，提升监督质效。开展纪检监察工作数字化建设强基赋能行动，持续深化检举举报平台、基层小微权力"监督一点通"服务平台运用，巩固提升"杞乡清风"智慧监督执纪大数据平台和一把手监督平台实效，深入推进数字纪检监察体系建设，以更深层次、更高水平的数字化赋能纪检监察工作高质量发展。

健全纪检监察制度体系。持续推进"四项监督"统筹衔接常态化制度化，完善以党内监督为主导、各类监督贯通协调的机制。加强纪法衔接监督，促进监察机关与司法机关、执法部门在办理职务犯罪案件中互相配合、相互制约。构建信访举报、监督检查、审查调查、案件监督管理、案件审理、巡察等统筹联动、协同发力的工作体系，推动完善信息沟通、线索移送、措施配合、成果共享工作机制。

八、聚焦绝对忠诚、绝对可靠、绝对纯洁，持续深入加强纪检监察机关自身建设

锻造绝对忠诚的铁军。以政治建设为统领，带头加强纪委常委会自身建设，带动纪检监察干部做遵规守纪的标杆、自我革命的表率。扎实推进"五型"模范机关创建，积极探索党建和业务深度融合机制，全面提高机关党建质量。持续巩固拓展教育整顿成果，常态化开展政治教育、党性教育、警示教育，引导干部自觉接受政治体检、净化政治灵魂，大力弘扬伟大建党精神，始终做到绝对忠诚、绝对可靠、绝对纯洁。

锻造作风优良的铁军。开展干部队伍作风优化塑形行动，引导干部牢记"三个务必"、践行"三严三实"，树立正确的政绩观，严格依规依纪依法，深入细致做好各项工作。坚决纠治干部队伍"宽、松、软、散、懒、推、怕、拖"等不良风气，大力弘扬"四下基层"优良传统，树立求真务实、可亲可信的良好形象。

锻造本领高强的铁军。开展干部能力素质综合提升行动，运用好深学习、实调研、抓落实工作方法，统筹抓好全员培训，健全"跟班锻炼，以干代训，以案代培"等实战练兵机制，强化对年轻干部的"传帮带"，引导干部在实战中加强斗争历练、坚定斗争意志、增强斗争本领。开展纪检监察机关案件质量提质增效行动和长期未办结线索清零专项攻坚行动，健全完善高质量高效率处置问题线索、查办案件的工作机制和常态化督办机制，不断提升案件查办质效。

锻造清正廉洁的铁军。加强干部教育管理监督，常态化检视干部队伍存在的突出问题，对苗头性倾向性问题及时“咬耳扯袖”“红脸出汗”。严格执行纪检监察干部“十项禁令”、违规饮酒“六个严禁”、“十带头十严禁”行为规范等，严惩有令不行、有禁不止行为。严把干部入口关，实行最严的审查，坚决把政治上不合格、廉洁上有硬伤、工作上不担当的干部挡在队伍之外。坚持刀刃向内，健全自身权力运行机制和管理监督体系，严查害群之马，加强自我改造，以铁的纪律锻造高素质专业化干部队伍。

同志们，全面从严治党永远在路上，党的自我革命永远在路上，纪检监察机关使命光荣、任重道远。让我们更加紧密地团结在以习近平同志为核心的党中央周围，继续爬坡过坎、攻坚克难，以伟大自我革命精神推动全面从严治党向纵深发展，不断开创全面从严治党、党风廉政建设和反腐败斗争新局面，为全力谱写中国式现代化发展中宁篇章提供坚强保障。

名词解释

1.“双随机”：在理论学习中心组学习或支部集中学习交流研讨时，随机抽点列席和随机抽点发言。

2.“四大”活动：开展习近平总书记视察宁夏重要讲话和重要指示批示精神“大学习、大讨论、大宣传、大实践”活动。

3.“四必谈”：领导班子成员之间必谈；班子成员与部门负责人、关键岗位干部必谈；部门负责人与普通干部必谈；班子成员与主动向组织说明问题、曾经接受处理、存在问题苗头的干部必谈。

4.“六个是否”：是否丧失理想信念，不信马列信鬼神，痴迷封建迷信活动，信奉西方价值观念和政治制度等；是否同党离心离德，搞“七个有之”，投机攀附，参与非组织活动，随意发表错误言论甚至妄议党中央大政方针等；是否奉行“好人主义”，不敢动真碰硬，搞选择性监督执纪执法等；是否违反中央八项规定及其实施细则精神，违规接受吃请，追求奢靡生活、低级趣味，搞形式主义、官僚主义等；是否以案谋私、打听案情、串通包庇、跑风漏气，干预和插手组织人事工作、市场经济活动、执纪执法和司法活动，违规使用监督检查和审查调查措施等；是否收受礼品礼金、向私营企业主借用大额资金、车辆和房产，利用监督执纪执法权和职务影响力谋私贪腐等。

5.“四边工作法”：边学习、边调研、边工作、边总结。

6.四种形态：经常开展批评和自我批评，及时进行谈话提醒、批评教育、责令检查、诫勉，让“红红脸，出出汗”成为常态；党纪轻处分、组织调整成为违纪处理的大多数；党纪重处分、重大职务调整的成为少数；严重违纪涉嫌犯罪追究刑事责任的成为极少数。

7.“三个区分开来”：把干部在推进改革中因缺乏经验、先行先试出现的失误错误，同明知故犯的违纪违法行为区分开来；把尚无明确限制的探索性试验中的失误错误，同明令禁止后依然我行我素的违纪违法行为区分开来；把为推动发展的无意过失，同为谋取私利的违纪违法行为区分开来。

8.组组、室组、室组地：“室”指纪委监委机关监督检查室和审查调查室；“组”指纪委监委派驻（派出）机构；“地”指下一级纪委监委。

9.政治监督深化年：在2023年政治监督取得显著成效的基础上，聚焦铸牢中华民族共同体意识示范区建设，保持工作目标不变、标准不降、力度不减、干劲不松，紧盯贯彻落实党的二十大战略部署情况、自治区重大决策部署落实情况以及一把手和领导班子履行职责情况，紧紧围绕推进“三区建设”、落实“四新任务”、实施“五大战略”，着力推进具体化精准化常态化政治监督，不断深化拓展监督成果，确保全区上下统一意志、统一行动、步调一致前进。

10.治理效能提升年：以开展4个专项治理、实施1项工程为主要载体，即开展“四风”问题顽瘴痼疾专项整治、医药领域腐败问题集中整治、国有企业违规处置国有资产和投资损失问题专项治理、乡村振兴领域腐败和作风问题专项治理，实施“廉洁文化启智润心工程”。

11.铁军队伍锻造年：以5个专项行动为主要载体，即干部能力素质综合提升行动、干部队伍作风优化塑形行动、纪检监察机关案件质量提质增效行动、长期未办结线索清零专项攻坚行动、纪检监察工作数字化建设强基赋能行动。

12.新形象工程：一些地方在财政吃紧的情况下，仍然在搞非必要、非急需项目，而且形式隐蔽、名目巧立，被基层干部群众称为“新形象工程”。有的热衷于向协会和机构搞赞助、求合作、拉关系，争创“智慧城”“幸福城”“创新城”，以“名片”挣“名声”；有的打着“为民谋福祉”的幌子超规模建设民生项目，顶着“民生帽子”干着“花瓶项目”，甚至弄虚作假将民生兜底工程违规建设楼堂馆所；有的地方负债累累却上马大项目、大建景区，借风景赚“风光”；有的热衷于建巨幅大屏，数字化建设重复投入沦为“摆设”；有的投巨资豪华“办节”，没有经济效益，就是图个“人气”；有的不惜举债创建文明城市，再穷也得“做足面子”；有的以党建为挡箭牌搞“精致”党务，上马基建类设施，党校培训“低调奢华有内涵”；有的热衷于花大价钱打造“城市会客厅”，大投入建设高级展馆，维护成本都“吃不消”；等等。

中宁县2023年
国民经济和社会发展统计公报

中宁县统计局　中宁县社会经济调查队

（2024年4月30日）

2023年，全县上下坚持以习近平新时代中国特色社会主义思想为指导，认真学习贯彻党的二十大和习近平总书记视察宁夏重要讲话和重要指示批示精神，全面落实区市党委、政府决策部署，在县委、县政府坚强领导下，坚持稳中求进工作总基调，完整、准确、全面贯彻新发展理念，高质量发展扎实推进，全县经济运行保持总体平稳、稳中有进、进中向好的发展态势。

一、综合

根据地区生产总值统一核算结果，2023年全县实现生产总值231亿元，按不变价格计算，比上年增长11.6%。分产业看，第一产业增加值25.5亿元，增长7.3%；第二产业增加值132.9亿元，增长19.6%；第三产业增加值72.6亿元，增长2.3%。三次产业结构为11.0 : 57.6 : 31.4。按常住人口计算，人均GDP为68294元/人，比上年增长11.2%。

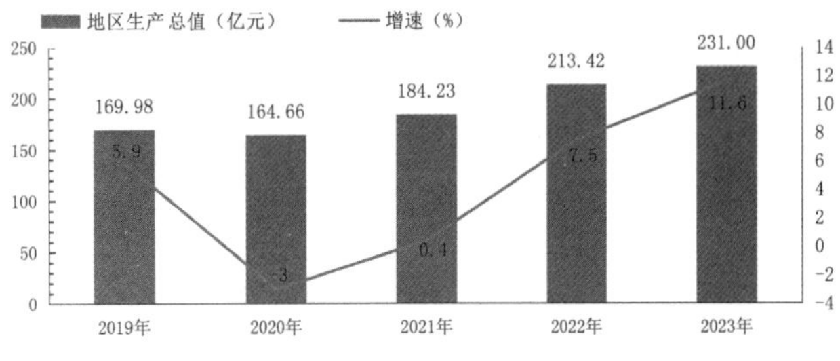

图1　2019—2023年全县地区生产总值及增速

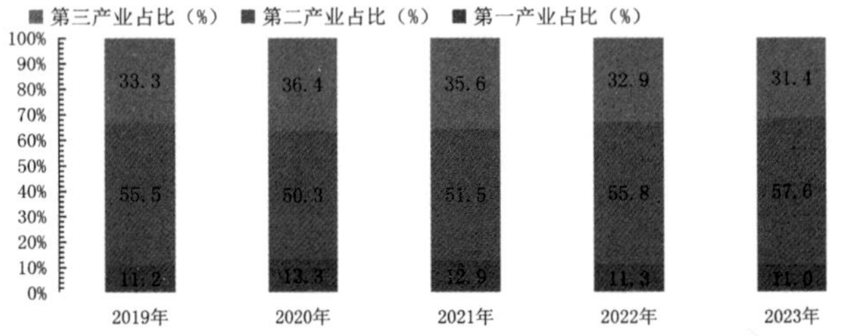

图2　2019—2023年三次产业增加值占地区生产总值比重

年末，全县户籍总户数10.80万户，户籍总人口34.71万人。年末，全县常住人口总户数10.82万户，常住人口33.86万人，比上年末增加0.07万人。其中，城镇常住人口17.28万人，城镇化率（城镇常住人口占全县常住人口的比重）为51.03%。回族常住人口9.27万人，占常住人口的比重为27.38%；汉族常住人口24.52万人，占72.43%。全年人口出生率为12.42‰，死亡率为6.50‰，人口自然增长率为5.92‰。

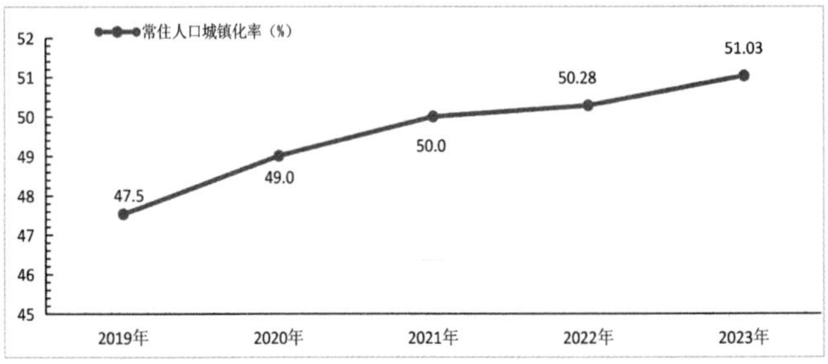

图3　2019—2023年全县常住人口城镇化率

全年全县城镇新增就业人员 3609 人，城镇失业人员再就业 2043 人，困难人员实现再就业 260 人，农村劳动力转移就业 7.3 万人。

全年居民消费价格指数（CPI）同比上涨 0.6%。八大消费类别累计同比价格“五涨三降”，其中，食品烟酒、衣着、教育文化娱乐、医疗保健、其他用品和服务分别增长 0.9%、0.7%、2.2%、1.1%和 5.0%，居住、生活用品及服务、交通通信分别下降 0.1%、0.2%和 1.5%。

新产业发展动能日益增强。2023 年全县信息传输、软件和信息技术服务业增加值增长 18.9%，拉动全县生产总值增速提高 0.5 个百分点。全县水电、风电、太阳能发电等清洁能源发电量 37.99 亿千瓦时，增长 5.5%。全县工业技术改造投资增长 127.6%。全年新登记市场主体 4351 户，日均新登记企业 12 户。年末在业市场主体总数 29668 户，其中，企业 6946 户，个体工商户 21622 户，其他 1100 户。

城乡区域协调发展稳步推进。年末全县常住人口城镇化率为 51.03%，比上年末提高0.75 个百分点；城乡居民人均可支配收入比为1.98，比上年缩小 0.05 个百分点。

二、农业

初步统计，2023 年全县农林牧渔业总产值 51.58 亿元，同比增长 7.4%。其中，农业产值 33.82 亿元，同比增长 5.8%；林业产值 0.18 亿元，同比下降 35.2%；牧业产值 15.39 亿元，同比增长 11.9%；渔业产值 0.46 亿元，同比增长 2.2%；农林牧渔服务业产值 1.73 亿元，同比增长 5.8%。农业、林业、牧业、渔业、农林牧渔服务业总产值占农林牧渔业的比重分别为 65.5%、0.3%、29.8%、1.0%、3.4%。

全年全县粮食播种面积 53.8 万亩，比上年增加 0.11 万亩，增长 0.2%。其中，小麦播种面积 5.21 万亩，减少 0.84 万亩，下降 13.9%；玉米播种面积 41.96 万亩，增加 2.42 万亩，增长 6.1%。全年全县粮食总产量 30.17 万吨，同比增长 0.5%。其中，小麦产量 1.73 万吨，同比增长 24.6%；玉米产量 27.44 万吨，同比增长 3.3%。

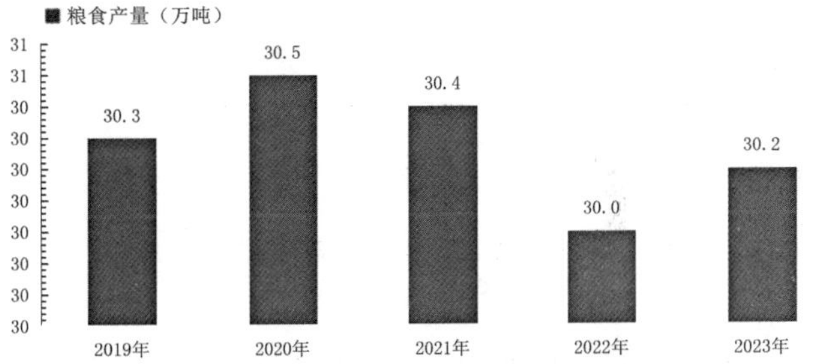

图 4　2019—2023 年全县粮食产量

全年全县蔬菜及食用菌播种面积 4.5 万亩，同比增长 22.8%；总产量 6.4 万吨，同比增长 21.6%。枸杞种植面积 13.6 万亩，同比增长 8.0%；产量 2.3 万吨，同比下降 11.0%。瓜果类（西瓜、甜瓜）种植面积 25.4 万亩，同比增长 60.3%；产量达 41.9 万吨，同比增长 68.6%。其中，西瓜播种面积 24.7 万亩，同比增长 63.5%；产量达 41.2 万吨，同比增长 71.5%。

全年全县肉类总产量 1.94 万吨，比上年增长 5.4%。其中，猪肉产量 0.74 万吨，下降 8.5%；牛肉产量 0.52 万吨，增长 16.4%；羊肉产量 0.60 万，增长 25.8%；禽肉产量 0.07 万吨，下降 29.3%；禽蛋产量 0.2 万吨，下降 62.6%；生牛奶产量 20.8 万吨，增长 13.0%。年末生猪存栏 6.3 万头，下降 2.6%；牛存栏 11.8 万头，增长 4.9%；羊存栏 39.9 万只，增长 9.1%；家禽存栏 44.2 万只，下降 18.6%。全年猪出栏 9.0万头，下降 10.2%；牛出栏 3.1 万头，增长 16.8%；

羊出栏 33.5 万只，增长 28.1%；家禽出栏 33.5 万只，下降 24.4%。

三、工业和建筑业

全年全县工业实现增加值 126.3 亿元，同比增长 21.2%，占地区生产总值比重 54.7%。其中，全县 68 家规模以上工业增加值同比增长 28.0%。

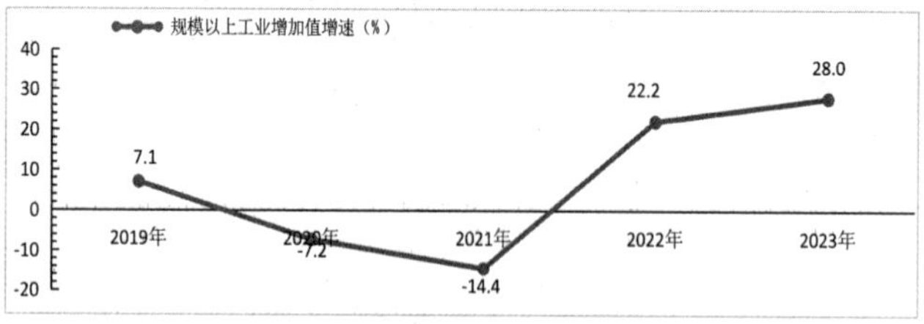

图 5　2019—2023 年全县规模以上工业增加值增长速度

全年全县规模以上工业按经济类型分，股份制企业增加值同比增长 29.3%，外商及港澳台商投资企业增加值同比增长 5.2%。按所有制分，公有制企业同比下降 0.4%，非公有工业增加值同比增长 32.7%。私营企业增加值同比增长 40.1%，民营企业增加值同比增长33.0%，国有控股企业增加值同比下降 0.4%，大中型工业增加值同比增长 33.2%。

全年全县规模以上工业按轻重工业分，轻工业增加值同比下降 0.3%，重工业增加值同比增长 29.1%。

全年全县规模以上工业按行业分，农副食品加工业增加值同比下降 2.3%，化学原料及化学制品制造业增加值同比下降 16.3%，非金属矿物制品业增加值同比下降 6.3%，黑色金属冶炼和压延加工业增加值同比增长 47.9%，有色金属冶炼和压延加工业增加值同比增长 18.5%，计算机、通信和其他电子设备制造业增加值同比下降 0.4%，电力、热力的生产和供应业增加值同比增长 23.4%。

全年全县规模以上工业主要产品产量：水泥产量 169.8 万吨，同比下降 4.0%；电石产量 14.1 万吨，同比下降 26.8%；单晶硅产量7065.3 万吨，同比下降 7.5%；铝材产量 14.2 万吨，同比下降 4.3%。

全年全县规模以上工业企业营业收入 326.1 亿元，同比下降 13.5%；营业成本 314.8 亿元，同比下降 11.0%。规模以上工业企业利润总额减亏 3.6 亿元，亏损企业亏损 45.3 亿元，企业亏损面 39.1%，资产负债率 81.7%。

年末全县发电装机容量 433.85 万千瓦，比上年末增长 4.8%。其中，火电装机容量 136 万千瓦，与上年末持平；水电装机容量 0.4 万千瓦，与上年末持平；并网风电装机容量 74.6 万千瓦，与上年末持平；并网太阳能发电装机容量 222.85 万千瓦，增长 9.9%。

年末全县具有资质的总承包和专业承包建筑企业 32 家，全年全县建筑业总产值 10.0亿元，同比下降 6.0%。其中，建筑工程产值 8.8 亿元，同比下降 7.6%，安装工程产值 1.2 亿元，同比增长 92.6%。

四、服务业

全年全县服务业实现增加值 72.6 亿元，比上年增长 2.3%，占地区生产总值的比重为31.4%。分行业看，批发和零售业实现增加值 4.3 亿元，增长 4.9%；交通运输、仓储和邮政业实现增加值 9.6 亿元，增长 14.1%；住宿和餐饮业实现增加值 1.7 亿元，增长 9.5%；金融业实现增加值 8.5 亿元，增长 3.4%；房地产业实现增加值 5.8 亿元，增长 3.1%；营利性服务业实现增加值 11.2 亿元，增长 7.9%；非营利性服务业实现增加值 30.3 亿元，下降 3.7%；农林牧渔服务业实现增加值 1.1 亿元，增长 6.5%。全年全县19家规模以上服务业企业实现营业收入 21.48 亿元，比上年增长 30.9%。

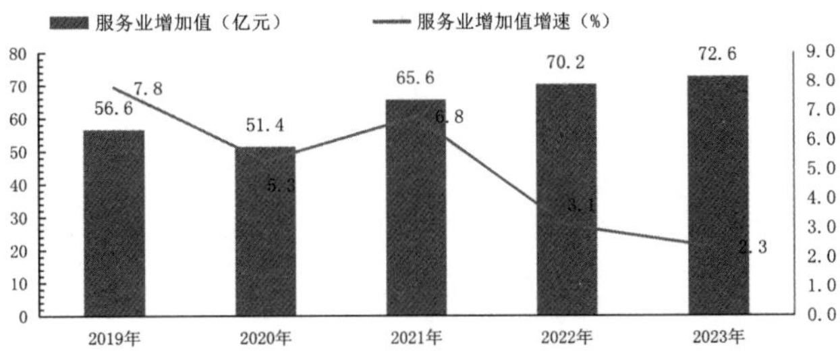

图 6 2019—2023 年全县服务业增加值及其增长速度

年末，全县公路通车里程 2355.3 公里，其中，高速公路通车里程 195.8 公里。

年末，全县民用汽车保有量 5.25 万辆，比上年末增长 6.3%，其中私人汽车保有量 4.98 万辆，增长 6.1%。全县民用轿车保有量 2.87 万辆，增长 88.9%，其中私人轿车 1.55 万辆，增长 4.7%。

全年，全县完成邮政业务总量 1769.8 万元，同比增长 14.9%。全年邮政业完成函件业务 4.56 万件，下降 63.0%；邮政包裹业务 0.17 万件，增长 39.0%；快递业务量 27.6 万件，下降 11.7%。

年末，全县电话用户总数 36.9 万户，增长 1.3%，其中，固定电话用户 1.6 万户，增长 8.0%，移动电话用户 35.3 万户，增长 1.0%。年末固定互联网宽带接入用户 14.8 万户，增长 6.9%。

五、固定资产投资

全年全县全社会固定资产投资（不含农户）同比增长 13.2%，其中，县属地方项目投资增长 20.6%，房地产开发投资下降 62.8%，区属投资增长 20.6%。从投资主体看，国有及国有经济控股投资下降 7.4%，民间投资增长 40%。从投资产业看，第一产业投资下降 7.3%，第二产业投资增长 38.1%，其中，工业投资增长 38.1%，第三产业投资下降 3%。新能源投资下降 13.8%，占工业投资的比重 29.1%。高耗能投资（不含电力、热力生产和供应业）增长 9.4%，占工业投资的比重 20.7%。工业技术改造投资增长 127.6%，占工业投资的比重23.7%。基本建设投资同比增长 5.7%。年末全县固定资产投资施工项目 374 个，比上年末增加 14 个。

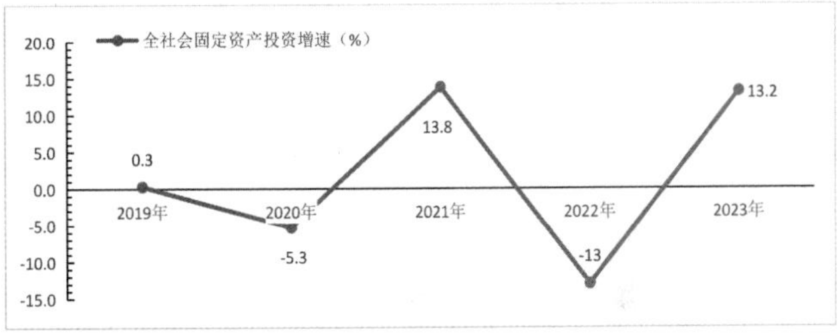

图 7 2019—2023 年全县全社会固定资产投资增长速度

全年全县房地产开发投资 2.1 亿元，同比下降 62.8%，其中，住宅投资 1.9 亿元，同比下降 62%。商品房屋销售面积 13.9 万平方米，同比增长 11.5%，其中，住宅销售面积 11 万平方米，同比增长 18.1%。商品房待售面积为 24.6 万平方米，同比下降 8.6%，其中，住宅待售面积 12.7 万平方米，同比增长 4.5%。商品房销售额 6.4 亿元，同比增长 12.9%，其中，住宅销售额 5.3 亿元，同比增长 27.2%。

六、贸易

全年全县社会消费品零售总额 42.2 亿元，同比下降 3.4%。按经营地统计，城镇消费品零售额 30.3 亿元，下降 4.0%；乡村消费品零售额 11.9 亿元，下降 1.9%。按行业统计，批发业零售额 10.8 亿元，下降 17.1%；零售业零售额 26.0 亿元，增长 0.5%；住宿业零售额 0.3 亿元，增长 17.8%；餐饮业零售额 5.1 亿元，增长 12.9%。按规模统计，限额以上社会消费品零售额 9.3 亿元，下降 8.7%；限额以下社会消费品零售额32.9亿元，下降1.8%。按登记注册类型统计，国有经济社会消费品零售额0.3亿元，增长9.5%；集体经济社会消费品零售额0.07亿元，下降1.8%；私营经济社会消费品零售额6.7亿元，下降16.4%；个体经济社会消费品零售额27.5亿元，下降1.2%；股份制经济社会消费品零售额5.2亿元，增长3.7%；其他经济社会消费品零售额2.4亿元，下降1.8%。

全年全县限额以上单位商品零售额中，粮油、食品类同比增长44.7%，饮料类增长23.9%，烟酒类增长21.4%，日用品类增长50.5%，家用电器和音响器材类下降34.3%，中西药品类下降16%，石油及制品类增长4.1%。

全年全县实现进出口总额11.31亿元，同比下降60.8%。其中，出口总额9.11亿元，进口总额2.2亿元。

七、财政和金融

全年全县地方财政收入8.0亿元，同比下降2.4%，其中，地方一般公共预算收入7.1亿元，同比增长1.3%。在一般公共预算收入中，完成各项税收收入4.98亿元，同比增长0.6%，占一般公共预算收入的70.1%。全县地方财政支出54.0亿元，同比增长0.6%，其中，一般公共预算支出53亿元，同比增长0.3%。在一般公共预算支出中，一般公共服务支出2.5亿元，下降10.6%；公共安全支出1.4亿元，增长0.9%；教育支出7.8亿元，下降4.1%；社会和保障支出7.2亿元，下降1.8%；卫生健康支出4.1亿元，增长7.7%；节能环保3.5亿元，增长5.3%。全年新增减税降费1.88亿元，其中，新增减税1.59亿元，新增降费0.29亿元。

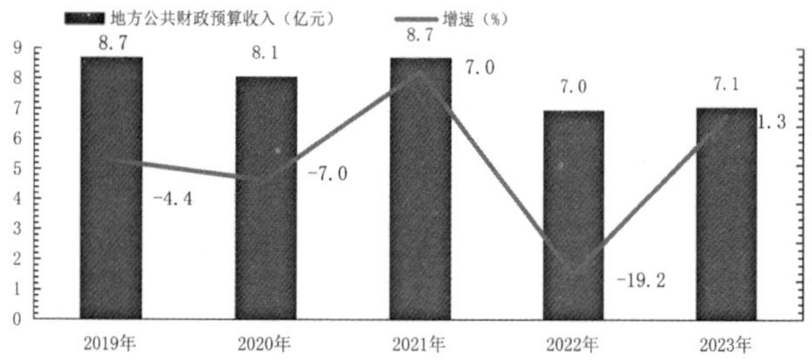

图8　2019—2023年全县地方公共财政预算收入及增长速度

年末，全县金融机构人民币各项存款余额为235.4亿元，同比增长6.1%，其中，住户存款余额198.5亿元，同比增长11.3%。金融机构人民币各项贷款余额为238.1亿元，同比增长6.1%，其中，企事业单位贷款123.6亿元，同比增长3.4%。

八、居民收入消费和社会保障

全年全县城镇居民人均可支配收入为35660.1元，同比增长6.2%。其中，人均工资性收入24096.2元，同比增长1.3%；经营净收入5755.9元，同比增长30.2%；财产净收入843.4元，同比增长4.1%；转移净收入4964.5元，同比增长9.1%。城镇居民人均消费支出21368.9元，同比增长8.8%。

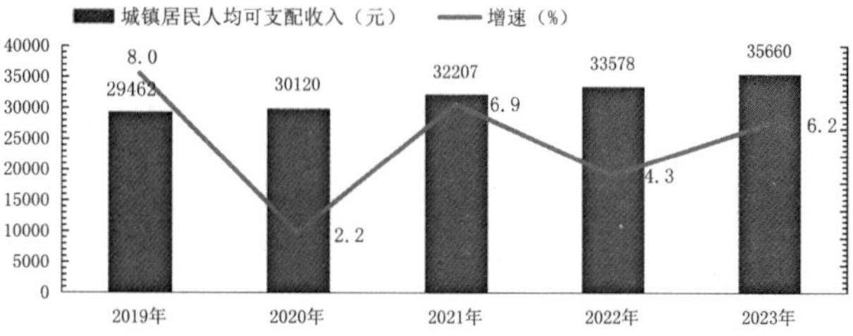

图9　2019—2023年全县城镇居民人均可支配收入及增长速度

全年全县农村居民人均可支配收入17970.0元，同比增长8.7%。其中，人均工资性收入7025.1元，同比增长14.4%；经营净收入7719.0元，同比增长2.9%；财产净收入485.7元，同比增长6.3%；转移净收入2740.2元，同比增长12.7%。

农村居民人均消费支出 13256.8 元，同比增长 11.7%。

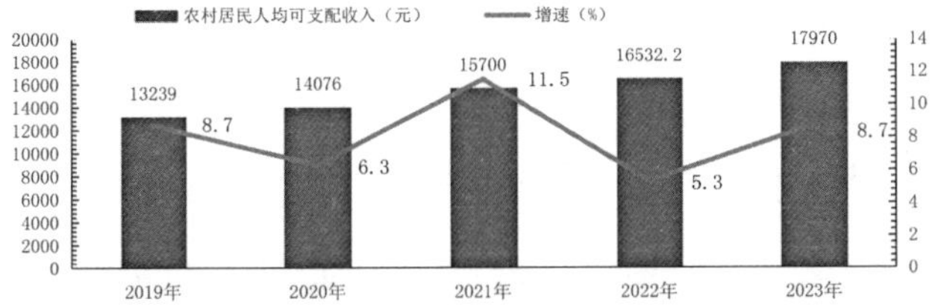

图 10　2019—2023 年全县农村居民人均可支配收入及增长速度

年末全县参加基本养老保险人数 8.96 万人，比上年末减少 0.45 万人，其中，职工 6.54 万人，离退休人员 2.42 万人。企业离退休人员养老金社会化发放率保持 100%。年末全县参加城乡居民基本养老保险 12.50 万人，其中，城镇居民 1.87 万人，农村居民 10.63 万人。参加基本医疗保险人数为 32.88 万人，减少 0.31 万人，其中，参加职工医疗保险 4.74 万人，增加 0.08 万人；参加城乡居民统筹医疗保险28.14 万人，减少 0.39 万人。参加失业保险人数 3.64 万人，增加 0.07 万人。年末全县领取失业保险金人数 1031 人。参加工伤保险人数 4.55 万人，减少 0.76 万人，其中，参加工伤保险的农民工 2.11 万人，增加 0.25 万人。参加生育保险人数 3.64 万人，增加 0.04 万人。

全年全县城镇居民最低生活保障人数为 2471 人，发放城镇居民最低生活保障金1444.49 万元；农村居民最低生活保障人数为 13797 人，发放农村最低生活保障金 6219.197 万元。享受农村特困人员救助供养人数 478 人。全年抚恤、补助退役军人和其他优抚对象 1240 人。年末全县共有养老机构 4 个，养老机构床位1156 张，入住老人 323 人。

九、教育、科技和文化体育

年末全县共有各级各类学校 66 所（不含幼儿园和教学点），其中，小学 48 所，九年制学校 6 所，普通中学 8 所，高级中学 2 所，中等职业学校 1 所，特殊教育学校 1 所。共有在校学生 5.22 万人，其中，小学 2.91 万人，初中 1.33 人，高中 0.75 万人，中等专业职业 0.21 万人，特殊教育 186 人。共招生 1.26 万人，其中，小学0.51 万人，初中 0.45 万人，高中 0.24 万人，中等专业职业 0.06 万人，特殊教育 50 人。共有毕业生 1.22 万人，其中，小学 0.48 万人，初中 0.45 万人，高中 0.22 万人，中等专业职业 0.07 万人，特殊教育 18 人。共有专职教师 3367 人，其中，小学 1645 人，中学 1543 人，中等专业职业 150 人，特殊教育 29 人。共有幼儿园 61 所，在园幼儿 1.1 万人。全县小学学龄人口入学率100.0%，初中阶段毛入学率 101.3%，高中阶段毛入学率 94.4%。小学六年巩固 98.5%，初中三年巩固率 99.4%。

全年全县共争取上级科技项目 155 个，争取项目资金 3760.8 万元。全年专利授权数 304 件，其中，获得授权发明专利 24 件。存量有效发明专利 111 件。每万人有效发明专利拥有量 3.28 件。全年共签订技术合同 144 项，技术合同成交金额 5752 万元。年末，全县共有高新技术企业 6 家，自治区科技“小巨人”企业 1 家，自治区科技型中小企业 42 家。

年末，全县共有体育场馆 2 个，体育场地数 1607 个，体育场地面积 91.3 万平方米。全年全县举办体育运动竞技场次 38 次，举办大型职工群众运动会 22 次，培训二级体育指导员 200 人。

十、文化旅游和卫生健康

全年全县接待游客122.94万人次，同比增长39.2%；实现旅游收入3.97亿元，同比增长55.1%。

年末，全县共有文物管理所1个，电影放映场所2个，公共文化馆1个总馆及11个分馆，公共图书馆1个总馆及15个分馆，公共图书藏书总量19.3万册。全县村级文化活动室133个，社区文化室21个，农家书屋133个。全年全县图书借阅3.89万人次、7.97万册次。全年全县举行广场文艺演出56场次。年末全县共有广播发射台1座，电视发射台3座，广播综合人口覆盖率为100%，电视综合人口覆盖率为100%。

年末，全县共有A级旅游景区4家（全部为3A级）、自治区（省）级旅游度假区1家、旅行社6家。各类住宿酒店宾馆105 家，床位6479个；星级酒店1家（为三星级）。

2022年，全县文化产业增加值0.72亿元，占地区生产总值的比重为0.34%。

年末，全县拥有卫生机构230个，其中，医院8个，卫生院14个，卫生监督所1个，疾病预防控制中心1个，妇幼保健和计划生育指导中心1个，社区卫生服务中心（站）6个，村卫生室154个，诊所及门诊部41个，医康养综合服务中心1个，健康教育所1个，采血机构1个，体检中心1个。各类卫生机构拥有床位1288张，其中，医院1021张，乡镇卫生院235张；有卫生技术人员2064人，其中，执业医师及执业助理医师663人，注册护士907人。全年全县总诊疗人次208.8万人次，出院人数3.77万人。

十一、资源、环境和应急管理

全年全县能源消费量478.33万吨标准煤（等价值），比上年增长19.28%，万元GDP能耗2.4141吨标准煤/万元，比上年增长6.93%。其中，规模以上工业能源消费总量392.87万吨标准煤，同比增长23.1%，占全社会能源消费量的82.13%；万元工业增加值能耗同比下降3.81%。工业生产电力消费110.6亿度，同比增长26.6%。

全年全县城市现状建设用地17.88平方公里。其中，居住用地7.60平方公里，工业用地0.40平方公里，公共管理和公共服务用地1.40平方公里，商业服务业设施用地0.62平方公里，物流仓储用地0.39平方公里，道路交通设施用地3.75平方公里，公共设施用地1.1平方公里，绿地与广场用地2.62平方公里。年末实有城市道路长度206.11公里。全县有公园6个，公园面积148.15公顷，人均公园绿地面积为9.62平方米。年末全县建成区绿化覆盖率达到42.55%，绿地率39.87%。年末城市污水处理率100%，城市生活垃圾无害化处理率达到100%。

全年全县完成造林面积2275.6公顷，其中，人工造林1605公顷。全县空气优良天数为285天，可吸入颗粒物PM_{10}平均浓度为72微克/米^3，细颗粒物$PM_{2.5}$平均浓度为30微克/米^3。全年全县降水量166.6毫米。全年平均气温为11.9℃，比上年下降0.1℃。

全年全县共发生各类安全生产事故5起，事故起数同比持平；死亡人数6人，同比增加1人；受伤人数1人，同比减少3人；直接经济损失为459.5万元，同比减少131.7万元。全年亿元地区生产总值生产安全事故死亡人数为0.0260人/亿元。

注释：

[1]本公报中数据均为初步统计数，正式数据以《中宁统计年鉴2024》为准。部分数据因四舍五入的原因，存在总计与分项合计不等的情况。

[2]地区生产总值、三次产业及相关行业增加值绝对数按现价计算，增长速度按不变价格计算。

[3]按照我国地区生产总值统一核算和数据发布制度规定，地区生产总值核算包括初步核算和最终核实两个步骤。经最终核实，2022年，中宁县生产总值现价总量为213.4亿元，按不变价格计算，比上年增长7.5%。其中，第一产业增加值24.2亿元，增长3.5%；第二产业增加值119.1亿元，增长12.2%；第三产业增加值70.1亿元，增长3.1%。

[4]根据第七次全国人口普查结果，对2019年末常住人口城镇化率数据进行了修订。

[5]①规模以上工业：年主营业务收入2000万元及以上的工业法人单位。②有资质的建筑业：有总承包、专业承包资质的建筑业法人单位。③限额以上批发和零售业：年主营业务收入2000万元及以上的批发业、年主营业务收入500万元及以上的零售业法人单位。④限额以上住宿和餐饮业：年主营业务收入200万元及以上的住宿和餐饮业法人单位。⑤房地产开发经营业：有开发经营活动的全部房地产开发经营业法人单位。⑥规模以上服务业：年营业收入2000万元及以上服务业法人单位，包括交通运输、仓储和邮政业，信息传输、软件和信息技术服务业，水利、环境和公共设施管理业3个门类和卫生行业大类；年营业收入1000万元及以上服务业法人单位，包括租赁和商务服务业，科学研究和技术服务业，教育3个门类，以及物业管理、房地产中介服务、房地产租赁经营和其他房地产业4个行业小类；年营业收入500万元及以上服务业法人单位，包括居民服务、修理和其他服务业，文化、体育和娱乐业2个门类，以及社会工作行业大类。

[6]资料来源：本公报中就业、养老、失业、工伤保险数据来自县人社局，户籍人口、车辆数据来自县公安局，专利、市场主体数据来自县市场监督管理局，交通数据来自县交通运输局，邮政数据来自市邮政管理局，电信数据来自县工信局及移动、联通、电信公司，财政数据来自县财政局，金融数据来自人民银行中卫支行，税务数据来自国家税务总局中宁县税务局，医疗、生育保险数据来自县医保局，社会福利数据来自县民政局，优抚对象数据来自县退役军人事务局，科学技术数据来自县科技局，教育、体育数据来自县教育体育局，文化、旅游数据来自县文化旅游广电局和县融媒体中心，卫生数据来自县卫生健康局，城市建设数据来自县住建局，环境监测数据来自市生态环境局中宁县分局，气象数据来自县气象局，城市建设数据来自县住房和城乡建设局，林业数据来自县林业和草原局，生产安全数据来自县应急管理局，发电装机容量数据来自县发展和改革局，进出口、酒店宾馆数据来自县商务和投资促进局，其余数据均来自县统计局和中宁县社会经济调查队。

2023年中共中宁县委发文目录

序号	文件标题	发文字号
1	关于印发《中宁县创建乡村全面振兴示范县工作方案(2022—2024年)》的通知	中宁党发〔2023〕1号
2	关于2022年度党委(党组)书记抓基层党建意识形态安全生产述职评议考核暨述责述廉述法会议点评意见和民主测评情况的通报	中宁党发〔2023〕2号
3	关于调整县委常委工作分工的通知	中宁党发〔2023〕3号
4	关于印发《中宁县2023年全面推进乡村振兴重点工作实施方案》的通知	中宁党发〔2023〕6号
5	关于对刘凤娟等37名同志记三等功的决定	中宁党发〔2023〕10号
6	关于2022年度全县机关事业单位工作人员考核结果的通报	中宁党发〔2023〕11号
7	关于印发《自治区党委第一巡视组巡视中宁县委自查问题整改方案》的通知	中宁党发〔2023〕13号
8	关于印发《中共中宁县第十五届委员会第七次全会报告》的通知	中宁党发〔2023〕17号

2023年中共中宁县委办公室发文目录

序号	文件标题	发文字号
1	关于印发《中宁县全面深化改革攻坚年实施方案》的通知	中宁党办发〔2023〕2号
2	关于印发《中宁县2023年春节慰问活动方案》的通知	中宁党办发〔2023〕3号
3	关于成立全县扶贫志编纂工作指导小组的通知	中宁党办发〔2023〕4号
4	关于印发《中宁县属国有企业外部董事选聘管理办法》的通知	中宁党办发〔2023〕5号
5	关于印发《中宁县加强新时代妇女工作的实施方案》的通知	中宁党办发〔2023〕6号
6	关于印发《中宁县残疾人保障和发展"十四五"规划》的通知	中宁党办发〔2023〕7号
7	关于印发《中宁县养老服务体系建设"十四五"规划》的通知	中宁党办发〔2023〕8号
8	关于印发《中宁县2023年"改作风、谋发展、争先进"专项行动实施方案》的通知	中宁党办发〔2023〕9号
9	印发《中宁县关于实施基层党组织建设提质增效工程的方案》的通知	中宁党办发〔2023〕10号
10	关于印发《进一步落实关心关爱医务人员工作方案》的通知	中宁党办发〔2023〕11号
11	关于印发《中宁县机关事业单位增减人员控编管理办法(试行)》的通知	中宁党办发〔2023〕13号
12	关于印发《中宁县"十四五"能源发展规划》的通知	中宁党办发〔2023〕14号
13	关于印发《中宁县2023年粮食生产安排意见》的通知	中宁党办发〔2023〕16号
14	关于印发《中宁县卫生健康事业发展"十四五"规划》的通知	中宁党办发〔2023〕17号
15	关于印发《关于加强新时代老龄工作的实施方案》的通知	中宁党办发〔2023〕18号
16	关于印发《中宁县非法集资存量案件"清积攻坚"行动方案》的通知	中宁党办发〔2023〕19号
17	关于印发《中宁县粮食节约行动实施方案》的通知	中宁党办发〔2023〕21号
18	关于印发《中宁县2023年宜居宜业和美乡村暨农村人居环境整治提升行动实施方案》的通知	中宁党办发〔2023〕22号
19	关于印发《中宁县部分确权压砂地清砂补助方案》的通知	中宁党办发〔2023〕24号
20	关于印发《关于在全县开展纠治形式主义官僚主义专项整治的实施方案》等文件的通知	中宁党办发〔2023〕25号
21	关于印发《2023年"全县领导干部廉政警示教育周"活动方案》的通知	中宁党办发〔2023〕27号
22	关于印发《中宁县2023年度巩固拓展脱贫攻坚成果同乡村振兴有效衔接实施方案》的通知	中宁党办发〔2023〕28号
23	关于印发《中宁县民营企业反映问题和意见建议办理责任清单(第一批)》的通知	中宁党办发〔2023〕30号
24	关于印发《中宁县2023年推进枸杞产业高质量发展"十六条"扶持措施》的通知	中宁党办发〔2023〕31号
25	关于印发《中宁县2023年推进枸杞产业高质量发展重点工作任务方案》的通知	中宁党办发〔2023〕33号

续表

序号	文件标题	发文字号
26	关于印发《中宁县防震减灾“十四五”规划》的通知	中宁党办发〔2023〕34 号
27	关于印发《中宁县居民收入提升行动实施方案(2023—2027 年)》的通知	中宁党办发〔2023〕35 号
28	关于印发《中宁县促进民营企业高质量发展措施》的通知	中宁党办发〔2023〕38 号
29	关于印发《贯彻落实自治区党委办公厅人民政府办公厅〈关于推进新时代残疾人事业高质量发展的意见〉的具体分工方案》的通知	中宁党办发〔2023〕39 号
30	关于印发《关于推进基本养老服务体系建设的实施方案》的通知	中宁党办发〔2023〕40 号
31	关于印发《中宁县现代高效节水农业“十四五”建设规划 2021—2025 年》的通知	中宁党办发〔2023〕41 号
32	关于印发《中宁县“十四五”盐碱地改良利用规划 2021—2025 年》的通知	中宁党办发〔2023〕42 号
33	关于印发《中宁县高标准农田建设规划 2021—2030 年》的通知	中宁党办发〔2023〕43 号
34	关于印发《关于在全县大兴调查研究的工作方案》的通知	中宁党办发〔2023〕44 号
35	关于印发《中宁县市场主体梯度培育提质升级行动计划》的通知	中宁党办发〔2023〕46 号
36	关于印发《中宁县加强新时代离退休干部党的建设工作实施方案》的通知	中宁党办发〔2023〕47 号
37	关于印发《县直机关党组织政治功能和组织功能增强工程实施方案》的通知	中宁党办发〔2023〕48 号
38	关于印发《中宁县扩内需促消费增动能稳经济政策措施》的通知	中宁党办发〔2023〕50 号
39	关于印发《中宁县加强新时代关心下一代工作实施方案》的通知	中宁党办发〔2023〕53 号
40	印发《关于进一步加强严重精神障碍患者服务管理工作方案》的通知	中宁党办发〔2023〕54 号
41	关于 2022 年度全县效能目标管理考核结果的通报	中宁党办发〔2023〕55 号
42	关于印发《中宁县乡镇、村班子届中运行情况考察分析工作方案》的通知	中宁党办发〔2023〕56 号
43	关于建立“六新六特六优”产业、“六大提升行动”、“六个示范县建设”包抓机制的通知	中宁党办发〔2023〕57 号
44	关于印发《中宁县关于加快融入和服务全国统一大市场建设的实施方案》的通知	中宁党办发〔2023〕58 号
45	关于印发《2022 年度县(区)党委和市直部门(单位)党(工)委书记抓基层党建述职评议考核反馈问题整改方案》的通知	中宁党办发〔2023〕61 号
46	关于印发《关于健全惩戒治理防范机制坚决打击政治骗子和政治掮客工作方案》的通知	中宁党办发〔2023〕62 号
47	关于印发《中宁县推进“科创中国”宁夏行动实施方案(2023—2025 年)》的通知	中宁党办发〔2023〕64 号
48	关于进一步规范公文处理工作的通知	中宁党办发〔2023〕65 号
49	关于印发《中宁县巩固拓展脱贫攻坚成果同乡村振兴有效衔接“十四五”规划》的通知	中宁党办发〔2023〕66 号
50	关于印发《中宁县新时代全面加强科学技术普及工作实施方案》的通知	中宁党办发〔2023〕67 号
51	关于贯彻落实自治区党委十三届四次全会精神进一步压实安全生产责任的通知	中宁党办发〔2023〕68 号
52	关于印发《中宁县生态环境资源案件联合执纪执法工作机制(试行)》的通知	中宁党办发〔2023〕69 号
53	关于印发《全面加强新形势下森林草原防灭火工作实施方案》的通知	中宁党办发〔2023〕70 号
54	关于印发《中宁县教育质量提升行动实施方案》的通知	中宁党办发〔2023〕71 号
55	关于印发《中宁县食品安全工作评议考核办法》的通知	中宁党办发〔2023〕72 号
56	关于印发《中宁县 2023 年度巩固脱贫成果后评估工作方案》的通知	中宁党办发〔2023〕73 号
57	关于做好中秋、国庆期间有关工作的通知	中宁党办发〔2023〕74 号
58	关于印发《中宁县 2023 年度农田水利基本建设实施方案》的通知	中宁党办发〔2023〕75 号
59	关于印发《2023 年度中宁县效能目标管理考核实施方案》的通知	中宁党办发〔2023〕76 号
60	关于贯彻落实自治区党委十三届五次全会精神进一步压实生态文明建设责任的通知	中宁党办发〔2023〕77 号
61	关于印发《关于全面深化“六权”改革助力经济社会高质量发展的实施意见》的通知	中宁党办发〔2023〕78 号
62	关于印发《关于加强和规范调查研究的工作细则》的通知	中宁党办发〔2023〕79 号

续表

序号	文件标题	发文字号
63	关于印发《中宁县2023年发展壮大村级集体经济项目实施方案》的通知	中宁党办发〔2023〕80号
64	关于印发《中宁县落实〈自治区党委人民政府关于深入学习贯彻习近平总书记重要讲话精神、全面推进新征程生态文明建设、加快建设美丽宁夏的意见〉任务分工方案》的通知	中宁党办发〔2023〕81号
65	关于印发《中宁县"十四五"水利发展规划》的通知	中宁党办发〔2023〕82号
66	关于印发《中宁县公办养老服务机构改革试点实施方案》的通知	中宁党办发〔2023〕83号
67	关于印发《中宁县创建国家食品安全示范城市工作方案》的通知	中宁党办发〔2023〕84号
68	关于印发《中宁县贯彻中央民族工作会议精神检查暨宗教工作反馈意见整改方案》的通知	中宁党办发〔2023〕85号
69	关于贯彻落实自治区进一步严格财政支出管理坚决落实过紧日子要求的通知	中宁党办发〔2023〕86号
70	关于印发《中宁县公共就业服务能力提升示范项目实施方案》的通知	中宁党办发〔2023〕87号
71	关于印发《中宁县激发民营经济发展活力工作方案》的通知	中宁党办发〔2023〕88号
72	关于印发《中宁县加快推进产业转型升级工作方案(2023—2025年)》的通知	中宁党办发〔2023〕89号
73	关于做好2024年元旦春节期间有关工作的通知	中宁党办发〔2023〕90号

2023年中共中宁县委办综合发文目录

序号	文件标题	发文字号
1	关于印发《中宁县贯彻落实第二轮中央生态环境保护督察反馈问题综合整改方案》的通知	中宁党办综〔2023〕1号
2	关于做好《中宁年鉴2023》资料征集工作的通知	中宁党办综〔2023〕2号
3	关于做好全县重大活动重大工程重大事件档案工作的通知	中宁党办综〔2023〕3号
4	关于印发《中宁县2023年第一批重点建设项目》的通知	中宁党办综〔2023〕4号
5	关于调整县级领导包抓联系乡镇、村(社区)、重点企业、党支部、非法集资案件、重点信访事项的通知	中宁党办综〔2023〕6号
6	关于组建全县信息员(通讯员)队伍的通知	中宁党办综〔2023〕7号
7	关于印发《国家档案局档案工作监督检查反馈意见中宁县整改落实工作方案》的通知	中宁党办综〔2023〕8号
8	关于印发《2023年中宁县春季植绿增绿实施方案》的通知	中宁党办综〔2023〕9号
9	关于开展十五届县委第四轮巡察工作的通知	中宁党办综〔2023〕10号
10	关于深入开展2023年中宁县"改作风、谋发展、争先进"专项行动的通知	中宁党办综〔2023〕11号
11	关于开展2023年全县春季义务植树活动的通知	中宁党办综〔2023〕12号
12	关于成立中宁县沙蒿梁现代奶牛养殖园区项目建设领导小组的通知	中宁党办综〔2023〕13号
13	关于进一步加强信息报送考核工作的通知	中宁党办综〔2023〕14号
14	印发《关于贯彻落实自治区党委办公厅〈关于加强和改进新时代市县政协工作的实施意见〉任务分工方案》的通知	中宁党办综〔2023〕15号
15	关于印发《2023年中宁县职工运动会实施方案》的通知	中宁党办综〔2023〕16号
16	关于做好2023年招商引资和争取项目资金工作的通知	中宁党办综〔2023〕17号
17	关于开展清明节缅怀革命先烈祭奠活动的通知	中宁党办综〔2023〕18号
18	关于印发《2023年中宁县全面从严治党党风廉政建设和反腐败工作主要任务分工方案》的通知	中宁党办综〔2023〕19号
19	关于印发《中宁县委常委会2022年度民主生活会整改清单》的通知	中宁党办综〔2023〕20号
20	关于印发《全县道路交通安全"大宣传大培训大排查大整治大督查"行动方案》的通知	中宁党办综〔2023〕21号
21	关于启用和废止有关印章的通知	中宁党办综〔2023〕23号

续表

序号	文件标题	发文字号
22	关于印发《中宁县民营企业反映问题和意见建议办理责任清单(第二批)》的通知	中宁党办综〔2023〕24 号
23	关于印发《中宁县争创全国文明城市 2023 年工作要点》的通知	中宁党办综〔2023〕25 号
24	关于印发《中宁县"就业创业促进年"活动实施方案》的通知	中宁党办综〔2023〕26 号
25	关于印发《中宁县深入推进节约型机关创建成效评估实施方案》的通知	中宁党办综〔2023〕27 号
26	关于调整中宁县食品药品安全委员会组成人员的通知	中宁党办综〔2023〕28 号
27	关于印发《创建自治区广电文化惠民工程示范县工作方案》的通知	中宁党办综〔2023〕29 号
28	关于印发《中宁县 2023 年招商引资工作实施方案》的通知	中宁党办综〔2023〕30 号
29	关于印发《2023 年度县委规范性文件制定计划》的通知	中宁党办综〔2023〕31 号
30	关于印发《中宁县 2023 年第二批重点建设项目》的通知	中宁党办综〔2023〕32 号
31	关于印发《中宁县 2023 年"四防"常态化督查工作方案》的通知	中宁党办综〔2023〕34 号
32	关于印发《中宁县 2023 年度政党协商计划》的通知	中宁党办综〔2023〕35 号
33	关于启用和废止有关印章的通知	中宁党办综〔2023〕36 号
34	关于印发《中宁县 2023 年度七一走访慰问活动方案》的通知	中宁党办综〔2023〕37 号
35	关于开展十五届县委第五轮巡察工作的通知	中宁党办综〔2023〕38 号
36	关于印发《〈中国共产党中卫市组织史(1987—2020 年)〉中宁县资料征集编纂工作实施方案》的通知	中宁党办综〔2023〕39 号
37	关于进一步强化安全生产大起底大排查大整治专项行动包保责任的通知	中宁党办综〔2023〕40 号
38	关于印发《中宁县液化石油气钢瓶安全隐患排查整治工作方案》《中宁县报废液化石油气钢瓶置换回收工作方案》的通知	中宁党办综〔2023〕41 号
39	关于印发《中宁县县委原书记陈宏、原县长何建勃自然资源资产离任审计发现问题整改方案》的通知	中宁党办综〔2023〕42 号
40	关于印发《中宁县县委原书记陈宏、原县长何建勃经济责任审计发现问题整改方案》的通知	中宁党办综〔2023〕43 号
41	关于印发《中宁县 2022 年度巩固拓展脱贫攻坚成果同乡村振兴有效衔接考核评估问题整改方案》的通知	中宁党办综〔2023〕44 号
42	关于印发《中宁县新时代文明实践县、乡镇、村(社区)三级书记任务清单》的通知	中宁党办综〔2023〕46 号
43	关于印发《县委常委会纠治形式主义官僚主义专项整治自查问题整改方案》的通知	中宁党办综〔2023〕47 号
44	关于印发《中宁县创新型县建设方案(2023—2025 年)》的通知	中宁党办综〔2023〕50 号
45	关于成立中宁县机构改革工作专班的通知	中宁党办综〔2023〕51 号
46	关于开展十五届县委第六轮巡察工作的通知	中宁党办综〔2023〕52 号
47	关于印发《党内法规或中央及区市党委文件明确要求向上级党委报告事项清单》的通知	中宁党办综〔2023〕54 号
48	关于印发《央视一套〈山水间的家〉中宁后续宣传工作方案》的通知	中宁党办综〔2023〕55 号
49	关于做好 2024 年度党报党刊发行工作进一步规范报刊发行秩序的通知	中宁党办综〔2023〕56 号
50	关于印发《中宁县 2024 年元旦春节期间广泛开展群众文化体育活动实施方案》的通知	中宁党办综〔2023〕57 号
51	关于印发《宁夏黄河"几字弯"中宁片区攻坚战工作方案》的通知	中宁党办综〔2023〕58 号
52	关于印发《宁夏中卫市中宁县黄河流域规模化防沙治沙 2023 年中央财政国土绿化试点示范项目工作方案》的通知	中宁党办综〔2023〕59 号

2023 年中宁县政府发文目录

序号	文件名称	发文字号
1	关于印发《政府工作报告》的通知	中宁政发〔2023〕01 号
2	关于协调解决宁夏天元锰业集团有限公司煤炭供应困难保障电力需求事宜的请示	中宁政发〔2023〕02 号
3	关于提请研究改扩建鸣沙镇人民政府办公场所的请示	中宁政发〔2023〕03 号
4	关于中宁县 2022 年水土保持规划实施情况的报告	中宁政发〔2023〕04 号
5	关于对中宁县城镇土地定级与基准地价更新成果批准实施的请示	中宁政发〔2023〕05 号
6	关于印发《2023 年人大代表议案和民生计划实施方案》的通知	中宁政发〔2023〕06 号
7	关于中宁县 2023 年第一批次城镇建设用地的请示	中宁政发〔2023〕07 号
8	关于中宁县 2023 年第二批次城镇建设用地的请示	中宁政发〔2023〕08 号
9	关于中宁县 2023 年第三批次城镇建设用地的请示	中宁政发〔2023〕09 号
10	关于中宁县 2023 年第四批次城镇建设用地的请示	中宁政发〔2023〕10 号
11	关于中宁县 2023 年第三批次城镇建设用地涉及工业项目选址有关情况的报告	中宁政发〔2023〕11 号
12	关于支持我县建设大型煤炭储运基地的请示	中宁政发〔2023〕12 号
13	关于西气东输三线中段（中卫—吉安）项目建设用地的请示	中宁政发〔2023〕13 号
14	关于指定生态环境损害赔偿工作职能部门的请示	中宁政发〔2023〕14 号
15	关于中宁县 2023 年第五批次城镇建设用地的请示	中宁政发〔2023〕15 号
16	关于申报中宁县城区“两河三渠”水环境综合治理项目专项资金的请示	中宁政发〔2023〕16 号
17	关于对宁夏华夏特钢有限公司“9·26”一般灼烫事故调查报告的批复	中宁政发〔2023〕17 号
18	关于调整中宁县石空镇高标准重点小城镇 2023 年批复建设内容的请示	中宁政发〔2023〕18 号
19	关于对中宁县金牛大酒店重大火灾隐患进行摘牌销案的批复	中宁政发〔2023〕19 号
20	关于嘉里宁夏陆港项目建设用地的请示	中宁政发〔2023〕20 号
21	关于公布实施中宁县城镇土地定级与基准地价更新成果的通知	中宁政发〔2023〕21 号
22	关于调整县人民政府班子成员工作分工的通知	中宁政发〔2023〕22 号
23	关于印发《中宁县县属企业国有资产评估管理暂行办法》的通知	中宁政发〔2023〕23 号
24	关于中宁县 2023 年第六批次城镇建设用地的请示	中宁政发〔2023〕24 号
25	关于恳请解决中央环保督察反馈问题整改及生活垃圾焚烧处理费的请示	中宁政发〔2023〕25 号
26	关于中宁县 2023 年第一批次集体农用地转为集体建设用地的请示	中宁政发〔2023〕26 号
27	关于变更大唐中宁喊叫水 100MW 光伏复合发电项目建设主体的请示	中宁政发〔2023〕27 号
28	关于恳请对沙坡头区麦垛山奶牛养殖园区项目进行重新选址的请示	中宁政发〔2023〕28 号
29	关于做好全县第五次全国经济普查工作的通知	中宁政发〔2023〕29 号
30	关于调整县人民政府班子成员工作分工的通知	中宁政发〔2023〕30 号
31	关于西气东输三线中段（中卫—吉安）项目建设用地的请示	中宁政发〔2023〕31 号
32	关于印发《中宁县贯彻落实〈气象高质量发展纲要（2022—2035）实施方案的通知〉》	中宁政发〔2023〕32 号
33	关于中宁县 2023 年第二批次城镇建设用地的请示	中宁政发〔2023〕33 号
34	关于申请国家卫生县复审的请示	中宁政发〔2023〕34 号
35	关于变更大唐中宁喊叫水 100MW 光伏复合发电项目建设主体的请示	中宁政发〔2023〕35 号
36	关于出具利用脱硫石膏废渣建设年产 80 万吨硫酸项目节能审查承诺的请示	中宁政发〔2023〕36 号
37	关于对《中宁县大唐中宁能源开发有限公司“3·27”一般物体打击事故调查报告》的批复	中宁政发〔2023〕37 号
38	关于选聘县属国有企业兼职外部董事的通知	中宁政发〔2023〕38 号
39	关于对康滩饮用水水源保护区进行调整的请示	中宁政发〔2023〕39 号

续表

序号	文件名称	发文字号
40	关于同意对大战场镇花豹湾完全小学、宁安镇东华幼儿园等28所学校及幼儿园进行名称变更和机构代码调整的批复	中宁政发〔2023〕40号
41	关于T063(宁夏至湖南±800千伏特高压直流输电工程)项目建设用地的请示	中宁政发〔2023〕41号
42	关于印发《中宁县2023年度重大行政决策事项目录》的通知	中宁政发〔2023〕42号
43	关于中宁县时代新能源有限公司违规占用耕地建设光伏方阵问题整改进展情况的报告	中宁政发〔2023〕43号
44	关于宁夏中宁时代新能源有限公司违规占用耕地建设光伏方阵问题整改情况的报告	中宁政发〔2023〕44号
45	关于《中华人民共和国工业固体废物污染环境防治法》《宁夏回族自治区固体废物污染环境防治条例》贯彻落实情况的报告	中宁政发〔2023〕45号
46	关于申报创建国家乡村振兴示范县的请示	中宁政发〔2023〕46号
47	关于印发《中宁县深入学习贯彻习近平总书记重要指示精神 认真落实全国、自治区、中卫市安全防范工作会议部署要求 全面加强安全生产责任实施方案》的通知	中宁政发〔2023〕47号
48	关于进一步调整优化中宁工业园区规划范围的请示	中宁政发〔2023〕48号
49	关于中宁县2023年第一批次村庄建设用地的请示	中宁政发〔2023〕49号
50	关于中宁县2023年第二批次集体农用地转为集体建设用地的请示	中宁政发〔2023〕50号
51	关于中宁县2023年第七批次城镇建设用地的请示	中宁政发〔2023〕51号
52	关于中宁县防范化解地方债务风险实施方案的报告	中宁政发〔2023〕52号
53	关于国道338线红寺堡至恩和段公路工程(中宁县段)建设用地的请示	中宁政发〔2023〕53号
54	关于提请审查《中宁县国土空间总体规划(2021—2035年)》的请示	中宁政发〔2023〕54号
55	关于建设中宁县天然气调峰、储运、LNG生产加工战略储备中心的请示	中宁政发〔2023〕55号
56	关于恳请将中宁火车站扩建、黄羊湾车站改造项目纳入包兰铁路银川至中卫段扩能改造和宝中铁路中卫至平凉段交线工程实施的请示	中宁政发〔2023〕56号
57	关于中宁工业园区愚公路至双龙山石窟道路工程项目建设用地的请示	中宁政发〔2023〕57号
58	关于中宁县县委原书记陈宏、原县长何建勃经济责任审计发现问题整改情况的报告	中宁政发〔2023〕58号
59	关于中宁县县委原书记陈宏、原县长何建勃自然资源资产离任审计发现问题整改情况的报告	中宁政发〔2023〕59号
60	关于中宁县政府债务管理审计发现问题整改情况的报告	中宁政发〔2023〕60号
61	关于进一步调整优化宁夏中宁工业园区规划范围的请示	中宁政发〔2023〕61号
62	关于将中宁火车站扩建、黄羊湾车站改造等项目纳入包兰铁路银川至中卫段扩能改造单体项目同步实施的请示	中宁政发〔2023〕62号
63	关于拨付中宁县燃气用户三件套加装补助资金的请示	中宁政发〔2023〕63号
64	关于中宁县2023年第八批次城镇建设用地的请示	中宁政发〔2023〕64号
65	关于宁夏中宁县恩和镇詹家大坡2号建筑用砂岩矿项目建设用地的请示	中宁政发〔2023〕65号
66	关于大战场镇建房中人员伤亡事故的检查	中宁政发〔2023〕66号
67	关于进一步提高政府监管效能推动高质量发展实施方案	中宁政发〔2023〕67号
68	关于县十八届人大一次、二次会议议案和2023年民生计划落实情况审议意见办理情况的报告	中宁政发〔2023〕68号
69	关于明阳中宁喊叫水200MWp光伏复合项目建设用地的请示	中宁政发〔2023〕69号
70	关于中宁县2023年第二批次村庄建设用地的请示	中宁政发〔2023〕70号
71	关于宝中铁路中卫至平凉段复线改造工程线路维持中宁东站换乘高铁方案的请示	中宁政发〔2023〕71号
72	关于统筹解决宁夏北星新材料有限公司3万吨工业硅连产50万套sisic碳化硅精密传动装置及4万吨氮化硅陶瓷粉项目能耗指标的请示	中宁政发〔2023〕72号
73	关于协调解决宁夏中宁宁新实业有限公司嘉瑞能源加油站项目审批的请示	中宁政发〔2023〕73号

续表

序号	文件名称	发文字号
74	关于协调解决宁夏瀛海天祥建材有限公司“5000t/d 二代水泥熟料生产线技术升级改造配套纯低温余热发电系统项目”生产原料资源配置的请示	中宁政发〔2023〕74 号
75	关于呈报《中宁县 2023 年工作总结暨 2024 年工作思路》的报告	中宁政发〔2023〕75 号
76	关于报送中宁县农村户厕问题再摸排再整改工作推进情况的报告	中宁政发〔2023〕76 号
77	关于中宁县 2023 年第三批次集体农用地转为集体建设用地的请示	中宁政发〔2023〕77 号
78	关于对宁夏宁安彩印包装有限公司给与支持的请示	中宁政发〔2023〕78 号
79	关于申请承办全区首届乡村振兴农民合唱艺术节的请示	中宁政发〔2023〕79 号
80	关于申请修改 2021 年第二轮中央生态环境保护督查中宁县再生水利用量目标数据的请示	中宁政发〔2023〕80 号
81	关于中宁县 2023 年第一批次农村村民住宅建设用地的请示	中宁政发〔2023〕81 号
82	关于调整县人民政府班子成员工作分工的通知	中宁政发〔2023〕82 号
83	关于对宁夏中宁国际枸杞交易中心和宁夏中杞生态农业科技有限公司给予支持的请示	中宁政发〔2023〕83 号
84	关于对宁夏红枸杞商贸有限公司给予支持的请示	中宁政发〔2023〕84 号
85	关于中宁县 2023 年第三批次村庄建设用地的请示	中宁政发〔2023〕85 号
86	关于西气东输三线中段（中卫—吉安）项目（中宁段）建设用地的请示	中宁政发〔2023〕86 号
87	关于中宁工业园区（宁华片区）35 个伏输变电工程项目建设用地的请示	中宁政发〔2023〕87 号
88	关于审查《中卫市清水河下段综合治理工程项目（中宁段）》	中宁政发〔2023〕88 号
89	关于 2023 年第二批次城镇建设用地调整使用批而未供土地的请示	中宁政发〔2023〕89 号
90	关于宁夏佳洋能源 200MWP 光伏发电复合项目建设用地的请示	中宁政发〔2023〕90 号
91	关于中宁县 2023 年第四批次村庄建设用地的请示	中宁政发〔2023〕91 号
92	关于申请提升农村公路质量服务乡村振兴三年攻坚行动示范县的请示	中宁政发〔2023〕92 号
93	关于落实自治区政府常务会议审议《中宁县国土空间总体规划（2021—2035 年）》意见建议的报告	中宁政发〔2023〕93 号
94	关于印发《政府工作报告》的通知	中宁政发〔2023〕94 号
95	关于中宁县履行安全生产责任情况的报告	中宁政发〔2023〕95 号
96	关于中宁县铝基产业铝水供需情况的报告	中宁政发〔2023〕96 号
97	关于划拨鸣沙镇彭家大疙瘩枸杞供水工程（一期）项目国有建设用地使用权的批复	中宁政土批字〔2023〕01 号
98	关于划拨中宁县恩和镇红梧幸福村农贸市场项目南侧绿化改造项目国有建设用地使用权的批复	中宁政土批字〔2023〕02 号
99	关于划拨中宁县宁安镇东华九年制学校改造项目国有建设用地使用权的批复	中宁政土批字〔2023〕03 号
100	关于划拨中宁县舟塔九年制学校改造项目国有建设项目使用权的批复	中宁政土批字〔2023〕04 号
101	关于划拨中宁县第十二小学建设项目国有建设用地使用权的批复	中宁政土批字〔2023〕05 号
102	关于收回长燃华储（宁夏）智能制造有限公司国有建设用地使用权的批复	中宁政土批字〔2023〕06 号
103	关于中国石油天然气股份有限公司宁夏中卫销售分公司北街加油站用地补缴出让金的批复	中宁政土批字〔2023〕07 号
104	关于中国石油天然气股份有限公司宁夏中卫销售分公司渠口加油站用地补缴出让金的批复	中宁政土批字〔2023〕08 号
105	关于宁夏美德房地产有限公司补缴土地出让金的批复	中宁政土批字〔2023〕09 号
106	关于收回宁夏宁钢房地产开发有限公司和宁夏江河枸杞产业有限公司三宗国有建设用地使用权的批复	中宁政土批字〔2023〕10 号
107	关于收回宁夏国宁智诚新能源科技发展有限公司国有建设用地使用权的批复	中宁政土批字〔2023〕11 号
108	关于收回中宁县交通运输局新材料循环经济示范区道路工程项目（新区经四路）国有建设用地使用权的批复	中宁政土批字〔2023〕12 号

续表

序号	文件名称	发文字号
109	关于收回中宁县第七中学国有建设用地使用权的批复	中宁政土批字〔2023〕13 号
110	关于宁地 G〔2022〕-19 号国有建设用地使用权的批复	中宁政土批字〔2023〕14 号
111	关于出让徐套乡小湾村一宗集体经营性建设用地使用权的批复	中宁政土批字〔2023〕15 号
112	关于 2023 年度住宅用地供应计划的批复	中宁政土批字〔2023〕16 号
113	关于划拨中宁县人民武装部迁建工程项目国有建设用地使用权的批复	中宁政土批字〔2023〕17 号
114	关于宁地 G〔2023〕-1 号国有建设用地使用权公开出让方案的批复	中宁政土批字〔2023〕18 号
115	关于宁地 G〔2023〕-4 号国有建设用地使用权公开出让方案的批复	中宁政土批字〔2023〕19 号
116	关于宁地 G〔2023〕-5 号国有建设用地使用权公开出让方案的批复	中宁政土批字〔2023〕20 号
117	关于宁地 G〔2023〕-6 号国有建设用地使用权公开出让方案的批复	中宁政土批字〔2023〕21 号
118	关于佳钰（宁夏）文化传媒有限公司中宁分公司改变容积率补缴土地出让金的批复	中宁政土批字〔2023〕22 号
119	关于划拨宁夏杞乡 750 千伏开关站扩建工程项目国有建设用地使用权的批复	中宁政土批字〔2023〕23 号
120	关于划拨国道 338 线中宁至中卫段公路工程项目国有建设用地使用权的批复	中宁政土批字〔2023〕24 号
121	关于宁地 G〔2023〕-3 号国有建设用地使用权公开出让方案的批复	中宁政土批字〔2023〕25 号
122	关于宁地 G〔2023〕-10 号国有建设用地使用权公开出让方案的批复	中宁政土批字〔2023〕26 号
123	关于划拨中宁县白桥棚户区周边配套基础设施建设项目（德达路）国有建设用地使用权的批复	中宁政土批字〔2023〕27 号
124	关于划拨明阳（中宁）智慧能源产业园项目（一期）基础配套设施项目国有建设用地使用权的批复	中宁政土批字〔2023〕28 号
125	关于宁地 G〔2023〕-10 号国有建设用地使用权公开出让方案的批复	中宁政土批字〔2023〕29 号
126	关于收回中宁县医院迁建项目国有建设用地使用权的批复	中宁政土批字〔2023〕30 号
127	关于划拨石空公路养护站建设项目国有建设用地使用权的批复	中宁政土批字〔2023〕31 号
128	关于划拨大战场镇镇政府办公大楼国有建设用地使用权的批复	中宁政土批字〔2023〕32 号
129	关于嘉里物流项目地块规划设计指标变更的批复	中宁政土批字〔2023〕33 号
130	关于中国石油天然气股份有限公司宁夏中卫销售分公司长兴加油站用地补缴土地出让金的批复	中宁政土批字〔2023〕34 号
131	关于宁地（G）〔2023〕-13 号国有建设用地使用权公开出让方案的批复	中宁政土批字〔2023〕35 号
132	关于收回中宁石空商业中心项目部分国有建设用地使用权的批复	中宁政土批字〔2023〕36 号
133	关于划拨 T063（宁夏—湖南 ± 千伏特高压直流输电工程）中宁段项目国有建设用地使用权的批复	中宁政土批字〔2023〕37 号
134	关于变更中宁县交通运输局石空汽车站项目用地的批复	中宁政土批字〔2023〕38 号
135	关于变更中宁县交通运输局石空停车场项目用地的批复	中宁政土批字〔2023〕39 号
136	关于拨用我县 2023 年第一批次集体建设用地的批复	中宁政土批字〔2023〕40 号
137	关于中宁县天仁房地产开发有限公司天仁家园六区商住项目补办用地手续的批复	中宁政土批字〔2023〕41 号
138	关于 2023 年建设项目纳入“多规合一”实用性村庄规划编制的批复	中宁政土批字〔2023〕42 号
139	关于公示中宁县城镇 2023 年度标定地价的批复	中宁政土批字〔2023〕43 号
140	关于 2023 年建设项目纳入“多规合一”实用性村庄规划编制的批复	中宁政土批字〔2023〕44 号
141	关于中宁县 2022 年度“多规合一”实用性村庄规划的批复	中宁政土批字〔2023〕45 号
142	关于中宁县 2023 年度“多规合一”实用性村庄规划的批复	中宁政土批字〔2023〕46 号
143	关于宁地（G）〔2023〕-2 号国有建设用地使用权公开出让方案的批复	中宁政土批字〔2023〕47 号
144	关于转让中宁县县域内再生水管网建设工程——第三污网处理厂项目国有建设用地使用权的批复	中宁政土批字〔2023〕48 号
145	关于宁地（G）〔2023〕-12 号国有建设用地使用权公开出让方案的批复	中宁政土批字〔2023〕49 号

续表

序号	文件名称	发文字号
146	关于收回明阳智慧(宁夏)风力发电有限公司部分国有建设用地使用权的批复	中宁政土批字〔2023〕50 号
147	关于划拨国道 338 线红寺堡至恩和段公路工程项目国有建设用地使用权的批复	中宁政土批字〔2023〕51 号
148	关于划拨国道 338 线中宁至中卫段公路工程项目国有建设用地使用权的批复	中宁政土批字〔2023〕52 号
149	关于划拨中宁工业园区愚公路至双龙山石窟道路工程项目国有建设用地使用权的批复	中宁政土批字〔2023〕53 号
150	关于划拨中宁县城乡生活垃圾治理环卫设施提升改造项目(鸣沙镇)国有建设用地使用权的批复	中宁政土批字〔2023〕54 号
151	关于李广伟、何勇国有建设用地的批复	中宁政土批字〔2023〕55 号
152	关于中宁县财政局拍卖房产涉及土地处置方案的批复	中宁政土批字〔2023〕56 号
153	关于同意调整 2023 年度住宅用地计划的批复	中宁政土批字〔2023〕57 号

2023 年中宁县政府办发文目录

序号	文件名称	发文字号
1	关于印发《中宁县推动公立医院高质量发展实施方案》的通知	中宁政办发〔2023〕01 号
2	关于印发《政府工作报告重点任务责任分工》的通知	中宁政办发〔2023〕02 号
3	关于办理县十八届人民代表大会第二次会议重点督办代表建议意见工作的通知	中宁政办发〔2023〕03 号
4	关于印发中宁县安全生产和应急救援专家管理办法(试行)的通知	中宁政办发〔2023〕04 号
5	关于印发《众汇嘉润集团公司改革重组方案》的通知	中宁政办发〔2023〕05 号
6	关于印发《中宁县“十四五”建筑节能专项规划》的通知	中宁政办发〔2023〕06 号
7	关于印发《中宁县突发林业和草原生物灾害应急预案》的通知	中宁政办发〔2023〕07 号
8	关于成立黄河流域中宁段文化生态保护区建设工作领导小组的通知	中宁政办发〔2023〕08 号
9	关于全面清理规范性文件的通知	中宁政办发〔2023〕09 号
10	关于印发《中宁县 2023 年农村“厕所革命”提升行动实施方案》的通知	中宁政办发〔2023〕10 号
11	关于印发《中宁县贯彻落实中卫市 2022 年黄河流域生态环境警示片披露突出问题整改方案》的通知	中宁政办发〔2023〕11 号
12	中宁县白马乡生活垃圾填埋场污泥处置整改方案	中宁政办发〔2023〕12 号
13	关于印发《进一步加强金融服务支持全县经济高质量发展的实施方案》的通知	中宁政办发〔2023〕13 号
14	关于印发《众汇嘉润集团公司改革重组方案》的通知	中宁政办发〔2023〕14 号
15	关于认真做好县政协十三届二次会议提案办理工作的通知	中宁政办发〔2023〕15 号
16	关于印发《中宁县突发疫情医疗废物处置应急预案》的通知	中宁政办发〔2023〕16 号
17	关于印发《中宁县危险废物突发环境事件应急预案》的通知	中宁政办发〔2023〕17 号
18	关于调整中宁县国家现代农业产业园管委会的通知	中宁政办发〔2023〕18 号
19	关于印发《中宁县养老服务机构突发事件应急预案》《中宁县殡葬机构突发事件应急预案》的通知	中宁政办发〔2023〕19 号
20	关于印发中宁县矿产资源总体规划(2021—2025 年)的通知	中宁政办发〔2023〕20 号
21	关于印发《关于做好一季度经济工作确保实现“开门红”的分工方案》的通知	中宁政办发〔2023〕21 号
22	关于印发《中宁县“扩大有效投资巩固提升年”活动实施方案》的通知	中宁政办发〔2023〕22 号
23	关于印发《关于加强中宁县境内高速铁路沿线环境卫生综合整治工作实施方案》的通知	中宁政办发〔2023〕23 号
24	关于印发《中宁县全民健身实施计划(2021—2025 年)》的通知	中宁政办发〔2023〕24 号
25	关于印发《中宁县城镇低效用地再开发专项规划(2022—2025 年)》的通知	中宁政办发〔2023〕25 号
26	关于组织开展好“消费需求促进年”活动的通知	中宁政办发〔2023〕26 号
27	关于印发《国家粮食和物资储备局宁夏局“一七七处”物资出入库安全保障工作方案》的通知	中宁政办发〔2023〕27 号

续表

序号	文件名称	发文字号
28	关于成立2023年大气污染防治攻坚行动和应急处置专班、环保督查反馈问题整改工作专班的通知	中宁政办发〔2023〕28号
29	关于认真做好中卫市五届人大二次会议代表建议和市政协五届二次会议提案办理工作的通知	中宁政办发〔2023〕29号
30	关于印发《中宁县交通运输领域突发事件应急预案》《中宁县危化品运输事故应急预案》《中宁县水路交通突发事件应急预案》的通知	中宁政办发〔2023〕30号
31	关于印发《中宁县2023年经果林产业发展实施方案》的通知	中宁政办发〔2023〕31号
32	关于印发《中共中宁县人民政府党组2022年度民主生活会整改清单》的通知	中宁政办发〔2023〕32号
33	关于启用中宁县第五次全国经济普查领导小组办公室印章的通知	中宁政办发〔2023〕33号
34	关于印发《关于加强全县入河(湖、沟)排污口排查整治和监督管理工作实施方案》的通知	中宁政办发〔2023〕34号
35	关于印发《中宁县新型农业保险试点工作方案》的通知	中宁政办发〔2023〕35号
36	关于印发《中宁县2023年政府购买动物防疫服务工作方案》的通知	中宁政办发〔2023〕36号
37	关于中宁县政府办公室第三届工会委员会选举结果的报告	中宁政办发〔2023〕37号
38	关于印发《中宁县粮食应急预案》的通知	中宁政办发〔2023〕38号
39	关于印发《中宁县气象灾害应急预案》的通知	中宁政办发〔2023〕39号
40	关于印发中宁县提升农村公路质量服务乡村振兴三年攻坚行动实施方案的通知	中宁政办发〔2023〕40号
41	关于印发《中宁县“十四五”节能减排综合工作方案》的通知	中宁政办发〔2023〕41号
42	关于进一步加强禁牧封育工作的通知	中宁政办发〔2023〕42号
43	关于印发《宁夏中宁县时代新能源有限公司违规占用耕地建设光伏方阵典型问题整改方案》的通知	中宁政办发〔2023〕43号
44	关于印发《中宁县互联网销售危险化学品专项治理行动方案》的通知	中宁政办发〔2023〕44号
45	关于印发《中宁县政府投资项目招标投标监管职责》的通知	中宁政办发〔2023〕45号
46	关于公布中宁县一般湿地名录的通知	中宁政办发〔2023〕46号
47	关于印发《中宁县美丽宜居村庄建设实施方案(2023—2027年)》的通知	中宁政办发〔2023〕47号
48	关于印发《中宁县城乡危房和抗震房改造项目实施方案(2022—2027年)》的通知	中宁政办发〔2023〕48号
49	关于印发《中宁县开展2023年乡村建设评价工作实施方案》的通知	中宁政办发〔2023〕49号
50	关于印发《中宁县创建国家生态文明建设示范区工作实施方案(2022—2025年)》的通知	中宁政办发〔2023〕50号
51	关于印发《中宁县大面积停电事件应急预案》《中宁县油气长输管道领域突发应急预案》等4部应急预案的通知	中宁政办发〔2023〕51号
52	关于印发《中宁县2023年“乡村振兴健康保”工作实施方案》的通知	中宁政办发〔2023〕52号
53	关于进一步明确城镇电力接入工程投资界面持续优化营商环境的通知	中宁政办发〔2023〕53号
54	关于成立城镇燃气专项整治领导小组的通知	中宁政办发〔2023〕54号
55	关于印发《中宁县2023年清砂区域产业扶持政策》的通知	中宁政办发〔2023〕55号
56	关于印发中宁县商贸流通提质增效行动计划(2022—2024年)的通知	中宁政办发〔2023〕56号
57	关于印发《财政支持做好碳达峰碳中和工作实施方案》的通知	中宁政办发〔2023〕57号
58	关于印发《中宁县贯彻落实生态环境部西北督察局矿山整治修复“回头看”问题提升方案》的通知	中宁政办发〔2023〕58号
59	关于印发《中宁县基本草原制定工作方案》的通知	中宁政办发〔2023〕59号
60	关于印发《中宁县城镇燃气安全风险隐患排查整治工作方案》的通知	中宁政办发〔2023〕60号
61	关于印发《中宁县供港蔬菜生产基地、麒麟瓜种植基地安全隐患专项排查整治实施方案》的通知	中宁政办发〔2023〕61号
62	关于印发《中宁县政府债务管理审计发现问题整改工作方案》的通知	中宁政办发〔2023〕62号
63	关于印发《中宁县城市社区专职工作者薪酬发放管理办法》的通知	中宁政办发〔2023〕63号
64	关于调整中宁县全国绿色食品原料枸杞标准化生产基地建设工作领导小组的通知	中宁政办发〔2023〕64号
65	关于印发《中宁县农村集体经营性建设用地入市试点工作方案》的通知	中宁政办发〔2023〕65号

续表

序号	文件名称	发文字号
66	关于印发《中宁县加快电子商务产业高质量发展实施方案》的通知	中宁政办发〔2023〕66号
67	关于印发《中宁县2023年“富民贷”工作实施方案》的通知	中宁政办发〔2023〕67号
68	关于印发《中宁县2023年政务公开工作要点》的通知	中宁政办发〔2023〕68号
69	关于印发《中宁县“十四五”城乡社区服务体系建设规划》的通知	中宁政办发〔2023〕69号
70	关于印发《中宁县“菜篮子”市长负责制工作分工方案》的通知	中宁政办发〔2023〕70号
71	关于印发《加快推进中宁县文旅产业发展实施方案(2023—2025年)》的通知	中宁政办发〔2023〕71号
72	关于印发《2023年中宁县工程建设项目审批制度改革工作十四项落实措施》的通知	中宁政办发〔2023〕72号
73	关于印发《中宁县第三次全国土壤普查试点工作实施方案》的通知	中宁政办发〔2023〕73号
74	关于印发《中宁县促进硒砂瓜销售工作方案》的通知	中宁政办发〔2023〕74号
75	关于成立中宁县防范化解地方债务风险工作专班的通知	中宁政办发〔2023〕75号
76	关于印发《中宁县化学教学实验室突发事件应急预案》《中宁县生物教学实验室突发事件应急预案》《中宁县物理教学实验室突发事件应急预案》的通知	中宁政办发〔2023〕76号
77	关于印发《中宁县“放心消费在宁夏”提质扩面行动方案》的通知	中宁政办发〔2023〕77号
78	关于印发《中宁县2023网络市场监管促发展保安全专项行动方案》的通知	中宁政办发〔2023〕78号
79	关于印发《中宁县行政许可事项清单(2023年版)》的通知	中宁政办发〔2023〕79号
80	关于印发《中宁县危险化学品生产安全事故应急预案》等4部应急预案的通知	中宁政办发〔2023〕80号
81	关于印发《中宁县茶叶过度包装专项治理行动实施方案》的通知	中宁政办发〔2023〕81号
82	关于印发《中宁县辖区城市公共交通运营管理考核办法(试行)》的通知	中宁政办发〔2023〕82号
83	关于印发中宁县落实《宁夏回族自治区关于贯彻落实〈计量发展规划(2021—2035)〉的实施意见》工作方案的通知	中宁政办发〔2023〕83号
84	关于印发《中宁县消费环境质量提升整治专项行动工作方案》的通知	中宁政办发〔2023〕84号
85	关于印发《中宁县康滩水源地一级保护区内畜禽散养户养殖设施关闭拆除实施方案》的通知	中宁政办发〔2023〕85号
86	关于调整中宁县人民政府行政复议委员会组成人员的通知	中宁政办发〔2023〕86号
87	关于调整规范政府议事协调机构及组成人员的通知	中宁政办发〔2023〕87号
88	关于印发《落实自治区人民政府第二次全体(扩大)会议主要任务分工清单》的通知	中宁政办发〔2023〕88号
89	关于印发《中宁县批而未供和闲置土地盘活利用专项行动实施方案》的通知	中宁政办发〔2023〕89号
90	关于印发《自治区专项调研中宁县农业水价综合改革反馈问题整改方案》的通知	中宁政办发〔2023〕90号
91	关于印发《中宁县保障困难群众基本生活12条措施》的通知	中宁政办发〔2023〕91号
92	关于2023年县人大常委会联系走访代表提出建议意见办理工作分工方案的通知	中宁政办发〔2023〕92号
93	关于中宁县化解农村宅基地“房地一体”确权登记历史遗留问题实施方案	中宁政办发〔2023〕93号
94	关于印发《中宁县财政“十四五”规划》的通知	中宁政办发〔2023〕94号
95	关于印发《中宁县商贸流通行业突发事件应急预案》等4部应急预案的通知	中宁政办发〔2023〕95号
96	关于做好2024年度城乡居民基本医疗保险参保征缴工作的通知	中宁政办发〔2023〕96号
97	关于做好2023年度城乡居民基本养老保险参保缴费工作的通知	中宁政办发〔2023〕97号
98	关于印发《中宁县加快县域经济和城区经济高质量发展的实施方案》的通知	中宁政办发〔2023〕98号
99	关于印发《中宁县监控化学品生产安全事故应急预案》《中宁县突发事件通信保障预案》的通知	中宁政办发〔2023〕99号
100	关于印发《中宁县2023年国务院推动高质量发展综合督查实地督查迎检工作任务分工方案》的通知	中宁政办发〔2023〕100号
101	中宁县人民政府 红寺堡区人民政府关于第四轮县级行政区域界线联合检查工作情况的报告	中宁政办发〔2023〕101号
102	关于成立中宁县推进牛首山二期和中宁米钵山抽水蓄能站项目建设工作领导小组的通知	中宁政办发〔2023〕102号
103	关于印发《中宁县特种设备突发事件应急预案》的通知	中宁政办发〔2023〕103号

续表

序号	文件名称	发文字号
104	关于印发《中宁县辐射事故应急预案》的通知	中宁政办发〔2023〕104 号
105	关于印发《中宁县校园周边环境综合治理工作实施方案》的通知	中宁政办发〔2023〕105 号
106	关于印发《中宁县贯彻落实〈宁夏回族自治区质量强区建设纲要〉实施方案》的通知	中宁政办发〔2023〕106 号
107	关于印发《中宁县服务业发展联席会议制度》的通知	中宁政办发〔2023〕107 号
108	关于印发《中宁县关于推进农村客运创新发展（试点）实施方案》的通知	中宁政办发〔2023〕108 号
109	关于印发《关于推进中宁县黑臭水体整治的工作方案》的通知	中宁政办发〔2023〕109 号
110	关于印发《中宁县城市供水突发事件应急预案》的通知	中宁政办发〔2023〕110 号
111	关于印发《中宁县城市生活垃圾分类工作实施方案》的通知	中宁政办发〔2023〕111 号
112	关于印发《中宁县养老托商服务高质量发展实施方案》的通知	中宁政办发〔2023〕112 号
113	关于印发《中宁县县城排水防污涝突发事件专项应急预案》的通知	中宁政办发〔2023〕113 号
114	关于印发《中宁县耕地保护网络化监管工作方案》的通知	中宁政办发〔2023〕114 号